최전선의 사람들

후쿠시마 원전 작업자들의
9년간의 재난 복구 기록

최전선의 사람들

가타야마 나쓰코 지음 | 이언숙 옮김

푸른숲

후쿠시마 제1원자력 발전소 시설 배치도

부지 면적 = 약 350만m²(서울월드컵경기장 약 60개분)

하마 도로

JAEA* 시설관리동

헬리콥터

임시 휴게소

신 사무본관

협력기업동

출입 관리 시설

대형 휴게소

차량 오염 검사 및 제거장

서브드레인

정문

ALPS

(야생 조류 숲)

증설 ALPS

플랜지 탱크 해체 작업장

지하 저수조

지하수 임시 저장 탱크

지하 저수조

흡착탑 임시 보관 시설

고성능 ALPS

담수화 장치

면진중요동

잡동사니

동토차수벽 냉각 시설

공용 사용후핵연료 수조

배기통

잡동사

오쿠마마치

부지 경계

벌채목 임시 보관소

흡착탑 임시 보관 시설

페슬러지 임시 보관 시설

세슘 흡착탑 임시 보관 시설

오염수 정화 장치 AREVA

오염수 정화 장치 SARRY

오염수 정화 장치 Kurion

담수화 장치

4호 3호 2호 1호

바다쪽 차수벽

동토차수벽

- 일본 원자력 연구 개발 기구 Japan Atomic Energy Agency.

●● 고준위 방사성 폐기물인 사용후핵연료를 밀폐 및 보관하는 시설.
주로 사용후핵연료 수조에서 충분히 냉각기간을 거친 후 캐스크로 이동한다.

●●● 방사성 물질이 들어 있는 고체 상태의 폐기물.

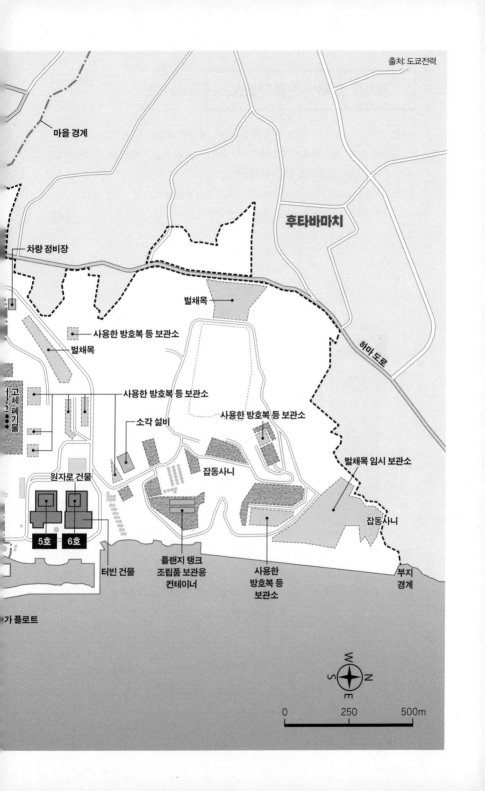

출처: 도쿄전력

마을 경계

후타바마치

차량 정비장

벌채목

사용한 방호복 등 보관소

벌채목

사용한 방호복 등 보관소

하미 도로

고체 폐기물

소각 설비

사용한 방호복 등 보관소

원자로 건물

잡동사니

벌채목 임시 보관소

5호   6호

잡동사니

터빈 건물

플랜지 탱크
조립품 보관용
컨테이너

사용한
방호복 등
보관소

부지
경계

가 플로트

0   250   500m

원자로 및 터빈 건물 구조도

원자력 발전의 원리는 화력 발전과 같다. 열에너지로 물을 끓여 발생한 수증기의 힘으로 터빈을 돌려 전기를 발생시킨다. 화력 발전이 석유·석탄·천연가스를 태운 열로 물을 끓이는 반면, 원자력 발전은 우라늄이나 플라토늄 같은 핵연료를 연소시켜 발생한 열로 수증기를 만든다.

원자로에 주입된 냉각수가 녹아내린 핵연료와 접촉해 다량의 방사성 물질을 함유한 오염수가 발생했다. 이 오염수가 손상된 원자로 격납용기나 압력제어실에서 새어 나와 토양 속과 바다로 유출됐다.

원자로 건물

- 핵연료 교환용 크레인
- 작업용 크레인
- 오퍼레이션·플로어
- 원자로 격납용기
- 원자로 압력용기
- 사용후핵연료 수조
- 증기 ➡
- 연료
- ⬅
- 물
- 배기구
- 압력제어실

- 수증기를 식혀서 물로 만드는 장치.
- 배관 및 전선 연결을 위해 건설된 직경 약 6m의 지하 터널 공간.

3호기 핵연료 추출 단면도

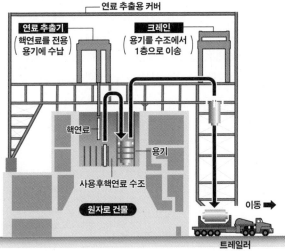

원자로는 가압수형 원자로PWR와 비등수형 원자로BWR 두 종류가 있으며 후쿠시마 제1원전은 비등수형 원자로를 사용 중이다.

연료 추출용 커버

연료 추출기
(핵연료를 전용 용기에 수납)

크레인
(용기를 수조에서 1층으로 이송)

핵연료

용기

사용후핵연료 수조

원자로 건물

이동 ➡

트레일러

출처:《도쿄신문東京新聞》

터빈 건물

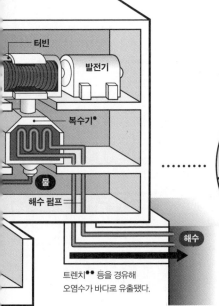

터빈

발전기

복수기•

물

해수 펌프

해수

트렌치•• 등을 경유해 오염수가 바다로 유출됐다.

1·2·3호기는 원전 사고 후 원자로의 냉각 장치가 정지해 핵연료가 격납용기 바닥으로 녹아내리는 노심 용융이 발생했다.

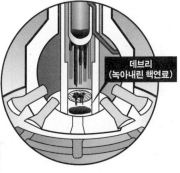

데브리
(녹아내린 핵연료)

출처:《후쿠시마 제1원전 폐로 도감福島第一原発廃炉図鑑》

오염수 구조도

외부에서 유입된 지하수가 원자로 내에서 발생한 고농도 오염수와 섞이면서 대량의 오염수가 발생한다. 이는 현재 진행 중이며 2021년 5월 기준 오염수 126만 ㎥가 원전 부지 내 저장돼 있다. 이렇게 발생한 오염수는 배관용 트렌치를 거쳐 바다로 유출되는데 이를 막기 위해 동토차수벽과 바다 쪽 차수벽을 시공하고 지하에서 오염수를 퍼 올리는 서브드레인을 설치했다.

단면도

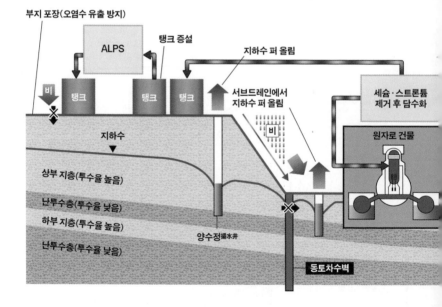

부감도

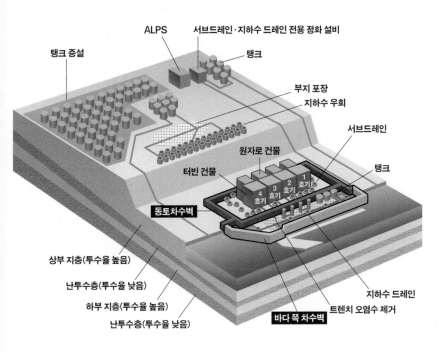

- 탱크 증설
- ALPS
- 서브드레인·지하수 드레인 전용 정화 설비
- 탱크
- 부지 포장
- 지하수 우회
- 서브드레인
- 탱크
- 원자로 건물
- 터빈 건물
- 4 호기
- 3 호기
- 2 호기
- 1 호기
- **동토차수벽**
- 상부 지층(투수율 높음)
- 난투수층(투수율 낮음)
- 하부 지층(투수율 높음)
- 난투수층(투수율 낮음)
- 지하수 드레인
- 트렌치 오염수 제거
- **바다 쪽 차수벽**

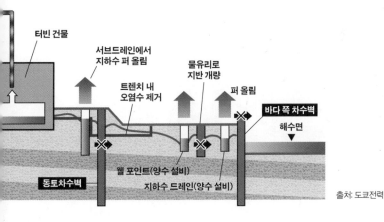

- 터빈 건물
- 서브드레인에서 지하수 퍼 올림
- 물유리로 지반 개량
- 퍼 올림
- 트렌치 내 오염수 제거
- **바다 쪽 차수벽**
- 해수면
- **동토차수벽**
- 웰 포인트(양수 설비)
- 지하수 드레인(양수 설비)

출처: 도쿄전력

건물 관통부 단면도

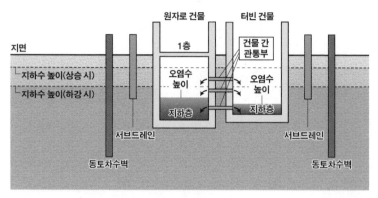

출처: 도쿄전력

오염수 수위를 지하수 수위보다 낮게 유지해 건물 밖으로 오염수가 유출되지 않게 하는 것이 관건이지만, 이와 같이 작업했음에도 원자로 건물과 터빈 건물 사이의 관통부로 흘러든 지하수가 고농도 오염수와 섞여 대량의 오염수가 발생했다.

2호기 고농도 오염수 유출 경로

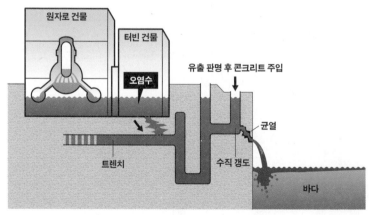

출처: 《도쿄신문》
이상 그림 출처: 가미즈미 다카시上泉隆

▲ 방사성 물질의 침투를 막아주는 전면 마스크. 사진은 원전 사고 직후부터 사용된 차콜 필터 마스크로 방사성 요오드를 걸러준다.

▲ 수소 폭발한 다음 날 3호기의 모습. 원자로 건물 위로 하얀 연기가 피어오르고 있다. 왼쪽은 2호기, 오른쪽은 4호기. 2011년 3월 15일(출처: 도쿄전력)

▲ 전면 마스크와 방호복을 갖춰 입고 일하는 작업자들. 2011년 3월 30일(출처: 도쿄전력)

▶
원전 사고 후 경계 구역으로 지정된 후쿠시마현 나미에마치의 모습. 텅 빈 중심가의 상점 거리는 사고 전 매년 11월에 10일장이 열려 사람들로 넘쳐나는 곳이었다. 2011년 12월

▶
잔해 철거 작업 중인 4호기. 2012년 1월 5일 (출처: 도쿄전력)

▶
방사선량이 높은 건물 안에서 조별로 납판 운반 작업 중인 작업자들. 2011년 9월

◄ 4호기 수조에서 미사용 핵연료를 꺼내는 작업자들.
2012년 7월 18일(출처: 도쿄전력)

면진중요동 출구에서 선량계를 확인받는 작업
자들. 2012년 8월(출처: 도쿄전력) ►

▲ 원전 부지 내에 늘어서 있는 용접 탱크. 임시로 설치한 플랜지 탱크에 오염수를 저장하다가 오염수 누출 문제가 발생해 용접
탱크로 바꾸는 중이다. 2013년 9월 3일(출처: 도쿄전력)

오염수 누출의 최대 원인인 플랜지 탱크를 해체하
고 있다. 2013년 9월 13일(출처: 도쿄전력)

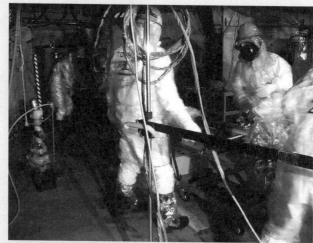

2호기 원자로 격납용기 내
부 조사 작업 중인 작업자들.
2019년 2월 13일(출처: 도쿄
전력)

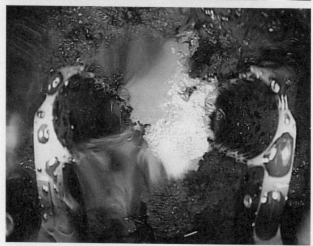

2호기 격납용기 내부에서 추
출한 핵연료 잔해. 2019년
2월 13일(출처: 도쿄전력)

▶
오염수 유출을 방지하기 위해 강철 파이프로 차수
벽을 만들었다. 2015년 10월 완공. 2015년 9월
24일(출처: 도쿄전력)

▶
텅스텐 조끼 수량이 부족하여 착용하지 못한 채 작
업 중인 용접 기술자. 2013년 2월(출처: 본인 제공)

▼ 후쿠시마 제1원전 부지에 늘어선 오염수 저장 탱크. 2019년 7월 10일(출처: 《아사히신문》)

▲ 3호기 원자로 건물의 잔해 철거 작업이 끝난 후 촬영한 부감 사진. 중앙 원형이 격납용기, 오른쪽이 사용후핵연료 수조다. 2014년 1월 31일(출처: 도쿄전력)

차례

2011년
원전에 일하러 온 이유

2012년
힘내라고 하지 마세요

2015년

작업자의 암 발병과 산재

2016년

여기는 최전선이다

2019년
그날의 참사는 아직도 끝나지 않았다

일러두기

- 인명을 포함한 외국어 표기는 국립국어원의 외래어 표기법과 용례에 따라 표기했으며 최초 1회 병기를 원칙으로 했다.

- 일본의 행정구역 단위는 '시·구·마치·무라'로 표기했다.

- 신문은 《 》로, 기사는 〈 〉로 표기했다.

- 작업자의 나이는 만滿으로 표기했다.

- 각주는 옮긴이 주다.

한국어판 서문

이 책은 일본 역사상 최악의 원자력 발전소 사고 이후 현장에서 일한 작업자들의 9년을 기록한 책이다. 사고로 그들과 그들 가족의 인생이 어떻게 바뀌는지 나는 똑똑히 목격했다.

절대적으로 안전하다고 여기던 원전에서 사고가 일어났다. 주변 지역의 방사선량이 점점 높아져 후쿠시마 제1원전에서 20km 이내 지역의 출입이 금지되었다. 현장에 접근할 수 없었기 때문에 일본 당국과 도쿄전력의 기자회견을 통해서만 내부 상황을 알 수 있었다. 그러나 기자회견에서는 제한된 정보만 발표됐다. 원전에서 진짜 무슨 일이 일어나고 있는지 알기 위해서는 그곳에서 일하는 작업자들의 이야기를 들어야만 했다. 작업자들에게 함구령이 내려져 취재원을 찾는 데 애를 먹었다. 사고 현장에서 일어나는 일이 어째서 이렇게까지 은폐되는 것일까? 이 고민은 9년 내내 나를 따라다녔다.

현장에서 실제로 무슨 일이 일어나고 있는가? 사고 현장에서 어떤 사람들이 일하고 있는가? 현장 상황과 작업 과정뿐 아니라 그곳에서 일하는 한 사람 한 사람의 얼굴을 그려내고 싶었다. 얼마나 피폭될지 모르는 현장에서 도대체 왜 목숨 걸고 일하는지, 그들의 귀가를 기다리는 가족이나 친구는 어떤 심정일지, 폭발이 또 일어나면 그들이 살아서 돌아갈 수 있을지 따위의 생각이 기자회견장에 앉은 내 머릿속을 빙글빙글 맴돌았다.

작업자들의 이야기를 실제로 듣기 시작한 것은 사고가 난 지 5개월이 지나서다. 지방에서 온 인부는 '내가 도움이 된다면', '후쿠시마를 위해 뭐라도 하고 싶다'는 마음으로 현장으로 달려왔다고 말했다. 현지 작업자들은 '하루 빨리 고향을 되찾아주고 싶다', '미래의 후쿠시마 아이들이 안심하고 살 수 있었으면 좋겠다'는 생각으로 지금도 원전에서 일하고 있다. 사고 전부터 원전에서 일한 작업자들은 '우리는 원전에서 일해온 책임이 있다'고 무겁게 입을 뗐다.

사고가 난 지 11년이 지났다. 지금도 후쿠시마 제1원전에서는 매일 약 4,000명의 작업자가 일하고 있다. 사고 직후에 비해 방사선량은 현격히 낮아졌지만 녹은 핵연료를 꺼내는 등 위험한 고선량 작업이 여전히 이어지고 있다. 폐로까지는 아직 갈 길이 멀다.

2021년 도쿄 올림픽·패럴림픽 기간 중에는 전 세계의 이목이 집중되는 가운데 '원전에서 사고가 나서는 안 된다'(도쿄전력)는 이유로 위험 작업이 금지되었다. 2021년 4월 정부가 오염수를 해양 방류하겠다고 발표한 이후 어업 관계자와 현지 주민으로부터 강한 염려와 반대의 소리도 계속 나오고 있다.

2020년대 들어 정부는 가장 방사선량이 높은 귀환 곤란 지역에 희망자에 한해 주민을 돌려보내겠다고 한다. 배상도 점차 중단되고, 피난 지시 구역도 차례차례 해제되는 등 마치 원전 사고가 일단락된 것처럼 돌아가고 있다. 그러나 원전 사고는 아직도 끝나지 않았다.

다시는 이러한 사고를 되풀이하지 않기 위해서라도 후쿠시마 제1원
전 사고 후 실제 있었던 일을 국내외에 널리 알려야 한다.

도쿄에서 후쿠시마를 오가며 취재하다가 1년 반 전에 후쿠시마
로 이사를 왔다. 후쿠시마는 산과 바다로 둘러싸여 자연이 풍요롭고
아름다운 곳이다. 농산물과 해산물이 풍성하고 어딜 가나 사람들이
반겨주는 곳이다. 취재 노트는 11년 동안 220권을 넘어가고 있다. 앞
으로도 후쿠시마 원전과 관련된 사람들에 관해 취재하고 싶다.

후쿠시마의 자택에서. 국외에서 가장 먼저 인근인 한국에서 출
판된 것에 감사하며.

2022년 4월

가타야마 나쓰코

2011년 3월 11일 오후 2시 46분. 일본 혼슈 동북부에 위치한 도호쿠 지방의 태평양 해역에서 일본 지진 관측 사상 최대인 규모 9.0의 대지진이 발생했다. 30분~1시간 뒤 대형 쓰나미가 태평양 연안을 덮쳤다. 이때 나는 《도쿄신문》 나고야 팀의 사회부 기자로 나고야에 있었다. 마침 휴일이라 집에 머물 때였는데, 지진 직후 휴대 전화와 집 전화가 동시에 울렸다. 당장 신문사로 모이라는 소식에 서둘러 본사로 향했다.

이튿날 도쿄전력 후쿠시마 제1원전의 상황이 삽시간에 급박해졌다. 1호기 주변에서 방사성 물질이 검출되어 노심 용융* 가능성이 제기됐다. 부서가 어수선한 가운데 나는 "짐을 꾸려 곧장 도쿄로 가라"는 지시를 받고 1시간 뒤 신칸센에 몸을 싣고 도쿄로 향했다.

1·3·4호기의 수소 폭발

경제산업성(가스미가세키 소재)의 기자 클럽에 도착해 가장 먼저 본 것

---

* 원자로의 냉각 장치가 정지해 노爐 안의 열이 비정상적으로 올라가 원료인 우라늄이 용해되고 이때 발생하는 열로 원자로의 밑바닥이 녹는 일. 멜트다운이라고도 한다.

은 후쿠시마 제1원전 1호기의 수소 폭발 장면이었다. 3월 12일 오후 3시 36분. 1호기에서 뭔가 하늘 높이 튀어 오르더니 건물 뒤편에서 흰 연기가 피어올랐다. "뭐야, 저게?" 혼란스러워하며 다른 기자들과 별관의 원자력 안전·보안원으로 우르르 달려갔다. 공보 담당자는 설명을 요구하는 기자들에게 이리저리 떠밀리면서 "확인 중입니다. 총리 관저와 조정하고 있습니다"라는 말만 반복했다. 기자와 카메라맨으로 넘쳐나는 회견장에서 언제 시작될지 모르는 기자회견을 기다렸다. 긴 하루가 시작됐다.

3월 14일 오전 11시 1분, 3호기 수소 폭발. 이번에는 불꽃이 보였고 폭발 후 검은 연기가 하늘 높이 피어오르는 영상이 텔레비전 화면에 비쳤다. 밤에는 2호기 원자로 내부의 냉각수 수위가 급격하게 내려가 핵연료가 모두 노출되어 '빈 냄비가 끓는 것 같은' 상태가 됐다. 3월 15일, 4호기까지 폭발했다.

기자회견에서 발표하는 현장 주변 방사선량은 마이크로시버트 μSv에서 밀리시버트^{mSv}로, 다시 순식간에 시버트^{Sv}•• 로 단위가 높아졌다. 정부는 주민들에게 피난 지시를 내렸다. 3월 11일 오후 9시 23분에는 후쿠시마 제1원전 반경 3km, 12일 오전에는 10km, 오후에는 20km 이내로 피난 구역이 확대됐고, 15일에는 반경 20~30km 이내 주민을 집 안으로 대피시켰다. 잇달아 위기가 엄습하는 동안 기자들

•• 방사선량 측정 단위. 1Sv는 1,000mSv이며, 1mSv는 1,000μSv다. 엑스선 촬영 1회당 약 0.1~0.3mSv의 방사선에 노출된다. 7,000mSv 이상 피폭되면 며칠 내 사망한다고 알려져 있다.

이 공보 담당자에게 수차례 설명을 요청했으나 그는 "무슨 일이 일어나는지 알 수 없습니다", "도쿄전력에 확인 중입니다"라는 말만 반복했다. 설명하다가 말이 막히기도 하고 단위를 잘못 말하기도 하는 회견 진행자를 보며 초조해하는 기자와 대응하는 공보 담당자 사이에 여러 차례 큰소리가 오갔다.

노심 용융 발생하다

지진 발생 직후 후쿠시마 제1원전에서는 촌각을 다투는 사태가 이어졌다. 약 40분 뒤 첫 번째 쓰나미가, 그리고 약 50분 뒤 두 번째 쓰나미가 덮쳐 교류 전력이 모두 끊어졌다. 비상용 디젤 발전기가 작동하지 않아 긴급 노심 냉각 장치도 작동하지 않았다.

1호기와 3호기의 원자로 건물은 수소 폭발로 크게 손상됐다. 방사성 물질이 대량 누출될지 모르는 위기 속에 한시라도 빨리 원자로 내 핵연료를 냉각시켜야 했다. 냉각용 담수가 부족해 해수를 대신 주입하기 위해 소방차와 고압 방수차, 자위대의 헬리콥터가 투입됐다.

3월 14일, 2호기의 원자로 내부 수위가 급격하게 내려가면서 핵연료봉이 모두 노출되는 상황이 두 차례 발생했고, 도쿄전력은 "핵연료 일부가 손상됐을 가능성이 있다"며 노심 용융을 사실상 인정했다. 2호기 원자로 격납용기의 압력이 떨어지지 않고 물이 끊겨 주수注水할 수 없는 상황 속에서, 3월 15일 오전 6시 14분 폭발음과 함께 심한 진동이 덮치며 원전 내 방사선량이 급상승했다. 2호기의 격납용기에 연결된 압력제어실의 압력이 0으로 급격히 떨어졌다. 현장에 서는 2호기가 폭발한 것으로 추정했다.

도쿄전력의 요시다 마사오^{吉田昌郎} 소장은 원자로 주수를 맡을 인원 70명(이후 이들은 '후쿠시마 50●'으로 불린다) 정도를 남기고 약 650명을 임시 대피시켰다. 얼마 지나지 않아 4호기에 화재가 발생하면서 지붕과 벽이 날아갔다. 그제야 2호기가 아니라 4호기가 폭발했음을 알게 됐다. 대피했던 작업자들이 현장으로 돌아가 빠른 속도로 복구를 진행해 3월 22일에는 6기 모두 외부 전력을 살려냈다.

3월 24일, 3호기 터빈 건물 지하 1층에서 전원 복구용 케이블을 설치한 작업자 3명이 173~180mSv의 피폭을 당했다. 세 사람은 건물 지하에 고여 있는 물속에 들어가 작업했는데 특히 단화를 신은 두 사람의 발에서 검출된 방사선 수치가 심각했다.

검사 결과 지하층에 고인 물은 400mSv의 고농도 오염수였다. 일상 운전 중인 원자로 냉각수의 1만 배에 달하는 수치였다. 이후 원자로 내 핵연료를 식히기 위해 계속 주입한 물이 고농도 오염수가 되어 새어 나와 1~4호기 건물 지하에 고인다는 사실이 밝혀졌다. 이렇게 발생한 오염수를 처리하기 위해 원전 부지 내에 탱크를 만들어 저장했다. 2020년 현재에도 이러한 과정이 이어지고 있으며, 뾰족한 처리 방법을 찾지 못한 오염수와의 사투는 이렇게 시작됐다.●●

● 원전 안에 남아 사고를 수습한 후쿠시마 출신의 작업자들을 일컫는 말.
●● 2021년 4월 13일 일본 정부는 후쿠시마 원전 사고로 발생한 오염수를 바다에 방류하겠다고 발표했다.

4월 2일, 2호기 취수구를 통해 초고농도 오염수가 바다로 흘러들고 있다는 사실이 알려졌다. 취수구 근처 수직 갱도에 고여 있던 물 표면의 1m 아래 지점에서 시간당 1,000mSv가 넘는 방사선 수치가 계측됐다.

4월 4~10일, 당국은 집중 폐기물 처리 시설에 저장했던 저농도 오염수 약 1만 t을 주변국에 알리지도 않고 바다로 방출했다. 국제 사회의 비난이 빗발쳤다.

4월 12일, 일본 정부는 원전 사고의 심각성을 나타내는 국제 평가 척도를 기준으로 후쿠시마 제1원전 사고에 대한 잠정 평가를 5등급에서 가장 심각한 7등급으로 올렸다. 원전 사고 후 방사성 물질의 대기 중 방출량을 경제산업성의 원자력 안전·보안원은 37만 테라베크렐TBq•, 정부 자문 기관인 원자력 안전 위원회는 63만 TBq로 추산했다(모두 방사성 물질 중 하나인 요오드 방출량 기준, 체르노빌 원전은 520만 TBq).

비상용 전원 부설 작업과 원자로 및 사용후핵연료 냉각 등을 마치고 수차례 위기 상황을 넘긴 4월 17일, 정부와 도쿄전력은 2단계 사고 수습 계획을 발표했다. 1단계에서는 원자로를 안정적으로 냉각시키고 차근차근 방사선량을 낮추는 기간을 3개월로 내다봤다. 수소 폭발을 피하기 위해 1~3호기의 원자로 용기에 질소를 주입하고, 밀폐 기능이 가장 잘 유지되는 것으로 추정되는 1호기의 격납용

• 베크렐은 방사성 물질이 내뿜는 방사능의 세기를 나타내는 단위다. 방사선 피폭량, 즉 인체가 받은 방사선의 영향의 정도를 나타내는 단위인 시버트와 달리, 방사능의 상대적인 크기를 가늠하기 위해 단순히 방사선 수를 계측한 단위다.

기를 물로 채우는 수관水棺**을 실시하며, 고농도 오염수 저장용 탱크를 확보한다는 내용을 담고 있었다. 2단계는 1~3호기의 원자로를 100도 미만의 안정 상태로 유지하면서 방사성 물질이 누출되는 것을 막아 방사선량을 대폭 억제하는 '냉온정지 상태'를 6~9개월에 걸쳐 달성한다는 내용이었다.

본래 냉온정지는 원자로에서 방사성 물질이 새어 나오지 않고 노심을 식히는 물이 100도 미만으로 내려가 원자로가 충분히 안정된 상태를 말한다. 그러나 후쿠시마 제1원전은 수소 폭발로 원자로 3기가 손상되어 방사성 물질을 계속 방출하고 있었다. '새어 나오는 것이 없는' 밀폐 상태와는 거리가 멀었다. 다시 말해 '냉온정지'가 불가능하기 때문에 '냉온정지 상태'라는 비슷한 듯하나 실상은 전혀 다른 용어를 당국이 만들어낸 것이다.

원전 사고 당시부터 일한 베테랑 작업자는 "무슨 근거로 이런 공정표를 만들었을까? 현장에서는 불가능하다고 기막혀 한다"고 분개했다.

원전 사고 직후 원자로 물 주입은 소방차를 동원해 비상용 소화 배관으로 진행했는데, 5월부터는 기존의 냉각용 급수 배관을 사용할 수 있게 됐다. 그리고 9~12월에는 노심 상부에서 분무하는 노심 스프레이 배관(긴급 노심 냉각 장치)으로 물을 주입했다.

** 원자로의 압력용기를 둘러싼 격납용기에 물을 채워 냉각시키는 방식. 체르노빌 원전 사고 당시에는 콘크리트로 압력용기를 매장하는 석관 방식이 사용됐다.

도쿄전력은 당초 각 원자로에 마련된 본래의 냉각 장치를 복구하려 했으나 기기 손상이 심해 단념했다. 1호기에서 시도한 수관도 격납용기 누수로 포기했다. 건물 지하에 고인 오염수의 수위는 날마다 높아져 그대로 두면 바다로 유출될 가능성이 있었다. 황급히 방사성 물질과 염분이 포함된 오염수를 정화해 재이용하는 '순환 주수 냉각 시스템' 공사를 진행했고, 6월 말 가까스로 1~3호기에서 장치를 가동하기 시작했다. 이 시스템에는 프랑스 아레바와 미국 큐리온의 정화 장치가 사용됐으나(8월에는 미국 쇼가 설계하고 도시바가 제조한 단순형 오염수 처리 시스템 사리SARRY도 가동) 문제가 자주 발생했다.

7월 19일, 일본 정부와 도쿄전력은 공정표의 1단계를 달성했다고 발표했다. 그리고 2단계 안을 개정 발표했다. 이때 냉온정지 상태의 정의가 "압력용기 바닥 온도 약 100도 이하", "방사성 물질 누출 제어로 원전 경내 피폭량 연간 1mSv 이하"로 바뀐다. 1단계에 이르는 동안 2·3호기에서 사용후핵연료 수조의 냉각 장치가 가동됐으며, 폭발 때 사방으로 흩어진 파편은 컨테이너 400개분을 제거했다.

그러나 8월 1일, 1·2호기 공용 배기관 부근 방사선량이 원전 경내 최고치인 시간당 1만 mSv 이상으로 측정되는 등 방사선량이 높은 장소가 새로이 발견되기도 했다.

야전 병원을 방불케 한 현장

원전 사고 직후 현장에는 원청이나 하청 업체 직원보다 도쿄전력 직원이 더 많았다. 잇따르는 위기에 대응하느라 작업자들은 사고 후

3주가 지나도록 수면 부족과 휴식 부족에 시달렸으며 식사도 하루에 두 끼만 조달됐다. 물도 마실 물과 씻을 물을 합쳐 하루에 1.5L 페트병 하나가 전부였다. 아침 식사는 비상용 비스킷과 채소 주스, 저녁 식사는 즉석 밥과 고등어와 닭고기 통조림이 고작이었다. 비상 대책 본부가 설치된 면진중요동免震重要棟 *의 회의실이나 복도 바닥에서 잠을 잤으며 이불도 부족했다. 한 도쿄전력 직원은 훗날 "모두 수염이 텁수룩했다. 더러워진 옷을 갈아입지 못해 냄새도 나고 피로에 절어 있었다. 마치 야전 병원 같았다"고 회고했다. 게다가 작업자가 생활하던 면진중요동은 수소 폭발 때 뒤틀린 입구의 이중문 틈새로 바깥 공기가 들어와 방사선량이 높았다. 작업자들은 1호기 폭발 후 며칠 동안 면진중요동에 하루 머물 때마다 일반인의 연간 피폭 허용량인 1mSv보다 1.5배 더 방사선에 노출되었다.

원전 사고가 발생한 지 2주가 지난 3월 28일, 원자력 안전·보안원의 요코타 가즈마橫田一磨 총괄 원자력 보안 검사관이 후쿠시마현의 재해 대책 본부 회견에서 작업자들의 참담한 상황을 언급했다. 그제야 비로소 숙식 여건이 개선되기 시작했다. 곧바로 원전 체육관에 다다미가 깔렸고 매트리스와 침낭이 배급됐으며, 5월 중순에는 2층 침대도 마련됐다.

3월 중순 이후에는 원청과 하청 기업 작업자들이 현장으로 돌아

---

* '지진을 면하는 건물'이라는 뜻으로, 원전 사고 시 사고 수습 대책 본부가 피해를 입지 않도록 면진 설계를 도입한 특수 방호 시설이다. 진도 7에도 견딜 수 있도록 설계됐다.

오기 시작했다. 작업자들은 원전에서 30~50km 떨어진 히로노마치나 이와키의 여관과 호텔, 컨테이너 시설에서 숙박하면서 승합차를 타고 후쿠시마 제1원전으로 출퇴근했다.

작업자들은 매일 아침 원전에서 약 20km 거리에 위치한 대형 축구 시설 J 빌리지에서 장비를 갖추고 원전으로 들어갔다. J 빌리지는 사고 이래 방수 작업을 하는 자위대나 소방청 등의 거점이었으며 이후 2016년까지 작업자들의 전초 기지 역할을 했다.

원전 주변 편의점이나 슈퍼마켓, 음식점은 문을 닫은 상태였다. 민주당 정권의 총리 보좌관 호소노 고시細野豪志가 작업자들에게 식사를 제공하자고 제안하면서 5월부터 본격적으로 빵과 생선 소시지, 가열 도구가 포함된 레토르트 카레와 덮밥 등이 제공됐다.

한편 작업자의 피폭이 심각한 문제로 불거졌다. 피폭량이 워낙 높아 장기 작업이 불가능하기 때문에, 도쿄전력은 이대로라면 현장을 떠나야 하는 작업자가 속출할 것으로 예상했다. 3월 15일에는 정부 특례로 후쿠시마 제1원전 긴급 작업의 방사선 피폭량 한도가 100mSv에서 250mSv로 상향 조정됐다. 이때 당국의 논의에서 상향 수치를 500mSv까지 올리고, 구명 작업 지원자의 피폭 한도를 무제한으로 하자는 의견이 있었다는 사실이 나중에 드러나 모두를 경악게 했다. 전문가 회의에서 시기상조라고 해 실시되지는 않았으나, 원전이 제어 불능 상태에 빠진 가운데 책임자들은 작업자의 생명을 희생시켜 눈앞의 위기에 대처하는 아슬아슬한 상황을 상정했던 것이다.

여기서 방사선 피폭 수치를 간단하게 설명하고자 한다. 국제 방사선 방호 위원회ICRP는 직무 피폭의 경우 1년에 50mSv 미만, 지정된 5년 내 연간 평균 20mSv(5년간 100mSv)를 선량 한도로 권고하고 있다. 일본 정부는 후쿠시마 제1원전 사고 수습을 긴급 작업으로 분류하여 피폭 한도를 기간 상관없이 100mSv로 설정했다가 이후 250mSv로 올렸다. 누적 피폭량이 상한선을 넘으면 작업장에서 벗어나야 한다.

작업자들은 곧 결사대였다. 4월까지는 선량계˙가 모두에게 지급되지 못했다. 현장 방사선량을 알지 못한 채 작업자들이 투입됐다. 당시 상황을 그들은 "작업반에서 유일하게 선량계를 지닌 반장이 현장에 없었다", "조금만 자리를 옮겨도 방사선량이 달라졌다. 내가 얼마나 피폭됐는지 알 수 없었다"고 회고했으며, "피폭량을 걱정했다면 일할 엄두를 내지 못했을 것이다. 눈앞에 터진 위기를 해결하느라 정신이 없었다"고도 했다. 선량계를 지급받은 후에도 방사선량이 높은 장소에서는 금방 피폭 한계치에 달해 작업이 어려워진다는 이유로 선량계를 가지고 가지 않는 작업자도 있었다고 한다. 게다가 체내 피폭 측정기가 모자라 내부 피폭˙˙ 검사를 받은 작업자는 5월 초 기준으로 10%도 되지 않았다. 이처럼 사고 초기에는 실제로 얼마나 피폭을 당했는지 작업자 본인도 모르는 경우가 많았다.

도쿄전력은 3월에 직원과 작업자 약 3,742명 가운데 99명이 피

˙ 피폭량을 측정하는 장치.
˙˙ 방사선 피폭은 체외에 있는 방사선원에 의한 외부 피폭과 호흡이나 음식물을 통해 체내에 들어온 방사선원에 의한 내부 피폭으로 구분된다.

폭량 100mSv를 초과했고, 6월에는 6명이 250mSv를 초과했다고 발표했다. 이들 중 3·4호기를 운전하던 두 직원의 피폭량은 각각 678mSv와 643mSv였고 모두 내부 피폭량이 높았다.

작업자의 얼굴이 보이는 취재

7월에 나는 사회부로 인사 이동했다. 담당은 원전팀이었다. 부서를 옮긴 8월 첫날, 책임자인 야마카와 다케시_{山川剛史}는 "후쿠시마 제1원전에서 어떤 사람들이 작업하는지, 작업자의 얼굴이 보이는 취재를 해오라"고 제안했다. 취재 방향이 구체적으로 떠오르지 않아 난감했다. 원전 사고 당시 작업자 상당수가 생활하던 이와키에는 이미 수많은 취재 관계자가 몰려들었고, 프리랜서 기자의 생생한 원전 잠입 르포도 나와 있었다. 이런 상황에서 무엇을 전달하면 좋을까? 취재 방법도, 실마리도 찾지 못했지만 어쨌든 작업자를 직접 만나지 않고는 할 수 있는 게 아무것도 없었다. 일단 이와키로 향했다.

도쿄 우에노 역에서 슈퍼 히타치 열차로 2시간 20분. 작업자들을 상상해봤다. '일당 40만 엔'이라는 고액의 임금으로 작업자를 모집한다는 원전 사고 직후의 보도가 사실일까? 방호복과 전면 마스크는 어떻게 착용하는가? 이중 방호복에 판초를 입고 전면 마스크를 쓰는 등 무거운 장비를 갖춘 채 작업은 물론이고 J 빌리지에서 원전까지 이동할 텐데 숨쉬기는 어렵지 않은가? 한번 현장으로 들어가면 마스크를 벗고 물을 마시거나 흐르는 땀을 닦을 수도 없다는데 온열 질환 대책은 마련되어 있는가? 수차례 수소 폭발해 피폭 우려가 매우 큰 현장에서 목숨까지 걸면서 일하는 이유는 무엇인가? 도쿄전력 기자회견에서 얻은 정보로는 한계가 있었다. 작업 진척 상황은 알 수 있어도 현장 작업자의 형편까지는 보이지 않았다. 묻고 싶은 것이 한두 가지가 아니었다.

제1원전으로 출퇴근하는 작업자는 대부분 이와키 근처의 호텔이나 여관에서 합숙했다. 한 방에 2~3명이면 나은 편으로, 5~6명씩 지내는 경우도 있었다. 호텔은 원청과 하청 기업의 장기 계약으로 만실이었다. 객실을 구할 수가 없어 그날그날 짐을 챙겨 빈방을 찾아 전전했다. 그렇게라도 취재원을 찾아야 했다. 숙소 주변, 역 근처 편의점, 거리에서 계속 말을 걸었다. "파친코장에 사람이 많다"는 말을 듣고 파친코장을 드나들기도 했다.

엄격해진 함구령

반년 정도 지나자 작업자들에게 기자의 취재에 협조하지 말라는 함구령이 떨어졌다. 작업자 무리에 다가가자 한 사람이 "일자리를 잃을 수 있어서 공공연하게 응할 수가 없다"고 했다. 그다음부터 가능한 한 혼자 있거나 소수로 모여 있는 작업자에게 말을 걸었다. 폭염이 연일 이어지는 한여름이나 얼어붙을 듯 추운 겨울날, 더구나 혼자서 여기저기 기웃거리며 돌아다니는 날이 길어지니 몹시 진이 빠졌다. 기자 경력이 꽤 되는데도 계속 거절당하거나 무시당하니 자신감이 바닥을 쳤다. 작업자들이 눈앞을 지나가도 좀처럼 말을 걸지 못하는 날도 있었다. 그럴 때 누군가 연락처를 알려주면 마음 깊이 안도

감이 들었다.

기사는 실명 보도가 기본이다. 그러나 작업자들은 취재에 응하는 조건으로 익명을 요구했다. 동료나 상사에게 들키지 않고 인터뷰할 만한 장소도 마땅치 않았다. 결국 술집의 룸을 활용하기로 했다. 낮 취재 때는 역에서 떨어진 패밀리 레스토랑같이 원전 관계자가 잘 오지 않는 가게를 찾아다녔다. 이즈음엔 24시간 공사가 많아 작업자의 복귀 시간도 제각각이었다. 그에 맞춰 취재도 쉴 틈 없이 돌아갔다. 인터뷰는 매회 3~4시간, 길 때는 6시간 이상 이어지는 경우도 있었다.

작업 내용이나 현장 상황이 구체적으로 드러나면 제보자가 특정될 수 있어 기사를 쓸 때 세심한 주의를 기울였다. 작업자가 누구인지 드러나지 않으면서도 현장감 있게 전하기 위해 머리를 쥐어짰다. 그러나 작업자가 현장에서 어떻게 고군분투하는지를 알리는 기사나 현지의 고충을 전하는 기사를 본 원청이나 하청 기업은 '범인 찾기'에 혈안이었다.

위협은 즉각 효과를 보였다. 작업 전 조례에서 "취재에 협조한 자가 있는가?"라는 말을 듣고 불안해진 작업자들이 "당신 기사 때문에 내가 취재에 응한 사실이 발각된 것 아닌가?", "일을 그만두라고 하면 어쩌나? 더는 접촉할 수 없다"는 전화를 매일 밤 걸어 왔다.

고된 상황에서도 작업자들은 밝았다. 방호복에 '후쿠시마를 위해'라고 각오를 적기도 하고, 넥타이를 그려 양복 분위기를 내기도 했다. 남자들만 있는 숙소 생활을 유쾌하게 들려주는 작업자들도 있었다. "다 같이 고기를 구워 먹는데 연기가 너무 많이 나서 앞 호텔에서 한마디 들었지 뭐예요", "잠자는 얼굴이 못생겨 주위에 민폐라면서 의자로 바리케이트를 치더라니까요", "늦잠 자는 동료를 깨웠더니 스프링 튀어오르듯이 벌떡 일어나더라고요" 등 마치 수학여행 에피소드를 풀어놓는 듯했다.

한 작업자는 어린 딸 이야기를 할 때만큼은 활짝 웃어 보였다. "아이는 제가 사는 이유니까요." 더는 살 수 없게 된 고향과 멀리 떨어져 있는 가족, 원전 현장의 이런저런 일이나 숙소에서의 인간관계 등 다양한 이야기를 하는 동안 그들의 성품과 성향이 고스란히 드러났다.

어떻게 하면 이들의 사람 냄새 나는 일상을 생생히 전달할 수 있을까? 상사와 상의하면서 작업자 한 사람 한 사람이 작성하는 일지 형식을 취해보기로 했다. 여러 차례 작성하다 보니 점차 원고의 형태가 잡히기 시작했다. 첫 번째 후쿠시마 출장에서 돌아와 꼭 일주일째 되는 날 그곳에서 만난 작업자의 이야기, 〈후쿠시마 작업자 일지〉가 시작됐다.

2011년

원전에 일하러 온 이유

마스크 속 땀과의 사투

2011년 8월 19일, 신 씨(47세, 가명)

날이 더웠다. 체력이 떨어지긴 하지만 더위에는 강한 편이다. 건강하다.

방호복은 바람이 통하지 않아 차에 에어컨을 켜도 덥기는 마찬가지다. 땀으로 속옷까지 축축하게 다 젖어 기분이 나쁘다. 제일 힘든 건 얼굴이다. 전면 마스크 안에 열이 차서 땀방울이 금방 뚝뚝 떨어진다. 땀이 눈에 들어가면 너무 따갑다. 땀을 닦고 싶지만 작업 중에 방호복을 벗으면 방사성 물질이 들어와버리니 그럴 수 없다. 그럴 때는 바닥을 쳐다보며 눈을 깜박여 땀을 떨어뜨린다.

순간적으로 마스크가 돌아가기라도 하면 앞쪽 플라스틱에 김이 확 서리면서 눈앞이 새하얗게 변한다. 마스크 안쪽을 닦을 수 없으니 작업에 지장이 생긴다. 그럴 때는 반장의 지시에 따라 잠시 작업에서 제외된다. 그만큼 작업이 늦어지니 반장도 한소리 듣는 것 같다. 그래서 우리도 나름대로 방법을 찾았다. 처음에는 안경 렌즈 클리너를 써봤는데 효과가 없었다. 그러다가 발견한 것이 100엔 숍에서 파는 차량용 김 서림 방지 스프레이다. 거품을 묻혀 흰 장갑으로 닦으면 효과 만점이다. 효과가 좋다는 소문이 퍼지면서 너도나도 사는 바람에 근처 100엔 숍 재고가 동나버렸다.

하루 중 마음이 가장 편한 순간은 원전에서 나와 담배를 피울 때다. 담배를 한 모금 머금으면 마치 스키 타러 산 정상에 올라가 신선한 공기를 들이마시는 느낌이다. '돌아왔구나, 일반인이 들어가지 못하는 위험한 곳에서 작업을 마치고 무사히 돌아왔구나' 하는 성취감이 있다. 피폭 공포는 아직까진 실감이 잘 나지 않는다.

이번 원전 사고는 일본의 운명을 좌우할 만한 사건이다. 태어난 이상 누군가에게 도움이 되면 좋겠다고 생각한다. 이제 막 사회인이 된 아들은 아버지를 자랑스럽게 여기는 듯하다. 지금까지 도통 문자 메시지를 받은 적이 없는데 "파이팅하세요"라는 메시지가 왔다. 아들과 미래의 손주들을 위해 하루빨리 사고 수습 작업을 마치고 싶다.

작업자가 후쿠시마 제1원전에 온 이유

도쿄전력 후쿠시마 제1원전에서 약 40km 떨어진 곳. 이와키 역 앞 아지랑이가 피어오르는 아스팔트 도로에 다른 지역 번호판을 단 차가 멈춰 섰다. "지저분하시만 다세요!" 얼굴이 검게 그을린 남성이 위아래 일체형인 작업복을 입고 있었다. 그는 운전석에서 몸을 길게 빼면서 웃는 얼굴로 조수석 문을 열어줬다. 초여름부터 후쿠시마 제1원전에서 일하는 신 씨였다. 뒷좌석은 장화와 공구, 옷가지 같은 짐으로 가득했다. 원전 사고 후 이와키 역 주변은 물론 시내의 조반선 부근 호텔과 여관은 작업자들로 만실이었다. 방 하나를 여럿이서 같이 쓰다 보니 공간이 부족해 차에 짐을 쌓아둔다고 했다.

간선 도로를 따라 한 스테이크 체인점으로 들어가 마주 앉았다.

앉자마자 가장 묻고 싶었던 이야기를 던졌다.

"왜 고향을 떠나 후쿠시마로 달려왔습니까?"

"원전 사고는 충격적이었어요. 평생 한 번 겪을까 말까 한 일이라는 생각이 들었죠. '인간이 수습할 수 있을까? 희생자가 생기는 것은 어떻게든 막아야 하지 않을까? 태어난 이상 누군가에게 도움이 되면 좋겠다. 내가 가야 하지 않을까?' 전기를 쓰면서도 원전에 대해 별 생각이 없었어요. 그냥 공기 같은 거였죠. 나 자신이 피해자이면서 가해자이기도 하달까? 도쿄전력이나 (원전을 추진해온) 정부에 불평할 처지가 아니죠."

사고 전, 서부 출신인 신 씨는 원전에 거의 관심이 없었다고 한다. 그러다가 텔레비전에서 연달아 폭발하는 원자로 건물을 보고 공포를 느꼈다. 그는 이따금 손을 멈추고 고심하며 말을 이었다.

그는 기술자도, 전문가도 아니다. 원전에서 일해본 적도 없다. 대기업 직원으로 전국 각지에서 근무했으며 이후 몇 가지 일을 거쳐 자영업을 하고 있었다. 하지만 무슨 일이든 해야 한다고 생각했다. 1995년 한신 대지진* 때도 돕고 싶었으나 시간을 내지 못했다. 그때부터 마음속에 후회 비슷한 감정을 품고 있다가 원전 사고가 일어난 지 수개월이 지났을 즈음, 인터넷에서 후쿠시마 제1원전의 구인 광고를 찾아 하나하나 전화를 걸었다. 그곳에서 부르는 듯한 느낌이었

---

* 1995년 1월 17일 오전 5시 46분에 고베시와 오사카시 등지에서 발생한 규모 7.3의 대지진. 이 사건으로 총 6,434명이 숨지고 4만 3,000여 명이 다친 것으로 집계됐다.

다. '방사선을 막지 못하면 우리 아이들에게 쏟아져 내릴 것이다. 내가 막을 수만 있다면….' 이런 생각이 맴돌았다고 한다. "로봇마저 고장 나는 방사선량 때문에 작업이 진척되지 못한다던데, 나 같은 사람이 한 걸음 한 걸음 작업을 나아가게 하는 데 도움이 된다면…. 나르시시즘일지도 모르겠지만." 검게 그을린 얼굴과 작고 예리한 눈에서 힘이 느껴졌다. 한 회사로부터 "곧바로 와달라"는 답을 들은 신 씨는 며칠 후 차를 몰아 후쿠시마로 향했다.

충격과 공포의 사고 현장

구불텅 휜 철골, 여기저기 흩어진 파편…. 처음 후쿠시마 제1원전 경내에 들어섰을 때 신 씨는 두려움에 몸이 떨렸다. 그토록 안전하다고 자랑하던 원자로 건물이 수소 폭발로 엉망진창이 된 광경을 목격했을 때 인간의 무력함을 느꼈다.

일을 시작하고 며칠 뒤 3호기에 변화가 보이기 시작했다. 3호기 건물이 매일 조금씩 무너지고 있었다. 그러는 동안 경내는 파편 제거 작업으로 점차 말끔해졌다.

"일을 막 시작했을 무렵에는 긴장이 돼서 매일 신경이 날카로웠어요." 신 씨도 처음에는 선량계의 알람이 울릴 때마다 피폭을 의식했다고 한다. 그러나 피폭에 대한 지식이 별로 없었다. 인터넷으로 찾아봤지만 신체에 미치는 영향은 학자에 따라 의견이 다르다는 것을 알게 된 정도였다. 매일 현장에서 일하다 보니 일반 공사 현장과 별반 다르지 않다는 생각이 점점 들었다.

당시는 긴급 상황이었기 때문에 기존에 실시하던 방사선 관련 교육을 생략했다고 한다. 따라서 작업자 상당수가 방사선과 피폭에 대해 잘 모른 채 현장에 투입된 것으로 보인다. 방사선이나 방사성 물질은 눈에 보이지도 않고 냄새도 나지 않는다. 바로 옆에 있어도 알 수가 없다.

"눈앞에서 누가 코피를 흘리며 쓰러지면 겁이 나겠지만 그런 일은 없거든요. 선량계가 삐삐 울리면 '방사선량이 올라갔구나. 빨리 지나가야지' 하는 생각이 들지만, 이것도 점점 익숙해지죠. 그러면 안 되는데 말이죠."

방호복을 입어도 피폭된다

사고 발생 5개월 후, 사고 직후보다 주변 방사선량이 낮아져 지침이 바뀌었다. J 빌리지에서 방호복을 입되, 전면 마스크는 원전 경내로 들어가기 직전에 쓰도록 했다.

방호복은 순서에 따라 착용한다. 먼저 속옷 위에 후드가 달린 흰색 점프슈트 방호복을 입고 옷 틈새로 방사성 물질이 들어가지 않도록 손목과 발목 부분에 테이프를 감는다. 그다음 커다란 필터가 달린 전면 마스크를 쓴다. 손에는 면장갑과 고무장갑을 이중·삼중으로 끼고 작업화 위에는 비닐 커버를 씌운다. 여름에는 온열 질환과의 사투가 이어진다. 보냉제를 넣은 조끼가 있긴 하지만 30분만 지나도 얼음이 녹아 무거워져서 오히려 방해가 된다. 방사선량이 높은 현장에서는 방호복 위에 15~17kg짜리 텅스텐 조끼를 껴입고 오염수 현장에서는 방호복 위에 비닐로 된 판초를 덧입는다.

전면 마스크는 작업이 끝나면 반납하고 돌아가면서 쓰기 때문에 작업자들이 무척 괴로워했다. 한 작업자는 "낫토나 마늘, 술 냄새가 심해 역겨울 때도 있다. 그래서 직접 살균 시트로 닦기도 하고 탈취제를 뿌리기도 한다. 냄새 나는 마스크가 걸리면 그날은 최악이다"라고 토로했다.

전면 마스크에 익숙해지려면 시간이 걸린다. 너무 단단히 조이면 두통에 시달리고, 느슨하게 매면 바깥 공기가 들어와 마스크에 김이 서리고 내부 피폭을 입을 우려가 있다. 작업 중에 마스크를 벗으면 흡입한 방사성 물질이 체내에서 방사선을 계속 내뿜어 피폭이 몇년, 몇십 년 이어질 것이다. 이 때문에 도쿄전력도 작업자의 복장을 엄격하게 통제·지도하고 있었다. 그러나 더위와 숨 막히는 고통에 전면 마스크를 벗거나 물을 마시려고 마스크를 들어올리는 작업자도 있다.

방호복이 피폭으로부터 몸을 지켜준다고 생각하나 사실은 피폭에서 자유롭지 못하다. 방호복은 폴리에틸렌 부직포 소재로, 방사성 물질이 몸에 직접 닿는 것을 막아주긴 하지만 대부분의 방사선이 방호복을 투과한다. 원전 전 지역에 방사선을 내뿜는 파편이 흩어져 있고 위험 구역을 제대로 파악하지 못한 채 작업이 진행되고 있었다.

정문을 지키던 강아지도 피폭당했을까?

2011년 8월 23일, 신 씨(47세)

매일 출근길에 후쿠시마 제1원전의 정문을 지날 때마다 강아지가 있는지 두리번거린다. 언제부턴가 정문 근처에 잡종견 한 마리가 나타났다. 누군가가 문 안쪽에다 펜스로 집을 만들고 담요를 깔아줬다. 강아지는 거기서 잠을 자곤 했다. 귀여워서 볼 때마다 마음이 따뜻해졌다.

원전에서 일을 막 시작한 무렵에는 긴장감으로 신경이 날카로웠다. 텔레비전으로 사고 현장을 보고 심각한 상황인 줄은 알았지만, 처음 원전 경내에 들어갔을 때는 으악 소리가 절로 나왔다. 충격과 두려움에 몸이 떨렸다.

정문에서 출입 확인을 하면서 매일 강아지 보는 게 낙이었다. 강아지가 차로 다가오면 경비원이 안아 올려 안전한 쪽으로 옮겨주었다. 그러다가 6월 중순 무렵부터 강아지가 안 보이더니 다시는 나타나지 않았다. 피폭된 것일까? 우리와 달리 마스크도 하지 않았으니. 개집으로 쓰던 차량 통제 펜스가 그대로 남아 있다. 돌아오지 않으려나.

경계 구역에 남겨진 동물들

후쿠시마 제1원전을 중심으로 20km 권내에 걸친 시정촌市町村*은 모두 9개다. 원전 사고 후 갑자기 피난 지시가 떨어지면서 주민들은 어

---

* 일본의 기초 자치 단체인 시·구·정·촌을 아울러 부르는 말.

쩔 수 없이 집을 떠나야 했다. 며칠 견디면 돌아갈 줄 알았을 것이다. 그나마 귀중품이나 당장 필요한 물건을 챙겨 나온 사람은 나은 형편으로, 입은 옷 그대로 몸만 나온 사람들도 있었다. 사고 직후에는 가재도구를 챙기거나 가축에게 먹이를 주러 집에 돌아가는 사람도 있었으나, 정부가 4월 22일부터 20km 권내를 '경계 구역'으로 지정하면서 재해 대책 종사자만 출입할 수 있게 됐다. 사실상 봉쇄된 것이다. 5월 10일부터 순차적으로 일시 귀가가 허용됐으나 좀처럼 순번이 돌아오지 않아 몇 개월째 집에 가지 못한 사람도 많았다.

홀로 남겨진 소나 개, 고양이 등이 굶어 죽었다. 우사에 묶인 채 사료통에 줄줄이 머리를 박고 죽은 젖소, 우사를 벗어나지 못하고 피골이 상접한 육우, 서로 잡아먹는 돼지, 목줄에 묶인 채 뼈와 가죽만 남은 개도 있었다. 야생 동물이 된 육우가 경계 구역을 활보하기도 했다. 원전 사고 후 태어난 송아지도 보였다. 출퇴근길에 작업자들은 앙상해진 개들에게 먹이를 주기도 했다. 도쿄전력이 보급한 생선 살 소시지나 직접 산 사료와 우유를 나눠주는 이도 있었다. 고농도 방사선량 속에서 일하는 작업자들에게 동물은 "긴장감 속에서 평온까지는 아닐지라도 마음을 따뜻하게 해주는 존재"였다. 동물들을 걱정하던 신 씨는 소시지를 늘 가지고 다녔다.

다른 취재원에게서도 버려진 동물 이야기를 자주 들었다. 한 작업자에 따르면, 원자로 건물 폭발 당시 경내에 있던 한 고양이는 눈이 짓물러버렸다고 한다. 고양이가 자주 다니는 곳에 공사 현장을 나타내는 삼각 표지판이 설치됐으며 '타마의 집'이라는 팻말이 붙었다.

한 달 정도 지나 고양이가 사라졌는데, 어느 날 "타마는 편안하게 지내고 있습니다. 지금까지 돌봐주셔서 감사합니다, 여러분"이라고 달필로 쓴 쪽지가 붙었다고 한다. 모두 걱정하던 차에 "이 글을 보고 편안히 지내고 있구나 싶어 안심했다"며 그는 미소를 보였다. 동물 이야기를 할 때면 작업자들의 표정이 부드러워졌다.

"주민들이 피난 가고 사람이 살 수 없게 된 곳에 남은 동물들이 우리처럼 피폭되고 있다는 생각이 떠나지 않아요." 신 씨가 침울하게 말했다. 주민이 모두 떠나고 고립되다시피 한 가혹한 상황에서 작업자들은 생명과 존재에 예민해진 듯했다.

비 오는 날도 땀투성이

2011년 8월 28일, 기 씨(56세)

비가 오면 시원해서 좀 낫지 않느냐고? 터무니없는 말을. 맑은 날은 해가 쨍해서 덥고 힘들지만, 비 오는 날은 비 오는 날대로 매우 힘들다. 비가 온다고 쉴 수 있는 것도 아니다.

방호복 위에 우비까지 입기 때문에 기온이 20도까지 내려가 서늘한 날에도 굉장히 덥다. 장화 속은 그야말로 비와 땀으로 질퍽질퍽해 어쩌해야 좋을지 모를 상태가 된다. 요전에도 비가 부슬부슬 내렸다. 더운 데다 시야까지 나빠져 페인트 표식에 의지하면서 겨우 작업했다.

용접 작업자는 더 힘들다. 방호복 위에 우비, 그 위에 방연복까지 입기 때문에 우리가 덥다고 하기 미안할 정도다. 완전히 땀투성이다. 사실 비가 오면 용접을 하면 안 되지만 지금은 그런 말을 할 수가 없다. 번개가 칠 때 감전되지 않도록 잠깐 피하는 방법밖에 없다. 천막을 치거나 자갈을 깔아 물이 잘 빠지게 하는 등 이런저런 방법을 찾아가며 작업을 진행한다.

그게 프로지. 어떤 상황에서도 일을 제대로 해내야지. 하지만 지금 현장에 진정한 프로는 반도 되지 않는다. 휴일 없이 내내 작업할 뻔했으나 모두 열심히 해준 덕분에 하루 휴일을 받았다.

7차·8차에 이르는 원전의 다중 하청 구조

기 씨는 사고 전부터 오랫동안 원전 일을 해온 도호쿠 출신 베테랑 배관공으로, 현장 감독 및 안전 관리 담당이다. 초등학생 때부터 물고기를 좋아해 40대 중반까지 디스커스나 레드 로열 같은 열대어를 키웠다고 한다. 스쿠버 다이빙 지도자 자격증도 있다. 공수도 4단에 수영과 모터크로스를 즐기며 대학 때는 탐험 동아리 활동을 했다. 두 번 결혼해 장남과 딸 셋, 손자도 있고 해마다 가족끼리 여름에는 바다, 겨울에는 스키 여행을 떠났다고 한다. 회사를 경영하며 행세 좀 할 때는 신주쿠나 롯폰기에서 사치스럽게 놀아보기도 하고, 전 직원을 데리고 하와이나 괌 등지로 해외여행을 다녀왔다는 이야기를 술에 취할 때마다 했다. 그러다 모친이 병에 걸리면서 회사를 정리하고 고향으로 돌아가 건설 회사에 취직했다.

원전 사고 직후에는 하청 업체 상당수가 현장에서 철수했다. 기 씨도 후쿠시마 제1원전을 떠났으나 3개월 뒤 회사로부터 다시 와줄 수 있느냐는 전화를 받았다. 스무 살이 채 안 된 막내딸이 울면서 말렸지만 "회사에서 와달라고 하니 안 갈 수가 없구나. 나라를 위한 일이기도 하고. 가야만 해. 아빠는 한다면 하니까"라며 뿌리치고 왔다. 기 씨는 후쿠시마에 와서 9일 후 제1원전 배관 설치 작업에 참여했다.

기 씨는 "초짜들만 들어와서는…"이라는 말을 자주 했다. 원전 사고 후 갖가지 기업이 작업에 참여하면서 벌어진 일들 때문이었다.

원전의 수주 구조는 처음부터 복잡하게 얽혀 있었다. 도쿄전력이 히타치나 도시바 같은 대형 건설 업체에 일을 발주하고, 그 아래에 1차 하청 업체와 2차 하청 업체를 비롯한 여러 기업이 연결된 다중 하청 구조다. 계약상 도쿄전력과 원청 기업은 3차 하청까지만 인정한다고 하는데, 실제로는 7차·8차 하청까지 줄줄이 얽혀 있다.

사고 직후에는 작업자가 부족해 상급 기업에서 기존 직원들에게 "사람 좀 데려와달라"고 부탁하는 경우가 많았다. 어떤 이는 작업자로 일하면서 인력 업체를 운영해 소개료를 받기도 하고, 아예 중개업으로 일을 전환해 브로커가 되기도 했다.

도쿄전력은 "원청 기업에 (공사의 제반 경비와는 별도로) 임금과 수당 할증분을 합친 '인건비'를 작업자 인원수만큼 지급한다"고 밝혔다. 마찬가지로 원청 기업도 임금과 수당을 합쳐 하청 업체에 지급한다. 그러나 원전 사고 후 도쿄전력이 지급한 인건비에는 '위험 수당' 명목이 없어 할증분을 받지 못하는 작업자도 적지 않았다. 게다가 다중 구조의 하위로 갈수록, 그사이에 개입하는 중개업자가 많을수록 중간에서 임금을 가로채는 일이 잦았다.

전국에서 사람을 끌어모은 결과, 원전은 물론 건설이나 토목 일조차 해본 적 없는 작업자들이 모여들었다. 이곳에 오기까지 이들이 해온 일은 다채로웠다. 하루 벌어 먹고사는 막일꾼이나 노숙자부터 "후쿠시마를 위해 무슨 일이든 하고 싶다"는 음식점 종업원이나 우체국 직원, "마침 하는 일이 없어서"라는 고미술상, "일당이 괜찮아서"라는 파견 노동자까지 다양했다. 조직폭력배가 엮인 경우도 있었다.

도쿄전력에 서류를 제출할 때 작업자들은 실제 속한 7차 혹은 8차 하청 업체명을 기입할 수 없었다. 대신 원청이나 상급 기업의 이름을 적어야 했다. 그러다 보니 자기가 실제로 몇 차 하청 업체에 소속되어 있는지 모르는 사람도 많았다. 같은 작업이라도 소속에 따라 일당 차이가 컸기 때문에 고용주들은 "서로 임금 이야기를 하지 말라"는 지침을 늘어놨다.

어느 중학생의 응원을 가슴에 품다

2011년 9월 6일, 신 씨(47세)

작업장으로 가는 길, 원전 경내 크레인에 "일본을 위한 노고에 감사합니다"라고 적은 현수막이 달려 있는 것을 발견했다. 중학교 1학년이라는 학생의 이름이 적혀 있어 무척 감동했다. 빛바랜 글자와 벚꽃 그림이 마음을 흔들었다. '함께 방사선을 뒤집어쓰는구나' 싶어서. '아, 나는 이 나라를 위해 일하고 있구나' 확인할 수 있었다. 도움이 되고 싶다는 생각으로 사고 현장에서 일해보자고 결심했을 때의 마음가짐이 되살아났다.

매일 현장에서 인간관계나 작업에 쫓기다 보면 초심이 옅어지고 여느 공사 현장과 별반 다르지 않게 느껴진다. 처음의 긴장감도 느슨해졌다. 그러던 중에 고맙다는 글을 보고 감격했다. 더 열심히 해야겠다. 좀 더 힘을 내보자고 동료와 다짐했다.

이 길을 지날 때마다 펄럭이는 현수막을 보는 것이 즐거움이었는데, 며칠 전 사라져버렸다. 크레인에 흔적만 남아 왠지 쓸쓸했다. 글귀를 적어준 학생에게 "우리는 원전에서 고군분투하고 있어요. 정말 감동받았어요"라고 전해주고 싶은데.

전례 없는 위기 앞에 싹트는 연대감

후쿠시마 제1원전 1호기에서 200m 정도 떨어진 면진중요동의 긴급대책 본부에는 전국에서 보내온 응원과 감사의 메시지가 담긴 편지가 쌓여 있었다. 사고 발생 직후 도쿄전력 본사의 도움으로 원전 현장에 있는 공보 담당자와 통화한 적이 있다. 이 시기 도쿄전력 직원과 협력 회사의 작업자들은 먹을 것도 침구도 부족한 열악한 환경에서 면진중요동의 복도나 회의실에서 쪽잠을 자며 시시각각 악화하는 상황을 수습하느라 죽을힘을 다해 버티고 있었다고 한다. 공보 담당자는 국내외 어린이들이 보낸 격려 편지를 작업자들이 함께 읽고 위로받는다는 소식을 들려주었다.

사고 직후 원전 현장은 강한 연대감을 보여줬다. 젊은 작업자는 J 빌리지에서 버스가 출발할 때 도쿄전력 직원들이 줄지어 서서 "잘 부탁드립니다"라며 머리 숙여 배웅해줬다고 회고했다. "전에는 도쿄전력이 갑이었는데 사고 후에는 그쪽에서 먼저 인사를 건네거나 고맙다고 감사의 말을 전합니다."

원전 사고 전 도쿄전력과 협력 업체는 일을 발주하는 측과 수주하는 측으로 입장 차이가 분명했다고 한다. 그러나 전례 없는 위기 앞에 지금까지의 구분이 사라지고 함께 고군분투한다는 강한 연대감이 싹트고 있었다.

현지 주민과의 교류도 작업자들에게 동기 부여가 됐다. 신 씨처럼 후쿠시마 이외 지역에서 온 작업자들이 자주 하는 이야기였다. 상점이나 병원에서 만나는 주민들이 "후쿠시마를 위해 멀리서 와주셔서 감사합니다"라고 인사한다는 것이다. 그 이야기를 전하는 작업자들의 얼굴에 수줍은 미소가 떠나지 않았다.

한편 작업자가 작업복 차림으로 거리를 활보한다든가, 이와키 번화가에서 술을 마시고 싸운다는 등 좋지 않은 말도 돌았다. 현지 주민들의 복잡한 심정을 취재 중에 느낄 수 있었다. 10대 딸을 둔 40대 여성은 "후쿠시마를 도우러 와준 것은 고맙지만 작업자들이 우르르 모여 있으면 분위기가 묘해지고 무섭다"면서 갑자기 거리에 작업자들이 넘쳐나 당혹스러운 모습이었다.

범죄도 발생했다. 기 씨와 함께 방문한 이와키 역 근처 작은 술집에서 70세 전후의 주인이 카운터 너머로 복잡한 심경을 토로했다. 신나게 가라오케를 즐기고 기분이 좋아진 기 씨가 화장실에 간 사이였다. "피해 신고는 하지 않은 것 같은데, 작업자 몇몇에게 희롱당해 가게를 그만둔 종업원이 있었어요…. 어떻게 지내는지 좀 걱정되네요."

계산할 때 그는 내 손등을 톡톡 치면서 속삭였다. "이런저런 일이 많아요." 거스름돈을 주는 그의 표정이 잠깐 어두워졌다. 그렇지만 배웅할 때는 언제 그랬냐는 듯 평소 모습으로 돌아와 있었다. "감사합니다. 또 오세요."

하루에 원전을 출입하는 작업자가 3,000명. 문제를 일으키는 이는 극히 일부다. 그러나 원청 기업은 엄격하게 주의를 준다.

"회사로부터 문제를 일으키지 말라는 말을 들었어요."

"작업복 차림으로 돌아다니지 말라고 조례 때 주의를 들었습니다. 그게 편하니까 기숙사에 가지고 가서 입는 사람이 많아요. 그대로 입고 나가는 거죠."

"밖에서 술 마시지 말고 숙소에서 마셔라, 이런 말을 듣습니다. 대부분 성실하게 잘하고 있는데 말이죠."

작업자들은 억울해하기도 하고 안타까워하기도 했다.

나는 살아 있는 인간이다

2011년 9월 15일, 기 씨(56세)

오늘도 흐렸다. 바람이 불지 않아 다행이었다. 저녁 식사는 참치회와 닭꼬치와 낫토. 참치회는 반이나 먹어치웠다. 너무 지쳤다. 잘 먹고 잘 자서 체력을 길러야지.

열사병 대책으로 폭염 때 작업은 가능한 한 피하라는 지시가 있었다. 날씨에 따라 작업 시간이 바뀐다. 여기에 맞춰 새벽 2시에 일어나기도 하고 4시에 일어나기도 한다. 나는 기계가 아닌 살아 있는 인간이다. 너무 고되다. 이제 슬슬 서머 타임이 끝나가서 아침 근무가 좀 늦춰지지 않을까 기대했으나 당분간은 이대로 지속될 것 같다.

지난번에는 정말 깜짝 놀랐다. 새벽 3시 반에 일어나야 하는데 눈을 떠보니, 4시 10분 아닌가. 큰일 났다 싶어 정신없이 출근했다. 다행히 늦지 않고 제시간에 도착할 수 있었지만.

하루 중 가장 기분이 좋을 때는 일을 마치고 숙소에 와서 캔 맥주를 따는 순간이다. 컵에 멋진 거품을 만들어 따라 마실 때가 최고의 순간이다. 내일도 일찍 일어나야 하니까 오늘은 그만 자야겠다.

오늘도 젊은이 하나가 쓰러졌다

장마가 빨리 끝나 전국적으로 기온이 높았다. 후쿠시마 나미에마치는 5월 하순에 이미 30도가 넘었고, 9월 중순까지 최고 35도 가까운 날이 이어졌다.

"손발이 저려 기절할 것 같았다", "작업이 끝날 때쯤 속이 매스꺼워지면서 눈앞이 새카매졌다", "오늘도 젊은이 하나가 쓰러졌다."

7월에 접어들어 작업자들 사이에 열사병 이야기가 끊이지 않았다. 폭염에 오염수 저장 탱크 위에서 일하는 작업자는 "탱크의 반사 빛이 너무 강해 방호복과 전면 마스크를 착장하면 체감 온도가 40도를 훨씬 넘는다"고 했다. 전면 마스크 속은 찜통이다. 피폭이 위험하다는 걸 알면서도 마스크 아래를 열어 고인 땀을 주르륵 흘려 버린다고 한다.

도쿄전력은 열사병 대책으로 서머 타임을 시행, 오후 2~5시 작업을 금지했다. 원청 기업에 따라 다르지만 대체로 6~7월경 시작해 9월 무렵까지 이어진다. 서머 타임 때는 새벽이나 밤중에 작업을 시작한다. 평소에도 새벽 4~5시에 일어나는데 더 앞당겨야 하는 것이다. 새벽 2~3시에 일어나려면 일찍 자야 하지만 생활 습관을 갑자기 바꾸기가 어려우니 작업자들은 수면 부족을 겪는다. 야간 작업을 하면 밤낮이 완전히 바뀌어, 아침에 퇴근해 누워도 좀처럼 잠을 이루지 못한다. 열사병 대책으로 나온 서머 타임이 오히려 체력을 소모시키는 가장 큰 원인이 되었다.

"서머 타임이 실시되면 더 힘들다. 몸이 겨우 적응했구나 싶을 때 다시 원래 시간으로 돌아간다." 하루 중 기온이 가장 높은 시간대의 작업은 피할 수 있었지만, 그럼에도 서머 타임은 작업자들에게 환영받지 못했다.

작업 현장에서는 열사병 예방을 위해 '더위 지수WBGT'를 사용한다. 기온뿐 아니라 습도나 일사량 등을 종합적으로 고려한 수치로, 일정 기준 이상 지수가 올라가면 작업 시간을 제한하거나 작업을 중단한다. 1시간 작업하면 휴식하는 등 규칙이 세세하다. 다만 휴식 후 재정비하고 현장으로 복귀하기가 매우 번거롭고 힘들기 때문에 휴식 없이 내리 일하는 작업반도 있었다.

이 모든 것이 열사병 위험을 높이는 원인이다. 열사병 환자가 나오면 작업이 중단되고 도쿄전력에 세세하게 경위를 보고해야 한다.

영세한 하청 업체는 작업자의 건강 관리 문제로 잘릴까 봐 예민했다. 이 때문에 도쿄전력이 나눠주는 소금 사탕이나 이온 음료 외에 우메보시*를 준비해 먹이는 등 세심하게 주의를 기울였다.

9월에 접어들어 도쿄전력이 무료로 제공하던 레토르트 식품과 빵이 더는 나오지 않을지도 모른다는 소식이 날아들었다. 9월 13일, 소금 사탕과 물, 녹차 이외에는 모두 지급이 끊겼다. 작업자들은 J 빌리지에 생긴 상점에서 먹을 것을 구입하든가 직접 준비해야만 했다. 도쿄전력 담당자는 "비상 재해용 비축품을 지급해왔는데 이제 주변 환경이 정비되어 중지됐다. 작업자에게 감사하는 마음은 변함없다" 고 설명했다. 지금까지도 몇 차례 이야기가 나왔지만 작업자의 반발에 연기되곤 했다. 작업자들 사이에서는 불만이 터져 나왔다.

'냉온정지 상태'의 진짜 의미

이 무렵 정부의 기자회견에서는 원자로가 안정적으로 냉각되는 '냉온정지 상태(2단계)'를 되도록 연내에 달성하겠다는 발언이 빈번하게 나왔다. 그러나 실제 상황은 안정과는 거리가 아주 먼 상태였다.

후쿠시마 제1원전 원자로 건물과 터빈 건물 지하에서는 매일 증가하는 고농도 오염수와의 사투가 이어졌다. 원자로에 주입한 물이 새어 나와 건물 지하층에 고이고 있었다. 게다가 9월 말, 땅속에서 건물 지하층으로 유입된 지하수가 하루 최대 500t에 이를 것이라는

• 소금에 절인 매실을 말려 만든 일본식 절임 음식.

예측이 나왔다. 지하 오염수가 넘쳐 바다로 유출되지 않도록 원자로를 냉각한 오염수를 정화해 냉각수로 재활용하는 순환 주수 냉각 시스템이 6월 말 가동됐으나, 오염수 정화 설비에 문제가 끊이지 않으면서 제 기능을 못 하고 있었다. 정화 설비로 방사성 물질을 제거한 오염수를 보관하는 탱크도 서둘러 마련했다.

9월 들어 1호기에서는 건물에서 나오는 방사성 물질의 확산을 막기 위해 철골을 세워 덮개를 씌우는 공사를 진행했다. 방사선량이 높은 원자로 건물 내부에서는 납판으로 방사선 차단벽을 설치하는 작업이 신속하게 진행됐다.

원전 사고 직후 방사선량이 높은 작업장은 하루 피폭 상한을 10mSv로 설정했으나, 반년 뒤인 현재 3~5mSv로 조정했다. 사고 직후보다 낮아졌다고는 하지만 일반인 기준 피폭량 3~5년분을 하루 만에 채우는 것이다. 이렇게 해도 건물 안에서 작업할 수 있는 시간은 하루 10분 정도였다. "정부와 도쿄전력이 안정을 찾고 있다고 멋대로 발표하지만, 현장에서는 여전히 손으로 바닥을 더듬어가며 작업하고 있습니다. 막무가내로 공사를 강행해 예정에 없던 발판 따위의 방해물이 나타나 일정이 꼬이기도 하고, 처음 진입 시도 때 만든 장치나 설비를 사용하지 못하는 경우가 비일비재합니다. 그럴 때마다 맥이 풀려요." 베테랑 원전 작업자의 말이다.

정부가 기자회견에서 언급한 '냉온정지 상태'는 처음 공정을 발표한 4월에는 "방사성 물질 방출을 대폭 억제해 1~3호기의 원자로를 100도 미만의 안정 상태로 만든다"는 의미였으나, 1단계 공정이 마무리된 7월 이후에는 "방사성 물질 방출을 대폭 억제해 압력용기 바닥의 온도를 100도 이하로 유지하는 것"으로 바뀌었다. '냉온정지'가 불가능하기 때문에 '냉온정지 상태'라는 용어를 만들어 마치 '안정 상태'가 된 것처럼 여기게 하려는 의도였다.

9월, 원전 사고 담당인 호소노 장관이 국제 원자력 기구^{IAEA} 총회에서 "냉온정지 상태를 연내에 달성하도록 전력을 다하겠다"고 발표했고, 노다 요시히코^{野田佳彦} 총리도 유엔^{UN} 본부에서 "원자로의 냉온정지 상태는 내년 1월 예정이던 기한을 앞당겨 올해 안에 달성하고자 전력을 다하겠다"고 선언했다. 10월 중순에 정부와 도쿄전력이 제시한 공정표에는 연내 달성이 명시됐고 이후 정부와 도쿄전력은 '냉온정지 상태' 달성이라는 말을 수시로 반복하고 있었다.

방치된 오염 한도 1만 3,000cpm

어느 날 저녁 신바람이 난 신 씨의 전화를 받았다. "오늘 새 신발이 나왔어요. 왠지 득 본 것 같다니까요." 기존 작업화가 오염 검사에서 불합격을 받았다고 했다. 오염도 측정계의 바늘이 크게 움직였다는데 몸은 괜찮을까? 이처럼 작업 도구나 자동차도 검사 대상이다. 정상 범위를 벗어나면 오염을 제거하고, 오염이 기준치 이하로 떨어지지 않으면 원전 구역 밖으로 반출할 수 없다. 작업자들은 일을 마치거나 휴게소에 들어가기 전 방호복을 벗은 상태로 반드시 전신 오염 검사를 받는다. 오염된 경우 알코올로 피부를 박박 문지른다. 이즈음에는 "오염된 신발을 교환했다", "원전을 나올 때 오염 검사에서 걸렸다"는 말을 자주 들었다.

　원전 사고 후 구역 외로 반출할 수 있는 물품의 오염 한도는 사고 전의 300~500cpm(count per minute: 1분당 방사선 계측 횟수)에서 10만 cpm까지 올라갔다. 9월에는 기준이 1만 3,000cpm까지 내려갔으나 현재까지 이 수치는 그대로 방치되고 있다.

태풍 대책으로 정신이 없다

2011년 9월 22일, 다케 씨(42세)

오늘은 예보된 15호 태풍에 대비하느라 정신없었다. 아침부터 부슬부슬 비가 내리긴 했지만 태풍의 영향은 아직 이렇다 할 것이 없다. 물에 젖으면 안 되는 연장이나 기계에 덮개를 씌워 날아가지 않도록 끈으로 묶고, 무거운 것을 찾아 눌러놓는 작업을 했다. 동료와 함께 단시간에 해치운 덕에 이른 오후에 숙소로 돌아올 수 있었다. 비바람이 강해지기 전에 일이 끝나서 다행이었다. 오늘 밤 안으로 태풍이 지나가준다면 내일은 맑게 개지 않을까? 오늘처럼 날씨가 선선하면 좋으련만.

피폭량 100mSv 초과 작업자 99명

9월은 작업자들이 태풍에 대비하느라 바쁜 달이다. 비가 내리는 날 철판이 깔린 곳에서는 장화 때문에 미끄러지기 십상이다. 고무장갑에 물기가 묻어 연장도 자꾸 미끄러진다고 한다. 전면 마스크 때문에 안

그래도 시야가 좁은데 강한 빗속에서는 작업이 더 어려워진다.

9월 21일, 후생노동성의 '도쿄전력 후쿠시마 제1원전 작업자의 장기 건강 관리 관련 검토 모임'이 보고서를 발표했다. 이를 바탕으로 후생노동성은 2012년부터 일정 기준에 이른 피폭 작업자에게 암 검진 등을 실시한다는 방침을 정했다. 누적 피폭량 50mSv가 넘으면 백내장, 100mSv가 넘으면 위·대장·폐·갑상선 암 검사 대상이다. 이듬해 도쿄전력은 암 검진 기준치를 50mSv 이상으로 확대했다. 후생노동성에 따르면 9월 15일 기준으로 원전 사고 후 피폭량 50mSv 초과·100mSv 이하 작업자는 309명, 100mSv 초과인 작업자는 99명이었다. 또 긴급 작업에 참여한 2만여 명을 대상으로 주소·이름·소속 회사·업무 내용·피폭량·건강 검진 결과 등을 조사해 데이터베이스를 만들었다. 등록증도 발행하기로 결정했다.

고향을 잃은 슬픔을 나누다

2011년 9월 29일, 신 씨(47세)

휴대 전화를 바꾸려고 이와키에 있는 판매점에 갔다. 젊은 점원이 신청서에 적은 주소를 보고 "멀리서 와주셨군요. 감사합니다"라고 인사했다. 후타바마치에 사는 그는 원전 사고 때문에 피난 생활을 하고 있다고 했다. 후쿠시마 번호판을 단 차가 다른 지역에서 괴롭힘을 당했다는 이야기를 전해줬다.
병원에 검사를 받으러 갔을 때도 젊은 간호사가 피를 뽑으면서 "멀리서 와주셔서 감사합니다"라고 했다. 40대 초반으로 보이는 간호사는 가까운 피난처에서 출퇴근하는데 어머니가 매일같이 "집으로 돌아가고 싶구나. 정말 집에 가고 싶어" 하며 눈물을 보인다고 했다.

후쿠시마에 오기 전, 최악의 사태까지 생각해 독립한 아들을 만나고 성묘도 했다. 가장 추억이 많은 고등학교에 다녀오고 어린 시절 뛰놀던 강변을 걸으면서 눈에 새겼다. 새삼 고향 생각이 많이 났다.

원전 문제는 나라 전체가 함께 해결해야 한다. 후쿠시마 주민들이 괴롭힘을 당한다는 이야기를 듣자니 너무 안타까웠다. 왜 그들의 고통에 공감하지 못하는 걸까. 주민들이 하루빨리 집으로 돌아갈 수 있도록 노력해야겠다.

히로노마치 포함 5개 지역, 긴급 피난 준비 구역 해제

9월 30일, 후쿠시마 제1원전으로부터 반경 20~30km 권내의 히로노마치 전 지역과 나라하마치·미나미소마시·다무라시·가와우치무라 일부가 긴급 피난 준비 구역에서 해제됐다. 이보다 조금 앞서 한 작업자에게서 도쿄전력이 원전 구역 내 의무였던 전면 마스크 착용을 일부 완화하는 방안을 검토 중이라는 말을 들었다. 즉시 도쿄전력 측에 확인하자 "원전 구역 내 방사능 농도가 낮아지고 있다. 작업자의 부담을 덜어주기 위해 마스크 완화 방안을 검토하고 있다"는 답이 돌아왔다. 구체적으로는 정문에서 면진중요동까지 약 1km 거리를 이동할 때 전면 마스크가 아닌 일회용 방진 마스크를 착용한다는 내용이었다.

현장에서는 1호기 원자로 건물에 덮개를 설치하는 등 방사선 비산飛散 방지 조치가 이어지고 있었지만 오염된 먼지를 흡입하면 즉시 내부 피폭으로 이어진다. 일회용 방진 마스크로 내부 피폭을 막을 수 있을까? 작업자들 사이에 의문이 번지고 있었다. "시기상조다. 비산 방지제를 뿌려도 자동차가 지나가면 흙먼지가 날린다", "면진중요동 주변 방사선량은 여전히 높다. 방호 장비를 벗어도 된다지만 두렵긴 마찬가지다."

40대 베테랑 작업자는 "잠깐 편할 뿐 어차피 작업 때는 전면 마스크를 써야 하고 일부 구간에서만 완화한다는 건 의미가 없다"고 잘라 말했다. "왜 지금 방호 장비를 완화하려는지 모르겠다. 그저 현장 상황이 이 정도까지 좋아졌다는 것을 보여주려는 것 아니겠나?" 라고 노골적으로 불신을 표출하는 이도 있었다.

이 무렵 정부는 추가로 피난 구역을 일부 해제해 주민 귀향 조치를 내리기 시작했다. "사고 수습 방안이 전혀 마련되지 않았다. 오염 제거도 되지 않았고 인프라도 제대로 복구되지 않은 상태인데 귀향이라니…" 현지 작업자의 표정이 험악하게 일그러졌다.

겨울이 오기 전에 고향으로 돌아갈 수 있을까?

2011년 10월 3일, 기 씨(56세)

"아쉽구나, 여름의 흔적, 북두칠성 우러러 바라본 밤하늘 오리온의 빛."
여름에 잠시 고향에 갔을 때 밤하늘에 빛나는 북두칠성을 보며 짧은 시조를 지어봤다. 원전 작업은 앞으로 얼마나 걸릴까? 겨울 별자리 오리온이 나오기 전에 일을 마무리하고 고향으로 돌아가면 좋겠다. 방사선 가득한 데서 계속 일하는 것도 그렇고… 친구들도 있으니.

사고 현장은 토목 작업이 일단락되고 작업자가 하나둘 해고되고 있다. 이번에는 긴급 작업이어서 '일거리가 있는 동안'이라는 조건으로 원전에서 일하고 있다. 기술이 있어 다른 일을 바로 찾을 수 있는 사람은 괜찮지만, 그렇지 못한 사람은 언제 잘릴지 몰라 불안해한다. 모두 전전긍긍하고 있다.

파견직은 고용할 때도 내일 당장 나오라는 식이고, 해고도 어느 날 갑자기 끝. 안정을 찾기 어렵다. 잘려서 고향으로 돌아갔다가도 원전에서 다시 부를 것 같기도 하고.

언제 해고될지 모른다

"장인은 말이야, 바로 일에 몰두해버리는 사람들이야. 선량계에서 경고음이 울려도 일단락 짓기 전까지 작업을 멈추지 못하지." 10월에 들어선 어느 날, 기 씨는 눈앞의 작업을 어떻게든 마무리 지으려는 현장에서의 심경을 말해줬다.

작업자는 그날 작업에 따라 선량 한도를 설정한 선량계를 받는다. 상한 수치의 5분의 1에 달할 때마다 경고음이 울린다. 예를 들어 상한이 5mSv면 1mSv 올라갈 때마다 알려준다. 한도를 넘지 않으려면 네 번째 경고음에 철수해야 한다. 그러나 '조금만 더, 조금만 더' 하다가 다섯 번째 경고음이 쉬지 않고 울릴 때가 있다는 것이다.

이즈음 기 씨는 일이 많아 당분간 고향에 가지 못할 것 같다고 했다. 그런데 그와 만난 지 사흘이 지나 전화가 왔다.

"이제 열흘 남았다네요. 또 시작하겠지만 일단 작업을 중단한대요. 오늘 말하더라고요. 지금까지 하던 작업은 이것으로 끝. 자, 박수, 짝짝짝. 돌아가라니 너무 갑작스럽잖아요. 장난하는 것도 아니고, 나원 참." 기 씨가 하던 작업이 중단된 데다, 소속 업체가 다음 일을 수주할지 못 할지도 모른 채 작업반 동료 대부분이 철수하게 됐다. 거칠게 불평하던 목소리에서 힘이 빠졌다. "마무리 모임 때 와이셔츠를 차려입고 가야 하나. 그런 다음에는 고향으로 가는 거지."

기 씨는 사고 전부터 후쿠시마 제1원전에서 일했다. 사고 직후 하청 업체가 대부분 철수하면서 현장을 떠났다가 여름 전에 다시 불려 왔다. "언제나 갑자기 연락합니다. 이번에도 작업 시작 일주일쯤 전에 연락을 받았죠. 현장에 오기 전에는 어떤 일을 할지, 월급은 얼마인지도 몰라요." 게다가 이번에는 긴급 작업이었기 때문에 고용 기간 계약도, 보증도 없었다.

가을이 지나면서 작업자들이 "일이 줄고 있다. 언제 해고될지 모른다"며 전화를 걸어 왔다. 사고 직후의 긴급 작업이 어느 정도 마무리되고 도쿄전력에서 발주하는 공사가 줄어들고 있었다. 게다가 여름이 끝날 무렵부터 고선량 작업이 줄어들면서 공사에 참여하는 업체가 증가했다. 수주 경쟁이 과열돼 원청이나 하청 기업이 접대를 하거나 경쟁사의 부정적인 정보를 흘리면서 서로 발목을 잡는 상황이 벌어졌다. 기 씨의 갑작스러운 해고도 이러한 영향이었다.

피폭량이 상한에 근접해 현장을 떠나는 작업자도 크게 늘었다.

피폭 한도는 연초마다 원청이나 하청 기업이 정부 기준과 작업자의 피폭 상황에 따라 1년간의 한도를 설정한다. 보통 정부에서 정한 '5년 100mSv'를 초과하지 않도록 '5년 80mSv 이내'로 설정했다. 피폭량이 높으면 그다음 해의 '한도'는 그만큼 낮아진다.

사고 직후 정부는 긴급 작업 피폭량의 상한을 누적 250mSv로 올렸으나 기업들은 평상시 직무 피폭 한도(1년 50mSv, 5년 100mSv) 내에서 작업자의 피폭량을 관리했다. 한 하청 기업 임원은 "정부가 언제 상한을 평소 기준으로 되돌릴지 알 수 없기 때문"이라고 설명했다. 그렇게 되면 100mSv를 초과한 작업자는 당장 일을 할 수 없다. 이는 기업의 존폐와도 관련되는 문제였다. 피폭량을 평상시 한도 내로 유지하려면 연간 20mSv를 넘지 않는 게 좋지만 사고 발생 1년째, 모두들 누적 피폭량이 높아 연간 30~40mSv 이내로 한도를 늘려 운용하고 있었다. 그렇게 해도 피폭 한도를 초과하는 작업자가 잇따랐다.

원전과 함께 살아온 마을

"하마도리* 사람은 가족이나 친척 중에 하나쯤은 원전에서 일합니다. 도쿄전력 관계자도 많습니다. 후쿠시마 원전이 있기에 이곳에서 일하며 살 수 있었습니다." 취재에 응한 현지 작업자들은 하나같이 원전의 존재에 감사했다.

1971년 3월 26일, 오쿠마마치와 후타바마치에 걸쳐 있는 후쿠

● 후쿠시마현 동해안 지역.

시마 제1원전은 비등수형 원자로인 1호기를 시작으로 운전을 개시했다. 원전이 들어선 지자체에는 정부 지원금과 고정 자산세 등 거액의 경비가 들어온다. 관청이나 체육관 같은 공공시설이 잇달아 지어지면서 현지 건설업자도 혜택을 받았고 주변 음식점이나 숙박업소도 활기를 띠었다.

지진 발생 전 오쿠마마치는 일반 회계 예산 약 70억 엔 중 전원電源지원금** 등 원전 관련 세수가 50%를 차지했다. 후타바마치도 예산약 60억 엔 중 원전 관련 세수가 50%나 됐다.

후쿠시마 제1·2원전이 지역에 있는 것이 어릴 때부터 당연했다는 작업자는 이렇게 말했다. "현지에서는 안정적이고 고수입이 보장되는 도쿄전력의 직원이 되는 것을 동경했습니다."

2011년 3월 11일, 이날을 경계로 모든 것이 달라진 것이다.

"앗, 타조다!"

2011년 10월 13일, 신 씨(47세)

동료와 함께 차를 타고 현장으로 가던 중, 도로 전방에 흔들흔들 달려가는 뭔가가 보였다. 점차 윤곽이 눈에 들어왔는데 앗, 타조였다. 두 마리가 사이좋게 나란히 달리고 있었다. "정말 크네, 나보다 키가 크겠는데." 예전에 후쿠

** 발전용 시설의 설치 및 운전 원활화에 기여하는 것을 목적으로 할당되는 교부금.

시마 제1원전에서 기르다 민간 농장에 양도한 타조가 지진 이후 도망쳤다는 소식을 들은 적 있다. "커플일까?" 타조 두 마리는 곧 옆길로 가버렸다.

다음 날 원전에서 5km 정도 떨어진 회전 초밥집 주차장에서 어슬렁거리고 있는 타조를 또 만났다. 그 이튿날에도 있었다. 무서워서 차에 탄 채로 천천히 다가가다 한 마리와 눈이 마주쳤다. 겁나기도 하고 귀엽기도 하고. 결국 내가 먼저 눈길을 돌렸다.

그래도 머리를 움직이지 않고 겅둥겅둥 걷는 모습이 어쩨 애교를 부리는 듯했다. 언제나 둘이 사이가 좋아서 보고 있으면 웃음이 절로 나왔다. 그러고 보니 경계 구역은 동물 천국이 되어간다. 강아지, 고양이, 소, 그리고 타조. 다음에는 어떤 동물을 만날까?

집을 잃은 소와 자동차의 충돌 사고

원전 사고 후 야생이 된 흑우와 작업자의 차량이 충돌하는 사고가 빈번했다. 몸길이 약 2m, 체중이 400~500kg이나 되는 소와 충돌하면 자동차도 온전할 수 없다. 교통량이 많지 않은 야간에 무심코 속도를 높이다가 밤에 특히 잘 보이지 않는 흑우와 맞부딪치는 것이다.

"어제는 정말 놀랐지 뭐예요. 사고를 처리해줄 사람이 영 오지 않아서 곤란했어요." 50대 작업자가 소와 충돌한 다음 날 연락을 줬다. 전날 퇴근길에 심야 작업자들을 태운 차가 소와 충돌하면서 밭으로 처박혔다고 한다.

귀가를 서두르던 승합차가 소와 부딪쳐 크게 파손되고 소는 즉사한 사고도 있었다. 사체와 파손 차량을 치우느라 중장비가 동원됐다.

소를 끌어 올려 도로 옆 밭에 묻는 작업이 새벽녘에야 끝났다고 한다.

'피폭과는 무관한' 죽음

5월, 사고 발생 후 처음으로 작업자가 사망했다. 사망자는 시즈오카 현 오마에자키시에서 온 오스미 노부카츠大角信勝(60세)로, 사망 전날 원전 일을 시작했고 사인은 심근 경색이었다. 집중 폐기물 처리 시설에서 작업을 시작한 지 50분 만에 몸 상태에 이상을 느껴 10분 뒤 의무실로 옮겼으나 의식 불명 상태에 빠졌고, 다시 병원으로 이송된 뒤 사망했다. 도쿄전력은 5월부터 면진중요동 의무실에 의사를 배치했지만 24시간 근무가 아니어서 오스미 씨를 의무실로 옮겼을 때 의사는 없었다. 도쿄전력이 원전 내에 24시간 의사를 배치한 것은 7월부터였다. 오스미 씨의 죽음이 '단시간 업무 과중으로 인한 과로사'로 산재 인정을 받은 것은 이듬해의 일이다.

8월 30일, 도쿄전력은 휴게소에서 출입문 개폐와 방사선 관리를 담당하던 40대 작업자가 불편을 호소하고 며칠 뒤 급성 백혈병으로 사망했다고 발표했다. 원전에서 일을 시작한 지 일주일이 지난 때였다. 도쿄전력은 이 작업자의 외부 피폭량이 0.5mSv로 낮다며 피폭과의 인과 관계는 발견하지 못했다고 밝혔다.

10월 6일에는 탱크 설치 작업에 참여한 50대 작업자가 사망했다. 작업 일수 46일째였다. 도쿄전력은 이후 바이러스가 원인인 장기 염증으로 인한 패혈증이 사인이라고 발표했다. 사망자의 외부 피폭량이 2mSv로 낮고 노동 시간이 짧았다면서 "원전 작업과는 무관하다"고 했다. 사망자 모두 일을 시작한 지 얼마 안 된 작업자들이었다.

"죽은 사람이 더 있어요." 사망자 정보를 취재하던 때 대형 건설 업체의 하청 작업자가 흘리듯 말했다. "발표되지는 않았지만 숙소에서 사망한, 같은 원청 소속이었던 작업자가 있습니다. 아무래도 작업 중에 죽은 게 아니기 때문에 원청 기업이 도쿄전력에 보고하지 않은 것 같아요. 왜 일한 지 얼마 안 된 사람만 죽는지…."

작업자가 사망할 때마다 도쿄전력은 "피폭과는 관련 없다", "작업과는 무관하다"고 말했다. 사망자의 피폭량이 낮아 인과 관계가 적어 보일지 모른다. 그러나 전면 마스크와 방호복을 착용한 채 이뤄지는 과도한 작업이 죽음과 전혀 무관할까? 초기에는 무거운 장비에 익숙지 않은 데다 방사선에 노출되기 쉬운 환경 속에서 긴장도가 높다. 또 팀 단위의 소수 인원으로 작업이 진행되기 때문에 한 사람이라도 빠지면 일이 중단된다는 압박이 있다. 이러한 스트레스 속에서 무리하게 작업한 사람도 있지 않을까? 지병이 있는데 무거운 장비를 갖추고 수분도 제대로 섭취할 수 없는 상황에서 격무로 큰 부담을 감내했을 가능성도 있다.

눈에 보이지 않아 더 불안한 방사능 오염
_____
2011년 10월 24일, 겐지 씨(40세, 가명)

작업을 마치고 오염 검사를 위해 줄을 서 있는데 저 앞에서 갑자기 소란스러워지더니 도쿄전력 직원이 달려왔다. 의자에 앉힌 것으로 보아 작업자의 발 부분이 오염된 듯했다. 반나절 동안 8mSv나 피폭됐다니 방사선 수치가 높은 곳에 있었나 보다. 어느 현장이었을까? 그 후 10명 정도가 연이어 검사에 걸렸다. 모두 같은 현장에서 일했을까? 나는 괜찮을까? 불안해졌다.

오염이 확인된 사람은 발에 비닐봉지를 씌워 별실로 데려갔다. 면진중요동의 샤워 시설은 지진 이후 사용할 수 없다. 오염을 어떻게 제거할까? 작업자의 신발과 그가 걸어 다닌 곳도 오염 제거 작업을 해야 하는데 다 하겠지? 휴대 전화 목걸이가 검사에 걸린 사람도 있었다. "끈은 필요 없으니까 두고 갈게요"라는데 그 사람의 목은 괜찮을까? 생각이 많아졌다.

오염수를 뒤집어쓴 작업자

가을이 막바지에 이른 무렵, 퇴근 때 오염 검사에서 걸렸다는 이야기를 자주 들었다. 몸이나 물건에 방사성 물질이 붙은 오염 수치와 공간 방사선량 수치는 다르지만, 이 모두 높은 현장이 여전히 많았다.

오염수 이송 밸브 교체 작업 중에 밸브를 만지는 순간 솟구친 오염수를 20대 작업자가 뒤집어썼다는 이야기도 전해 들었다. 현장 관리원이 즉각 측정한 결과 오염 수치가 지나치게 높아, 동료들이 해당 작업자를 차에 태워 J 빌리지로 이송했다고 한다. 면진중요동에는 샤워 시설이 없기 때문이다. 그 작업자는 머리를 감아도 방사성 물질이 남아 있어 머리카락을 전부 밀어야 했다. "피부가 오염되면 수세미로 피가 날 정도로 문지른다. 이번에는 오염 수치가 내려가서 도쿄전력에 보고하지 않았다"는 이야기를 듣고 소름이 끼쳤다. 다행히 내부 피폭은 입지 않았다고 한다.

겐지 씨는 후쿠시마 하마도리의 소소相双 지방(소마相馬와 후타바双葉를 합친 이름)에서 나고 자라 사고 전부터 후쿠시마 제1원전에서 일했다. 소방단 활동을 하고 학부모 모임 임원을 맡기도 했으며, 고향을 몹시 사랑했다. 그는 친구들을 무엇보다 소중하게 생각했다. "친구가 많아서 밤에도 자주 술을 마시러 나갔기 때문에 이혼했는지도 몰라요." 겐지 씨의 장남은 결혼해 아이도 있었다. 초등학교에 다니는 어린 딸에 대해 묻자 그는 "내 생명"이라며 얼굴 가득 미소를 보였다.

개구쟁이 같은 장난기가 있는 겐지 씨를 다들 좋아했다. 원전 사고 후 소속 업체 사장이 "더는 원전에서 일하고 싶지 않다"며 회사를 정리하자, 그동안 일을 주던 상급 업체에서 겐지 씨에게 연락했다. 고민 끝에 그는 동료들과 함께 새 회사를 차리기로 했다. "설마 원자로가 폭발하리라고는 생각지도 못했어요. 앞으로 어떻게 될지는 모르지만 원전 일은 계속 있을 거예요. 결국 전력을 공급하려면 다른 원전도 가동할 테니까." 체인점 술집의 룸에서 그는 당시를 회상했다. 술은 종류를 가리지 않는 듯 맥주와 소주, 청주 등을 연달아 마셨다. 그리고 종업원이 깜짝 놀랄 정도로 깨끗하게 생선을 발라 먹었다. "바닷가에서 자라다 보니." 친구들 중에는 어부도 많았다. 원전 사고 전에는 친구들이 생선을 많이 가져다줬다며 반년 전 일상을 그리워했다.

그는 회사 동료와 같은 원청에 소속된 하청 업체 사람들 5~6명과 함께 여관방에서 지내고 있었다. 작업을 마치면 그의 일행은 거의 매일 밤 생선회 따위를 사와 숙소에서 술을 마셨다. "오랫동안 함께 일했지만 이렇게 오래 같이 지낸 적은 없어요. 결점도 드러나고 속내도 알게 되죠. 지금까지 몰랐던 면도 많이 발견하고요."

피폭과의 혹독한 사투

작업자의 피폭량은 원전 사고 후 급등했다. 겐지 씨도 2시간에 걸친 파편 철거 작업으로 2mSv(일반인 연간 피폭 허용량의 2배)나 피폭된 일이 있었다. 1년간의 피폭량이 높으면 다음 해에는 그만큼 피폭 허용치가 줄어든다. 선량 한도가 차면 일을 잃기 때문에 작업자에게 피폭량은 사활이 걸린 문제였다. 이는 기업의 존속 문제로도 이어졌다. 한 영세 하청 업체 사장은 "피폭량을 관리해 계속 일할 수 있도록 스스로 지켜야 한다. 원전 사고 후의 피폭량은 사고 전과 비교가 되지 않을 정도로 높다. 정부와 도쿄전력이 피폭 작업자의 뒷일도 고려해주면 좋겠다"고 호소했다.

작업자가 피폭으로 갖은 고생을 하는 반면, 일본 정부와 도쿄전력은 "원자로 냉각이 잘되고 있다", "안정화되고 있다"는 말을 되풀이했다. 사고 직후의 위기에서 어느 정도 벗어난 것은 사실이지만, 고농도 오염수 처리나 원자로 주변 고농도 방사선량 구역의 작업 문제 등으로 현장에서는 피폭과 혹독한 사투를 벌이고 있었다. 작업자들이 들려주는 후쿠시마 제1원전은 정부나 도쿄전력의 발표와는 큰 차이가 있었다.

11월 2일, 도쿄전력은 2호기에서 '임계[•]'의 가능성이 높게 나타났다고 발표했다. 그러나 다음 날 검출된 방사성 크세논의 농도를 분석한 결과 핵연료 내 방사성 물질에서 진행되는 자연 핵분열일 뿐 임계가 아니라고 설명했다.

현장 정보, 제대로 알려달라

2011년 11월 3일, 익명(40세)

아침에 현장에 가면서 2호기에서 임계가 발생했을지도 모른다는 라디오 뉴스를 들었다. 어느 정도 규모인지 전혀 알 수가 없어 실감이 나지 않았다. 큰일 아니라는 발표를 믿을 수밖에 없다. 불안해지기 시작하면 혼란에 빠진다. 그보다 현장에서는 원전 일부 구역에서 전면 마스크를 벗어도 된다는 이야기로 떠들썩하다. 다들 "정말 벗어도 되는 거야?"라며 불안해한다.

이 이야기도 소문과 언론 보도로 알았다. 지난번 크레인 사고도 그렇고 모두 뒤늦게 알게 됐다. 임계 이야기도 현장에서는 전혀 듣지 못했다. 현장이 어떻게 돌아가는지, 어디가 위험한지 알지 못하면 유사시에 몸을 피할 골든 타임을 놓칠 수 있다. 목숨과 직결된 일이다. 작업자들이 현장 상황을 모른다는

● 핵분열 반응이 일정한 비율로 유지되는 물리적 상태를 일컫는다. 비율에 따라 미임계·임계·초임계 상태로 구분한다. 미임계 상태는 핵분열 반응이 시간에 따라 줄어들고, 임계 상태는 일정하게 유지되며, 초임계는 증가하는 것을 뜻한다. 후쿠시마 핵폭발 사고 수습은 끊어진 냉각수 주입을 재개해 원자로를 식히고 핵반응 속도를 늦추는 것이 관건이었다. 여기서 임계에 이르렀다는 말은 핵분열 반응을 통제하지 못함을 뜻한다.

것은 비정상이다. 즉시 알려주면 좋겠다. 앞으로 작업이 어떻게 진행될지 전혀 예측할 수가 없다. 정말로 임계치에 다다르면…. 방사선 피폭을 각오하고는 있지만 정말 불안하다.

현장 상황을 뉴스로 알게 되는 작업자들

도쿄전력은 도쿄 본사와 후쿠시마에서 아침저녁으로 기자회견을 열었다. 그러나 정작 작업자들은 원전에서 일어난 일을 라디오나 텔레비전 방송으로 아는 경우가 많았다. 아무것도 모른 채 오염수 누수 현장에 갔다가 신발이 오염됐다거나 피폭량이 올라갔다는 이야기를 자주 했다. 10월 29일, 크레인으로 들어 올린 금속 와이어 다발이 떨어져 40대 작업자가 다섯 군데나 골절되는 사고가 있었는데, 이도 "뉴스를 보고 알았다"고 한다. 알면 피할 수 있는 일도 있다. 가장 먼저 정확한 소식을 알려야 하는 대상은 현장 작업자가 아닐까? "정보를 즉각 알려주면 좋겠다"고 작업자들은 여러 차례 요청했다. 그 후 나는 도쿄전력의 기자회견 등에서 원전 내 사고나 작업자 사망 소식, 오염수 누수나 고선량 파편이 발견됐다는 정보를 들으면 즉시 작업자들에게 문자 메시지나 전화로 알렸다.

☢

마스크 벗어도 불안감은 벗을 수 없어

2011년 11월 13일, 익명(47세)

11월 8일, 의무 착용이던 전면 마스크 조치가 일부 완화됐다. 어떻게 해야 할지 몰라 다들 가슴을 졸이면서 출근했다. 동료들은 원전에 들어가기 전에 모두 전면 마스크를 썼다. 회사에서는 마스크 관련해 아무런 연락도 없었다.

정문 앞에 도착해서 깜짝 놀랐다. 경비 5명 가운데 3명이 마스크를 벗고 있었다. 정말로 괜찮은지 의심스럽지 않을까? 회사에서 시켜서 어쩔 수 없이 따르는 게 아니어야 할 텐데. 이튿날에는 모두 마스크를 쓰고 있었다.

역시 작업자들은 다 마스크를 쓰고 있었다. 2호기 임계 소동도 있었고, 바람의 방향이 달라지면 생각지도 못한 곳에서 선량계가 울어댈 때가 있다. 회사측은 벗어도 된다는데 두려워서 그럴 수가 없다. 도쿄전력 직원은 마스크를 쓰지 않았다는데. 속마음은 어떨까?

철수를 알리는 경고음

정문, 면진중요동, 5·6호기 휴게소 등 세 곳 인근 실외, 그리고 이 세 지점을 이동하는 차내에 한해 전면 마스크 착용이 완화됐다. 다만 의무적으로 전면 마스크를 휴대해야 한다. 면진중요동 앞에서 버스를 기다리는 도쿄전력의 젊은 직원은 일회용 방진 마스크를 쓴 채 그 위를 손으로 가리고 있었다고 한다. "도쿄전력 직원들부터 솔선해야 했겠죠. 손으로 누른다고 방사성 물질을 막을 수 있는 것도 아닌데,

그 마음이 너무나도 이해가 돼서 안타까웠습니다."

완화 발표 뒤에도 원전 내에서 전면 마스크를 벗지 말라고 지시하는 원청도 있었다. 실제로 완화 조치 후에 면진중요동 근처의 더스트 모니터(원자로 격납용기 내 공기 중 방사선 계측 장치)가 경보를 울려 도쿄전력이 주변 작업자 전원에게 전면 마스크 착용을 지시한 일도 있었다.

1~4호기 원자로와 터빈 건물에서는 방사선과의 혹독한 사투가 이어졌다. 터빈 건물에서 수중 펌프 교환 작업을 한 7차 하청 업체의 30대 작업자를 만났다. 그는 배전반 설치 등 피폭량 높은 작업을 전담하고 있었다.

"방사선량이 높은 현장에서 우물쭈물하다가는 곧바로 하루치 피폭 상한이 차버려요. 불필요한 피폭을 조금이라도 줄이기 위해 사전에 철저하게 협의합니다."

그는 작업에 들어가기 전에 현장까지의 경로와 작업 순서를 거듭 확인한다. 그날의 방사선량 한도는 5mSv였다. 이동하는 동안에도 방사선에 노출되기 때문에 차에서 내리는 순간 "뛰어!" 하는 구령과 함께 일제히 전력 질주한다. 달리는 동안 이미 선량계에서 경고음이 울리기 시작한다. 건물 안은 어둡고 발밑도 평탄하지 않다. 어둠 속에서 헤드램프에 의지해 종종걸음으로 계속 진입한다. 계단이나 층계참, 움푹 파이거나 내리막인 곳은 방사선량이 높으므로 서둘러야 한다. 원자로 건물 내 방사선량은 몇 미터 차이에도 10배씩 뛰어오른다.

"차에서 대기!" 반장은 한도에 다다른 작업자를 건물 밖으로 내보낸다. 2시간도 지나지 않았는데 작업자들의 선량계가 쉬지 않고 울려댄다. 하나둘 철수하면 더는 작업을 할 수 없다. 마지막까지 지시를 내리던 반장도 방사선량 한도를 초과했다.

이와키에서 만난 이 작업자는 흥분한 듯 2시간여 동안 이야기를 토해냈다. "한 조에 8~10명인데, 누가 경로에서 벗어나면 그 사람만 피폭량이 올라가서 전체 작업에 지장이 옵니다. 배전반처럼 수백 킬로그램씩 나가는 자재를 설치하는 공동 작업에서는 하나라도 잘못되면 큰 사고로 이어지거든요. 나이 지긋한 사람 하나는 전체 호흡을 흐트러뜨린다고 작업에서 제외됐어요."

그는 "피폭량이 10mSv가 되면 현장에 갈 수 없다"면서 매일 피폭량을 확인했다. 원청 기업이 처음 규정한 연간 피폭 상한은 20mSv였다. 그러나 작업 진척이 순조롭지 않자 50mSv로 변경했다. 이 작업자는 고선량 작업을 여러 가지 맡았다가 몇 개월 만에 현장을 떠나야 했다. 그의 일당은 8,000엔이었다.

아들의 응원을 등에 업고 원전으로 향하다

2011년 11월 20일, 가즈마 씨(35세, 가명)

겨울이 온다. 집에는 언제쯤 돌아갈 수 있으려나. 피난이 해제되더라도 오염 제거를 생각하면…. 아무래도 곧바로 갈 수는 없을 것이다.

어느 날 큰 진동이 일어나 후쿠시마 제1원전에서 피신한 뒤 피난소와 지인의 집을 전전했다. 수소 폭발이 연이어 발생했다. 이런 데서 더 일하고 싶지 않았지만 초등학생 아들이 "아빠, 가서 싸워요."라고 말했다. 가족을 위해 열심히 뛰고 있다는 사실을 알아준 것이다. 아들의 말에 원전으로 돌아왔다. 위험하니까 그만두라던 아내도 아무 말 하지 못했다. 지금은 피난한 가족과 떨어져 지낸다. 아들 친구네 놀러 갔을 때 그 아이도 "파이팅"이라고 해줬다.

피폭 한도가 다 찰 때까지는 일할 수 있는 한 해보자고 생각하고 있다. 하루빨리 가족과 함께 집으로 돌아가고 싶다. 우리 아들뿐 아니라 다른 아이들을 위해 최선을 다하겠다고 의지를 다진다.

원자로는 안정되고 있지만 작업은 이제부터다. 설날에도 일해야 하니 올해는 가족과 지낼 수 없겠구나.

후쿠시마의 아이들이 하루빨리 고향으로 돌아올 수 있도록

이와키 역에서 가까운 술집. 가즈마 씨는 편안한 티셔츠와 청바지 차림으로 나타났다. 나이보다 젊어 보인다. 방은 비좁고 가게는 취객으로 왁자지껄한 가운데 그는 사고 당일 상황을 단숨에 토해냈다.

3월 11일 오후 2시 46분. 지진이 났을 때 그는 후쿠시마 제1원전에서 일하고 있었다. "터빈 건물에서 원자로 건물로 들어가려는데 갑자기 심하게 흔들렸어요. 천장 크레인 훅이 떨어졌고 정신을 차려 보니 바닥에 파편이 어지럽게 널려 있었죠." 길게 이어지던 진동이 진정되자마자 가즈마 씨는 우선 함께 작업하던 거래처 사람들을 건물 밖으로 이동시켰다. 핵연료 수조의 물을 뒤집어쓴 사람들도 있었다. 판초를 벗기고 곧바로 오염도를 측정했으나 우려할 만한 수준은 아니었다. 잔해를 밟으며 밖으로 나와 인원을 확인한 후 회사 차를 타고 일단 집으로 돌아갔다. 다행히 가족도 집도 무사했다.

가즈마 씨가 살던 지역이 피난 구역으로 지정돼 가족과 함께 지인의 집으로 옮겨 가야 했다. 원전의 위기 상황을 알리는 뉴스가 잇달아 나오자 친척들은 "어떻게 그런 곳에서 일한 거야. 당장 그만두는 게 낫겠어"라고 했다. 1호기와 3호기의 폭발 장면은 충격적이었다. 특히 3호기가 폭발하면서 치솟은 버섯구름을 보고 다시는 그곳에 가고 싶지 않았다고 한다. 현장의 방사선량도 모른 채 작업하기가 두려웠다.

"일할 사람이 없네." 회사에서 전화가 온 것은 사고가 일어나고 2주 정도 지난 3월 하순이었다. "가족과 상의해보겠다"고 답하고 일단 전화를 끊었다. 그런데 초등학생인 아들이 "우리를 위해 일하시는 거죠. 아버지, 하세요"라고 해 다시 일해보기로 마음먹었다. 가즈마 씨는 할 수 있는 한 후쿠시마의 아이들이 하루빨리 고향으로 돌아오게 하자고 생각했다. 그로부터 2주 뒤 피난 중인 가족과 헤어져 이와키 주변 호텔에서 동료 4명과 공동생활을 시작했다.

"우리는 일회용"

"지금은 주말에도 일을 해서 월급이 10만 엔 가까이 늘었지만 위험수당은 따로 없습니다. 대형 건설 회사 사람들은 좋겠어요. 피폭 한도가 다 차도 다른 일거리가 많으니까. 우리는 갈 곳이 원전밖에 없으니 일회용처럼 쓰다 버려지는 거죠." 이와키에서 처음 만난 날 가즈마 씨가 토로했다. 그는 젊을 때 공장 일로 건강을 잃고 고향으로 돌아와 주유소 등을 전전하다가, 원전에서 일한 지 벌써 10년이 넘었다. 원전 사고 후에는 언제 해고될지 몰라 불안하다고 했다.

"정부가 피폭 한도를 250mSv로 마음대로 올렸을 때도 우리를 쓰고 버린다는 생각이 들었습니다. 방사선량이 높은 데서 일해 피폭량이 커지면 다시 100mSv로 되돌리고, 한도에 도달하면 일을 못 하게 되니…. 일회용과 다를 바 없죠."

요시다 소장님, 수고하셨습니다

2011년 12월 5일, 겐지 씨(40세)

퇴임한 요시다 소장에게 감사 인사를 하고 싶다. 소장은 여러 번 '이러다 죽겠구나' 생각했다지만 그는 원전 사고 때부터 지금까지 도망치지 않고 사고 수습에 힘썼다. 소장은 직급이 아주 높은데도 항상 우리에게 말을 걸어줬다. 그는 180cm 정도로 키가 큰데, 거점인 면진중요동에서 러닝셔츠에 반바지를 입고 다니는 걸 자주 봤다. 처음 만났을 때 "수고하십니다", "힘을 모아주셔서 감사합니다"라고 인사했다. "좋아하는 담배인지 모르겠지만 함께 피우세요"라며 자기 담배를 종종 흡연실에 두고 가기도 했다.

조금이라도 더 함께 있고 싶은 존재였다. 하지만 정신적으로도, 육체적으로도 많이 힘들었을 것이다. 원전 사고 후 여기서 일하는 사람 대부분은 집에 가지 못했다. 요시다 소장은 '현장 사람'이라는 생각이 든다. 도쿄전력 직원들도 그가 있어 후쿠시마 제1원전에 남았다고 들었다. 정말 대단한 사람이다. 잘난 척하는 모습을 한 번도 본 적이 없다.

몸은 괜찮을까? 피폭량은 높지 않을까? 이제 편히 쉬시길 바란다.

위기 상황 속 등판한 구원 투수

원전 사고 이후 8개월. 현장을 지휘하던 요시다 소장이 12월 1일자로 퇴임했다. 병 때문이었다. 도쿄전력은 기자회견에서 그의 병명이나 피폭량을 밝히지 않았다. 그러나 요시다 소장 본인이 작업자들에게 식도암임을 알렸다. 나중에야 도쿄전력은 병명을 공개하면서, 사고 발생 이후 요시다 소장의 피폭량은 총 70mSv로 "병과 피폭 사이의 인과 관계는 극히 낮다"는 방사선 의학 종합 연구소의 소견을 함께 내놓았다.

작업자들은 요시다 소장을 매우 신뢰했다. 1·3·4호기의 수소 폭발, 2호기의 핵연료봉이 모두 노출되는 상황이 두 차례 발생하는 등 잇달아 위기가 닥치는 가운데서도 그가 지휘한다면 현장에 남겠다는 도쿄전력 직원이 많았다.

요시다 소장은 2010년 6월 후쿠시마 제1원전 소장으로 취임했다. 그 이듬해인 2011년 3월 11일 동일본 대지진이 발생한 날부터 그는 후쿠시마 제1원전을 진두지휘했다. 사고 다음 날 원자로 노심 용융으로 통제 불능의 위기가 닥친 상황에서 냉각수 공급이 끊긴 1호기에 해수 주입을 시작한다. 이때 도쿄전력의 다케쿠로 이치로^武

黒一郎 부사장이 총리 관저의 판단을 기다려야 한다며 작업 중단을 지시했으나, 요시다 소장은 "그럴 수 없다"며 거부했다. 그러나 지시는 계속 내려왔고 그는 일단 중단한 것으로 보고하고 현장에는 속행을 지시했다. 허위 보고라는 비판도 나왔으나 이후 정부는 소장의 대응이 옳았다고 인정했다.

같은 해 11월 후쿠시마 제1원전에서 열린 기자회견에서 요시다 소장은 "'이제 죽겠구나', '이것으로 끝이구나' 생각한 순간이 여러 번 있었다"고 했다. 현장에 있던 도쿄전력 직원과 작업자 들은 "저분이 없었다면 더 심각한 상황을 맞았을 것"이라며 입 모아 그를 칭찬했다.

요시다 소장은 현장에서 마주치는 작업자들에게 "현장에 와줘서 감사합니다", "후쿠시마 제1원전에서 일해주셔서 감사합니다" 하고 머리를 숙였으며 "몸은 괜찮습니까?", "피곤하지는 않습니까?", "가족은 괜찮습니까?" 등의 말로 마음을 써줬다. 소장의 이런 행동이 도쿄전력 직원들에게도 영향을 끼쳐 협력 회사의 작업자에게 인사를 건네는 직원이 늘었다고 한다.

"도망치지 않고 정말 잘 견뎌주셨습니다. 몸도 마음도 아주 고달프셨을 겁니다", "우리에게까지 늘 마음을 써주셨어요", "도망치고 싶었지만 요시다 소장이 계셔서 떠나지 않았습니다."

진실 보도 막힌 깜깜이 취재

12월이 다가오면서 작업자들은 몇몇 작업이 지체되고 있다는 소식을 전했다. 처음에는 별일 아니라고 생각했으나 원자로 2호기의 격납용기에 구멍을 뚫는 작업이 갑자기 이듬해 1월로 늦춰졌다는 정보가 들어왔다.

작업자들에게 현장 상황을 묻자, 갑자기 회사에서 "가까운 시일 내에 정부와 도쿄전력이 냉온정지 상태를 달성했다고 발표할 듯하다. 이 발표 전후로 문제가 발생하면 안 되므로 작업을 연기한다"고 통보했다고 한다. 격납용기에 구멍을 뚫는 일은 고농도 방사선량이 감지되는 원자로 내부 상태를 알아보기 위해 공업용 내시경을 투입하는 중요한 작업이었다. 한 작업자가 "준비에 만전을 기했고 현장 사기도 높아 당장 진행할 수 있다"고 의견을 피력했으나 고성만 돌아왔다고 한다.

이후 정부와 도쿄전력에 2호기 작업을 연기한 이유를 물었다. 도쿄전력은 "냉온정지 상태 선언이 작업에 영향을 줄 일은 없다"고 답했다. 원자력 안전·보안원 담당자도 "작업 연기는 정부의 선언과 무관하다"고 했다. 이 취재가 특수 상황임을 새삼 통감했다. 발표의 사실 여부를 확인하고 싶어도 진실을 아는 관계자는 극히 한정적이었다. 도쿄전력의 허가 없이는 현장에도 들어갈 수 없다. 무슨 일이 벌어지는지 알려면 도쿄전력이나 정부의 발표에 의존하든가 아니면 현장 작업자의 이야기를 듣는 방법밖에 없었다. 그러나 중요한 정보일수록 상부의 일부만 공유하고 작업자에게는 거의 전달되지 않았다. 작업자게는 엄격한 함구령이 내려왔다. 매스컴의 취재에 협조하지 않겠다는 서약서를 작성시키는 기업도 있었다. 동분서주해도 현장에서 작업이 연기된 이유를 아는 사람을 만나기가 대단히 어려웠다. 취재로 사실을 확인한다 해도 기사를 내보내면 정보원이 노출될 우려가 있었다.

보도의 자유, 일본의 국제 평가 하락

원전 사고 후 일본의 보도의 자유에 대한 평가는 국제적으로 크게 하락했다. 국제 저널리스트 조직 '국경 없는 기자회'가 발표한 세계 언론 자유 지수 순위에서 일본은 동일본 대지진 전인 2010년 11위에서 2012년 22위, 2013년 53위로 급락했다. 후쿠시마 원전 사고를 둘러싸고 "당국이 미디어의 독자적 취재를 금지했다", "정보의 투명성이 결여됐다" 등의 지적을 받았다. 2013년 12월 6일 발효된 특정 비밀 보호법의 영향으로 2014년 59위, 2016·2017년에는 72위까지 추락했다.

안타깝게도 해마다 나빠지는 평가에 이의를 달 수가 없었다. 취재가 거듭될수록 높아지는 장벽과 부자유를 절감했기 때문이다.

12월 4일, 도쿄전력은 고농도 오염수 처리 시스템 중 하나인 담수화 장치에서 오염수 45t이 누수됐다고 발표했다. 건물 측면 도랑을 통해 그 일부가 바다로 유출되고 있었다. 그런 가운데 처리한 오염수를 저장하는 탱크의 여유 공간이 줄어들자, 도쿄전력이 이듬해 봄 오염수를 정화하여 방사성 물질을 국가 기준 이하로 낮춘 뒤 바다로 방류하는 계획을 검토하고 있다는 사실이 알려졌다. 그러나 전국 어업 협동조합 연합회에서 강하게 항의해 판단을 유보했다.

일본 정부의 일방적인 사고 수습 선언

일본 정부는 12월 16일, 연내 목표였던 2단계 공정의 '냉온정지 상태'를 달성했다고 공표하면서 차기 계획을 발표했다. 노다 총리는 정부의 원자력 재해 대책 본부 회의에서 냉온정지 상태 달성을 선언하는 동시에 "사고도 수습됐다"고 단언했다. 당일 기자회견에서 호소노 장관은 "일본이 중대 고비를 넘어선 의미 깊은 날"이라며, 이제 정부는 주민 귀환 대책 마련에 모든 노력을 기울일 것이라고 했다.

이와키에서 기자회견 중계를 보다 놀란 나는 곧바로 한 작업자에게 전화를 걸었다. 작업자들은 격하게 분노하고 있었다. 한 작업자는 "내가 일본말을 못 알아듣는 건가? 무슨 말을 하는지 도통 모르겠다. 원전 상황을 매일 접하는 사람으로서 아무리 생각해도 사고 수습 선언은 말이 안 된다. 앞으로 몇십 년이 걸릴지 알 수 없는데 뭐가 그리 똥줄이 타서 연내에 달성한다는 건가?"라며 어이없어 했다.

오염수 정화 시스템 담당 작업자는 "사고가 수습됐다니. 날마다 오염수를 대량으로 만들어가며 핵연료를 식혀 겨우 온도가 유지되는 건데. 안정과는 거리가 멀어도 한참 멀다. 방사선량이 너무 높아 원자로 건물에는 들어가지도 못하고, 어떻게 핵연료를 꺼낼지 아직 방법도 못 찾았는데"라고 쏟아내고는 입을 다물어버렸다.

베테랑 작업자도 할 말을 잃은 듯했다. "어떻게 이해해야 할지 모르겠습니다. 수습 작업은 이제부터인데 말이죠. 지금도 방사선 피폭과 사투를 벌이고 있어요." 지금 시스템은 응급조치가 막 끝난 수준이었다. 이 작업자는 "지진이 또 나거나 원자로를 못 식히면 모든 게 끝장이다. 녹은 핵연료를 꺼낼 수 있는 상황도 아니다. 원전 구역에 있는 폐기물은 어떻게 할 것인가? 상황을 너무 가볍게 보고 있다"며 분노했다. 오랫동안 일해온 작업자는 이렇게 말했다. "정부는 거짓말만 합니다. 누가 핵연료를 꺼내러 들어갑니까? 피해가 엄청난데 그리 대단치 않다는 듯이 말하고 있으니. 도대체 왜 어떤 상황인지 정확하게 말하지 못할까요?"

사고 수습은커녕, 일본 정부가 정의한 '냉온정지 상태'를 실제로 달성했는지도 의심스러웠다. 12월 4일 발생한 오염수 바다 유출 사고 외에도 수소 폭발로 손상된 건물에서는 방사성 물질이 계속 방출되고 있었다. 게다가 녹아내린 핵연료를 냉각하면서 발생한 고농도 오염수와 유입된 지하수가 섞여 대량의 오염수로 지하에 고여 있었다. 언제 밖으로 샐지 알 수 없는 아주 위험한 상태였다. 무슨 근거로 '사고 수습'을 선언했을까? 현장은 강한 분노와 불신감에 휩싸였다.

후생노동성은 원전 사고 수습 선언을 계기로 피폭량 한도를 250mSv에서 100mSv로 재조정했다. 다만 100mSv를 초과하더라도 원자로 작업에 전문 지식이나 경험이 있는 일부 작업자에게는 유예 기간을 뒀다. 또 원자로 냉각 등 일부를 제외한 작업 대부분을 '일상 작업'으로 규정하고, 이에 따라 피폭량 상한도 기존 직무 피폭 기준인 5년간 100mSv, 1년간 50mSv로 조정했다.

이날을 경계로 후쿠시마 제1원전에서 '일상화'는 더욱 강조되었다. 비용 절감을 우선시한 경쟁 입찰이 진행되어 임금과 위험 수당이 인하되었으며 숙박비와 식비 등 제반 경비가 제외되는 등 작업자의 근로 조건이 급격하게 나빠지기 시작했다.

한밤중에 딸아이 머리맡에

2011년 12월 24일, 겐지 씨(40세)

크리스마스이브에는 한밤중에 집에 가 딸아이 머리맡에 조용히 선물을 두고 오려 한다. 산타클로스는 아이들의 꿈이니까. 곧바로 차를 달려 돌아와야 하지만 말이다.

딸아이가 어릴 때는 동료와 산타클로스 분장을 하고 서로의 집에 찾아가 선물을 주기도 했다. 이제는 슬슬 산타클로스를 믿지 않을 나이가 되어간다. 몰래 선물을 두고 오면 산타클로스가 다녀갔다고 믿어줄지도 모른다.

매년 뭘 갖고 싶어하는지 알아내는 게 숙제다. 올해는 원전 사고로 아이와 떨어져 살아서 특히나 어려웠다. '산타클로스의 편지'는 손 글씨로 쓰면 눈치채니까 타이핑한다. 잘 자라줘서 고맙고 언제나 너를 지키려 노력하고 있다고 썼다. 선물이 무엇인지는 비밀이다. 옆에 있어주지 못하는 마음을 담아 골랐다.

아이는 내 목숨과도 같다. 딸이 있기에 열심히 살 수 있다.

사람 흔적 없이 텅 빈 마을

"갈 수 있다면 당장이라도 집으로 돌아가고 싶습니다." 나미에마치에 살던 40대 작업자는 사고 수습 선언 직전인 12월 초 일시 귀가해

집 주변 사진을 찍었다. 사진을 보여주며 그는 참혹한 고향 상황을 전해줬다. "대체 다들 어디로 갔을까? 정말 기분이 이상했다. 목소리도, 소음도, 저녁밥 짓는 냄새도 나지 않았다"며 그는 한숨을 쉬었다. "퇴근해 집에 돌아가는 길에 어느 집에선가 카레 냄새가 나곤 했어요. 그때처럼 '우리 집도 카레를 해 먹으면 좋겠다'고 생각하면서 집에 가고 싶습니다."

해안 도로변 관음상 앞에는 쓰나미로 사망한 이들을 추모하는 꽃과 공양물이 놓여 있었다. "그건 아무래도 못 찍겠더라고요." 그가 불쑥 내뱉었다. 경계 구역이라는 이유로 실종자 수색에 나서주지 않는 공무원에게 따지던 가족들이 떠올랐다고 한다.

"유해를 찾았지만 방사선량이 높아 경계 구역 밖으로 모시고 나오지 못한 유족도 있었답니다. 얼마나 속상할지, 가족 품으로 돌아갈 수 없다니. 전쟁이 터진 것도 아닌데. 도쿄전력은 천재지변이라지만, 지진이나 쓰나미로 원전이 폭발해서는 안 되잖아요?"

그가 보여준 사진에는 해변을 따라 자리했던 집들이 사라지고 무너진 채 방치된 풍경이 담겨 있었다. 쓰러진 트럭도 지진 때 모습 그대로였고, 배가 밭에 떡 하니 올라앉아 있고, 집이 강 한복판에 있었다. 수확 철이면 황금물결 일렁이던 논은 잔해와 잡초투성이로 옛 흔적을 찾을 수 없었다. 아이들 목소리가 가득하던 공원에는 사람 그림자도 보이지 않았다. 전철 운행이 끊긴 선로는 녹슬고 상가는 텅 비었다. 인근에서 가장 번화했던 유흥가도 유령 도시로 변했다. 늘 당연하던 풍경이 송두리째 바뀌었다.

"도시의 오염 제거는 불가능하지 않을까? 몇 년, 몇십 년이 지나도 돌아갈 수 없는 게 아닐까? 불안합니다." 새로 지은 집은 단단히 잠가둔 탓에 공기가 탁했고 방치된 냉장고는 두려워서 열어보지도 못했다고 한다.

"죽음의 도시라고 하고 싶지는 않은데. 사람이 살아야 도시죠." 그는 후쿠시마 제1원전에서 일하면서 고향으로 돌아갈 날을 기다린다. "몇 년이 걸리더라도 나미에마치로 돌아가고 싶어요. 도망치지 않을 겁니다." 다짐하듯 그는 되뇌었다.

2012년

힘내라고 하지 마세요

명절에도 쉬지 못한다

2011년 12월 31일, 가즈마 씨(35세)

설날에도 가족 품으로 돌아가지 못한다. 연말연시에도 작업을 멈출 수 없기 때문에 최소 인원은 현장에 남는다. 상사는 미안하다지만 내가 책임자니까. 가족에게 못 간다고 전했다. 소식을 들은 아들 목소리가 가라앉았지만 곧 "아빠, 파이팅"이라고 말해줬다. 아내는 "못 오는 거야…"라며 안타까워했다.

매년 12월 31일에는 새해맞이로 온 가족이 메밀국수를 먹으며 제야의 종을 들으러 갔다. 집 근처 신사에서 가족의 안녕을 빌며 소원을 적고 부적을 받았다. 설날에는 함께 떡국을 먹었다.

하지만 올해는 12월 31일에도, 1월 1일에도 일을 해야 한다. 새해 첫 해돋이도 출근길에 차에서 보게 될 것이다. 6번 국도에 바다가 보이는 지점이 있다. 그곳에서 새해 기원을 드리려 한다. 쓰나미로 사망한 동창생 10명을 위해서도 기도해야겠다. 어린 자식을 남겨두고 세상을 떠난 중학교 동창생도 있다. 그 친구의 딸은 나뭇가지에 걸려 살아남았다. 다행히 아이 아버지는 무사했다고 한다. 이렇게 가족을 남기고 세상을 떠난 친구가 여러 명이다.

빈번한 지진에 퍼지는 두려움

2012년 새해 첫날, 하마도리에는 구름이 잔뜩 꼈다. 피난으로 가족과 떨어져 지내는 가즈마 씨의 새해는 조용히 시작됐다. 연말부터 갑자기 기온이 뚝 떨어져 이날 후쿠시마 제1원전의 아침 기온은 영하 3도였다. 무겁게 내려앉은 구름 때문에 첫 해돋이는 볼 수 없었다. 정문의 경비원은 추위에 판초까지 껴입었지만 새하얀 입김은 어쩔 수 없었다. 새해 첫날이라 원전은 오염수 처리 작업자 일부만 있을 뿐 한산했다. 작업자들은 방호복을 두 겹, 세 겹 껴입으면서 추위를 견디고 있었다.

가즈마 씨가 면진중요동 앞에 서 있을 때 갑자기 발밑에서 커다란 진동이 울렸다. "지진이다!" 순간 심장 박동이 요동쳤다. "괜찮나?" 원청 기업 직원이 상황을 확인하러 뛰어나왔다. 다행히 진동은 길지 않았고 모두 무사했다.

가즈마 씨가 일을 마치고 숙소로 돌아갈 즈음 전화를 걸었다. 그는 보통 동료들과 4인실에서 생활하는데, 새해 첫날에는 3명이 귀향해 혼자 있을 거라고 들은 터였다. "도쿄전력 직원들은 새해맞이 메밀국수도 컵라면으로 때웠대요. 저는 가까이 사는 친척 집에서 먹었어요." 조용한 방에 혼자인 탓인지 수화기 너머 들리는 가즈마 씨의 목소리가 평소보다 낮았다. 설날에는 된장국에 떡, 감자, 당근, 양파, 파, 우엉과 돼지고기를 넣은 떡국을 가족과 먹는데, 올해는 그러지 못했다. 그는 일을 마치고 숙소로 돌아와 캔 맥주를 마시며 새해를 축하했다고 한다. 이어서 아들과 통화한 일을 들뜬 목소리로 이야기했다.

전화를 받자마자 초등학교 고학년인 아들이 세뱃돈 교섭을 시작했다. 5,000엔을 주겠다는 말에 아들이 "친척 애는 초등학교 1학년인데 3,000엔 받았대요. 아빠, 순 구두쇠!"라고 소리쳤다고 한다. "아빠도 열심히 노력 중이야. 그러니까 구두쇠라고 하지 마"라고 대꾸했다고 한다. 서로 한바탕 말이 오고 간 다음 전화를 끊을 때 아들이 한마디 던졌다. "빨리 돌아오세요." 가즈마 씨는 가슴이 뭉클해졌다.

새해 들어 후쿠시마에는 지진이 자주 발생했다. 1월 12일에도 진도 4의 지진이 있었다. 종종 발생하는 지진에 작업자들은 "지금 큰 지진이 나면 후쿠시마 제1원전은 버티지 못한다"고 입을 모아 말했다. 원전에 있던 작업자에게 물으니 쿵 하고 크게 흔들린 뒤 20~30초 동안 계속 진동했다고 한다. 쓰나미 경보 발령 뒤에는 몸이 움츠러드는 느낌이었다고 한다. 연안 작업자 외에도 바닷속에서 동일본 대지진 때 대량 유출된 중유 탱크의 기름을 회수하는 작업자도 있어서, 일제히 고지대로 피신하려고 내달리는 소동이 벌어졌다.

기름 회수 작업은 중노동이다. 전면 마스크는 물론, 방호복 위에 가슴부터 신발까지 하나로 연결된 고무 옷을 착용하고 물 안에서 쓰레받기로 기름을 퍼 양동이에 담는다. 코를 찌르는 중유 냄새는 전면 마스크가 차단해주지만 여름에는 무더위에, 겨울에는 극한의 추위 속에서 허리까지 바닷물에 잠긴 채 작업한다. 장기간 이어지는 이 작업에 상당히 많은 인원이 투입되고 있었다.

쓰나미가 또 오면 후쿠시마 제1원전은 끝장난다

2012년 1월 14일, 익명(40세)

올해 들어 지진이 잦다. 1월 12일 진도 4의 지진이 발생했을 때는 원전에서 작업 중이었다. 가까이에 있던 탱크가 덜커덩덜커덩 흔들려서 바람이 정말 심하다고 생각했는데, 동료가 지진임을 알아챘다.

익숙해진다는 것은 무서운 일이다. "또 지진이군"했지만 쓰나미라고는 생각지 못했다. 동료들도 침착했다. 하지만 고지대에 있던 작업자들이 소란스러워지기 시작했다. 휴게소에 있던 동료가 건물 내 방송을 듣고 당황한 목소리로 "쓰나미가 오니까 안전지대로 피하라"고 알려줬다.

당혹스러웠다. 지금 생각해보면 작업 도구를 챙길 여유가 없었는데, '즉시 도구를 챙겨 고지대로 가자'생각했다. 후쿠시마 제1원전은 바다 바로 옆이니까. 실제로 쓰나미가 오지 않아 정말 다행이었다. 굉장히 무서웠다.

크고 작은 지진이 매일 나는 느낌이다. 방파제도 전보다 높아졌지만 바다가 거칠 때는 파도가 방파제를 넘어오기도 한다. 지금 상태에서 대지진이나 쓰나미가 온다면…. 후쿠시마 제1원전은 더는, 더는 버티지 못할 것이다.

거절당하는 실무자의 제안들

12월 16일에 일본 정부는 사고 수습 선언을 했으나 후쿠시마 제1원전에는 수습된 것이 전무했다. 2012년 1월 6일, 도쿄전력은 고농도 오염수를 정화한 처리수 이송 호스가 뾰족한 띠 잎에 찔려 구멍이 생기는 바람에 2011년 7~12월 사이 오염수 누수가 스물두 차례 발생했다고 발표했다.

도쿄전력은 "극소량"이라고 설명했지만 잡초로 인한 오염수 누수는 이후에도 자주 발생했다. 게다가 언 배관이나 호스에 균열이 생기고 파열되면서 오염수가 새는 일도 자주 있었다. 후쿠시마 제1원전이 있는 하마도리는 눈은 별로 오지 않지만 바람이 강하다. 아침저녁으로 기온이 뚝 떨어져 추위가 매섭고, 특히 새벽에는 영하까지 온도가 내려간다. 면진중요동 앞 휴게소 화장실에 물이 얼어 사용하지 못하는 날도 있었다. 작업자들은 꽁꽁 언 몸으로 일하고 있었다.

도쿄전력은 2011년 여름 작업자들이 배관 동파 방지용 보온재와 히터 설치를 제안했을 때 이를 수용했으나, 오염수 처리 설비 안정화 등을 우선하면서 뒤로 미뤘다. 사고 후 원전 구역에는 배관이나 호스가 무수히 설치됐지만 대부분 야외에 방치되고 있었다. 2011년 말에야 도쿄전력은 원자로에 냉각수를 보내는 주요 배관과 고농도 오염수 호스에 보온재 설치를 시작했는데, 그때는 이미 원전 곳곳에서 가설 배관들이 비명을 질러대고 있었다. 작업자들은 오염수 누수를 살피는 순찰과 보온재 설치 작업에 쫓겼다.

배관 공사 작업자와 통화를 했다. "배관이 외부에 그대로 노출되어 있어서 처음부터 얼어 터질 걸 예상했습니다. 뻔한 일이죠." 깊은 한숨 소리가 들려왔다. 이 외에도 "도쿄전력에 했던 제안들이 방치되고 있다"는 이야기를 여러 번 들었다.

피폭량 한도가 '초기화'되어도 실제 피폭량은 그대로

현장은 더는 '긴급' 상태가 아니고 피폭량 상한도 '일상'으로 돌아갔지만, 작업자들은 연간 피폭량의 상한에 다다르고 있었다. 원전 사고 전에는 원청이나 하청 기업이 작업자의 연간 피폭량 한도를 15~20mSv로 관리했는데 사고 후에는 30~50mSv로 늘려서 운용했다. 그럼에도 현장을 떠나야 하는 작업자는 끊이지 않았다.

작업자의 피폭량은 연도별로 관리한다. 정부가 정하는 '5년 한도 100mSv'의 기산일은 마침 원전 사고 직후, 2011년 4월 1일이었다. 2010년도 말까지의 피폭량을 '초기화'하는 것이다. 다시 말해 2011년 4월부터 2016년 3월 말까지 5년간의 피폭량을 100mSv 이내로 유지해야 한다.

원청이나 하청 기업은 사고 후 작업자들의 피폭 상황과 5년치 배분을 고려해 다음 연도의 피폭량 상한을 정하고 있었다. 연말까지 잘 유지하면 새 피폭 한도를 받아 계속 일할 수 있으므로 작업자들은 일단 안심한다. 연말에 다음 해 피폭량 한도를 받는 것을 작업자들은 "방사선량이 리셋된다"고 표현했다. 그러나 작업자가 피폭당한 사실이 '리셋'되는 것도, 몸에 받은 영향이 사라지는 것도 아니었다.

연말이 다가오면서 작업자들은 어떻게든 효율적으로 단기간에 작업을 완수하는 등 갖은 궁리를 해 피폭 수치를 맞추고 있었다. 작업자들은 만날 때마다 "못 지킬 수도 있다. 1mSv라도 줄이면 좋겠다"고 했다. 일을 잃을지도 모른다는 불안감이 심했다.

원전 심장부에 구멍을 뚫다

2012년 1월 19일, 도쿄전력이 2호기 원자로 격납용기 내부 사진 7장을 공개했다. 다량의 방사선과 냉각수 수증기로 희뿌연 사진에 격자 모양 발판과 배관 설비 등이 보인다. 녹아내린 핵연료는 보이지 않았다. 이 사진들은 격납용기의 관통부로 공업용 내시경을 넣어 촬영한 약 30분짜리 영상에서 추출한 것으로, 사고 후 최초로 1~3호기 격납용기 내부를 촬영한 것이었다. 조사는 같은 날 원자로 1~4호기 중에서 유일하게 수소 폭발을 일으키지 않은 2호기에서 먼저 실시됐다.

내시경 온도계로 측정한 격납용기 내부 온도는 44.7도였다. 격납용기 안쪽에 설치된 온도계와 오차가 2도밖에 나지 않았다. 도쿄전력은 영상 내에서 격납용기의 내벽이나 배관에 큰 손상이 없다고 발표했으나, 영상을 본 베테랑 작업자는 "배관과 내벽이 부분적으로 부식되고 있다. 앞으로 얼마나 견딜지"라며 걱정했다.

격납용기에 구멍을 뚫는 작업은 곧 방사선과의 싸움이었다. 작업자들 말로는 현장의 방사선량이 시간당 60mSv 수준으로 매우 높기 때문에 납판으로 주변을 에워싸 방사선을 차단해 강도를 10분의 1 정도로 낮추고도 구멍을 뚫을 때는 약 10kg나 되는 텅스텐 조끼를 입는다. 인당 작업 가능 시간은 불과 5분 남짓. 세 사람이 한 조로 10개 조가 교대로 작업하는 인해 전술 방식이었다. 격납용기가 초고도 방사선과 수증기로 가득해 조사용 로봇조차 작동을 멈추고 계기가 파괴되는 등, 수치 측정이나 촬영이 아주 곤란했다.

3월 26일부터 실시한 두 번째 조사에서 2호기 격납용기 내부 방사선량은 최대 시간당 72,900mSv로 6분 만에 사망할 정도의 방사선량이 계측됐다. 1월에 실시된 작업은 이러한 격납용기에 구멍을 뚫는 작업으로 내부 가스가 역류하거나 오염수가 샐 위험성이 커 폭발하지 않도록 질소를 주입하면서 신중하게 진행했다. 한 작업자는 굳은 표정으로 "언제 폭발해도 이상하지 않은 상태였다. 심장부에 구멍을 뚫는데 내부 상태를 알 수 없었다. 최악을 상정하고 본격 작업에 앞서 2개월 동안 실제 격납용기와 같은 모형에서 수차례 훈련했다"고 당시를 설명했다.

어려운 작업을 성공시켰다는 성취감에 작업자들은 뿌듯해했다. "결과는 대성공이었다. 아무도 도망치지 않았다. 자부심을 느낀다."

'탈원전'과 '재가동'의 모순

현장 밖에서도 원전을 둘러싼 여러 움직임이 일어나고 있었다. 전국 각지의 원전 재가동을 위한 정부 심사가 진행됐고, 해외 원전 수출 움직임도 있었다. 2011년 10월 말에는 노다 총리가 베트남 총리와 회담하면서 원전 수출을 계속 진행 중임을 알렸다. 요르단과도 원자력 협정이 있었다. 일본 내에 새 원자력 발전소를 건설하지 못하니 대형 건설 회사의 원전 사업 철수를 방지할 목적도 있었던 듯하다. 그러나 노다 총리는 '탈원전'을 주장한 간 나오토菅直人 전 총리의 뒤를 이어 "새 원전 설립은 곤란하다"고 소신을 표명하면서 "중장기적으로 원전 의존도를 계속 낮춰가겠다"고 주장했다. 동시에 "안전성을 철저하게 검증·확인받은 원전은 정기 점검 후 재가동한다"는 방침을 내놓았다. 원전을 수출하려는 정부의 모순적인 태도에 원전 건설 회사의 직원은 "해외에서는 이런 사고가 발생해도 괜찮다는 것인지…"라며 당혹감을 감추지 못했다.

후쿠시마 제1원전에서는 수소 폭발로 날아간 3·4호기 건물 상부의 잔해 제거 작업이 진행됐다. 1월 20일, 도쿄전력은 3·4호기와 관련해 "사용후핵연료 반출을 위해 여름까지 잔해 제거 작업을 마친다"고 발표했다.

배기가스에 시린 손을 녹이며

2012년 1월 20일, 기 씨(56세)

여름에는 방호복 때문에 그렇게 덥더니 겨울에는 아침 기온이 영하로 떨어지는 날이 많아 정말 춥다. 속옷을 두 겹 입고 위아래 일체형인 작업복을 덧입는다. 경량 다운 자켓도 걸치고 한 치수 큰 방호복을 입고 그 위에 판초 우비까지 입으면 조금 덜 춥다. 겨울용 속옷을 나눠준 회사도 있지만 대부분은 "방한 대책은 각자 알아서 하라"는 게 대책이었다.

후쿠시마 제1원전 주변은 바람이 강하고 차갑다. 해가 비추는 낮에는 그나마 덜 춥지만 아침이나 밤에는 기온이 확 떨어진다. 면장갑 위에 고무장갑을 껴도 손이 얼얼할 정도로 시리다. 손이 곱아 고무장갑에 잘 들어가지 않을 때도 있다.

밤 작업은 더 긴장된다. 발전기가 달린 수은등 투광기를 켜고 내 몸 주변을 손전등으로 비춘다. 따뜻한 바람이 나오는 발전기 배기구에 손을 쬐는데, 그래도 손가락은 금방 언다. 게다가 철근을 막 조립한 바닥은 기우뚱 흔들리기 일쑤다.

원전 주변이 어두워서 별이 잘 보일 텐데 하늘을 올려다본 적은 없다. 그럴 여유가 없다. 정부는 작년에 '사고 수습'을 선언했지만 아무 의미가 없다. 작업은 이제부터다. 마음을 다시 다잡아야 할 때다.

사고 수습 선언 이후 급격히 나빠진 처우

배관공 기 씨는 2011년 가을 배관 공사와 탱크 설치 현장에서 철수했다가, 다른 원청 기업의 하청 업체로 재취업했다. 2개월 만에 만난 기 씨는 특유의 어투로 말을 꺼냈다.

"물웅덩이는 한낮이 지나도록 얼어 있어요. 지난번에도 영하 7도까지 내려갔지. 추우니까 소변이 자주 마려워서 물을 되도록 안 마신다니까요." 기 씨가 목을 움츠렸다. 그는 후쿠시마 제1원전의 어디에서 어떤 작업을 하는지, 숙소는 어디인지도 모른 채 후쿠시마에 왔다. 일당도 임금을 받을 때까지 알지 못했다. 여전히 회사의 상황에 휘둘리고 있었다.

사고 수습 선언을 기준으로, 작업자의 노동 환경과 처우가 한층 악화됐다. 원전 사고 전에는 도쿄전력에서 원전 관련 전문 지식이나 경험이 풍부한 기업에 수의 계약으로 일을 발주했다. 사고 발생 직후에도 원전의 상황을 잘 알고 방사선 관련 기술을 갖춘 작업자가 필수적이었기에 도쿄전력은 이에 적합한 기업에 작업을 위탁했다. 그런데 원자로와 사용후핵연료 수조가 비교적 안정적으로 냉각되고 현장도 안정을 되찾으면서 비용 삭감을 우선시하는 분위기가 나타났다. 발주는 대부분 경쟁 입찰로 결정됐다. 베테랑 작업자들이 하나둘 현장을 떠날 수밖에 없었다.

또 도쿄전력은 내부 인력으로 위탁하던 작업 일부까지 직접 하기 시작했다. 후쿠시마 제1원전에서 20년 가까이 일한 작업자는 "2011년 10월 무렵부터 그런 움직임이 있었다. 도쿄전력 직원이 현장을 보러 온 뒤 일을 받지 못했다. 별수는 없지만 이게 참…"이라며 어깨를 떨궜다. 원자로 폐로에 드는 막대한 비용을 생각하면 비용 절감은 필수다. 그러나 공사 발주 감소와 경쟁 입찰 방식은 오랫동안 원전 일을 수주해온 중소 하청 업체로서는 회사의 존폐가 걸린 문제였다.

오랫동안 원전에서 일한 50대 베테랑 현장 감독은 온천 여관이 즐비한 유모토 역 술집에서 "원전에서 수주해 일해온 회사에는 '원전 가격'이란 게 있다. 도장이든 배관이든 방사선에 강한 특별 사양의 물품을 사용해왔다. (피폭 우려가 없는) 토목 공사 가격으로 입찰을 받는다면 당해내지 못한다"며 쓰디쓴 소주를 들이켰다.

줄어든 도쿄전력의 수주액은 원청 기업에 이어 하청 업체를 연쇄적으로 괴롭혔다. 원청도 하청도 철저한 경비 삭감을 피할 수 없다 보니 개중에는 견디고 견디다 비전문 분야에 입찰하거나 적자 금액으로 입찰하는 회사도 있었다. 이는 작업자의 노동 환경과 처우에 크게 영향을 미쳤다. 위험 수당이 없어지고 일당도 내려갔다. 기업에서 부담하던 숙박비나 식비도 작업자 몫으로 바뀌었다. 통근 차량의 연료비를 줄이거나 고속도로 통행을 금지하는 회사까지 있었다.

영하의 아침이 계속되다

2012년 2월 28일, 겐지 씨(41세)

바람이 강한 날에는 실외 작업이 큰일이다. 면진중요동 앞 조립식 화장실도 탱크 물이 얼어 쓸 수 없을 때가 있었다. 동파로 누수가 빈번했지만 그러려니 한다. 배관은 호스 따위로 긴급 조치한 임시에 불과하다. 벌판에 설치했다면 보온재를 둘러도 언다. 순찰을 강화했다지만 그런다고 누수를 발견할 수 있을까? 원전 구역 여기저기에 탱크와 배관이 수두룩하다. 어디가 어떻게 연결됐는지 슬쩍 본다고 알 수 있는 게 아니다. 게다가 순찰만으로도 피폭될 것이다.

모두 연간 피폭 한도가 아슬아슬한 상태다. 그러다 보니 오염 제거 작업으로 일을 바꾸는 동료도 많다.

가벼워지는 작업복과 무거워지는 불안감

연말을 앞두고 피폭량이 상한에 근접하면서 작업자들은 절박해졌다. 날마다 방사선량을 계산하면서 일하던 2월 중반, 한 작업자가 연락을 했다. "3월 1일부터 마스크가 바뀐다는 공고가 붙었어요. 방호복을 입지 않아도 된다는데 괜찮을까요?"

실제로 3월 1일부터 장비 일부가 완화됐다. 전면 마스크에 붙이는 필터는 원자로 내 작업 외에는 방사성 요오드를 걸러주는 두툼한 차콜 필터에서 얇은 방진 필터로 바뀌었다. 또 방사선량이 낮은 일부 지역에서는 차내 이동시 방호복 착용이 완화됐다. 도쿄전력 공보 담당자는 "방사성 요오드가 검출되지 않은 작업자의 부담을 경감시키기 위해서다. 방진 필터로 충분하지만 원하면 차콜 필터를 쓸 수 있다. 다시 임계에 이르거나 핵연료 손상이 발생하는 경우 즉시 면진중 요동으로 모이도록 조치한다"고 설명했다. 나아가 4월에는 방호복 생략 가능 구역을 확대하겠다고 발표했다.

시행 당일까지 작업 장비가 줄어든다는 사실을 몰랐던 작업자는 "이번에도 회사에서는 아무 설명이 없었다"며 분개했다. 도쿄전력은 마스크 선택이 가능하다고 했으나, 작업자들의 증언에 따르면 차콜 필터는 회사명이나 작업 내용, 이름을 기입하고 신청해야만 사용 가능하다. "밉보여 일자리를 잃을까 봐 '방진 마스크만으로는 불안하다'고 말할 수가 없다. 지시에 따를 수밖에"라고 원전에서 오랫동안 일해온 작업자가 털어놓았다. 이 조치들을 지켜보면서 "우리 처지를 한 번이라도 생각해본 적이 있을까?"라며 의구심을 갖는 작업자도 있었다.

필터 제작 업체를 취재해보니 "방진 필터 가격은 차콜 필터의 3분의 1 정도"라고 한다. 베테랑 작업자는 "비용이 많이 줄어든다. 현장의 방사선량이나 오염은 달라진 게 없는데 점점 장비를 완화하니. 지진도 잦고 언제 위험한 사태가 터질지 모른다. 그때는 이미 늦다"

며 안전 확보를 호소했다.

원전 일부 구역의 차량 내 방호복 착용 완화에 대해서는 "도쿄 전력의 버스는 보호 관리가 잘되니 괜찮지만, 작업용 차는 원전 사고 발생 직후부터 줄곧 원전 구역에 있어 많이 오염됐다. 작업을 마친 뒤에는 오염된 방호복을 입은 채 차에 탄다. 작업복만 입고 탑승한다니 말도 안 되는 일이다"라며 불안감을 호소했다.

이 이야기는 여기서 끝이 아니다. 울며 겨자 먹기로 얇은 방진 필터 마스크를 쓰는 현장의 실태를 기사로 내보냈다(《도쿄신문》 3월 14일 조간). 한참 뒤 한 작업자가 전화해 "이제 따로 신청하지 않아도 차콜 필터 마스크를 받을 수 있게 됐다. 마스크 배포하는 데서 '조사에 협조해주셔서 감사합니다'라는 안내문이 붙었더라"며 웃으면서 알려주었다.

은폐된 노심 용융의 진실

원자력 안전·보안원은 2012년 3월 5일, 동일본 대지진 발생 일주일 후 보안원 분석팀이 1~3호기의 노심 용융을 인지하고 있었음을 보여주는 문서를 공개했다. 또 3월 9일 정부의 원자력 재해 대책 본부 회의에서는 동일본 대지진 당일 노심 용융 가능성이 제기됐다는 사실이 밝혀졌다. 정부가 공개한 원자력 재해 대책 본부의 의사 개요에 따르면, 동일본 대지진 당일 첫 회의에서 "8시간 넘게 노심 온도가 상승하면 멜트다운(노심 용융)에 이를 가능성이 있다"는 보고가 있었다. 이튿날 회의에서는 당시 10km 권내로 규정한 피난 구역을 확대해야 한다는 의견도 나왔다.

발표 자료를 읽고 원전 사고 당시를 돌아보았다. 2011년 3월 12일 오후 원자력 안전·보안원 기자회견에서 당시 공보 담당인 나카무라 고이치로中村幸一郎 심의관이 "(1호기는) 노심 용융 가능성이 있다. 이미 진행되고 있는 것은 아닐까?"라고 했다. 그날 저녁을 마지막으로 나카무라 심의관은 기자회견에 나오지 않았다. 그해 말 일본 정부 사고 조사·검증 위원회의 중간 보고에서 드러나기를, 당시 총리 관저에서는 노심 용융이라는 용어를 사용한 원자력 안전·보안원의 설명에 못마땅한 심기를 표출했다고 한다.

그 후 기자회견에서 '노심 용융'이라는 용어가 사라지고 '노심 손상'이라는 말이 등장했다. 도쿄전력도 기자회견에서 '노심 손상'으로 설명했고 노심 용융의 진위를 수차례 물었으나 인정하지 않았다. 2016년 6월 16일, 원전 사고 직후 시미즈 마사타카清水正孝 도쿄전력 사장이 "노심 용융이라는 용어를 쓰지 말라"고 지시했다는 사실이 드러났다. 2016년 6월 21일, 2012년 도쿄전력 사장으로 취임한 히로세 나오미廣瀨直己가 이러한 사실을 "은폐했다"며 기자회견에서 사죄했다.

도쿄전력의 자의적인 원전 용어 바꾸기

'노심 손상'을 포함해 정부나 도쿄전력의 기자회견에서는 위화감이 느껴지는 용어가 많이 등장했다. 앞서 언급했듯이 정부는 '냉온정지 상태'라는 말을 만들어냈고, 2011년 12월 '냉온정지 상태'가 달성됐다고 선언했다. 그러나 녹아내린 핵연료가 냉각되고 있긴 해도 원자로의 밀폐성은 깨졌고 원자로에서는 매일 고농도 오염수가 대량 발생하고 있었다. 밀폐된 원자로에서 냉각수가 끓어오르지 않는 안전한 '냉온정지'와는 엄청난 차이가 있었다. 또 오염수 누수는 말 그대로 '사고'인데, 도쿄전력은 늘 원자력 용어인 '사상事象'으로 바꿔 말했다. 원자로 건물 지하에 고이는 고농도 오염수도 '체류수滯留水'라고 평범한 물처럼 표현했다. 정부와 도쿄전력의 자의적인 용어 바꾸기에 대해 원전 취재팀이 수차례 지적했으나 이후에도 바뀌지 않았다.

4호기 원자로에서는 사용후핵연료 반출 준비에 들어갔다. 2012년 3월 4~9일, 사고 직후의 수소 폭발로 쓸 수 없게 된 원자로 건물 천장에 있던 교량형 크레인이 철거됐다. 이듬해 가을 수조에서 핵연료를 꺼내기 위한 준비 작업이었다.

동일본 대지진 당시 4호기는 정기 점검 중이었다. 핵연료 1,535개를 모두 5층 수조로 옮긴 상태로, 1~3호기와 달리 원자로에 핵연료가 없었다. 모든 핵연료가 원자로 건물 상부의 수조에 있는 4호기와 관련해 수조가 기울어 무너지거나 폭발하는 것은 아닌가, 큰 지진이 또 나면 핵연료가 노출되어 접근할 수 없게 되는 것은 아닌가 등등 소문이 번졌다. 도쿄전력은 원전 사고 후 사용후핵연료 수조의 보강 공사를 하고 있다는 말만 되풀이했다.

동일본 대지진 이후 1년, 기술자 부족 사태

지진 후 1년이 지난 2012년 3월 11일, 가즈마 씨는 낚시 친구인 동창 6명과 하마도리 바다로 배를 띄웠다. 동일본 대지진이 일어난 오후 2시 46분에 맞춰 육지에서 5km 떨어진 지점에서 쓰나미로 사망한 동창생들이 좋아하던 술과 꽃을 바다에 던지며 추모했다. 다행히 날씨는 쾌청했다.

사망한 동창 중에는 고등학교 졸업 후 바로 목수가 된 이가 있었다. "솜씨가 좋았어요. 기발하면서 재미있는…. 낚시도 즐겨서 바다를 참 좋아했죠. 미혼인데다가 배가 있어서 자주 바다에 나갔죠." 이와키 술집에서 만난 가즈마 씨는 친구를 그리워했다. 그 동창생은 배를 선착장에 정박하려는 순간 쓰나미에 휩쓸려갔다. 대지진 발생 이틀 뒤에 그는 구청에 붙은 사망자 명단에서 친구의 이름을 발견하고 마음이 너무 아팠다고 담담하게 이야기했다. 이날 가즈마 씨는 술을 빨리 마셨다. 진토닉이 연달아 그의 입으로 들어갔다.

후쿠시마 제1원전의 경내 잔해 철거 작업이 거의 끝나면서 고강도 방사선 속 작업이 늘 것으로 예측됐다. 도쿄전력은 기자회견에서 "몇 년 만에 (작업자가) 부족해질 우려는 없으며 장기적으로도 걱정하지 않는다"고 단언했다. 그러나 이미 몇몇 작업장에서는 기술자와 베테랑 작업자가 부족하다는 비명이 나오고 있었다.

배관공 기 씨는 3월 후쿠시마에 돌아와 주특기인 배관 공사에 참여하고 있었다. 기술자가 충분한지 전화로 묻자 "용접공도, 배관공도, 전기공도 너무 부족하다. 무거운 장비 갖춰야지, 피폭도 당하지, 다른 일이 있다면 구태여 여기 오지 않을 것이다. 지금 이 정도면 앞으로는 더 부족해질 것이다. 모두 피폭 한도와 직결되니까"라는 답이 돌아왔다.

기술직 작업자는 연령층이 높은 편이어서 후계자 양성도 큰 과제였다. 어느 회사에도 원전 사고 후 미래를 바라보고 인력을 양성할 여유는 없었다. 대형 건설 회사의 베테랑 작업자는 "방사선량 높은 곳의 작업이 늘어나는데 어느 정도까지 기계화할 수 있을지가 관건"이라고 말한다. 그러나 원격 조종 로봇을 쓰더라도 현장까지 가지고 들어가는 것은 결국 사람이 할 일이다. "어떤 작업이든 결국 사람 손이 필요하다."

동료와 함께 나아갈 수밖에 없다

2012년 3월 14일, 노부 씨(41세, 가명)

가족과 떨어져 여관에서 공동생활을 하면서 사고 수습 작업에 나선 지도 1년이 지났다. 모두 잘 견디고 있다는 생각이 든다.

후쿠시마 제1원전에서 목숨을 잃지 않고 간신히 몸을 피해 가족과 함께 피난소를 전전할 때 "사람이 부족하다"는 연락을 받았다. 방사선량도 전혀 알 수 없던 시기여서 두려웠으나 원전에서 일해온 내가 도망칠 수는 없었다. 가족에게는 "나는 일하러 갈 테니까"라고만 말했다.

오겠다고 했다가 말을 번복한 동료도 있다. 피난한 가족에게 갔다가 돌아오지 않은 사람, 약혼녀의 어머니가 반대했다는 젊은 동료, 의지하던 파트너도 일을 그만뒀다. 회사 동료 가운데 3분의 1이 떠났다. 안타깝지만 관둘 수밖에 없는 상황은 이해한다. "언젠가 다시 함께 일합시다. 잘 살아야 해요"라는 말로 보내줬다.

경계 구역에 있는 고향에 돌아가고 싶은 생각이 간절하다. 생계를 꾸려야 한다는 현실도 엄연하다. 하지만 나나 가족뿐 아니라, 무엇보다 함께 일하는 동료들이 있어 이 일을 계속한다. 이대로 멈춰 있을 수만은 없지 않은가. 앞으로 나아가는 수밖에 없다.

그날의 기억

현지의 작은 하청 업체에 소속된 노부 씨는 파란색 잉어 자수가 새겨진 상의를 입고 술집으로 들어왔다. 잉어를 좋아하는 그는 처음 만난 날도 잉어가 수놓인 청바지를 입고 있었다. 그는 살짝 구부정하게 자리에 앉았다. 안경 너머에서 선한 눈이 이쪽을 바라보고 있었다. 노부 씨는 좀체 젓가락을 들지 않았다. 이야기를 마치면 그저 소주잔만 거푸 들이켰다.

"누구나 무서워서 도망치고 싶은 마음은 있어요. 동료가 일을 그만두면 괴롭고 슬프지만 그 기분을 말로 다 표현할 수 없어요. 젊은 동료 가운데 '이 친구는 이제부터 일취월장하겠구나' 싶어 기대했는데 갑자기 그만두는 경우도 있습니다. 한 사람 몫을 제대로 할 때까지 가르치지 못한 것이 가장 아쉬워요."

동일본 대지진 때 노부 씨는 후쿠시마 제1원전에서 일하고 있었다. 바다 쪽 실외 작업을 하는데 지금껏 경험한 적 없는 센 강도로 땅이 흔들렸다. 종적 진동이었다. 이후 횡적 진동이 끝없이 이어져 계속 서 있기조차 힘들었다. 원전 사방에 흩어진 잔해를 뛰어넘으면서 어찌어찌 정문까지 내달렸다. 경비원이 겨우 한 사람 지나갈 정도로 열어둔 문틈으로 빠져나왔다. "'만약 문이 열려 있지 않았다면' 하는 생각을 하면 지금도 아찔합니다. 한순간 잘못됐다면 쓰나미에 휩쓸렸을 겁니다." 당시를 떠올렸는지 노부 씨가 부르르 떨었다.

원전 밖으로 나와 차를 타고 집으로 갔을 때는 오후 3시 반 정도였다고 한다. 6번 국도는 귀가를 서두르는 작업자와 피난민으로 정체됐다. 얼마 지나지 않아 "쓰나미다!"라는 소리가 들렸다. 집에는 초등학생 딸과 아들, 아내가 있었다. 장모는 바다에서 1km도 떨어지지 않은 곳에 살고 있었다.

해가 저물어서야 가까스로 집에 도착했다. 가족과 집은 무사했다. 장모의 안부는 알지 못한 채, 한밤중에 장모의 집이 있는 바다 쪽으로 갔다. 가로등도 없어 어둠이 짙게 깔려 있었다. 도로는 잔해와 하수와 폐수가 뒤엉켜 질척거렸고, 뒤집힌 자동차에서 경적이 줄기차게 울려댔다. 어둠 속에서 눈을 부릅뜨고 둘러봤지만 분명 있어야 할 집들이 사라지고 없었다. 쓰나미가 할퀴고 간 흔적을 처음으로 목격한 순간이었다. 혼자 덩그러니 남겨진 기분이었다.

다행히 피난소에서 장모를 만났다. 친척 중에는 세상을 떠난 사람이 없었다. 이튿날 아침, 피난 지시가 내려와 노부 씨는 입은 옷 그대로 가족과 함께 피난처를 찾아갔다.

"내일이라도 당장 돌아가고 싶다"

피난한 지 일주일 정도 지나 회사에서 전화가 왔다. 아직 현장은 방사선량도 얼마나 피폭되는지도 모르던 때다. 그러나 노부 씨는 망설이지 않았다. 가족에게는 "도망칠 수는 없잖아. 젊은 친구들도 오겠다고 한다"고 말하고 후쿠시마로 향했다.

후쿠시마 제1원전에서는 전원 복구가 급해 케이블 부설 작업이 한창이었다. 그러나 소방대원이나 자위대 등이 핵연료 냉각을 위해 방수 작업을 하는 낮에는 작업할 수가 없어 밤에만 했다. 어둠이 내려앉은 밤, 무거운 전선을 팔자 모양으로 말아 기중기 트럭에 실어 날랐다. 무거운 전선을 한참 다루면 한동안 손이 제대로 움직이지 않았다. 마무리해야 한다는 생각으로 노부 씨는 그저 필사적으로 움직였다. 이 무렵에는 선량계가 작업반에 하나밖에 보급되지 않았다. 선량계를 갖춘 반장이나 현장 감독이 한자리에 있는 것이 아닌 데다, 장소에 따라 방사선량이 달랐기 때문에 작업자가 있던 장소와 반장이나 현장 감독이 있던 장소의 방사선량이 같다고 단언할 수 없었다. 노부 씨는 이 시기에 얼마나 피폭됐는지 알 수 없다고 한다.

제대로 잠은커녕 쉬지도 못하는 가운데 작업이 이어졌다. 밤부터 아침까지 꼬박 일을 하고, 운 좋게 식사 시간에 맞춰 면진중요동으로 가 밥을 먹거나 잠깐 눈을 붙이려 하면 "시간이 없다. 빨리 현장으로 가라"는 지시가 날아들었다. "이대로라면 나도, 후배들도 큰일 나겠다"는 생각이 들었다. 노부 씨는 앞으로 원전에서 계속 일을 하기 위해서라도 일단 현장을 떠나는 편이 낫겠다고 결단했다. 정확하지는 않지만 작업반에 한 개 있던 선량계로 측정해본 피폭량은 하루 2~3mSv로 높았다. 노부 씨는 최근 며칠간의 피폭량은 어떻게 처리되는지 회사에 문의했다. "이번에는 특별한 경우라서 계산하지 않으니까 걱정할 필요 없다"는 회신을 받았다. 그러나 나중에 확인해보니 이때 피폭된 방사선량도 기록에 포함되어 있었다.

피폭 기록은 나중에 병이 나 산재 신청을 할 때 작업자를 지키는 중요한 증거 자료가 되지만, 동시에 현장에서 일할 수 있는 '일의 수명'이기도 했다. 노부 씨도 마찬가지였다.

동일본 대지진이 발생한 지 1년이 지나 연말 즈음 노부 씨의 피폭량도 회사가 정한 상한에 근접했다. 일주일에 몇 번은 방사선량 낮은 구역이나 인근 지역 오염 제거 작업에 나서기도 했다. 노부 씨는 후쿠시마 토박이는 아니지만 성인이 되어 후쿠시마에서 결혼했고 이후 후쿠시마 제1원전에서 몇 킬로미터 떨어진 후타바에 살았다. 이제는 후쿠시마가 고향이나 다름없다.

"특별한 이유가 있어서가 아니에요. 바다와 산, 논이 있고, 같이 일도 하고 한잔 기울이는 동료가 있습니다. 후타바가 내 고향입니다. 우리 집 주변은 아직 방사선량이 높아 아이들을 데리고 돌아갈 수 없습니다. 하지만 마음은 내일이라도 당장 돌아가고 싶죠." 취기가 올랐는지 노부 씨는 이날 입버릇처럼 하던 말을 여러 번 되풀이했다. "예전과 달리 지금은 행복을 느낄 만한 시대가 아니니까."

피폭을 무릅쓰고 격납용기에 구멍을 뚫다

2012년 4월 3일, 세이 씨(55세, 가명)

2호기 원자로의 격납용기 내부 수위가 60cm라니 맥이 탁 풀렸다. 도쿄전력
은 4m로 예측했는데 차이가 너무 크다. 내부 방사선량이 높을 것은 예상했
지만 시간당 72,900mSv라니. 이 정도라면 바로 죽을 것이다. 믿고 의지할
로봇마저 손상된다니 작업은 훨씬 늦어질 것으로 보인다.

나는 격납용기에 내시경을 투입해 심장부에 구멍을 뚫는 작업에 참여했다.
최악의 사태를 고려해 실물 크기 모형에서 2개월 동안 연습했다.

수소 폭발을 막기 위해 질소를 넣으면서 작업했다. 현장 방사선량은 시간당
최고 60mSv로 높았다. 3인 1조로 10개 조를 구성해 감독이 모니터를 보면
서 교대 신호를 잇달아 보냈다. 작업장 주위에 납판을 둘러 방사선량을 10분
의 1로 낮추고, 작업자는 10kg이 넘는 텅스텐 조끼를 입었다. 이렇게 해도
현장에 머물 수 있는 시간은 단 5분. 위험하지만 누군가는 해야 한다. 아무도
두려워하지 않았다. 자부심을 가지고 작업했다.

현장에서 안전한 곳은 없다. 2호기 이외는 미지수. 이제야 조금씩 밝혀지기
시작했을 뿐인데 '사고 수습'이라니 있을 수 없는 일이다.

원전이 안전할 리 없다

"40년 가까이 자부심을 갖고 일본의 전기를 생산해왔습니다." 이와
키 역에서 조금 떨어진 생선 요리 전문점에서 만난 현지 기업의 임원

세이 씨가 당당한 자세로 말했다. 그가 원전 관련 일을 처음 접한 것은 16세 고등학생 때였다. 아르바이트였다.

세이 씨는 원전에서 30km 정도 떨어진 집에서 성인이 된 아들과 딸, 아내, 어머니까지 다섯 식구가 살고 있었다. 원전 사고가 나고 3일 후 3호기가 수소 폭발한 뒤, 세이 씨는 가족과 고리야마로 피난했다가 4개월 후에 고향으로 돌아왔다. "피난 가서도 원전이 걱정되어 수차례 상사에게 전화를 했습니다. 돈도 벌어야 했고, 본래 생활로 돌아가고 싶다는 생각, 현지 사람들을 위해 뭔가 할 일이 없을까 하는 생각이 들었죠." 회사는 직원이 여기저기로 피난해 해산한 상태였기 때문에 예전에 산하에 있던 하청 업체로 자리를 옮겼다.

핵연료는 방사성 물질이 새지 않도록 견고한 '5중 벽'으로 보호해, 원전은 절대적으로 안전한 곳이었다. 세이 씨도 이를 굳게 믿었다. 하지만 눈앞에 상상조차 하지 못한 광경이 펼쳐졌다. 수소 폭발로 파괴되어 엿가락처럼 휘어진 철골이 그대로 노출된 3호기, 잔해투성이 원전 구역…. 원전 사고 후 처음 후쿠시마 제1원전에 들어섰을 때 맞닥뜨린 광경을 나 역시 잊을 수가 없다.

"체르노빌 사태 때도, 미국 스리마일섬 사고 때도 다른 나라 일이라고 여겨 아무 대책도 마련하지 않았어요. 정부와 전력 회사의 오만이 낳은 결과입니다. 절대로 안전하다고 믿었기 때문에 배신감까지 들었습니다." 충격이 컸다. 그래도 세이 씨는 마음을 다잡아보려 했다. "이미 일어난 일입니다. 원래대로 돌아갈 수가 없습니다. 앞으로를 생각하지 않으면 미래는 없으니까요. 원전 기술자로서 자부심이 있습니다. 가족도 걱정하고 주위에서도 가지 말라고 만류하지만, 몇십 년 동안 원전에서 일했기 때문에 아무리 희생될 우려가 있다고 해도 뛰어들 수밖에 없습니다."

세이 씨의 고향은 드넓은 논이 펼쳐진 농촌으로, 그도 농가에서 태어났다. 농한기에는 다른 지역으로 돈을 벌러 가는 농민도 많았다. 세이 씨는 아버지가 돌아가신 뒤 겸업 농부로 일하면서 주중에는 원전에서 일했다. 원전 사고 후 원전에서 반경 20~30km로 선을 그으면서 보상을 받을 수 있는 집과 없는 집이 나뉘었다. 여태 사이가 좋던 이웃 사이에 왕래가 사라졌으며, 초등학교에 다니는 아이들 사이에도 따돌림이 일어났다.

얼마 전부터 작업자들 사이에서 사고 수습 장비의 품질이 나빠졌다는 이야기가 들려왔다. "면 마스크 착용 전에 쓰는 헝겊 모자가 종이 재질로 바뀌었다", "비닐 발싸개가 종이처럼 얇아 금방 찢어진다", "방호복도 도쿄전력 직원은 통기성을 향상시켰다고 하지만 뻣뻣해서 방사성 물질을 막아줄지 불안하다. 값이 이전 것의 5분의 1이라고 들었다."

그때까지 작업자들은 이동하는 차량 안에서도 방호복을 입고 있었는데, 이것도 파란색 작업복으로 바뀐다고 한다. 도쿄전력 공보 담당자는 이 작업복에 대해 "작업할 때는 보호 장치가 될 수 없다. 이동 중 버스에서 입는 작업복이다. 본래는 필요하지 않지만 만약을 대비해서"라고 설명했다.

원전 사고로 모든 것이 변해버렸다

2012년 4월 8일, 료 씨(32세, 가명)

아내와 함께 딸의 입학식에 다녀왔다. 아이가 새로 산 책가방을 메고 기뻐했다. 이번 봄에 집을 얻어 마침내 가족이 함께 살게 됐다. 경계 구역에 있는 집에서 피난 나온 지 1년. 정말 긴 시간이었다.

7명이 함께 살았는데 피난하면서 뿔뿔이 흩어졌다. 돌봐주시던 할머니와 떨어지자 아이들은 매일 울었다. 할머니는 피난에 건강을 해쳐 올해 돌아가시고 말았다. "집에 가고 싶구나. 집에 돌아가고 싶어." 늘 이렇게 말씀하셨다. 아이들이 아직 어려 예전 살던 집으로는 갈 수 없다. 앞으로 어디서 살아야 할까? 집을 사야 할까? 해결할 문제도 많고 도쿄전력에 제출해야 하는 보상 청구 절차도 서둘러야 한다.

가능한 한 가족과 함께 지내려고 매일 차로 왕복 3시간을 달려 대피소에 갔다. 너무 지친 나머지 여유가 없어 아이들에게 소리를 지를 때도 있었다. 그런데도 아이들은 걱정하면서 "아빠" 하고 다가와준다. 눈물이 났다. 원전 사고로 모든 것이 변해버렸다.

여전히 힘든 일들이 산적해 있다. 하지만 가족이 함께 살게 되면서 아이들 얼굴에 웃음기가 되살아났다. 두 번 다시 가족과 떨어지지 않겠다.

재해가 낳은 이산가족

료 씨와 처음 만난 것은 2012년 1월 말, 아직 추위가 맹위를 떨치던 때였다. 이와키 역 앞 체인 주점에서 만난 료 씨는 커다란 눈에 곧게 뻗은 콧날로 외양이 곱상했다.

료 씨는 일하던 공장이 도산한 뒤 30세가 넘어 후쿠시마 제1원전 하청 업체로 자리를 옮겼다. 집은 원전에서 10km 정도 떨어져 있었다. 이곳에서 동갑내기 여성과 결혼했다. 동일본 대지진 당시에는 초등학교 입학을 앞둔 딸과 어린이집에 다니는 아들이 있었다.

지진이 일어나기 전 그는 아내와 셋째 계획을 세웠다고 한다. 대지진이 일어난 날, 료 씨는 도쿄 출장 중이었다. 지진이 진정되자마자 아내에게 전화를 했으나 연락이 닿지 않았다. 후쿠시마로 돌아가려 했으나 전철이 멈춰 갈 수 없었다. 이튿날 우에노 역에서 후쿠시마 제1원전의 1호기가 폭발했다는 소식을 듣고 료 씨는 극도로 놀라 경련이 일어난 듯 온몸이 후들후들 떨렸다고 한다. 머릿속에서는 최악의 사태가 맴돌았다.

"이런 순간 도쿄에 있다니! 어째서 오늘 지진이 났을까? 후쿠시마는 체르노빌처럼 되는 것일까? 모두 죽는 것은 아닐까?" 이튿날, 가까스로 연락이 닿은 아내와 간토에 있는 친척 집에서 만나기로 했다. 함께 살던 할머니와 가족까지 여러 명이 신세를 지게 되어 좀 주눅이 들기도 했다.

당시 료 씨는 고민이 많았다. 어린 두 아이를 데리고 방사선량이 높은 후쿠시마로 돌아갈 수 없다는 생각과 고향에 가고 싶다는 바람 사이에서 흔들렸다.

지진 발생 2주 뒤, 회사 사장과 직원 3분의 1이 후쿠시마에 모였다. 직원들은 모두 후쿠시마 사람들이었다. 사장은 "방사선량이 좀 더 안정되면 가자"며 곧바로 돌아가는 것에 반대했다. 료 씨는 친척 집으로 돌아가 아내와 앞일을 상의했다. 아내는 "언젠가 가족과 함께 후쿠시마로 돌아가면 일이 필요할 것"이라며 복귀를 찬성했다. 결국 료 씨는 대지진이 일어난 지 반년이 지난 2011년 9월 후쿠시마 제1원전으로 돌아왔다.

하지만 어린아이와 후쿠시마에 사는 데는 거부감이 있었다. 처음에는 료 씨 혼자 후쿠시마에서 지내다 주말에 아내와 아이들이 있는 친척 집으로 갔다. 이후 아내와 두 아이는 비교적 방사선량이 낮은 곳에서 피난 생활을 이어갔고, 료 씨는 이와키에 있는 피난민용 아파트(정부가 민간에게 빌려 제공)에서 지내기 시작했다. 잠깐이라도 가족이 보고 싶어 매일 일을 마치고 1시간 반 이상 차를 몰았다. 저녁에 식구들을 보고 밤에 아이들이 잠들면 아파트로 돌아오는 식이었다. 수면 부족으로 졸다가 가드레일을 들이받은 일이 한두 번이 아니었다. 도쿄전력 보상 청구가 시작된 뒤 부부 모두 심적으로나 육체적으로 여유가 없어져 이전처럼 아이들과 함께 놀아주지도 못했다.

료 씨에게 아이들은 무엇과도 바꿀 수 없는 보물이었다. 어릴 적에 아버지의 사랑을 충분히 받지 못했기에 자기 아이들 만큼은 외롭게 만들지 않겠다는 생각이 강했다. 이 마음은 부부가 같았다. 그러나 점차 피로가 쌓여 여유를 잃어버린 료 씨는 걸핏하면 화를 내는 아빠가 되고 말았다. 그때마다 크게 후회하지만 잘 다스려지지 않았다. 아내도 "아이들을 너무 다그치지 말라"고 했다. 어린이집에 다니는 아들은 마음대로 하려 들고 어리광을 부리면서 기저귀를 떼지 못하는 퇴행 행동을 보였다. 딸은 항상 눈치를 보고 늘 긴장해 겁을 먹은 모습이었다.

료 씨는 마음속 응어리로 담아둔 괴로움을 털어놓기 시작했다. "정말 미안해 죽겠어요. 아이들을 만나고 싶어서 매일 그 먼 길을 왕복하는데. 내가 미쳐가나 봐요. 이미 한계인지도 모르겠어요. 괴롭습니다, 정말 괴로워요…." 료 씨는 술집 방바닥에서 몸부림치며 눈물을 흘렸다. "아들은 주스 마시고 싶다고 한 것뿐인데 '주스라니 무슨 주스!'라고 소리를 질렀으니. 바나나가 먹고 싶다는데 화를 내며 밖으로 쫓아냈으니. 그런데도 '아빠' 하면서 다가오네요. 어린데도 아빠가 지금 힘든 상황이라는 걸 알아준다니까요." 그가 목 놓아 울었다.

료 씨는 원전 사고 후 '후쿠시마'가 나쁜 뜻을 지닌 브랜드가 되어버린 느낌이라고 했다. 다른 현 주유소에서 '후쿠시마 사람은 줄 서지 마시오'라는 안내문을 보았고, 후쿠시마 번호판을 단 차가 부서진 장면도 목격했다. "두 아이가 후쿠시마에서 왔다는 것만으로 따돌림을 당하거나 차별받지는 않을까", "아이가 다 컸을 때 '후쿠시마 출신과는 결혼시킬 수 없다'는 말을 듣지나 않을까." 아이들의 장래를 생각하면 불안한 마음이 끝을 모르고 커졌다.

가족과의 별거는 1년이 한계였다. "원전 가까이 아이들을 데리고 오는 것은 나의 이기심일지도 모릅니다. 하지만 가족이 계속 뿔뿔이 흩어져 사는 건 더는 견딜 수 없습니다." 딸이 초등학교 입학을 앞둔 2012년 3월 말, 마침내 가족이 함께 살게 됐다. "인간은 결국 자기 중심적인가 봅니다. 여유가 있어야 사랑도 할 수 있다는 것을 알게 됐어요. 아무리 아내와 아이들을 사랑하고 가족을 위해 죽을 수 있다고 생각해도, 여유가 없어지면 속수무책입니다."

료 씨와 처음 만난 이날, 함께한 술집 방 한편의 전등이 묘하게 밝았던 기억이 난다. 그가 토해내듯 이야기를 이어가다 말을 멈췄을 즈음 요리는 다 식어 딱딱해졌고 술잔의 얼음은 물이 되었다.

"너무 괴로워서 누구든 내 이야기 좀 들어줬으면 했습니다. 이제 기운이 납니다. 좀 더 이야기하고 싶은데 노래방이라도 가면 어떨까요?"라는 료 씨의 말에 시계를 보니 어느새 새벽 2시를 넘어가고 있었다. 6시간 내내 이야기를 듣고 있었던 것이다. "죄송합니다. 오늘은 시간이 너무⋯." 제대로 말을 할 수 없을 정도로 힘이 빠져 있었다.

나가는 직원과 남는 직원

관계자에 따르면 도쿄전력 직원 3만 9,000여 명 가운데 원전 사고 전 본인 의사로 퇴직하는 사람은 연간 120~130명 정도였다. 하지만 사고 후 2011년 4월부터 2012년 3월 말까지 460명으로 퇴직자는 세 배 이상 늘었다. 그 가운데 29세 이하는 40%가 넘는다. 심적 불안 외에 가족이나 친척이 우려해 그만둔 직원도 있었다. 이 무렵 한 도쿄전력 직원은 "회사의 앞날을 비관적으로 봤을 테지만, 몇십 년도 더 걸릴 수습 작업에는 후진 양성이 절실한데⋯"라며 얼굴에 그늘이 드리웠다.

"누구든 도망치고 싶은 순간이 있지 않았을까요?" 피난한 가족들과 뿔뿔이 흩어져 생활하고 있다는 다른 직원은 원전 사고 후 몇 번이나 퇴사하려 했다고 한다. 피폭량은 이미 80mSv를 넘겼다. 사고 발생 초기에는 도쿄전력 직원이 중심이 되어 후쿠시마 제1원전에서 숙식하며 작업했다. 대지진 당일부터 긴급 대책 본부가 설치된 면진중요동은 "야전 병원 같았다"고 했다. "옷도 못 갈아입고 모두 새카매진 셔츠를 입은 채 지쳐 있는 모습이 죽은 사람과 다르지 않았어요"라고 그는 당시를 떠올렸다. 그만두고 싶을 때마다 절망적인 상황에서 고군분투하던 동료들을 생각했다. '피난한 가족들과 함께 살고 싶다, 아이들이 자라는 걸 지켜보고 싶다'고 생각하면서도 사력을 다해 현장에 머물렀다. "나는 후쿠시마 사람이고 이곳은 내가 관여한 설비라는 생각도 있었어요. 무엇보다도 원전 사고가 난 때부터 지금까지 함께 힘을 모아 열심히 작업해온 동료들이 큰 의지가 되고 있습니다."

사고 이후 며칠 뒤 후쿠시마 제1원전으로 달려온 직원은 "교류 전력이 다 꺼진 순간이나 절망적인 상황이 꼬리를 물 때 모두가 어떤 마음으로 대응했는지 생각하면 눈물이 난다"고 동료들의 수고를 헤아렸다. 이 직원도 그만두고 싶을 때마다 동료들이 필사적으로 일하던 모습을 떠올리며 위기를 넘긴다고 한다.

또 다른 직원은 원전 사고 후 몇 주 만에 휴가를 얻어 가족이 있는 피난소로 달려갔는데 사람들이 추궁하는 바람에 그만 잔뜩 주눅이 들었다고 한다. 주민 대응 담당자들의 마음고생이 특히 컸다. 우울증이나 건강 문제로 몇몇 직원은 일을 그만두었다. 현지의 하청 작업자는 피난소에서 본 일을 들려줬다. 학창 시절 동급생이던 도쿄전력 직원이 사이좋게 지내던 지역 사람들로부터 '원전 사고를 일으킨 도쿄전력 직원'이라며 추궁당하는 모습을 봤다는 것이다. "이런저런 추궁을 당하면서도 휴일에도 묵묵히 행방불명된 사람들을 찾아 나서는 그의 모습을 본 지역 사람들의 태도가 바뀌었다"고 그는 눈물을 글썽였다.

도쿄전력은 피폭량 100mSv를 초과한 직원은 방사선량이 낮은 곳으로 보내고 170mSv를 초과하면 본사 등으로 이동시켰다. 본사로 간 기술자 직원은 "현장을 떠나서 죄송합니다. 하루라도 빨리 후쿠시마 제1원전으로 돌아가고 싶습니다"라고 지속적으로 호소했다. 근무지를 옮기는 바람에 오히려 우울증에 걸린 직원도 있었다.

1~4호기 폐기

도쿄전력은 4월 19일자로 전기사업법상 1~4호기를 폐기한다고 발표했다. 원전 사고로 이미 발전 기능을 잃었지만, 이로써 법적으로도 발전소로서 역할이 마무리됐다. 일본내 원전은 54기에서 50기로 줄었다. 한편 노다 총리가 간사이전력 오이 원전 3·4호기의 재가동 방침을 결정했고 이를 위해 착착 움직이고 있었다.

후쿠시마 제1원전에서는 4월 15일 오염수 처리 시스템의 배관에서 고농도 스트론튬 등을 함유한 오염수 12t이 유출되어 그중 150ml가 바다로 들어갔다. 5월 24일, 도쿄전력은 원전 사고 후 대기나 바다로 방출된 방사성 물질의 추계치가 90만 TBq이라고 발표했다. 체르노빌 원전 사고(520만 TBq)의 약 5분의 1에 육박하는 수치였다.

고향이 버려지도록 내버려둘 수 없는 마음

"후쿠시마 제1원전의 벚나무 가로수는 굉장합니다. 매년 도시락을 싸 들고 오는 관광객과 관광버스가 몰려들었죠." 이와키 술집에서 만난 겐지 씨는 원전 사고 전의 한가롭던 풍경을 그리워했다. 후쿠시마 제1원전의 정문 도로변에는 왕벚나무 가로수가 이어진다. 면 진중요동까지 가는 길에도 오래된 벚나무가 멋지게 늘어섰다. 도쿄전력은 해마다 벚꽃 개화일 맞추기 행사를 열었으며, 꽃 피는 시기를 맞춘 1등에게 1만 엔 상당의 흑우 상품을 줬다고 한다. "다른 정답자에게는 컵라면 한 상자 혹은 화장지를 줬죠. 참 평화로웠어요. 올해는 3월 말이 되어도 벚꽃이 필 기미를 보이지 않아 걱정했어요."

후쿠시마 제1원전 건설 당시부터 미국 제너럴 일렉트릭의 기술자로 참여해온 나카 유키테루名嘉幸照 씨(70세)를 만난 날은 마침 벚꽃이 피기 직전이었다. 오키나와 이제나섬 출신인 나카 씨는 도쿄전력의 하청 기업 도호쿠 엔터프라이즈의 사장이었다. 처음 만난 날 나카 씨는 6번 국도를 타고 사고 전 지내던 사무실과 자택으로 안내했다. 후쿠시마 제1원전 방면으로 가는 길에 벚나무로 유명한 도미오카마치의 요노모리 공원을 지났다. 보슬비 속에서 만난 꽃봉오리는 아직 피지 않은 상태였다. "대지진이 난 그해 4월 12일. 요노모리 공원은 벚꽃이 만개했습니다. 벚꽃도 참 아름답고 날씨도 아주 좋았죠. 그런데 사람은 하나도 없었습니다." 평소였다면 사람으로 넘쳐나던 벚꽃 터널 속, 나카 씨는 방호복을 입고 정신없이 비디오를 찍었다.

차에서 당시 이야기를 들었다. 그때 나카 씨는 바다와 가까운 도미오카마치 고지대의 자택에 있었는데, 갑자기 땅이 서 있을 수조차 없을 정도로 심하게 흔들렸다. 지진이 나고 40분 뒤, 수평선에서 검은 물 덩어리가 밀려드는 게 보였다. 그는 전부터 후쿠시마 제1원전의 쓰나미 대비가 충분하지 못하다는 것을 알고 있었다. 도쿄전력에 여러 번 대책 마련을 호소했으나 언제나 뒤로 밀리기 일쑤였다.

지진 발생 직후, 후쿠시마 제1원전의 중앙제어실 직원에게 계속 전화를 걸었다. 겨우 연결된 휴대 전화 저편에서 "해수 펌프 전멸!" 이라는 절망적인 목소리가 들렸다. "안 돼!" 나카 씨의 온몸에서 힘이 빠져나갔다. 원전이 긴급 정지하더라도 핵연료는 계속 고열을 발생시키기 때문에 열을 식혀야 한다. 이 핵연료 냉각용 해수를 퍼 올리는 펌프가 전멸한 것이다.

나카 씨네 회사는 전 직원이 현지 사람들로 전부 지진 피해를 입었다. 그러나 원전 사고 후에도 직원 15~16명이 후쿠시마 제1원전에서 작업을 계속했다. 나카 씨가 출근을 시키려고 피난소로 직원들을 데리러 가면, 그 가족들이 "무사히 돌아와야 해요"라며 눈물을 흘리면서 차가 보이지 않을 때까지 배웅했다. 그 모습에 나카 씨는 온 힘을 다해 눈물을 참았다고 한다.

나카 씨가 소중히 여기는 사진이 있다. 후쿠시마 제1원전에 들어가기 전 누구라 할 것 없이 "기념사진 한 장 찍읍시다" 하는 분위기여서 방호복 차림의 직원들과 함께 찍은 사진이었다. "모두 속으로는 이로써 생이별하는 게 아닐까 불안했다"며 그는 사진을 쓰다듬었다.

후쿠시마 제1원전의 상황은 직원에게서 들었다. 여진이 이어지는 가운데 원전 경내는 어디나 방사선량이 높아 어려움을 겪고 있었다. 직원들은 면진중요동 바닥에서 앉은 채로 쪽잠을 잤다. 식사는 통조림이나 빵이 전부였다. 작업은 6일 일하고 2일 쉬는 식으로 진행됐다. 작업을 마친 직원을 데리러 가면 아무리 젊고 체력이 좋은 사람도 얼굴이 반쪽이 되어 말을 걸어도 힘겹게 고개를 끄덕이는 지경이었다. 귀가한 직원의 피폐해진 모습에 가족들은 걱정이 이만저만이 아니었다. 나카 씨는 방사선량도 알 수 없는 현장에 젊은 직원을 보내고 싶지 않았으나 직원들은 가겠다면서 물러서지 않았다. "직원들은 불안해하면서도 '우리가 고향을 지켜야 한다'는 생각이 누구보다 강했습니다." 당시를 회상하는 나카 씨의 목소리가 잠겼다.

"동일본 대지진이 일어나지 않았다면 아들에게 회사를 맡기고 유유자적하게 은퇴 생활을 즐길 예정이었죠." 나카 씨는 인생 계획이 틀어졌다며 쓴웃음을 지었다. 원전 사고 후, 직원과 가족을 생각해 이 일에서 철수할 생각도 했다고 한다. 하지만 기술자로서 원전을 지키지 못했다는 자책과, 두 번 다시 이런 일을 겪게 하고 싶지 않다는 마음이 더 강하게 발동했다. "도망칠 수 없었어요. 고향의 일부를 잃더라도 후쿠시마를 버려진 땅으로 만들고 싶지 않았으니까요."

선택의 갈림길에 선 일본

2012년 5월 5일, 홋카이도전력 도마리 원전 3호기가 정기 점검으로 멈추면서 일본 내 가동 중인 원전이 하나도 없게 됐다. 이에 대해 작업자들의 마음은 복잡했다.

후쿠시마에서 홀로 지내는 작업자는 "현지에서 내가 일할 만한 곳은 원전밖에 없다. 하지만 재가동은 반대"라며 망설임 없이 말했다. 그는 지금까지 원전이 안전하다고 믿어왔다. "속았다는 생각도 듭니다. 최선을 다하면 원전 이외에도 전력을 얻을 다른 방법이 있지 않겠어요? 원전이 전부 멈춘 지금 생각해봐야 합니다." 어린아이 둘을 키우는 한 젊은 작업자는 앞일을 전혀 예측할 수 없는 피난 생활에 지칠 대로 지쳐 있었다. "먹고살 일을 생각하면 원전을 100% 반대하기 어렵습니다. 하지만 후쿠시마 같은 사고가 또 일어난다면 어떻게 할지." 이 작업자는 원전 사고 후 일상도, 고향도 모두 잃었다고 생각했다. "어느 것 하나 해결되지 않은 상황에서 재가동이라니, 너무 빠릅니다. 후쿠시마만 내팽개쳐진 느낌입니다. 같은 사고를 반복하지 않으려면 원전을 멈출 수밖에 없어요. 하지만 고용 문제를 생각하면…." 여러 갈래로 생각이 갈려 결국 결론을 내리지 못했다.

원전 작업자들은 전기를 생산한다는 자긍심과 자부심이 있었다. 몇십 년 동안 원전에서만 일한 현장 감독이나 원전 일로 가족과 직원의 생활을 지탱해온 현지 업체 사장은 사고 후에도 "원전은 필요하다"고 했다.

"원전이 사라지면 먹고살 수 없다. 후쿠시마뿐 아니다. 전국적으로 몇십만 명이나 되는 작업자가 일을 잃는다. 안전이 확보되면 가동하면 좋겠다", "반대하는 사람들도 이해가 간다. 그렇지만 우리 지역은 원전 덕에 살았고 원전 관련 일이 사라지면 곤란하다." 베테랑 기술자도 "지금 시대에 위험하지 않은 일은 없다. 일본 경제를 생각해도 원전은 필요하다. 다만 안전 대책을 확실히 마련하고 현지의 이해를 구한 다음에 가동해야 한다"고 주장했다. 원전을 반대하든 찬성하든 작업자들이 공통적으로 하는 말은 앞으로 일본이 어떤 길을 선택할 것인지 생각해봐야 한다는 것이었다.

후쿠시마 제1원전 4호기와 관련해, 후쿠시마 주민들 사이에는 원자로 전체 혹은 가장 상부에 있는 사용후핵연료 수조가 기우는 것 같다는 우려가 번지고 있었다. 기자회견에서도 이에 대한 질문이 나왔다. 도쿄전력 공보 담당자에게 확인하자 "크게 기운 것은 아니며 원자로 건물의 내진 평가에는 문제가 없다. 만약을 대비해 작년 5월부터 7월 말까지 수조 바닥을 강철 지주와 콘크리트로 보강했다"는 답변을 들을 수 있었다.

그러던 차에 도쿄전력이 그림을 첨부한 4호기의 상황 설명문을 원전 게시판에 붙였다는 정보가 들어왔다.

☢

저들을 신뢰할 수 없다

2012년 5월 17일, 익명(32세)

며칠 만에 면진중요동 앞 휴게실에 가보니 여기저기 '4호기는 괜찮다'고 강조하는 도쿄전력의 안내문이 붙어 있었다. 벽은 물론 막다른 복도, 눈길 닿는 곳이라면 어디나. 근무처로 돌아가니 똑같은 안내문을 나눠줬다.

"4호기 원자로 건물은 기울지 않았고 사용후핵연료 수조를 포함해 지진으로 파괴된 곳은 없습니다"라고 적혀 있고, 진도 6에도 괜찮다는 내용을 그림으로 설명해놓았다. 인터넷이나 트위터에서 4호기 원자로 건물이 기울었다느니 연료 수조가 위험하다느니 하는 소문이 떠돌고 해외에서도 문제시되니 이런 방법으로 안심시키려는 것일까?

괜찮다는 말을 신뢰할 수 없다. 지금까지 은폐한 것이 어디 한두 가지인가. 자기들에게 유리한 것만 발표하고 있다는 생각도 든다. 바닥부터 수조의 수면까지 거리를 재 기울기를 확인했다지만, 정확하게 측정했을까? 바닥을 보강하더라도 지진이나 해일로 균열이 가서 냉각수가 새서 핵연료가 노출된다면 더는 사람이 접근할 수 없다. 다음에 지진이나 쓰나미가 나면 나는 도망갈 것이다.

고립된 피난민 가족

늘 만나던 이와키 술집의 작은 방에서 료 씨는 가족 이야기로 말문을 열었다. 마침내 가족이 함께 살게 됐으나 고뇌는 계속되고 있었다.

입학 전 새 가방을 메고 기뻐하던 딸이 입학식에서 친구들 사이에 끼지 못했다. 딸은 혼자 우두커니 서 있었다고 한다.

좀처럼 학교 생활에 적응하지 못하는 딸 때문에 아이의 담임은 "난처한 일이 생기면 한밤중이라도 괜찮으니 전화하세요"라며 료 씨에게 연락처를 줬다고 한다. 료 씨의 딸만 그런 게 아니었다. 료 씨 부부도 학부모들이 모인 곳으로 다가서지 못했다. 모두가 입학을 축하하는 가운데 료 씨 가족만 고립됐다. '이곳은 우리의 본거지가 아니구나' 절감했다고 한다. "참담했다"며 료 씨는 눈을 꿈쩍였다.

피난처가 바뀔 때마다 아이들은 불안해했다. 함께 목욕을 하면서 료 씨가 딸에게 "또 전학을 가야 한다면 어떻게 할거야?"라고 묻자, 딸은 "친구가 생겼는데 또 헤어지기는 싫다"며 강하게 반발했다. 료 씨는 이와키 주변에서 가족과 함께 살기로 결심했다.

만일 아이들이 적응하지 못하면 다시 이사할 수밖에 없다. 억지로 웃어 보이는 딸이 걱정됐다. 아이에게는 눈치를 보는 버릇이 생겼다. '이렇게 하면 화를 낼까? 나를 싫어하는 것은 아닐까?' 항상 사람들을 의식했다. 매일 아침 학교에 가고 싶지 않네, 배가 아프네 하면서 우는 딸을 료 씨와 아내가 달래면서 데려다줬다. 힘껏 안아주는 것밖에 할 수 있는 게 없었다. "이곳을 아이들이 고향으로 느끼게 해줄 수 있을까요?" 이날 료 씨의 표정은 밝지 않았다.

오염 검사를 기다리다 잠들다

2012년 6월 1일, 익명(32세)

날마다 공사 차량의 오염 검사 정체가 심각하다. 경계 구역 재조정에 맞춰 후쿠시마 제1원전에서 나오는 차량을 전수 검사하기 시작한 지 1개월. 검사장은 두 곳, 사정에 따라 한두 군데 늘렸지만 정체는 좀처럼 해소되지 않았다. 가장 오래 기다린 게 1시간 반이었다. 운전석에서 잠이 들었다가 정신을 차려보니 앞에 차가 한 대도 없던 날도 있었다. 뒤차의 운전자도 잠들어버렸는지 경적을 울리지 않았다. 여기서 시간을 잡아먹는 바람에 쉴 시간이 줄어들어 작업자들의 불만이 속출했다. 나 역시 아침 일찍 현장으로 들어갔다가 일을 마치면 밖에서 점심을 먹는데, 식사가 오후 3시 혹은 4시까지 밀리면 배가 고파 어지러울 때가 있다.

검사를 기다리는 동안 용변을 참는 것도 큰일이다. 작업 중에는 물을 마실 수 없으니, 열사병이 무서워 돌아가기 전에라도 휴게소에서 목을 축인다. 대기 시간이 너무 길다 보니 차를 타고 기다리는 사람을 한 명 정해서 먼저 차량 검사를 받고, 검사가 끝난 차에 나머지를 태워 원전 밖으로 나오는 등 갖가지 꾀를 내본다.

이제부터 날씨가 더워진다. 차에서 에어컨을 틀어도 방호복 때문에 덥다. 검사장에는 철판이 깔려 있다. 그 위에서 검사를 하는 작업자가 걱정스럽다.

피폭 한도 초과해도 원전에서 일하는 방법

나라하마치 등지의 피난 해제를 위해 J 빌리지의 기능을 서서히 원전 경내로 이전하기 시작했다. 2012년 4월 24일, 후쿠시마 제1원전 작업 차량 검사장과 오염 제거장을 J 빌리지에서 원전 안으로 옮겼다. 공사 차량보다 작업자들이 탄 버스의 오염 검사를 우선했기 때문에, 공사 차량의 정체 행렬은 시간대에 따라 심각한 양상을 보였다. 이전에는 후쿠시마 제1원전에 들어갈 때와 나올 때 J 빌리지에서 장비를 입고 벗었으나, 이 장소도 연내에 원전 경내로 옮기기로 결정됐다.

7월 들어 원전 출입 차량의 오염 검사 담당자를 취재할 기회를 얻었다. "정체가 심해 15~30분 간격으로 나오는 도쿄전력의 통근 버스는 타이어만 확인할 뿐 오염 검사는 거의 하지 않습니다. 통근 버스 외에는 전부 검사하지만요." 원전 내로 이전한 오염 검사도 엄격하지는 않은 듯했다. 오염이 심해 원전 밖에 내보낼 수 없는 소방 차량이나 중장비, 작업 차량은 원전 내 주차장에 남았다. 원전에서 사용하는 동안 차량 검사 기한이 지나버린 차도 있었다.

긴급 대책 본부가 설치된 면진중요동의 '(방사선) 비관리 구역화'도 진행됐다. 보통 원전에서는 원자로 건물 내 등 방사선량이 일정 정도 이상인 장소를 '방사선 관리 구역'으로 정하고 출입을 제한한다. 그런데 후쿠시마 제1원전은 지역 전체가 방사선 관리 구역으로 지정됐다. 면진중요동을 비관리 구역으로 정하면 작업의 중추인 도쿄전력 직원이나 협력 회사 작업자가 피폭 한도를 초과해도 원전에서 일할 수 있게 된다. 이 때문에 면진중요동을 '비관리 구역'으로 만들기 위해 창과 벽을 납판으로 차단하는 작업이 빠른 속도로 진행됐다.

오이 원전 재가동 결정

일본 내 가동 원전이 없어진 지 1개월쯤 지난 6월 8일, 노다 총리는 간사이전력 오이 원전 3·4호기와 관련해 "재가동해야 한다"라고 표명했다. 정부는 6월 16일 재가동을 결정했다. 이후 도쿄의 총리 관저 앞에는 매주 금요일 원전 재가동을 반대하는 시위가 열렸고 참가하는 시민이 크게 늘어나고 있었다.

원전 재가동, 아직 이르다

2012년 6월 9일, 익명(47세)

일을 마치고 돌아와 한숨 돌리다 텔레비전에서 노다 총리의 연설을 들었다. 짜놓은 각본대로 움직이고 있다는 느낌이 들었다.

원전 재가동은 아직 이르다. 후쿠시마 제1원전 경내는 많이 정리됐지만 근본적인 수습은 아직 끝나지 않았다. 피난 간 사람들도 여전히 많다. 국민 생활을 지킨다는 명분이지만 후쿠시마의 현실을 간과하고 있다.

총리는 오이 원전에 후쿠시마를 덮친 것 같은 쓰나미가 와도 전혀 걱정할 것 없다고 했다. 동일본 대지진 전에도 원전은 안전하다고 했다가 이런 사고가 났다. 이제 누가 안전하다는 말을 믿을까? 원전을 가동하지 않으면 일본 사회를 지탱할 수 없다고 하지만, 또다시 원전 사고가 발생한다면 그야말로 일본은 더는 생활을 영위할 수 없게 된다.

원전이 없으면 전력이 부족해진다는 말이 사실일까? 또다시 원전 사고가 난다면 그땐 원전이 있는 지역만의 문제가 아니다. 원전 재가동 문제는 투표를 해 국민의 의견을 물어야 할 것이다.

무리하게 진행되는 일상화

후쿠시마 제1원전에서는 '일상화'가 착착 진행되고 있었다. 5월 말부터 적색과 황색으로 점멸하던 원전 내 신호도 이전처럼 작동하기 시작했다. 50대의 베테랑 작업자는 "요컨대 평범한 공사 현장이 된 것이다. 일상, 일상이라고 시끄러울 정도로 강조한다. 절차나 보고 서류도 늘었다"고 불만을 표했다.

6월 27일에는 고농도 오염수가 고인 1호기 원자로 지하층의 방사선량이 시간당 최대 10,300mSv로 측정됐다. 격납용기 밖에서 측정된 방사선량으로는 최대치로, 사람이 40분가량 접촉하면 사망하는 수치였다. 현지 작업자는 "이제 '긴급'이 아니라 '일상' 작업이라고 하는데 현장은 여전히 비상이다. 무리하게 일반 상황이라고 강조하는 게 이상하다"며 전화기 너머에서 깊은 한숨을 내쉬었다.

사용후핵연료 반출을 준비하는 4호기에서는 원자로 건물 상부 해체 공사가 빠른 속도로 진행됐다. 수조가 있는 최상층 기둥과 들보를 제거하면서 외관이 크게 달라졌다. 6월 말 열린 도쿄전력 주주 총회에서는 일본 정부로부터 1조 엔을 출자받아 실질적으로 국영화해 경영을 새건하는 안건을 통과시켰다.

차별받고 배제되는 피난민들

2012년 5월 29일, 이와키 역 술집에서 료 씨를 만났다. 마침 전날 경계 구역인 나미에마치의 한 창고에서 자살한 자영업자 남성(62세)을 소방관이 발견했다는 뉴스가 보도됐다. 자리에 앉기가 무섭게 이 이야기가 화제에 올랐다.

"텔레비전 뉴스를 보고 머릿속이 새하얘졌어요. 이왕이면 고향에서 죽겠다는 생각이었겠죠." 료 씨는 원전 사고 후 돌아가신 할머니 생각에 괴로웠다고 한다. 2011년 6월 하순 "노인은 거치적거린다", "나는 무덤으로 피난을 갑니다"라는 글을 남기고 자살한 미나미소마시의 93세 여성 관련 뉴스도 떠오른 것이다.

"원통함을 풀 길이 없습니다. 명복을 빌 뿐이죠. 지금까지 힘껏 견디며 살아온 사람들이 왜 이렇게까지 궁지에 내몰려야 하나요?"

조모는 료 씨 가족과 함께 살면서 두 아이를 돌봐줬다. 그러나 원전 사고 후 뿔뿔이 흩어지면서 한순간에 쇠약해졌다. 피난지에는 이웃도 없고 좋아하던 밭일도 할 수 없었다. 조모는 "아이들이 보고 싶다"며 눈물을 흘렸고, 아이들도 할머니 생각에 매일 울었다. 일시 귀향이 가능한 날 조모를 모시고 가자고 아내와 이야기를 나눈 즈음 조모는 세상을 떠났다. 유해만이라도 고향의 조부 옆에 모시고 싶었으나 피난 구역은 성묘조차 허락되지 않았다. 그는 조모의 유해와 함께 피난 생활을 하고 있었다.

새집을 지었지만 보상금 문제로 이웃과 갈등을 빚으면서 하루도 살지 못하고 이사를 간 피난민도 있었다. 잃은 것에 대한 보상이었으나 갑자기 부자가 됐다 여기는 따가운 시선을 견뎌야만 했다. 후쿠시마 제1원전에서는 보상금을 받는 게 알려지면 "이제 일 안 해도 되겠네"라는 말을 들어야 한다. 료 씨도 억울한 경험을 여러 번 했다. "보상금 덕에 일을 안 해도 되거나 그 돈으로 고급 차 혹은 명품을 사는 사람도 분명 존재합니다. 하지만 성실하게 계속 일하는 사람도 있어요. 우리 가족은 뿔뿔이 흩어져 피난지를 전전하며 집도 고향도 잃었습니다. 보상금이 그렇게 부럽다면 전부 줄 테니까 처지를 바꾸면 좋겠어요." 그는 아이들이 따돌림을 당할지도 모른다는 걱정에 두 아이가 다니는 초등학교와 어린이집에 피난민이라는 사실을 절대로 말하지 말아달라고 강하게 요청했다. 되도록 수수한 옷을 입혀 보내 눈에 띄지 않게 했다. "원전 사고 후 가족이 더 소중해졌어요. 두 번 다시 떨어지고 싶지 않습니다." 료 씨는 굳게 마음먹은 듯했다.

주변에는 붕괴되는 가정이 많았다. 이혼이 증가했고 피난 생활로 아내가 신경증 증세를 보이며 친정으로 간 경우도 있다. 가족과 함께 살던 고령자가 피난지에 홀로 남아 희망을 잃고 쇠약해지거나 자살하는 경우도 있었다.

☢

열사병 위기 속에서 작업은 계속된다

2012년 7월 22일, 신 씨(47세)

서머 타임으로 작업 시작을 2시간 앞당겨 아직 컴컴할 때 출근한다. 더운 낮 작업을 피하기 위해서라지만 수면 사이클을 좀처럼 바꿀 수 없어 몸이 힘들다. 작업을 시작하자마자 바로 땀이 치솟는다. 전면 마스크에 열이 차 얼굴이 순식간에 뜨거워진다. 도쿄전력 직원이 "시원합니다!"라며 나눠준 통기성 좋은 방호복도 이런 무더위에는 소용이 없다.

새 방호복은 잘 찢어져서 곤란하다. 동료는 3일 연속 찢어졌는데 작업 중에 갈아입으러 다녀올 수도 없어서 테이프로 대충 붙이고 계속 일했다. 방사성 물질에 오염되는 것을 방지하는 방호복인데 이렇게 잘 찢어지면 의미가 없다. 작년에는 열사병으로 의식을 잃을 뻔했다. 그 당시에는 생명의 위험을 느꼈다. 지금도 집에 돌아가면 너무 지쳐서 쭉 뻗는데, 본격적인 여름은 이제부터다.

테이프로 대충 봉합한 방호복

두 번째 여름이 왔다. 작업자들은 다시 열사병과 싸우고 있었다. 7월 1일에는 도쿄전력이 "통기성이 1.5배 좋아졌다"며 방호복을 교체했다. 제작 업체에 문의해보니 도쿄전력의 특별 주문품이라고 한다. 이와키에서 만난 신 씨에게 새 방호복을 입어본 느낌을 물어봤다. "지퍼가 위아래로 열려 편리하지만 너무 약해요. 지퍼가 고장 나 앞이 확 벌어지거나 작업 중에 찢어지기도 하는데 그럴 때마다 휴게소까지 가서 갈아입을 수가 없으니 모두 테이프를 붙여 대충 처리하고 있습니다."

가즈마 씨에게도 전화를 해봤다. "오염도 높은 곳에서 작업하는데 방사성 물질을 잘 막아줄지 불안합니다. 덥더라도 방호력이 뛰어나야 안심되죠." 그는 기존 방호복을 선택했다.

한편 원전은 오염수 탱크로 가득 찼다. '야생 조류의 숲'으로 불리던 곳이 '탱크의 숲'이 됐다. 원전 내 나무를 베어내니 현장의 무더위가 더 심해졌다. 그곳에 서식하던 꿩과 너구리, 여우는 어디로 갔을까. 정문부터 늘어선 벚나무 가로수는 올해도 어김없이 꽃망울을 터뜨렸지만, 후쿠시마 제1원전은 사고 전과 비교하면 완전히 달라졌다. 이즈음 4호기의 원자로 건물 상부 잔해가 모두 제거됐고, 사용후핵연료 반출 준비도 급속도로 진행되고 있었다.

"힘내라고 하지 마세요"

7월 들어 열사병이나 탈수 증상을 일으키는 작업자가 속출했다. 일본 전역에서 열사병 환자가 빈발한 7월 17일, 4호기 수조에서 미사용 핵연료 반출 준비를 하던 작업자 2명이 열사병 증상을 보여 작업이 중단됐다는 소식을 현장에 있던 작업자가 전화로 알려줬다. 다른 작업장에서도 작업자 3명이 탈수 증상과 열사병 증세를 보였다고 한다. 이날 도쿄전력은 열사병과 관련해 아무 발표도 하지 않았다. 작업자들은 도쿄전력이 이를 보고받으면 꼬치꼬치 상황을 묻느라 작업이 중단되기 때문에 하청 업체들이 보고할 시간에 차라리 일을 한다고 전했다. 따라서 도쿄전력이 파악한 열사병 발생 건수와 실제 발생 건수가 일치하지 않는다. 게다가 2011년에는 열사병 환자가 발생할 때마다 도쿄전력이 발표했으나, 2012년부터 정리해 한꺼번에 발표하는 것으로 방침이 바뀌었다. 이후 원전 사고 직후에는 곧바로 알리던 사고와 부상 건도 점차 발표가 뜸해졌다.

이 무렵 "힘내라, 후쿠시마"라는 표어가 역이나 거리 곳곳에 내걸리고 각종 행사에 빈번하게 등장하고 있었다. 가즈마 씨는 이렇게 말했다. "후쿠시마에 활기를 불어넣고 싶습니다. 하지만 '힘내라, 후쿠시마'라는 말을 더는 듣고 싶지 않아요. 이미 후쿠시마 사람들은 힘내서 해보려는 마음으로 가득 차 있으니까요."

가즈마 씨는 여전히 가족과 떨어져 일하고 있었다. 그의 마음을 지탱해주는 것은 이와키에 사는 친구였다. 일을 마치고 동료의 가게에 가서 한잔하는 것이 기분 전환이고 마음의 안식이었다.

가즈마 씨는 호텔에서 퇴거하라는 지시를 받고 얼마 전부터 이와키 시내의 피난민용 임대 주택에서 혼자 생활했다. "어제는 피망에 다진 고기를 채워 치즈를 얹어 소스와 케첩을 찍어 먹었어요." 간단한 요리밖에 못한다며 웃었는데, 매일 제대로 식사를 챙겨 먹는 것 같았다. "혼자 살게 되어 식사 준비도 하고 빨래도 하면서 1년 만에 나만의 시간이 생겼다"고 진심으로 기뻐했다.

이야기는 원전 사고 직후 가족과 피난소에서 지내던 때로 이어졌다. 그곳에 있던 피난민들이 "당신, 원전에 있었지. 그렇다면 우리를 지켰어야지"라며 비난을 퍼부었다고 한다.

"가족을 지키려고 원전에서 일합니다. 초등학생 아들이 전화로 항상 '아빠, 잘 지내요?'라고 묻고 '모두를 위해 열심히 해줘요. 아빠, 안녕히 주무세요'라며 전화를 끊어요. 무리가 되더라도 싸워야죠. 모두 열심히 하고 있으니까. 정부는 어떻게 보는지 모르겠지만."

원전 사고는 인재인가, 자연재해인가?

도쿄 국회 앞 도로가 오이 원자력 발전소 재가동에 반대하는 시민으로 꽉 찬 가운데, 1개월 전 노다 총리가 선언한 대로 7월 1일, 원전 사고 후 처음으로 핵분열을 통제하던 제어봉을 풀어 오이 원전 3호기의 원자로를 가동했다. 이어 4호기도 가동해 8월에는 3·4호기 모두 운전을 개시했다. 후쿠시마 제2원전은 쓰나미로 고장 난 몇 곳을 수리했다.

"차마 말은 못 꺼내겠지만, 도쿄전력은 후쿠시마 제2원전을 가동하고 싶을 겁니다. 재가동을 전제로 하지 않으면 공사 현장의 사기도 떨어질 테니." 후쿠시마 제2원전에 다니는 베테랑 작업자의 솔직한 생각이었다. 그는 도쿄전력에서 예산이 나오지 않으면 작업을 하지 못하는 후쿠시마 제1원전의 상황도 전해줬다. 작년 가을부터 다른 작업자에게서도 들은 적 있는 이야기였다.

"몇 개월 전부터 계획은 잡혔는데 공사가 시작되지 않고 있어서 모두 초조합니다. 후쿠시마 제2원전이나 가시와자키 가리와 원전●

● 일본 혼슈 니가타현 가시와자키시에 위치한 원자력 발전소. 도쿄전력에서 소유 및 운영한다.

등 도쿄전력의 다른 원전을 가동하지 않으면 달리 방법이 없는 것이 아닐까 싶습니다. 게다가 경쟁 입찰이어서 저렴한 비용의 비전문 업자가 공사를 따기도 하죠. 이런 상태라면 언젠가 사고가 다시 발생할 겁니다."

정부에서 독립한 국회 사고 조사 위원회는 2012년 7월 5일, 앞서 도쿄전력 사고 조사 위원회와 민간 사고 독립 검증 위원회가 후쿠시마 제1원전의 사고 원인은 쓰나미에 있다고 본 견해와 달리, 지진으로 안전상 중요 기기가 파손됐을 가능성을 지적했다. 나아가 이번 사고는 안전 대책을 수차례 미룬 결과 발생한 '인재'라고 단언했다. 또 보고서에는 "규제하는 입장(원자력 안전·보안원 등)과 규제받는 입장(도쿄전력)의 '역전 관계'로 규제 당국이 사업자의 '노예'가 되면서 안전의 감시·감독 기능이 붕괴됐다"는 내용도 담았다.

7월 23일 정부 사고 조사·검증 위원회는 최종 보고에서 쓰나미를 직접적인 사고 원인으로 본다면서도, "도쿄전력도, 정부도 안전 신화에 사로잡혀 위험이 가까이에 도사리고 있는 현실을 포착하지 못했다"는 간접적인 말로 인재 사고라는 견해를 표명했다.

국회·정부·도쿄전력·민간 등 사고 조사 위원회 네 곳의 조사 결과를 본 작업자들 사이에는 "이것으로 사고도 종료되는 것은 아니냐"는 걱정의 소리가 나왔다. 각 원자로 건물, 특히 격납용기 내 방사선량이 높아 조사가 어려웠기에 철저하게 규명됐다고 볼 수 없으며, 녹아내린 핵연료의 상태도 여전히 모르는 상황이었다. 보고서가 나온들 무엇 하나 매듭지어진 것이 없었다.

신 씨가 일을 마칠 시간에 전화를 걸었다. "수소 폭발, 방사성 물질 대량 방출, 오염수 유출…. 엄청난 사고가 발생했고 현장에서는 지금도 피폭과 싸우면서 작업하는데, 이번 사태가 이대로 잊히는 것은 아닌지 두렵습니다." 현지 기업의 현장 감독인 세이 씨도 수화기 너머의 낮은 목소리로 "사고 원인도, 책임 소재도 밝혀지지 않았다"고 말했다.

피폭량 감추기 대작전

7월 21일, 《아사히신문》이 지난 2011년 12월 현지의 하청 업체 간부가 피폭 기록을 낮추기 위해 작업자의 휴대용 선량계를 납 커버로 가리게 했다는 사실을 보도했다. 작업자들은 "방사선량이 높은 데서 작업할 때 선량계가 계속 울려 선량계를 가지고 가지 않는다"는 이야기를 자주 했지만 회사 간부가 그런 지시를 했다는 것은 충격이었다. 취재원들에게 지금까지의 상황을 물었는데, 직접 말로 지시받거나 강요받지는 않았지만 "반장이 먼저 선량계를 떼고 가면 밑에서는 따를 수밖에 없다"는 증언이 나왔다. 하청 업체는 작업자들이 피폭량 상한에 도달해 원전 일을 수주하지 못할까 봐 전전긍긍했다.

젊은 작업자는 "사고 초반에는 선량계가 계속 울려 일을 할 수 없을 정도여서 일부러 가지고 가지 않았다. 내 피폭량은 방사선 관리 수첩의 기록보다 훨씬 높을 것"이라고 했다. 그의 피폭량 기록은 일부 누락되었음에도 한 달에 40mSv를 초과했고 사고 1년째에 80mSv가 됐다. 결국 그는 현장을 떠나야 했다.

현지의 작은 하청 업체 임원은 '피폭 감추기'에 빠지는 속내를 생생하게 설명했다. 작년 가을, 그는 자신의 피폭량이 원청 기업이 정한 연간 상한에 급속히 가까워지자 위기감을 느꼈다. 인부들의 피폭량도 한도에 가까워지고 있었다. 이대로라면 회사의 존망과 모두의 생활이 위태로운 상황이었다.

그는 두께 5mm 정도의 납판으로 선량계 덮개를 만들었다. 그리고 방호복으로 갈아입을 때 숨겨둔 커버에 선량계를 담아 내복 주머니에 넣었다. 방호복을 입으면 전혀 알 길이 없었다. 효과가 있기를 바랐으나 다른 작업자와 하루 0.01~0.02mSv밖에 차이가 나지 않았다. 그는 나의 취재 수첩에 납 덮개를 그려줬다. 납 덮개는 앞과 좌우, 바닥을 덮는 상자로 위는 덮지 않았다. 크기는 담뱃갑보다 폭이 조금 좁은 정도였다. 수차례 휴게소의 로커나 차 안에 선량계를 두고 나왔지만 그곳에도 방사선이 없는 게 아니었다. "그다지 효과가 없었고 발각되면 잘립니다. 게다가 납은 무겁기도 하고요. 무엇보다 직원 모두가 납 덮개를 쓸 수는 없었습니다." 결국 그는 반년 정도 실행해보다 그만뒀다.

그는 지난해 말 회사가 정한 상한 20mSv를 크게 초과했다. 한도를 넘긴 직원이 속출하자 원청 기업에서 상한을 올렸고, 그 덕에 일을 잃지는 않았다. 하지만 초과한 만큼 2012년의 피폭량 한도가 차감됐다.

이 임원은 현지에서 나고 자라 줄곧 후쿠시마 제1원전에서 일했다고 한다. "원전에서 오래 일한 사람일수록 일자리를 잃을지도 모른다는 불안감이 큽니다. 정부가 피폭 염려 없는 화력 발전소 등 다른 일자리를 확보해 후쿠시마 제1원전에서 일하는 작업자가 안심하고 사고 수습을 계속할 수 있게 해주면 좋겠습니다." 그의 바람은 절실했다.

그러한 가운데 7월 25일, 원전 사고가 발생한 2011년 3월부터 2012년 2월 말까지 후쿠시마 제1원전에서 일한 작업자의 피폭량 총계를 뜻하는 '집단 피폭량'이 원전 사고 전 연간 피폭량의 약 16배에 달했다고 도쿄전력이 발표했다.

피폭량 감추기가 보도된 뒤 선량계 휴대 검사가 엄격해졌다. 작업장에 가기 전 확인하거나 선량계가 보이도록 가슴 부분을 투명 소재로 만든 방호복이 나오기도 했다. 그러나 작업자들이 훗날 피폭으로 발병할 경우 업무 연관성을 증명하는 데 중요한 자료가 될 피폭량 수치를 스스로 속이는 근본적인 이유에 대해서는 따져보려는 시도도, 개선하려는 움직임도 보이지 않았다.

사라진 작업자 임금

7월 26일, 후쿠시마 제1원전의 긴급 작업에 참여한 나가사키 출신 작업자(45세)가 도쿄 노동국*에 상급 기업 니치에 동력공업의 불법 다중 파견 사실을 고발했다. 다음 날에는 불법 다중 파견과 임금 미지급 건으로 나가사키현의 4개 하청 업체도 나가사키 노동국에 고

---

* 후생노동성 직속의 지방 노동국. 노동성의 특별 행정 기관.

발당했다. 2011년 7월 1일부터 8월 9일까지 후쿠시마 제1원전에서 일한 그는 임금 미지급 등과 관련해 이와키시의 와타나베 히로유키渡辺博之 시의원을 찾아가 상담했다고 한다.

변호사에 따르면 그에게 임금을 지급하던 곳은 나가사키현 마츠우라의 작은 토목 업체였다. 하지만 방사선 관리 수첩에는 사세보에 있는 세 단계 상위의 기업이 소속 회사로 적혀 있었다. 다중 하청 구조는 여러 회사가 얽혀 중간착취가 발생할 가능성이 높을 뿐 아니라, 사고가 날 경우 작업자의 소속이 명확하지 않아 책임 소재가 불분명해지는 등 여러 문제점이 있다.

이 작업자는 5차 하청 이하에 속했지만 정작 본인은 자기가 몇 차 하청 기업 소속인지 몰랐다. 소속 회사로 기재된 사세보의 기업은 수당을 포함한 일당으로 1인당 2만 4,000~2만 5,000엔을 하청 업체에 지급했는데, 그사이에 업체 둘이 끼어 실수령액은 1만 1,000엔으로 줄었다. 그는 "바로 위 회사가 일당 가운데 5,000엔을 '소개비' 명목으로 제한다는 말을 들었다. 몇 단계를 거치는 하청 구조는 부당하다. 약속받은 임금 1만 4,000엔도 못 받고 위험 수당도 떼였다"며 고발한 것이다.

사세보의 해당 기업은 "청부 계약이지 다중 파견은 아니다. 하청 업체에 위험 수당을 포함해 지급했다"고 해명했다. 이 작업자가 소속된 업체 사장은 전화 인터뷰에서 "본인이 후쿠시마에 가고 싶다고 해서 알선해줬다. 본인은 몰랐다지만, 위에 (회사가) 몇 개 있는지 다들 알고 있다. 위험 수당을 몰라라 한다니. 내가 돈 벌려는 게 아니라

위에서 내려오면 줄 수 있다. 이런 기사가 나가면 우리는 사업을 못 한다"고 원망했다.

고발한 작업자는 후쿠시마에 오기 전 상급 회사 사장에게 "간단한 일이고 원전 건물로 들어가지는 않는다"고 들었다. 실제로는 1호기와 4호기 원자로 건물 내 작업 등 방사선량이 높은 곳에서만 작업했다. 고농도 오염수 처리 작업에 투입됐다가 오염수를 뒤집어쓰기도 했다. 그가 한 일은 오염수 흡입구 부품 교체 작업이었다. 작업 전 베테랑 선배는 "오늘 일은 위험하다. (방사선량 때문에) 시간이 30분밖에 없다"고 주의를 줬다. 일을 시작하자마자 선량계가 울렸다. 그때였다. 흡입구 부품을 교체하려고 관 입구를 들어 올린 순간 물이 튀어오르면서 그는 온몸에 오염수를 뒤집어썼다. 하지만 작업을 속행해야만 했다. 아침부터 35도가 넘는 날이었다. 한여름 불볕더위에 전면 마스크와 방호복, 판초까지 입었다. 숨을 쉬기 힘들어 의식이 몽롱해졌다. 한계였다. 전면 마스크를 벗고 싶다, 잡아 뜯고 싶다는 충동에 휩싸였다. 작업은 40분간 이어졌고 남성의 피폭량은 2mSv를 초과했다.

1호기 원자로 내에 납 차단벽을 설치하는 작업은 더 혹독했다. 이중 방호복을 입고 전면 마스크를 쓰고 20kg의 기다란 납판 배낭을 등에 지고 급경사 계단을 6층 높이까지 올라가야 한다. 한 조가 올라가는 동안 다른 조는 계단 옆에서 대기한다. 출발 신호가 떨어지면 작업자들이 납판을 들고 올라가 벽의 S자 후크에 걸고 오는 작업을 교대로 반복한다. 방사선을 차단해줄 납판을 벽에 걸어 실내 작업을 준비하는 과정이다.

건물 안에는 고선량 잔해가 널려 있어 우물쭈물하다가는 금세 피폭량이 올라간다. 어둠 속에서 헤드램프에 의지하는데, 그나마도 수량이 부족해 헤드램프는 선두 한 사람만 쓴다. 그는 양손으로 계단 손잡이를 더듬으면서 죽기 살기로 달렸다. 선량계 경고음은 줄기차게 울려댔다. 긴장과 호흡 곤란으로 심장이 터질 듯했고 정신이 혼미했다. "빨리 끝나라, 빨리 끝나라." 가쁜 호흡을 고르며 그는 중얼거렸다. 60대 작업자는 계단을 뛰어오르자마자 쓰러지고 말았다.

당시 이 작업자가 원자로 건물 안에 머문 시간은 10분 남짓. 피폭량은 2.4mSv였다. 3mSv가 넘은 사람도 있었다. 한 조에 10명. 그가 속한 조만 납판 약 400장을 운반했다.

그가 후쿠시마 제1원전에서 일한 동안 총 피폭량은 12.8mSv였다. '5년 한도 100mSv' 기준을 생각하면 6개월분 이상을 단 1개월 만에 채운 것이다.

방사선을 뒤집어쓰는 역할

"얼마나 남았나?" 1개월로 예정한 작업 기간의 절반이 지났을 때 작업반장이 그에게 피폭량을 물었다. 그가 답하자 반장은 "아직 괜찮군" 하고는 자리를 떴다. 어느 날 이 작업자는 반장들이 피폭량에 대해 이야기하는 걸 듣게 됐다. "이 사람은 이 정도 (여유가) 있으니까 (방사선을) 뒤집어쓰고도 남겠네." 숨어서 듣던 그는 충격을 받았다. 반장들은 태연하게 연간 피폭 한도인 20mSv를 꽉 채울 때까지 작업자들을 부려먹을 계산을 하고 있었다. 그는 "그제야 내가 '고선량 요원'이었다는 것을 알게 됐다"고 분노를 토했다. 고선량 요원이란 방사선량이 높은 장소만 맡는 단기 작업자를 가리켰다. 직원이 피폭 한도를 채우면 다음 일을 수주하기 어렵다. 그래서 고선량 구역만 담당하는 단기 작업자를 고용하고 있었다. "현장 감독도 베테랑 작업자도 남은 한도가 거의 없었습니다. 나는 방사선을 뒤집어쓰는 역할이었던 겁니다. 적어도 약속한 임금은 받아야겠습니다." 이 작업자는 검은 모자를 쓰고 굳은 표정으로 목소리를 쥐어짜듯 말했다.

2013년 4월, 후생노동성의 나가사키 노동국은 그의 고발을 받아들여 사세보의 기업 등 하청 3사가 후쿠시마 제1원전의 수습 작업에 최대 510명을 불법 파견한 것으로 보고 이 업체들에 사업 개선 명령을 내렸다.

작업자와 주민 보호는 누구의 몫인가

8월, 처리 오염수 저장 탱크의 용량이 약 1만 t밖에 남지 않았다는 사실이 알려졌다. 1개월 뒤면 꽉 찬다는 말이었다. 도쿄전력은 비상용 중·고농도 오염수 임시 탱크를 사용하기로 계획을 바꿨다.

8월 6일, 도쿄전력이 직원의 프라이버시를 이유로 공개 거부했던 원전 사고 직후의 사내 화상 회의 영상을 언론에 공개했다. 당시 후쿠시마 제1원전과 도쿄전력 본사, 정부 사이에 오고 간 여러 정황 가운데 일부가 드러났다. 도쿄전력의 파일 공개에는 엄격한 제약이 걸려 있었다. 녹음·녹화·촬영 금지. 외부 반출 및 복사 금지. 약 150시간짜리 기록을 보면서 노트북 등으로 메모를 하는 수밖에 없었다. 심지어 이 기록 공개는 하루 6시간, 1개월 한정이었다. 이후 도쿄전력은 원전 사고 발생 직후 작업자들이 찍은 사진 600여 장을 공개하고 인터넷에 게시했다. 더디나마 사고 직후의 상황이 밝혀지기 시작했다.

추석 전인 8월 10일, 나라하마가 주민 귀환을 준비하는 '피난 지시 해제 준비 구역'으로 지정되면서 숙박은 불가하나 자유롭게 출입 가능해졌다. 해제 전 마을에서 주민들에게 청소용 약품과 걸레를 나눠줬는데, 주민들은 "방사선에 오염된 집에 들어가 청소를 하라는 것인가"라며 분노했다. 추석에 성묘하러 오는 주민들을 위해 절과 묘지의 오염물을 자력으로 제거한 보경사 주지 하야카와 아츠오早川篤雄 씨(72세)는 인터뷰에서 "정치인들이 '후쿠시마 복구 없이는 일본 복구도 없다'고들 하지만 고통을 전혀 이해하지 못하고 있다. 사람을 얼마나 더 바보로 만들려는 것인지"라며 분개했다.

2012년 8월부터는 도쿄전력이 무료로 제공하던 도쿄행 버스에 협력 회사 직원은 탑승 금지됐다. 작업자에 따르면 7월 말에 이미 도쿄전력의 안내문이 붙었다고 한다. 도쿄나 치바에 가족이 있는 작업자들은 "교통비가 왕복 1만 2,000엔이다. 각종 서비스가 끊기고 있다. 이제 주말마다 집에 갈 수도 없겠다"며 씁쓸한 목소리로 말했다.

배관공 기 씨가 한 달 만에 전화를 했다. "회사에 연락해보니 내가 개인 사정으로 사직서를 내고 퇴직한 것으로 되어 있었어요. 이직 증명서를 보내달라고 말해도 안 보내주고요. 실업 수당을 못 받으면 이번 달 월세나 낼 수 있을지 모르겠습니다. 도저히 생활을 할 수가 없다니까요!" 수화기 너머에서 비명이나 다름없는 소리가 들려왔다. 기 씨는 6월 말, 회사가 다음 일을 수주하지 못해 현장을 떠났고 그 후 1개월째 일을 구하지 못했다. 그런데 자기도 모르는 사이에 회사를 그만둔 것으로 되어 있었다.

제대로 계약서를 쓰지 않은 사람은 기 씨만이 아니었다. 특히 원전 사고 직후에는 긴급 사태라는 이유로 고용 조건도 살펴보지 않고 후쿠시마에 온 작업자가 적지 않았다. 위험 수당이 나오지 않을 뿐 아니라 기업이 부담해야 하는 건강 검진 비용을 작업자가 내는 경우도 있었다.

피해 주고 싶지 않아 무리하게 된다

2012년 8월 25일, 익명(48세)

8월 22일, 오염수 탱크 증설 작업을 하던 작업자가 죽었다. 지병이 있었을까? 열사병 때문일까?

요즘은 이른 아침에도 30도를 가볍게 넘긴다. 작년에는 열사병 증세를 보이면 수분이나 염분을 섭취할 시간을 줬으나, 올해는 그마저도 야박하다. 작업 효율보다 몸 상태가 더 걱정되면 잠깐 쉬라는 말을 듣기도 한다.

결국 서로 피해를 주고 싶지 않아 무리하게 된다. 의식이 몽롱해지거나 손발이 저리기도 하지만 조금만 더 하면 끝난다고 스스로 다독이며 계속 일할 때도 있다.

월급이 줄거나 잘릴지 모른다는 불안감도 있다. 몸이 좋지 않은 사람이 생기면 회사가 일감을 못 받아 곤란해지지 않을까 부담스럽기도 하다. 고용이 안정적이라면 이렇게 무리하지는 않을 텐데.

쉬라는 권고에도 일하는 이유

8월 22일 오후, 도쿄 본사에서 원고를 쓰고 있을 때 한 작업자에게서 전화가 왔다. 탱크 증설 현장에서 일하던 57세 작업자가 사망했다는 것이다. 이날 저녁 기자회견에서 도쿄전력이 발표한 바에 따르면 이 작업자는 오전 9시가 조금 지나 작업을 시작했다. 50분 뒤에 몸 상태가 좋지 않다며 휴게실에서 휴식을 취했는데, 10시 반경 휴게실에 쓰러져 있는 그를 다른 작업자가 발견하고 심폐 정지 상태에서 응급 호송했으나 사망했다.

도쿄전력은 "원청 기업의 보고를 받지 못했기 때문에 (사인을) 확인하지 못했다"는 말을 반복했다. 전화를 건 작업자는 "휴게실에서 발견됐을 때 이미 숨을 거둔 것으로 보입니다. 지병이 아니라 열사병이 아니었을까 싶어요. 어제오늘 더위가 극심했거든요. 아침 9시 반부터 36도가 넘었고 컨디션이 안 좋은 사람이 많았기 때문에 작업을 중단했습니다. 탱크 구역은 반사열도 심하고 지면에 철판을 깔아놔서 40도가 넘어요. 체감 온도는 50도가 넘지 않을까 싶습니다. 위에서는 무리하지 말라지만 오히려 압박으로 느껴집니다." 작업자가 작은 소리로 상황을 전했다. 현장 밖에서 쉬다가 다시 들어갈 때가 특히 힘들다고 한다. 불볕더위 속에서 열을 쬔 몸은 에어컨이 있는 휴게실에서 30분이나 1시간 정도 쉬어도 좀체 체온이 내려가지 않는다. "체온이 완전히 떨어지지 않은 상태에서 다시 끓는 듯한 현장에 나가면 금방 심장이 쿵쿵 뛰면서 멍해져요. 몸도 나른하고. 처음 나갈 때보다 몸에 부담이 큽니다."

나중에 이 작업자는 사망자의 사인이 급성 심근 경색이었다는 사실을 전해줬다. "작년 8월부터 일해 전면 마스크에 방호복과 장비를 다 갖추고 하는 작업에 익숙하지 않았다네요. 휴게실에 혼자 두지 말고 반장이 옆에 있었더라면…." 수화기로 넘어오는 목소리에서 깊은 안타까움이 묻어났다. 사망한 원전 작업자는 도쿄전력에서 파악한 건만 5명이었다.

나중에 취재한 결과, "병원으로 호송한 뒤 사망이 확인됐다"고 발표한 사람들 중에는 호송 시점에 이미 사망한 이도 있었다. 정황을 살펴보니 즉사라고 판단할 수밖에 없는 경우도 있었다. 원전 안에서 사망이 확인되면 구급차로 호송할 수 없다. 그래서일까? 후쿠시마 제1원전에서 사망했다는 발표는 한 건도 없었다.

탱크 증설 작업자가 8월의 무더운 날 작업이 끝난 뒤 전화를 걸었다. 오염수가 계속 늘어나 하루라도 작업을 멈추면 증설 공정에 지장이 생기는 상황이었다. "어떻게든 만들라, 어서 만들라"며 서두르는 가운데 작업자들은 필사적으로 일했다.

한번은 불볕더위에 일하던 동료가 쓰러졌다. 손발이 뻣뻣하게 경직되어 덜덜 떨리고 땀을 폭포처럼 흘리며 얼굴이 새파랗게 변해 있었다. 구토를 하고 거품을 물기 시작해 마스크를 벗겼으나 숨을 쉬는지 알 수가 없었다. 한계까지 견딘 것이다. 다행히 큰일을 치르지는 않았다. "일당직은 쉬는 만큼 임금이 줄어들어요. 어떻게든 눈앞의 작업을 마치려는 생각에 정신없이 몰두하죠." 상태가 나빠져도 말을 꺼낼 수 없는 상황인 것이다.

"신고하지 말라"

작업자들이 말하지 못하는 것은 열사병만이 아니었다. 사고가 나도 도쿄전력에 보고하지 않아 산재 처리되지 않은 경우도 있었다. 원전 사고 직후 원자로 건물 지하에서 긴급 작업을 하던 하청 업체 작업자는 발판 위에 있던 동료가 갑자기 쓰러져 깜짝 놀랐다. 동료의 등을 두드리며 이름을 불러도 아무 반응이 없어 서둘러 동료를 업고 밖으로 옮겼다. 밖에 있던 작업자에게 동료를 부탁하고 지하로 돌아가니 다른 작업자들도 머리를 감싸 쥐고 주저앉아 있었다. 잇달아 쓰러지는 동료들을 보고 그는 큰 혼란에 빠졌다. 당장 걸을 수 있는 사람은 무조건 밖으로 내보냈다. 이름을 불러도 반응이 없는 한 사람은 그대로 두면 죽겠다는 생각에 등을 마구 두드렸다. 의식을 잃어가는 동료를 업고 로프로 몸을 묶어 지상으로 옮겼다.

의무실 의사는 "가벼운 열사병"이라고 진단했으나 산소 결핍과 일산화탄소 중독 증상이 나타났다. 증세가 가장 심각한 작업자는 며칠 동안 깨어나지 못했다. 그러나 상급 회사로부터 "임금으로 보상할 테니 상부에 신고하지 말아달라"는 부탁을 받았다. 원청 기업에는 열사병으로 보고하는 바람에 산재 처리를 받지 못했다. 그런 식으로 하청 업체는 일자리를 지켰지만 원청 기업 직원으로부터 "건강 관리를 제대로 못 하면 곤란하다"는 쓴소리를 들었다. 그는 "열사병 정도로는 작업자 전원이 갑자기 푹푹 쓰러지지 않는다. 그때 쓰러진 사람 중에는 너무 무서워서 현장을 떠난 이도 있다. 도쿄전력은 물론 원청 기업에 보고하지 않은 경우도 많다"고 밝혔다.

다른 작업자는 "동료가 오염수를 뒤집어썼는데도 회사가 도쿄전력에 보고하지 않았다. 보고하면 자세한 경위를 캐물을 것이고 며칠 동안 일을 못 할 테니. 다음 일을 수주하지 못할 수 있다는 불안감도 있었다"고 전했다.

9월 14일, 정부는 '2030년대 원전 제로 달성'을 목표로 삼겠다고 발표했다. 그러나 원전 현장은 재가동을 위해 달리고 있었고, 별다른 조치 없이 핵연료 사이클을 현상 유지하겠다는 방침 속에 원전 제로를 향한 길은 전혀 보이지 않았다. 그리고 9월 19일, 원자력 안전·보안원의 뒤를 이어 원자력 규제 위원회가 발족했다.

가족이 뿔뿔이 흩어져버렸다

2012년 10월 4일, 가즈마 씨(36세)

동일본 대지진 이후 '유대감'이라는 말을 자주 듣지만 주변에는 이혼하는 사람이 많다. 동료 작업자도, 경계 구역에 살던 동창도. 집은 무사한데 피난을 가야 하고, 일 때문에 가족과 뿔뿔이 흩어진 친구도 많다. 나도 전에는 가족들이 일에 대해 물어본 적이 없었다. 사고 이후에는 작업 내용을 세세하게 묻고, "위험하니까 그만두라"는 말을 주고받다 다투는 부부가 적지 않다. 평일은 여관이나 호텔에서 지내다가 휴일이면 몇 시간씩 걸려 가족을 만나러 가놓고 싸움만 하고 돌아온다는 동료도 있다. 보상금이나 피난지 문제로 다퉈 아이가 있는데도 부부 사이가 손쓸 수 없게 된 동료도 있었다. 고령자 시설에서 일하는 동창생은 이제 후쿠시마를 떠나고 싶다는 남편과 충돌했다. 좁은 임시 주택에서 생활하면서 관계가 껄끄러워진 가족도 있다. 다른 곳에서 여자를 만나 재혼한 친구도 있다. 유대감이란 게 뭘까? 원전 사고로 가족이 뿔뿔이 흩어져버렸다.

계속되는 고난 속에 가족이 붕괴되다

동일본 대지진 뒤 유대감이라는 말이 난무했다. 가족이나 연인, 친구 등 관계를 돌아보게 되면서 전국적으로 결혼 건수가 늘었다. '유대감 결혼'이라는 보도가 있었을 정도다. 반면에 후쿠시마에서는 원전 사고 후 이혼이 증가했다.

가즈마 씨의 주변에도 이혼한 사람이 많다고 한다. "일 때문에 혼자 생활하는 친구가 많습니다. 동료 중에도 서너 명이 이혼했어요. 동창생 중에는 대여섯 명이 이혼했습니다." 오랜만에 이와키에서 만난 가즈마 씨는 예전과 달리 기운이 없었다. "지금은 어쨌든 이 사고를 마무리하고 싶어요. 가족은 피난이 풀리면 고향으로 돌아가겠다는데 나는 여기서 열심히 해볼 수밖에 없지 않을까…."

사고 전에는 가족들에게 일 이야기를 한 적이 없었다고 한다. 하지만 위태로운 원전 상황이 보도될수록 주말에 가족을 만나면 실제 상황이나 작업 내용에 대한 질문을 많이 받았다. 가즈마 씨는 보상금과 피난지 문제 등으로 가족과 다투어 몹시 지친 상태였다.

"내가 없는 동안 마음대로 결정해버리는 거예요. 이런저런 일로 마음이 정리가 안 됩니다." 가즈마 씨는 잠시 생각에 잠겼다. 이혼을 진지하게 고민한 순간도 있었다고 한다.

"가족 사이에 한번 생긴 틈은 점점 깊어집니다. 원전 사고로 가족이 뿔뿔이 흩어져 지내고 있습니다. 유대감 같은 말은 다 거짓말 같습니다. 적당히 좀 하면 좋겠어요." 술이 센 가즈마 씨가 이날만큼은 혀가 꼬부라졌다.

아이들을 위해 피난하려는 아내와 일 때문에 후쿠시마를 떠날 수 없는 남편의 의견 차이는 부부 사이에 커다란 간극을 만들었다. 반대로 후쿠시마에 부모나 친척이 있어 남으려는 아내와 떠나려는 남편 사이에서 의견이 나뉜 가정도 있었다. 원전과 가까운 후타바는 도쿄와 달리 집이 넓다. 넓은 주택에 살다가 비좁은 임시 주택에서 지내면서 피난 스트레스가 뒤엉켜 관계를 지속하기 어려워진 가족도 있었다. 보상금 문제로 다투는 부부도 많았다.

홀로 후쿠시마에서 생활하는 작업자는 사정이 좀 달랐다. 떨어져 지내는 가족과 관계가 틀어지는 사람이 있는 반면, 동료와 한잔하러 갔다가 이성을 만나거나 미팅이나 인터넷상으로 알게 된 여성과 사귀는 작업자도 있었다.

보상금이 유발한 이웃 간 균열

지역 사회에도 균열이 생겼다. 이와키에는 원전 사고 후 후타바에서 피난 나온 사람이 많았다. 피난민을 2만 명 넘게 수용한다는 것은 쉬운 일이 아니었다. 교통 정체가 심해졌고 병원도 붐볐으며 부동산 가격이 크게 올랐다.

보상금 문제도 그림자를 짙게 드리웠다. "사이가 좋던 이웃끼리 도로 하나를 사이에 두고 희비가 갈리면서 한마디도 섞지 않게 됐다", "피난민들이 슈퍼마켓에서 물건을 잔뜩 사재기한다", "보상금을 받는 순간 낮부터 술을 마시고 파친코만 한다", "고급 승용차나 고급 시계가 잘 팔린다더라." 취재를 하면서 이런 이야기를 자주 들었다. 임시 주택에 세워둔 자동차의 유리를 깨거나 페인트를 칠하거나 폭죽을 쏴 괴롭히는 사건도 발생했다.

정신적인 보상으로 1인당 10만 엔, 4인 가족은 40만 엔이 지급되면서 보상금이 월수입보다 많은 가정도 있었다. 보상금 지급 초반에는 이와키의 외식 상권이 호황을 누린 것도 사실이다. 하지만 동일본 대지진으로 일자리를 잃고 실직한 사람들도 있었다. 농촌에 사는 작업자 세이 씨는 사고 이전을 그리워한다. "산과 논이 있던 땅, 먹을 사람의 얼굴을 떠올리며 농사짓던 삶을 강탈당했습니다. 피난은 해제됐어도 쌀농사를 지을 수 없습니다. 농사를 짓는다 해도 그 쌀을 팔 수도 없어요. 피난으로 아들이나 딸 부부와 떨어지면서 대화가 사라져 마음의 문을 닫아건 사람도 있습니다. 고향에 갈 때마다 이러한 이야기를 들으니 슬프네요. 모두 자기만 생각하게 되어버렸어요."

세이 씨는 무정한 세상이라며 무릎 위 주먹을 꼭 쥐었다.

피난민 중에는 "돈 좀 가진 걸로 보일까 싶어 가까운 곳에서는 물건을 살 수가 없다"며 먼 슈퍼마켓으로 가는 사람도 있었다. 해마다 산나물을 캐던 나라하마치의 70대 여성은 "원전 사고 전에는 채소를 직접 길러 먹고 산나물을 캐 먹었다. 생선도 어부들이 나눠주곤 해서 예전에는 슈퍼마켓을 이용할 일이 많이 없었다. 무엇을 얼마나 사야 할지 모르겠다. 동일본 대지진 후로 먹을거리가 없으면 불안해진다"고 곤란한 심정을 털어놓았다.

한 작업자는 아이의 독립을 대비해 세운 저축 목표액이 있었다고 한다. 그런데 보상금 덕에 그 목표가 한순간에 실현됐다. "빠듯해도 지금까지 별로 돈에 구애받은 적은 없었다. 전에는 아내와 함께 10년 뒤에 이렇게 해보자, 정년까지 열심히 저축하자, 그런 이야기를 나눴다. 그런데 보상금을 받고 나니 이제 집 지을 돈에 노후를 보낼 돈도 바라는 스스로를 발견하고 깜짝 놀랐다"며 고개를 떨궜다. 동일본 대지진 후 또 무슨 일이 일어날지 모른다는 생각이 들면서 돈이 없으면 어쩌나 하는 불안감에 사로잡혔다고 한다. 또 다른 이는 "마음이 반대로 움직인다. 지금 정상이 아니다. 돈 생각만 하는 돈의 노예가 되어버린 것 같아 괴롭다. 내가 파괴되고 있는 느낌"이라며 고통스러워했다.

도쿄전력에서 지급한 보상금은 같은 지역에서도 '받는 사람'과 '못 받는 사람'으로 큰 분열을 불러왔다. 주민 모두가 저마다 보상금에 휘둘리고 있었다. 결국 사람들이 가장 바라는 것은 사고 이전의 자연스러운 일상이었다.

경계 구역 해제, 그러나 안전은 요원하다

2012년 10월 16일, 노부 씨(42세)

나라하마치에 돌아온 주민들에게 아무 보호 장비가 없어 걱정된다. 오염 제거가 거의 안 돼 경계 해제 전과 달라진 것이 없는 상황이다. 아무리 공간 방사선량이 낮아도 곳곳에 널린 오염도가 낮다고 할 수 없다. 빗물받이나 도로변 도랑, 풀숲이나 흙은 오염도가 높다. 입으로 먼지를 들이켜면 내부 피폭이 된다. 발표되는 공간 방사선량이 낮아도 지점이 조금만 달라지면 수치가 크게 변한다. 그런데 마스크도 쓰지 않고 밭에서 제초 작업을 하고 차창을 열고 달리는 차도 있다. 그대로 돌아가면 오염 물질을 집으로 가져가는 셈이다. 마스크도 방호복도 자기를 지키기 위한 것이다. 장비를 제대로 갖출 필요가 있다. 8월에 나라하마치의 경계 구역이 해제된 후 작업자도 이동 중 차내에서 방호복을 입지 않는다는 지시가 내려왔다. "주민들이 두려워하니까." 이것이 이유였다. 해제는 아직 이르다. 안전보다 겉치레에만 매달리고 있다.

주민의 안전보다 우선시되는 경계 구역 해제

유모토 역 근처 술집 2층에서 만난 노부 씨는 원전 일을 마치고 6번 국도를 지날 때마다 마음이 쓰인다고 했다. "오염 제거도 안 끝났는데 돌아가도 된다니. 정부는 안전보다 해제가 우선인 겁니다. 보상금 지급을 서둘러 마무리 짓고 싶은 건지. 아직 방사선량이 높은 데는 정말 높아요. 게다가 방사선량과 오염은 다릅니다. 방사선량은 낮아도 오염도가 높은 곳이 있습니다. 제대로 오염을 제거하고 나서 주민들을 돌아가게 해야 합니다. 순서가 바뀐 것 아닐까요." 노부 씨는 깊은 한숨을 내쉬었다. 2011년 9월 말 긴급 피난 준비 구역에서 해제된 히로노마치는 해제 후 1년이 지난 뒤에도 주민 5,300여 명 가운데 500여 명만 돌아오는 데 그쳤다. 불안한 주민들은 귀환하지 않았다. 원전과 가까운 노부 씨네 동네는 아직 언제 해제될지 모르는 상황이었다.

10월 10일, 1호기 격납용기 조사 결과 내부 수위가 280cm나 되는 것으로 밝혀졌다. 녹아내린 핵연료는 완전히 물에 잠긴 상태로 추측됐다. 방사선량은 시간당 최대 9,800mSv로 40분간 노출되면 사망하는 극히 높은 수치였다. 2호기와 마찬가지로 1호기도 매일 대량 주입하는 냉각수가 어디에서 지하로 유출되는지, 격납용기의 손상 정도를 제대로 파악하지 못한 상태였다.

"올해도 양미역취 꽃이 피었어요." 가을이면 경계 구역 사방에 노란 꽃밭이 펼쳐진다. 다른 지방에서 온 신 씨는 지난해에도 꽃을 보고 "흙 속에 몇십 년, 몇백 년 지나도 남아 있는 방사성 물질을 다 흡수해주면 좋을 텐데"라고 했는데, 진심어린 표정이었다. 신 씨가 언급한 6번 국도를 따라 달려보니 도로 양쪽에 펼쳐져야 할 논밭 대신 노란 바다가 있었다. 풍경은 아름다웠지만 사람 그림자는 보이지 않아 적막했다.

고발 기사에 들어온 후생노동성의 압력

이 무렵 2011년 4월부터 후쿠시마 제1원전에서 일한 20대 작업자가 취재에 응했다. 그는 원전 사고 발생 직후 3호기 터빈 건물에서 방사선 농도를 알 수 없는 오염수를 손으로 퍼내고, 대형 공작기를 분해하고, 바다 쪽 배관 작업도 했다고 한다. 고선량 작업장이 많아 하루 피폭량이 2~5mSv인 날이 이어졌다. 그가 속한 업체는 연간 20mSv를 상한으로 규정했으나 그를 포함한 인부들의 피폭량은 순식간에 이를 초과했다. 업체는 결국 30mSv, 다시 40mSv까지 기준을 조정했다.

그는 혹독한 작업에 투입됐다. 3호기 터빈 건물 1층 바닥 웅덩이에 들어가 플라스틱 쓰레받기로 오염수를 대형 양동이에 퍼 담는 작업이다. 양동이가 차면 계단 입구의 철문을 열고 지하층에 오염수를 쏟아붓고 재빨리 철문을 닫는다. 터빈 건물 1층의 오염수 처리는 모두 수작업으로 5~6시간 동안 3mSv의 피폭을 입었다. 다른 작업도 피폭량이 높았다. "이러면 피폭 한도가 순식간에 차 금방 일을 할 수 없게 됩니다." 위기감을 느낀 남성은 방사선량이 낮은 곳으로 바꿔달라고 요청했으나 받아들여지지 않았다.

어쩔 수 없이 원전 내 창고에 있는 빈 통에 선량계를 두고 가기 시작했다. 같은 방법을 택한 동료가 더 있었다. 작업자는 공책에 피폭량을 기록하고 선량계를 두고 간 날은 '—'로 표시했다. 공책에는 2011년 4월부터 5개월간 선량계를 지참하지 않은 날이 약 20회로 적혀 있었다. 고선량 현장에 선량계를 두고 가면 동료와 피폭량 차이가 크게 나 의심을 사기 때문에 저선량 작업장에 가는 날을 노렸다. 그러고도 피폭량은 5개월 만에 40mSv를 넘어버렸다. 사장은 "피폭량이 넘었으니 다른 현에 가서 일을 찾으라"고 했다. 가족이 있어 곤란하다고 거부하자 즉시 해고당했다. 이 사건을 10월 31일《도쿄신문》조간 1면에 실은 날, 후생노동성 출입 기자의 전화를 받았다.

"후생노동성 담당자가 '이 작업자는 법률을 위반했으므로 신원과 소속 회사를 알려달라'고 합니다. 만약 알려주지 않으면 기사를 쓴 기자도 문제가 될 거라고 하네요." 아무래도 후생노동성 담당자가 "범인 은닉에 해당하니 통보하라"고 한 듯하다. 협박에 가까운 언사에 나쁜 아니라 책임자인 야마카와 씨도 놀랐으나, 기자로서 취재원을 지키는 것은 절대적인 의무다. 말할 수 없다. 야마카와 씨도 "체포할 테면 하라지. 그러면 기사를 더 쓰지. 후생노동성이 정식으로 요청해오면 그것도 기사로 내자고. 이왕이면 문서로 요청해오면 좋겠네"라며 웃었다. 이후 후생노동성에서는 아무 연락도 없었다.

수증기가 피어오르는 고농도 오염수에 발을 담그는 공포

10월 30일, 이와키의 전 작업자(46세)가 도쿄전력과 원청 회사인 간덴코를 상대로 후쿠시마현 도미오카 노동 기준 감독서에 고소장을 제출했다. 고선량 작업장에서 피폭을 최소화하는 조치 없이 작업을 강행한 것은 노동 안전 위생법 위반이라는 내용이었다. 고소한 작업은 2011년 3월 24일, 원전 사고 직후 3호기 터빈 건물 실내 전선 부설 작업이었다. 이날 지하에 고인 물에 발을 담근 작업자들은 매우 높은 피폭에 병원으로 호송됐다. 이 시점에는 지하에 고인 대량의 고농도 오염수를 아무도 인지하지 못했다. 취재를 허락한 작업자는 혹독한 현장 상황을 극명하게 증언했다.

당시 작업에 투입된 인원은 6명으로, 3호기 터빈 건물 지하에서 전선 부설 작업을 했다. 사전 설명에서는 방사선량이 높지만 작업에 지장을 주지 않는 정도라고 해, 피폭 상한을 20mSv으로 설정한 선량계를 지참했다. 암흑 속에서 헤드라이트에 의존해 손으로 더듬으며 1층에 들어가 배전반에 전선을 연결했다. 간덴코의 대장 등 3명이 "배전반을 살펴보고 오겠다"며 지하로 내려갔다. 이들이 내려간 계단 가까이 다가간 순간 작업자의 선량계가 울려댔다. 그는 얼른 기둥 뒤로 몸을 숨겼다. 지하에 내려가 선을 연결하라는 지시를 받았으나 위험을 감지하고 거부했다. 내려다보니 사전 설명에 없던 검은 물웅덩이에서 수증기가 모락모락 피어오르는 게 보였다. 극심한 공포가 솟구쳤다.

원전에서 물은 '위험'을 의미한다. 지하로 내려간 3명이 발목까지 차는 물에 첨벙첨벙 들어가는 것이 보였다. 위험을 알리고 싶었으나 전면 마스크를 쓰고 있어 아무 소리도 들리지 않았다. 1명은 장화를 신었으나 2명은 단화 차림이라 고농도 오염수에 발이 그대로 잠겼다. 이는 대량 피폭으로 이어졌다. 선량계 수치가 점점 올라가고 있었다. 지하로 내려간 3명의 선량계는 20mSv를 넘어 작동을 멈추었다. 작업자가 "위험하지 않나? 중지하는 게 좋지 않을까?"라고 물었으나 대장 격인 작업자는 "(선량계가) 오작동할 때도 있다", "이제 얼마 남지 않았으니까 해치워야지"라며 작업을 서둘렀다. 물이 미지근하다는 말에 작업자는 "노심의 물이 아닐까? 원자로가 파괴되어 오염수를 분출하는 것은 아닐까?"라는 생각에 말 그대로 죽음을 느꼈다고 한다. 가족의 얼굴이 하나둘 떠올랐다. 그때 도쿄전력 직원 팀이 들어와 계단 아래 물의 방사선량을 재더니 표면 측정치가 시간당 400mSv인 것을 보고 바로 철수했다. 그러나 작업자가 속한 조는 작업을 계속했다.

도쿄전력은 기자회견에서 이 지하 작업이 일회성이었다고 발표했으나 실제로는 총 5회 거듭됐다. 그렇게 1시간가량 작업한 후 사람들은 고농도 오염수에 들어간 작업자의 발을 쓰레기봉투로 여러 겹 싸 차에 태워 데리고 나갔다. 도쿄전력은 방사선량이 낮고 물웅덩이가 작다고 했으나 작업 전에 이를 조사조차 하지 않은 상황이었다. 지하 물웅덩이는 그의 직감대로 원자로에서 나온 냉각수로 판명됐다. 이 물에 발을 담근 3명은 무려 173~180mSv의 피폭을 당했다. 그도 11mSv 피폭됐다. 그는 이후 기자회견에서 "하나라도 잘못되면 목숨과 직결된다. 다중 하청 구조에서 노동자의 안전을 지키는 책임소재가 불분명하다. 발주자인 전력 회사에도 책임을 물어야 한다"고 호소했다.

2014년 5월, 이 작업자는 불필요한 피폭을 당한 데 대해 도쿄전력과 원청 기업에 보상금 1,100만 엔을 청구하며 후쿠시마 지방법원 이와키 지부에 제소했다. 2019년 6월, 법원은 "ADP의 경보음이 울리고 철수가 요구되는 상황"에 원고가 어쩔 수 없이 건물에 머물러 불안과 공포로 정신적 고통을 받았음을 인정하고, 원자력 손해 배상법에 따라 도쿄전력은 원고에게 33만 엔을 지급하라고 판결했다.

한편 2012년 8월, 후쿠시마 제1원전 근해의 어류 오염 조사가 시작됐다. 원전 20km 내의 미나미소마 바다에서 잡은 쥐노래미에서 방사성 물질인 세슘이 1kg당 25,800Bq(국가 기준은 1kg당 100Bq) 검출됐다. 10월에 채취한 후쿠시마 제1원전 전용 항만 내 붕장어에서는 세슘이 1kg당 15,500Bq 검출되어 오염이 심각하다는 사실이 드러났다.

일본 정부의 사고 수습 선언 1년째인 2012년 12월 16일, 중의원 선거에서 자유민주당이 대승을 거둬 정권이 교체됐다.

아빠 산타 파이팅

2012년 12월 24일, 노부 씨(42세)

매년 크리스마스 아침에는 아이들이 선물을 안고 품에 안긴다. "왔어, 왔어요!"라며. 큰딸은 아빠 엄마가 산타라고 생각하지만 아들은 아직 반신반의한다. 그래서 "머리맡에 양말을 걸어두지 않으면 산타할아버지가 안 온다"고 못을 박아뒀다.

경계 구역에서 피난한 뒤 원전에 다니느라 가족과 떨어져 지낸다. 혼자 있으면 계속 아이들 생각만 난다. 주말에 가족이 있는 임시 주택으로 가 함께 목욕을 할 때마다 아이들이 많이 컸구나 싶다. 떨어져 생활하는 시간이 길어지고 있다. 너무 쓸쓸하다. 그래도 아이들 목소리를 듣는 것만으로도 힘이 난다. 이번에 아이에게 휴대 전화를 사주었는데, 전화가 오면 정말 기뻤다. 그 기쁨도 며칠 못 갔지만. 얼마 지나지 않아 전화는 뜸해졌다.

올 크리스마스에는 일 때문에 집에 갈 수 없다. 하루라도 빨리 가족과 함께 고향으로 돌아갈 수 있도록 아빠가 좀 더 힘내볼게.

도쿄전력의 보상 중단, '피난'이 '전근'?

2012년 12월 들어 후쿠시마 제1원전 20km 내 경계 구역에 살던 도쿄전력 직원의 정신적 고통에 대한 보상이 중단될 것 같다는 정보가 들어왔다. 얼마 지나지 않아 도쿄전력은 직원들을 소집해 2차에 걸쳐 설명회를 열었다.

도쿄전력은 "문부과학성의 '원자력 보상 분쟁 심사회'가 정리한 보상 중간 지침에 근거해 피난민 1인당 월 10만 엔씩 지급하고 있다. 경계 구역에 집이 있는 직원에게는 일반 피해자와 마찬가지로 보상을 이어간다"고 설명했다. 그러나 "경계 구역에 집이 없는 직원은 통근 가능한 사택이나 피난민용 공공 주택 등에 입주한 시점을 기준으로 직원과 가족 모두 정신적 고통에 대한 보상을 중단한다"는 내용이 뒤따랐다. 피난 생활을 하면서 사고를 수습하던 직원들은 회사에게 버림받았다는 생각에 실망과 분노를 토해냈다.

회사의 설명이 이어질수록 설명회장의 공기가 살벌해졌다고 한다. 직원들이 분노한 지점은 원전 사고가 야기한 피난을 전근으로 취급했다는 것이었다. 도쿄전력 본사의 담당자는 이와 관련해 "설명회 내용은 기본 방향이다. 직원도 피해자이므로 일반인과 마찬가지 기준으로 보상한다"고 답했다. "어쩔 수 없이 피난했는지가 정신적 고통에 대한 보상 기준이다. 직원일 경우 사택이나 아파트에 들어간 시점부터는 어쩔 수 없는 피난이 아니라고 본다. 직원의 피난은 전근과 마찬가지"라고 설명했다고 한다.

도쿄전력 직원 중에도 가족과 함께 임시 주택에서 피난 생활을 하거나, 어린 자녀를 데리고 피난한 가족과 떨어져 홀로 지내는 이들이 있었다. 모두 원전에 머물며 수습 작업에 전력투구한 것이다. 원전 사고 후 도쿄전력 직원의 배우자들은 전근으로 직장을 잃거나 아이들도 원치 않는 전학을 하는 경우가 많았다. 경계 구역 내 본가에서 다니던 직원도 고향을 떠나는 고통은 같은데 집이 본인 명의가 아니라는 이유로 가족까지 보상을 받지 못하게 됐다. 한 직원은 "직원인 나는 둘째 치고 도쿄전력 직원이 가족이라는 이유로 배우자나 자녀까지 보상을 받지 못하니, 가족을 볼 면목이 없다"며 고개를 떨궜다. 그의 동료는 "본가에서 부모와 살던 사람도, 아파트에 살던 사람도, 나고 자란 고향이나 오랫동안 살던 땅을 떠나야 했던 건 마찬가지"라며 할 말을 잃었다. 다른 직원은 "피난한 가족과 떨어져 사고 수습을 위해 이곳에 머문 사람도 있다. 피난을 전근으로 간주한다는 회사의 방침을 잊을 수 없다"고 떨리는 목소리로 말했다.

어느 직원은 "이 설명을 들은 순간 회사를 때려치울까 생각했다"며 분개했다. 또 다른 직원은 "진심이라면 이런 회사는 기대할 것 없이 끝"이란 말로 입을 다물었다. "회사를 그만두면 일반 피난민과 같은 대우를 받을 수 있나? 그렇게 해서 보상이 계속 나온다면 당장 회사를 그만둘까 싶다는 젊은 직원도 있었다"며 복잡한 심경을 토로하는 중견 직원도 있었다.

2013년

엉망진창 오염수 처리

일하기에 혹독한 날씨가 온다

2013년 1월 16일, 신 씨(48세)

아침에 출근하니 눈이 30~40cm 쌓여 있었다. 지난밤 친 눈보라가 이 정도였을 줄이야. 하마도리의 겨울은 바람은 차가워도 눈은 별로 오지 않는다.

새벽녘 냉기가 혹독해 차의 온도계를 보니 바깥 온도가 영하 3도였다. 모두 서둘러 출근길에 나섰는지 평소 비어 있던 도로에 정체가 심했다. 흰 눈으로 덮인 원전 경내는 평소보다 훨씬 고요한 정적이 감돌았다. 바퀴 자국이 없는 도로가 이어져 도랑에 빠질까 조심조심 운전했다. 작업장까지는 눈에 푹푹 빠지며 걸어서 이동했다.

몸은 춥지 않으나 금세 손발이 시렸다. 손가락을 겨드랑이에 비비고 발가락을 꼼지락거리면서 작업했다. 평소보다 체력을 두 배는 쓴 것 같다. 내일 이후 작업을 위해 중장비나 삽으로 눈을 치우는 작업자도 있었다. 낮부터 해가 나면서 눈이 많이 녹았다. 내일은 평소와 비슷하겠지.

아베 총리의 원전 재가동 선언

2012년 12월의 중의원 선거에서 민주당으로부터 정권을 탈환한 자민당의 아베 신조安倍晋三 총리는 민주당의 '원전 제로' 에너지 전략을 재고하겠다고 천명했다. 후쿠시마 원전 사고는 한순간에 잊혀버리는 듯했다. 정부가 명확하게 원전 추진으로 정책 방향을 선회하는 가운데, 그동안 계속 마음에 걸리던 일을 취재하기로 마음먹었다.

민주당 정권의 '사고 수습 선언'은 왜 2011년 12월 16일에 나왔을까? 2년이 지난 지금까지도 명확한 설명이 없다. 설 연휴가 끝나자마자 당시 민주당의 노다 총리, 에다노 유키오枝野幸男 경제산업성 대신, 환경부의 호소노 장관 세 사람에게 인터뷰 요청을 했다. 각 사무실에 전화해 그간 어떤 논의를 했는지, 당시의 결단이나 고뇌, 사고 수습 선언을 어떻게 평가하는지 묻고 싶다고 전달했다.

인터뷰는 성사되지 않았다. 당시 노다 총리의 사무실에서는 "취재 요청에 응하지 않고 있다. 정치적 결단과 관련한 것은 모두 시간이 필요하다. 지금은 너무 큰 영향을 미칠 수 있다"면서 거절했다. 에다노 대신의 사무실에서는 "당시 담당인 호소노 장관에게 물어보기를 바란다"는 말로 일관했다. 호소노 장관의 직원은 "이런 인터뷰는 곤란하니 차차 상의하겠다"고 답했다. 이후에도 수차례 연락을 했으나 응한 사람은 없었다.

정부의 '사고 수습 선언'은 후쿠시마 제1원전 현장과 작업자에게 큰 영향을 미쳤다. 이날을 경계로 도쿄전력과 정부의 사고 대책 통합 본부가 해체됐고, 주민 피난 구역이 재편됐으며, 후쿠시마 제1원전에서는 비용을 삭감해 작업자의 노동 조건이 악화됐다. 왜 그때였을까? 항간에 떠돌던 소문대로 경제적인 이유였을까? 원전 수출 계획에 영향이 생길까 봐? 후쿠시마 피난민들의 주장처럼 피난민을 귀환시켜 보상을 중단하기 위해서였을까?

새해부터 4호기에서는 핵연료 반출을 위해 크레인을 갖춘 건물 덮개 설치 공사가 시작됐다. "현장이 안정을 찾고 있다"고 판단한 도쿄전력은 매일 아침저녁 도쿄 본사와 후쿠시마 양쪽에서 열던 기자회견을 줄여나가기 시작했다. 2012년 3월부터 도쿄 본사에서는 저녁 회견만 했고 2013년 새해부터는 이마저도 3회로 줄였으며, 2014년 7월에는 주 2회로 축소한다.

확실히 도쿄에서 도쿄전력의 기자회견을 듣다 보면 후쿠시마 제1원전이 완전히 안정을 되찾은 듯 착각하게 된다. '그렇구나, 원전 사고 직후와 비교하면 후쿠시마 제1원전 내 방사선량은 눈에 띄게 줄고 원자로 내부의 녹아내린 핵연료도 안정적으로 냉각되고 있구나.' 그러나 실제로는 녹아내린 핵연료를 식히느라 날마다 오염수가 대량 발생하고 있었다. 후쿠시마 제1원전 경내의 탱크 약 1,000개에 처리 오염수 약 22만 t이 저장되어 있다. 2013년 이후에는 부지 10만 m²에 탱크를 증설해 저장 용량을 70만 t까지 늘릴 계획인데, 이마저도 2년 반이면 모두 찰 것으로 전망했다. 이런 가운데, 1월 24일 원자력 규제 위원회의 검토 회의에서 도쿄전력 담당자가 "최종적으로는 관계자의 합의를 얻어 이러한 활동(정화 처리한 오염수 해양 방류)을 할 수 있으면 부지에 어느 정도 여유가 생긴다"고 발언했다. 후쿠시마 현지의 어협 등은 맹렬하게 반발했다. 최근 반년간 후쿠시마 제1원전에서 20km 떨어진 먼바다에서 잡은 쥐노래미에서 식품 안전 기준의 약 260배에 달하는 세슘이 검출되고 있었다. 원전 사고 직후 고농도 오염수가 흘러든 후쿠시마 제1원전 전용 항만 내 물고기는 특히 오염도가 높아, 2012년 12월 채취한 우럭에서는 식품 안전 기준의 약 2,500배가 넘는 세슘이 검출됐다. 도쿄전력은 3월부터 어류 오염 확대를 막기 위해 후쿠시마 제1원전 전용 항만 내 물고기 구제에 나서겠다고 발표했다.

현장에서는 작업자들이 피폭과 사투를 벌이고 있었다. "오염수 처리 작업에 한번에 피폭량이 올라갔다", "올해 피폭 상한까지 2mSv 밖에 남지 않았다. 연말까지 버틸 수 없다." 작업자들의 절박한 목소리와 도쿄전력 담당자의 담담한 목소리에서 느껴지는 온도 차는 앞으로 더 커질 것으로 보인다.

복귀해도 월급은 반 토막입니다

2013년 2월 15일, 기 씨(57세)

5개월 만에 후쿠시마 제1원전으로 돌아왔다. 현장 감독직을 찾지 못해 이번에는 일반 작업자로 왔다. 월급이 절반도 안 된다. 원전 사고 이전보다 적다. 위험 수당도, 시간 외 수당도 줄었다. 예전에는 호텔에서 지냈는데 지금은 회사에서 빌린 아파트에서 동료와 함께 산다. 고용 조건 악화를 절감했다.

160kg짜리 분전반을 작업자 4명이 어깨에 메고 겨우겨우 계단을 올라갔다. 좁은 통로에서 몸을 비틀면서 힘겹게 날랐다. 철로 된 관을 메면 어깨가 짓눌려 금방 땀범벅이 된다. 굵은 전선을 팔자 모양으로 만들어 들라고 하지만 자

첫하다간 내 몸이 꼬일 정도로 무겁다. 힘쓰는 일에는 자신이 있었는데 작업이 끝나면 근육이 찌릿찌릿 저려서 양팔이 팅팅 붓는다. 무엇보다 허리가 아프다. 아파서 잠을 못 자는 날도 있다. 변하지 않는 건 현장이 위험하다는 사실뿐이다. 원자로 건물이나 잔해 더미 주변에서는 선량계가 삐삐 울려댄다. 이번에는 딸에게 후쿠시마 제1원전으로 일하러 온 걸 말하지 않았다. 가지 말라고 말릴 테니까. 이 월급으로는 생활을 꾸려가기 힘들지만, 누군가는 이 작업을 해야만 한다.

위험 수당 삭감, 식비 지원 중단

배관공 기 씨가 5개월 만에 돌아왔다. 오랜만에 이와키 해변에 있는 커피숍에서 만나기로 하고 가게에 들어서려는 순간, 도로 저편에서 강한 바람을 맞으며 구부정한 몸과 불안한 걸음으로 다가오는 남성이 보였다. 기 씨였다.

"거참 난감하네요. 허리가 아파서 펼 수가 없어요. 노인이 된 것 같아 참담해요." 공수도와 수영이 특기이고 늘 밝던 기 씨가 이날은 커피숍 의자에 어색하게 앉으면서 피곤한 목소리로 말했다. 160kg 분전반을 4명이 2층까지 4회나 왕복 운반하고 동선과 배관 묶음을 나르다 허리를 다쳤다고 한다.

기 씨는 고작 5개월 사이에 노동 조건이 이 정도로 악화된 데 충격을 받았다. 현장 감독직이 아니라 3차 하청 기업의 일반 작업자로 왔다. 2만 5,000엔이던 일당이 지금은 1만 3,000엔으로 떨어졌으며 이제는 잔업 수당도 나오지 않는다.

하루 1만 엔이던 위험 수당도 지금은 4,000엔으로 내려갔다. 식비도 이전 회사에서는 하루 1,500엔을 받았는데 지금은 나오지 않는다. "원전 사고 전에는 다른 원전보다 임금이 높았습니다. 지금은 다른 현장보다 낮으니 믿을 수 없는 일이죠. 이러면 누구도 일하러 오지 않을 겁니다." 장비가 경량화되는 것도 놀랐다고 한다. "현장 방사선량은 많이 줄었지만 여전히 상당히 높아요. 사고라도 나면 어쩌려고 그럴까요? 몸을 지킬 수 있을까요?"

더구나 이번에는 호텔 1인실이 아니라 임대 아파트에서 두 사람이 함께 방을 쓴다. 주변에 음식점이나 술집도 없어 기분 전환할 만한 곳이 마땅치 않다. 숙소에서 식사를 주지 않기 때문에 아침도, 점심 겸 저녁도 매일 편의점에서 먹는다. "지난번에 공공 직업소개소 헬로 워크에 가서 조건이 좀 좋은 원전 일을 찾아봤는데 전혀 없더라고요. 앞날을 생각하면 당장은 일할 수 있다는 게 다행일지도 모르지만…." 이날 기 씨는 제일 좋아하던 맥주도 못 마시고 헤어질 때까지 기운도 없었다.

용접도 안 한 가설 탱크들

어느 날 한 작업자에게서 "오염수 저장 탱크에 용접을 안 한다. 강재鋼材* 사이에 고무 패킹을 넣어 볼트로 조이고 바깥쪽에 코킹(틈 메우기)만 할 뿐"이라는 말을 듣고 크게 놀랐다. 이 원통형 탱크는 1,000t급

● 공업·건설 따위의 재료로 쓰기 위해 가공한 강철.

대형이었다. 용접하지 않아도 장기간 유지될까? 도쿄전력에 문의해 들은 설명은 이랬다. 급증하는 오염수를 서둘러 처리해야 했기에 용접보다 조립이 빠른 볼트 조립형 플랜지 탱크를 만들었다고 한다.

이 패킹의 내구 연한은 5년 정도다. 원전 사고 이후 2년이 지났으니 3년 뒤에는 탱크를 대대적으로 개보수해야 한다. 이미 지은 1,000여 개의 탱크 가운데 약 270개가 플랜지 탱크다. 당초 2011년에는 연내에 오염수 처리를 마무리하고 바다로 방류해 탱크가 필요하지 않으리라 전망했기 때문에, 도쿄전력은 이 플랜지 탱크를 '가설 탱크'라고 불렀다. 하지만 현실은 탱크를 언제까지 유지할지 알 수 없는 상황이었다.

가설 시설은 탱크만이 아니었다. 후쿠시마 제1원전에는 사고 후 강행 공사로 만든 임시 시설이 넘쳐나고 있었다. 발전이나 냉각 시스템 등 중요 시설도 임시였다. 물을 주입하거나 오염수 처리에 사용하는 배관도 임시 호스이기 때문에 1년 전 겨울에는 동파 누수가 연이어 발생했다. 오염수 이송 호스를 비롯해 임시 호스가 많아 장소에 따라서는 여러 개가 엉키고 작업자가 밟고 다녀 누수가 일어난 곳도 많았다.

지난해 7월 하청 업체 간부가 작업자의 선량계를 납 덮개로 가리게 했다가 문제가 된 뒤 선량계 휴대 확인 검사가 엄격해졌다. 그러나 중요한 게 바뀌지 않았다. 발각된 사건은 하청 업체 간부가 벌인 일이었으나, 일을 못 하게 될까 봐 걱정하는 작업자들도 스스로 선량계를 두고 가거나 납 덮개로 덮는다. 피폭량이 일제히 올라가는 작업자들로서는 안정적인 일자리가 급선무였다. 그러나 경제산업성이나 자원 에너지청에 취재해보니 "도쿄전력에 고선량과 저선량 현장 작업을 함께 진행하도록 요청하고 있다"는 답이 돌아왔다. 도쿄전력에서는 "고선량과 저선량 환경에서 진행하는 작업을 원청 기업에 함께 발주하고, 하청 업체에도 그와 같이 권고하고 있다"고 답했는데, '권고' 정도로는 현장에서 개선을 기대할 수 없다. 작업자들의 말은 이랬다. 소속 업체나 상급 기업 중에는 독자적으로 오염 제거나 화력 발전소 일을 확보해 피폭량이 높아진 작업자를 보냈다가 돌아오게 하는 곳도 있지만, 인해 전술로 해결하려는 고선량 현장에서는 여전히 단기 인력을 고용했다 해고하기를 반복했다.

일이 줄어 걱정하던 하청 업체의 간부이자 작업자인 노부 씨에게 전화를 했다. "지금 원전에 일이 없다. 오염 제거도 1~2년이면 끝난다. 지금까지 원청이 수주하던 일도 내년부터 경쟁 입찰로 바뀐다니 일을 받을 수나 있을지…. 여기서 일하면서 다른 일도 찾아야 하는데. 내 피폭량도 1년 만에 25mSv에 가까워졌고, 올해 이미 15mSv를 넘어 절망적이다. 사고 전에는 피폭량이 커봐야 10mSv를 넘지 않았다. 일을 생각하면 불안해지고 아내에게 약한 소리라도 할 것 같아 얼떨결에 소리치고 말았다. 가족도 있고 직원도 있는데 죽을 것 같다"고 말하는 쉰 목소리에 조바심이 가득했다.

작업자는 피폭량 수치로만 존재하는가

연말을 앞둔 어느 날 저녁 전화기가 울렸다. 료 씨였다. "근황 보고입니다. 내일 현장을 떠납니다." 생각지도 못한 말에 "네?" 하고 반문했다. "올해분 방사선량 18mSv가 차버려서. 사장이 더는 관리할 수 없으니 떠나랍니다. 써먹을 만큼 썼으니 해고라네요." 꾹꾹 억누르는 딱딱한 목소리가 떨리고 있었다. 료 씨는 원전 사고가 발생한 2011년에도 피폭량이 25mSv를 초과했다. 2012년도 상한에 도달했다는 것이었다. 4월 이후 회사에서 수주한 일이 줄어든 것도 해고 이유로 이어졌다. "올해가 1개월도 안 남았으니까. 새해에 다음 기준을 받을 때까지 사무실에 대기시켜서라도 계속 고용될 줄 알았어요. 생각이 짧았지…. 나는 이렇게 단칼에 잘려나갈 사람이었던 거죠."

1개월 전 이와키에서 만났을 때가 생각났다. 그날 료 씨는 후쿠시마 제1원전에서 일하는 것이 자랑스럽다고 자신 있게 말했다. "현지 선배는 '언젠가 사라질 곳에서 왕창 피폭되면서까지 자신을 바칠 필요는 없다'고 하지만 내게는 사명감이 있어요. 후쿠시마 제1원전을 버릴 수 없습니다." 이 무렵 료 씨의 피폭량은 이미 회사가 정한 상한에 근접해 있었다.

료 씨는 이날 이 말을 여러 차례 되풀이했다. "남들이 가고 싶어 하지 않는 곳에서 나름대로 힘껏 일해왔습니다. 나를 필요로 하는 곳이 없을까 봐 두려워요. 이제 와서 나를 내팽개친다면 미쳐버릴지도 몰라요." 이야기는 멈추지 않았다. "원전 사고 후에는 내가 인생을 선택하는 것이 아니라 흘러가는 대로 사는 듯하다"는 료 씨에게 후쿠시마 제1원전에서 그를 필요로 한다는 것은 큰 의미였다.

한 달 후, 그는 원전 일에서 깨끗하게 손을 뗐다. 해고를 당하진 않았지만 후쿠시마 제1원전이 아닌 곳에서 일하는 것은 의미가 없어 퇴사했다. 가족과 함께 산 지 1년. 이제야 안정을 찾기 시작한 시점이었다. 원청 기업 사장은 "다시 일이 있으면 부탁하겠다"고 했다. "나라는 사람은 방사선량 수치로만 존재하는가? 왜 이렇게 비굴해지지?" 힘없이 중얼거리는 그에게 아무 말도 해줄 수가 없었다.

전화를 끊은 뒤 생각해봤다. 지금까지 취재하면서 "우리는 일회용"이라는 말을 몇 번이나 들었을까? 도망치지 않고 위험한 고선량 현장에서 목숨을 걸고 일해온 작업자를 갑자기 내동댕이치는 '퇴직'이나 '해고'는 너무나도 가혹했다.

건물 안 작업, 5분이 한계

원전 사고가 발생한 지 2년이 지나고 있다. 후쿠시마 제1원전 내 파편은 어느 정도 정리됐고 방사선량도 사고 직후에 비해 전반적으로 낮아졌으나, 원자로 건물과 그 주변은 여전히 높았다.

수소 폭발로 원자로 건물 상부가 크게 파손된 3호기의 철골 등은 거의 철거했고 북쪽이 트인 디귿자형 철벽으로 건물을 덮었다. 진행이 순조롭다면 이 철벽을 기초로 원자로 건물 상부를 덮는 지붕을 만들고 안쪽에 크레인을 설치, 2014년도 하반기에 사용후핵연료를 꺼낼 예정이었다.

도쿄전력의 발표로는 철벽 공사가 착착 진행되는 듯했지만 작업자들이 들려주는 현장은 상상 이상으로 곤란한 상황이었다. 3호기 건물 내 방사선량이 극도로 높아 접근이 불가할 뿐 아니라 건물

밖 철벽 건설 작업도 방사선과의 사투였다. "철벽을 만들어도 방사
선량이 낮은 곳이 시간당 28mSv, 높은 곳은 100mSv, 아니 훨씬 높
을지도 모른다"는 추측이 나왔다. 수소 폭발로 오염된 잔해가 남아
있는 건물 상부에 가까울수록 방사선량은 높아진다. 최상부인 5층
에서는 시간당 500mSv가 계측됐다. 철벽의 볼트를 조이는 작업은
피폭이 특정인에게 집중되지 않도록 작업자를 연이어 교체하는 인
해 전술로 진행한다. 작업자들은 방호복 위에 15~17kg이나 되는 텅
스텐 조끼를 착용해 방사능을 막아보지만, 순식간에 그날의 피폭 상
한인 3mSv에 근접했다.

　근처 대기 장소에서 현장까지 이동 시간을 감안하면 한 사람이
작업할 수 있는 시간은 불과 5분 내외였다. 감독이 "출발" 신호를 보
내면 작업자들은 일제히 전력 질주한다. 연장을 들고 발판을 기어올
라 볼트 한두 개를 조이면 돌아와야 한다. 묵직한 텅스텐 조끼를 입
었으니 쉬운 일이 아니다. 구멍 뚫기, 볼트 조이기 등 작업을 세세하
게 나눠 교대한다. 섬세한 작업에는 몇 겹씩 낀 고무장갑이 방해가
된다. "동일본 대지진 당시에는 10mSv 상한에서 작업해 6~7mSv 피
폭을 입고 돌아왔습니다. 그에 비하면 지금은 낮은 편입니다." 하청
업체에 소속된 중견 작업자는 아무렇지도 않은 듯 말했다.

　2호기에서 이런 방식의 작업에 참여한 사람에 따르면, 고선량
구역이 여기저기 퍼져 있는 원자로 건물 내 작업은 더 혹독했다. 칠
흑 같은 어둠 속에서 헤드라이트에 의존해 내달려 빠져나간다. 터빈
건물에서 원자로 건물로 들어갈 때는 '소나무 복도'라 부르는 1층의

긴 통로를 통과하는데, 도중에 고선량 오염수가 흐르는 관을 지나야 한다. 방사선 차단용 납 메트를 이중, 삼중으로 덮어놨으나 시간당 30~60mSv인 지점도 있기 때문에 주춤했다가는 피폭량이 확 늘어난다. 건물 안은 방사성 분진이 많다. 오염되면 새 것으로 교체하도록 미리 목장갑 위에 고무장갑을 네다섯 겹씩 끼는데 이 고무장갑이 손을 조여 울혈이 생긴다. 선량계 경고음을 들으면 초조해지지만 작업에 집중하면 그마저도 안 들린다. 작업을 마치고 터빈 건물로 돌아와서는 방호복 위에 입은 판초를 만지면 안 된다. 오염 때문에 동료가 상의와 바지를 가위로 잘라 벗는 과정을 도와준다. 오염된 장화와 헬멧은 두고 온다. 한 사람은 "연습을 거듭해 사전에 역할이나 순서를 몇 번이나 확인한다. 아무리 손발을 맞춰도 현장에서는 생각지 못한 일로 시간이 걸리기도 한다"고 설명했다.

"하루 2mSv를 넘겼다든가, 10일 만에 15mSv를 넘겼다든가. 초기화 시점이 다가오는 2~3월은 매일 송별회가 열린다." 원자로 3호기 작업에 참여한 다른 기술자가 전해주었다.

이즈음 내 휴대 전화도 자주 울렸다. "현장을 떠나게 됐다"는 작업자들의 전화였다. 5개월 만에 돌아온 기 씨도 "우리는 방사선량에 좌우되는 단역 배우니까"라고 자조하며 3월 말 고향으로 돌아갔다. 취재 요청을 받아준 작업자가 한 사람뿐인 적도 있다. 취재에 응해주는 작업자가 없으면 후쿠시마 제1원전의 현장 상황을 전혀 알 수 없게 된다. 이때의 불안감은 지금도 잊을 수가 없다.

저희는 죄인입니다

2013년 3월 31일, 도쿄전력 직원

도쿄전력 퇴직자도 끊이지 않는다. 동일본 대지진 이후 1년간 희망 퇴직자가 3배 늘었고 그중 40%가 29세 이하 직원이라고 들었다. 대지진 발생 2년째도 전년을 웃도는 양상으로 젊은 직원들이 퇴사하고 있다. 가족이 반대해 그만 둔다는 청년도 있고 베테랑 직원도 그만뒀다. 정신적으로 균형을 잃은 사람도 적지 않다. 일하러 올 수 없게 된 원전 운전원도 있다. 현지 채용이 2014년도에 재개되지만 지원자가 얼마나 될까? 임금이 내려가고 회사의 미래도 불투명하다.

원전 사고 직후 가족이 있는 피난소에 갔을 때 이웃 사람들 앞에서 주눅이 들었다. 사고를 일으켜 죄송하다는 마음에, 원전을 안전하다고 설명해온 것이 마음에 걸려 괴로웠다. 수소 폭발로 건물이 날아가는 지경이니. 지금까지 배운 원전 지식도, 신념도 근본부터 무너졌다.

몇 번이고 회사를 그만두려 했다. 하지만 가족을 부양해야 하고 원전 사고 직후, 절망 속에서 현장에 남은 동료들 때문에 남았다. 나는 후쿠시마 사람이고 지금도 열심히 일하는 동료 덕에 버티고 있다.

책임을 추궁당하는 도쿄전력 직원들

동일본 대지진 후 첫해는 20~30대 중심이던 퇴사자가, 2년째에는 연령대가 40~50대로 높아지고 있었다.

인터뷰한 한 도쿄전력 직원은 피난한 아내와 어린 자녀들과 떨어져 생활하고 있었다. 평일에는 심야까지 일하고 주말에 몇 시간씩 차를 몰아 가족에게 갔다가 일요일 밤 다시 이와키로 돌아왔다. "아이들 곁에서 자라는 걸 보고 싶다. 그치만 내가 일을 그만두기에는 아이들이 아직 어리다. 조금만 더 젊었으면 그만뒀을 것"이라며 고개를 떨궜다. 그는 임금이 20% 삭감된 상태였다.

"지금도 도쿄전력 직원이라는 이유로 주민들이 책임을 추궁하는 일이 있습니다. 원전 사고 직후 느끼던 의욕은 없어졌습니다. 하지만 참고 견뎌보려 합니다." 후쿠시마 제1원전 직원이 현장에서 기획한 공사를 본사가 승인하지 않고, 정부와 본사, 현장 사이에서 치이는 일도 다반사였다. 원전 사고 전에는 현장에서 결재하던 일도 이제는 본사 결재로 바뀌어 현장의 재량은 거의 없었다.

도쿄전력 직원의 가족은 어떤 생각을 할까? 계속 마음에 걸리는 질문이었다. 도쿄전력 기술자의 아내에게 이야기를 들었다. 대지진 날 출장 중이던 남편과 연락이 되지 않았다. 이튿날 정오 무렵 시부모, 딸과 함께 피난하려고 준비 중일 때 남편이 "지금 어디야? 그쪽으로 가고 있다"는 문자 메시지를 보냈다. 남편은 집에 왔으나 물과 식료품을 내려놓고 10분도 되지 않아 "원전에 동료들이 있다"며 곧장 그곳으로 향했다. 그 후 남편과 다시 연락하기가 쉽지 않았다. 때때로 "잘 지내지? 나는 잘 지내고 있어. 서쪽으로 피신하길 바라", "몸은 괜찮은가? 모두를 잘 부탁한다. 당신은 할 수 있다", "나는 면진중요동에 있다. 생사가 오락가락하는 곳이 아니니까 안심해. 어쨌든 서

쪽으로 피해라"라는 문자 메시지가 왔다. 여성은 "남편이 걱정됐으나 가족과 피난하느라 정신이 없었다"고 회고했다.

피난 생활이 시작된 뒤에는 도쿄전력 직원의 가족이라는 이유로 주눅이 들었다. 식사 준비 봉사를 하면서도 추궁하거나 화를 내는 지역 주민에게 사과부터 했다. 모두 아는 사람들이어서 더 미안했다. 잠시 집에 온 주민의 집 정리를 도우러 갔을 때도 "뭘 그렇게 꾸물거리냐"며 큰소리를 들었다. 그반대로 "몸 잘 챙겨요" 하는 말을 듣고 왈칵 눈물이 멈추지 않은 적도 있다.

원전 사고가 나고 2주 뒤, 오랜만에 피난처로 온 남편을 보고 여성은 크게 놀랐다. "오염물이 달라붙지 않도록 머리카락을 밀어 까까머리가 됐고 볼이 움푹 패어 홀쭉했다. 옷도 갈아입지 못해 새카맣게 더러워진 셔츠를 입은" 남편은 사고를 일으킨 당사자라며 이발소조차 가지 않게 됐다. 남편은 "내 물건은 아무것도 사지 말라. 보상 청구도 하지 마라. 사고를 일으키고 말았으니"라고 말했다.

하지만 가족으로선 생활을 해야만 한다. 아이들 학비도 걱정됐다. 여성은 남편에게 알리지 않은 채 남편 몫을 제외하고 보상 청구를 했다. 피난소를 전전하다 딸의 입학을 위해 하마도리로 돌아온 뒤에도 "외식도 잘 가지 않는다. 집에서 은둔하다시피 살고 있다"며 시선을 아래로 내렸다.

쥐 한 마리가 불러온 파장

2013년 3월 18일, 도쿄전력은 오후 7시경 정전이 있었다고 발표했다. 원자로 1·3·4호기에서 사용후핵연료 수조의 대체 냉각 시스템이 정지했고, 이어 핵연료 6,377개를 보관하는 공용 수조의 냉각과 오염수 처리 일부가 멈추는 등 파장이 컸다. 냉각이 멈출 경우 4~5일이면 수온이 가장 높은 4호기가 안전 관리 온도 상한인 65도에 도달한다는 계산이 나왔다. 정전은 3·4호기의 가설 배전반에서 오류가 발생해 연쇄적으로 확산된 것으로 판명됐다. 문제가 된 배전반은 원전 사고 발생 직후 긴급 조치된 임시 설비로, 트럭의 화물칸에 설치되어 있었다. 그러고 나서 약 29시간이나 중요 시설이 멈춰버린 원인이 가설 배전반에 숨어든 쥐 한 마리가 감전됐기 때문이라는 사실이 알려졌다. 기자회견을 지켜본 작업자가 전화했다. "고작 쥐 때문이라니, 어이가 없네요. 원전에 쥐가 많으니 이런 일이 또 일어나지 말란 법도 없죠." 폐기물 처리 담당자는 원전 사고 후 이런 일이 잦아졌다고 했다. "한동안 봉투에 음식물 쓰레기를 건물 밖에 임시로 모아놓던 시기가 있었어요. 그때 쥐가 늘었는지도 모르겠네요."

4월에도 원자로 2호기의 사용후핵연료 수조 냉각 장치 변압기 안에서 쥐 두 마리가 감전사하는 바람에 점검 차 수조 냉각을 4시간 멈춘 일이 있었다. 이후 작업자들은 틈새를 막고 쥐를 잡느라 바빴다.

지하 저수조에서 오염수 누수

임시 설비 문제가 꼬리를 물었다. 4월 5일, 도쿄전력은 고농도 오염수를 처리해 보관하던 지하 저수조에서 물이 샜을 가능성이 높다고 발표했다. 지하 저수조는 탱크 증설 용지 부족 상황에서 나온 대책으로, 상공의 송전선 때문에 탱크를 설치할 수 없는 원전 경내 지하에 오염수를 저장하고 있었다. 수 미터 깊이로 구덩이를 파 점토를 깔고 방수 시트를 3중 시공한 간이 시설이었다. 작업자들은 "간이 시설에 고작 방수 시트 몇 장이라니. 물이 새는 게 당연하다"며 기막힌다는 반응이었다. 이런 저수조가 7개, 용량은 총 5만 8,000t. 그중 세 곳에 세슘 대부분을 제거한 오염수가 총 2만 7,000t 들어 있다. 4월 6일, 누수된 오염수가 사고 수습 선언 이후 최대 규모인 120t이라는 발표가 나왔다(2개월 뒤 약 20L로 대폭 수정. 대부분이 방수 시트 사이에 고여 저수조 밖으로 새어나가지 않았다). 이 저수조는 사용한 지 2개월 정도로 성능이 떨어지지는 않았으나 다른 저수조에서도 누수가 발생해 구조적 결함이 부각됐다.

지상에는 이미 1,000여 개의 탱크에 오염수 27만 t 이상을 저장하고 있었다. 후쿠시마 제1원전에서는 핵연료 냉각을 위해 원자로에 주입한 물이 고농도 오염수 상태로 누출되어 건물 지하에 고였다. 여기에 토양에서 유입된 지하수까지 더해져 오염수의 양이 늘어나고 있었으며, 오염을 일부 제거해 재활용하는 처리 오염수를 제외해도 매일 약 400t씩 오염수가 증가했다. 이런 와중에 누수된 지하 저수조의 오염수를 다른 곳으로 옮겨야 했다. 도쿄전력은 "달리 옮길 곳이 없다"면서 다른 저수조를 사용하려 했지만, 남은 저수조에서도 누수가 이어져 단념했다. 결국 지하 저수조 물도 모두 지상 탱크로 이송하느라 탱크 부족 사태가 더욱 심각해졌다. 비상용 탱크도 70% 만수라는 사실까지 밝혀졌다. 탱크 증설 계획이 앞당겨지면서 작업자들은 쫓기고 있었다.

도쿄전력은 지금까지 탱크가 충분하다고 설명해왔다. 그러나 베테랑 작업자의 의견은 달랐다. "탱크 부족은 자명합니다. 도쿄전력은 작년 가을에 오염수에서 방사성 물질 대부분을 제거하는 새로운 오염 제거 장치 ALPS(다핵종 제거 설비, Advanced Liquid Processing System)를 가동할 예정이었습니다. 탱크를 증설하면 비용이 드는데 오염 제거 장치가 제대로 가동한다면 기존의 탱크는 필요 없는 오염 폐기물이 되는 겁니다. 그런데 오염 제거 장치가 제대로 가동되지 않았습니다. 지하 저수조 누수까지 발생해 오염수 처리와 저장 계획이 다 무너진 거예요. 더구나 탱크는 해체를 전제로 하기 때문에 콘크리트 기초에 고정 장치를 만들지 않았습니다. 지진이 나면 어떻게 될지 몰라요." 도쿄전력은 결국 이 사태를 인정하고 작업을 속개해 초고속으로 탱크를 증설시키고 있다.

골든 위크도 반납하고 일한다

2013년 5월 3일, 신 씨(48세)

올해 골든 위크는 반납했다. 정전이나 오염수 누수 등 문제가 잇따라 쉴 수 없다는 말을 들었기 때문에 진작 포기하고 있었지만.

새로운 작업자들이 들어온다. 탱크 작업 유경험자와 베테랑들도 불려 오고 있어서 낯익은 얼굴이 많이 눈에 띈다. 이곳을 떠나 다른 데서 일하다가 "곧바로 와달라"는 말에 온 사람도 있다. 하청 업체는 일을 받는 입장이기 때문에 상급 회사가 요구하면 거절할 수 없다. 후쿠시마 제1원전 작업이 줄어 언제 해고될지 알 수 없어 불안했는데 일이 늘어 안심하고 있다.

매일 바쁘다. 아침 일찍부터 저녁 늦게까지 작업해 노동 시간이 길다. 여름에 더워지면 그럴 수 없지만, 지금은 휴식 시간조차 아까워하며 일한다. 원전에는 덤프트럭과 레미콘이 오가고 많은 작업자가 일하고 있다. 마치 사고 직후로 돌아간 듯하다.

초고속 탱크 증설

탱크 증설, 누수 방지(철강재 이음새 코킹 등) 작업, 배관 설치, 오염수 이송…. 작업자가 늘자 오염 검사 등 다른 일도 늘었다. 현장에는 활기가 돌았다. 얼마 전까지 후쿠시마 제1원전을 떠나게 될까 걱정하던 작업자들도 바빠졌다. 일이 적을 때는 하청 업체끼리 경쟁하면서 상대의 실수를 원청 기업 등에 고자질하는 등 발목을 잡는 경우도 있었으나, 현재 그런 이야기는 전혀 들리지 않았다.

서부에서 온 신 씨도 매일 열심히 일했다. "어느 현장이든 점심 시간 외에는 휴식 없이 3시간 동안 풀 가동입니다. 작업 시간도 빠듯하게 한계치까지 채워 다들 툴툴거리죠. 그래도 이전에 함께 일한 사람들이 많이 돌아왔네요. 반가운 사람이 많아요."

탱크 증설 투입 인력이 많은데, 현지 하청 업체에서 일하는 세이 씨도 그중 한 사람이었다. 용접 탱크도, 플랜지 탱크도 잘 아는 세이 씨에게 현장 이야기를 듣고 싶어 전화를 걸었다.

"후쿠시마 제1원전에서는 1,000t 탱크 하나가 이틀 반이면 찹니다. 반면에 용접 탱크는 현장 조립에만 열흘이 걸리죠. 조립해 용접하고 도장을 해 물이 새지 않는지 검수해요. 자재 운반, 설치 장소 정비, 배관 설치와 보 설치 등에도 시간이 걸리고요. 이런 상황이니 탱크 하나가 완성되면 바로 물을 담는 실정이에요. 오염수와의 술래잡기라고나 할까."

"시간이 걸리더라도 제대로 만들면 플랜지형이라도 새지 않을 텐데 모두 급박하게 돌아가니까. 오염수가 하루 400t 증가하면 아무리 원전이 넓어도 탱크는 부족할 겁니다." 잠시 주저하는 듯 뜸을 들인 뒤 세이 씨가 말을 이었다. "어부들이 반대하지만, 언젠가 기준치 이하로 정화해 바다로 방류하지 않으면 해결할 방법이 없어요."

세이 씨가 오랜만에 얻은 휴일 전날 밤에 이와키에서 그를 만났다. 한 달 만에 만난 그는 핼쑥한 모습이었다. 탱크 증설과 관련해 묻고 싶은 것이 아주 많았다.

용접 탱크의 용량은 크기에 따라 몇 가지 유형이 있다. 어떤 것은 천판天板이나 지판地板 외에 3t짜리 강판 16장을 크레인으로 들어 올려 측면에 용접한다. 이 작업은 강풍의 영향을 크게 받는다.

"항상 현장 감독이 풍속계를 들고 작업을 합니다. 갑자기 초당 10m 풍속으로 바람이 불기도 해 탱크 강재가 부채처럼 펄렁일 때마다 가슴이 철렁 내려앉죠. 측판 한 장에 몇 톤이니까. 측판은 임시로 용접한 지주로 지탱하지만 바람이 불면 4~5명이 손으로 눌러가며 작업을 해요. 바람이 강할 때는 사이렌을 울려 '대피하라'고 알리는

데, 까딱 잘못하면 부상당하죠." 바람이 강하면 용접 불씨가 날려 부상을 입거나 화재가 나기도 한다. 게다가 용접 작업자는 방연복을 덧입어 이미 열사병과 싸우고 있다.

도쿄전력은 오염수 대책으로 지하수가 건물 지하층에 유입되기 전에 열두 군데의 서브드레인에서 퍼 올려 바다로 방류하는 계획을 세웠지만 후쿠시마 어업 협동조합 연합회의 반발이 커 결론이 나지 않고 있다. 3월 30일, 오염수에서 방사성 물질을 제거하는 ALPS 시운전이 시작됐다. 62개의 핵종 중 물과 성분이 비슷한 트리튬은 제거할 수 없었지만 오염수의 위험성이 경감된다는 이유로 시운전이 앞당겨졌다.

오염수 대책이 난항을 거듭하는 가운데, 도쿄전력이 원전 사고 후 쌓여가는 방호복과 신발, 폐자재 등 소모품 폐기물을 내년 하반기부터 필터가 부착된 소각로에서 태울 계획이라는 정보를 얻었다. 원전 사고 후 소각로 건물이 고농도 오염수의 임시 이송 경로가 되면서 사용되지 않았기 때문에, 사용한 방호복과 장갑 등은 1t 자루나 컨테이너에 담겨 J 빌리지와 원전 내에 산처럼 쌓여 있었다. 그 양이 2월 말 기준 드럼통 8만 5,000개였다. 소각 후 부피가 100분의 1로 줄어든 재는 드럼통에 보관할 예정이라고 했다.

후쿠시마 제1원전 내부의 목격자 해피 씨

4월, 후쿠시마 제1원전 작업자인 해피 씨를 이와키 역 앞에서 만났다. 그는 원전 사고 직후부터 정부나 도쿄전력의 기자회견보다 빠르고 정확한 정보를 트위터에 올리고 있었다. 팔로워는 7만 명이 넘고 나 또한 매일 그의 트위터를 보고 있다. 그간 해피 씨에 관한 보도는 없었기에 연락할 방법을 찾고 있던 차에 취재에 협조해준 한 작업자를 통해 해피 씨가 만나자는 연락을 보내왔다. 묻고 싶은 것을 잔뜩 적어 이와키로 향했다.

해피 씨는 눈이 큰 갈색 머리 남성으로, 짙은 색 양복을 입어 단정한 분위기였다. 태도나 어투는 냉정하면서도 온화했으나 원전 이야기로 들어가자 열의를 띠었다. 트위터에서 본 독특한 표현은 모두 그의 말투 그대로였다. 배관 동파로 인한 누수, 장기적 안정성을 고려하지 않은 강행 공사, 임시방편 설비들, 도쿄전력에서 "1년만 유지하면 된다"며 주먹구구로 처리하는 모든 작업의 폐해가 언젠가 나타날 거라는 우려. 탱크 부족 문제, 베테랑 작업자와 기술자가 연이어 그만둬 인력을 확보하지 못할 우려…. 인터뷰는 3시간 넘게 이어지다가 장소를 옮겨 2시간 더 진행됐다. 해피 씨는 음료에도 음식에도 입을 대지 않고 이야기를 이어갔다. 동일본 대지진 당시부터 순서대로 겪은 일을 담담하게 들려주었다.

2011년 3월 11일 오후 2시 46분. 해피 씨는 후쿠시마 제1원전의 원자로 건물 최상층에서 일하고 있었다. 쾅쾅 소리가 나고 격심한 수직 진동이 일어난 뒤 수평 진동이 길게 이어졌다. 서 있기조차 힘들 정도로 흔들리는 가운데 난간을 붙잡고 버텼다. 정신을 차리고 보니 사용후핵연료 수조에서 새어 나온 물에 발이 잠겨 있었다. 동료와 부하 직원이 다치지 않았는지 확인한 다음, 오염된 장비를 벗어던지고 속옷 한 장만 걸친 채 신발과 헬멧, 무너진 천장 자재 등이 어지럽게 뒤엉킨 잔해를 헤치며 건물 밖으로 내달렸다. 사무실에 도착하니 동료가 무사히 돌아온 것을 기뻐하며 맞아줬다. 이튿날 이후 조치에 대해 논의하는데 돌연 돌풍이 불었다. 모래 먼지가 일고 눈이 내리기 시작하자 누군가가 "쓰나미다! 분명 쓰나미야"라고 소리쳤지만 당시에는 별로 신경 쓰지 않았다. 후쿠시마 제1원전은 지대에 고저 차이가 있어 해피 씨 일행이 있는 곳에서는 바다가 보이지 않았다.

그 후 차를 타고 동료와 순찰에 나섰다. 믿을 수 없는 광경이 펼쳐져 있었다. 도로 한가운데 거대한 탱크가 찌부러져 뒹굴고 있었다. 두 사람은 쓰나미가 왔음을 깨닫고 차량 라디오에 붙어 귀를 기울였다. 라디오 정보도, 텔레비전 영상도 딴 세상 일처럼 실감이 나지 않았다. 사람들이 모두 돌아간 뒤에도 해피 씨는 걱정스러워서 퇴근하지 않고 차에서 밤을 새웠다. 이튿날 아침 면진중요동으로 갔더니 모두가 방호복에 전면 마스크를 쓰고 완전 무장을 하고 있었다. 문제가 생겼다는 뜻이었다. 완전 무장한 사람이 "간 총리가 방문하니 잠시 기다려달라"고 하며 출입을 통제했다. 해피 씨 일행은 방호복도 입지 못한 채 주차장에 대기했다. 잠시 후 헬리콥터 굉음에 총리가 돌아간 것을 알고 면진중요동으로 향했다.

면진중요동은 사람들로 북적였다. 도쿄전력의 지시가 있을 때마다 현장으로 가서 전원 케이블과 소방 호스 부설 작업을 했다. 그날 오후, 갑자기 쾅 하는 폭발음이 들렸다. 해피 씨가 자재를 가지러 트럭을 타고 원전 정문을 나온 직후였다. 폭풍으로 트럭이 요동쳤다.

1호기가 연기에 휩싸이는 것을 보고 생명의 위협을 느껴 정신없이 운전해 몸을 피했다. "동료들은 무사할까?" 불안했다. 저녁에 자재를 싣고 후쿠시마 제1원전으로 돌아갔다.

돌이켜보면 "언제 잠을 잤는지, 밥을 먹었는지 기억나지 않는" 날이 이어졌다. 3월 14일, 3호기 원자로 건물에서 수소 폭발이 일어났을 때 해피 씨는 근처에 있었다. 고막이 찢어질 듯 엄청난 땅울림과 발아래에서 치받는 충격에 엉덩방아를 찧으며 바닥에 굴렀다. 그후에도 쾅쾅, 천장이 무너지는 소리가 이어졌다. 시간이 얼마나 흘렀을까. 온 힘을 쥐어짜 밖으로 나왔다. 평소 다니던 출입구는 시간당 방사선량이 300mSv 이상이었다. 다른 입구로 탈출했다. 주변이 파편투성이에 마치 전쟁터 같았다. 소방차와 자위대의 차는 엉망진창이었다. 파편을 헤치고 경내를 달려 면진중요동으로 이어진 급경사를 헐떡이며 뛰어 올라갔다. 3호기 건물에서는 검은 연기가 피어오르고 있었다. 온몸이 검댕으로 새카매진 사람, 흰 방호복이 피로 얼룩진 사람이 보였다. 면진중요동으로 뛰어 들어간 해피 씨는 전면 마스크를 쓴 채 지쳐 잠들어버렸다.

몇 시간이나 잤을까? "지금까지 감사했습니다." 스피커에서 흘러나오는 요시다 소장의 굵직한 목소리에 눈을 떴다. 긴급 대책 본부에서 내보내는 방송이었다. 모두 멍하니 듣고 있었다. 이후 해피 씨 일행은 철수했다. 그때의 기분을 그는 "마음이 괴로운 한편 솔직히 안심됐다"고 회상했다. 당시 후쿠시마 제1원전에 남은 사람들을 언론은 '후쿠시마 50'이라 불렀다. 실제로는 도쿄전력 직원과 협력 업체 작업자 70명가량이 남았다.

해피 씨가 트위터를 시작한 것은 원자로 3호기에 수소 폭발이 발생하고 6일 뒤였다. 이유는 두 가지였다. 첫 번째는 뒤죽박죽인 정보로 불안감을 부채질하는 보도가 많아 현장에서 정확하게 기록해 냉정하게 위험을 알리고 싶었고, 또 하나는 미나미소마에서 아이를 키우는 지인에게 "필요 이상 걱정하진 말라"고 전하고 싶었기 때문이다. 그의 트위터에는 일본 정부와 도쿄전력에 대한 솔직한 의문도 많이 올라왔다. 정부나 도쿄전력이 기자회견을 할 때마다 해피 씨의 트위터를 보고서야 의미를 이해했다는 댓글이 한둘이 아니었다.

해피 씨에 따르면, 원전 사고 당시 현장에는 작업 공정 조정 없이 마구잡이로 지시가 날아들었다. 전기와 배관 작업이 같은 공간에서 같은 시간에 맞닥뜨리는 등 혼란이 일었다. "총리가 24시간 작업하라니까 어떻게든 해보라"는 말을 듣고 무리하게 진행했지만, 오히려 효율이 떨어지는 결과를 낳았다. 공정은 현장과 상의 없이 결정됐다. "정부가 발표했으니 서두르라"는 말에 준비도 없이 한밤중에 불려 나간 적도 있었다. 장비로 완전 무장한 여름에는 쓰러지기 직전까지 여러 차례 갔다. 말은 쉬라고 하지만 일정이 바뀌지 않으니 그럴 수 없었다. "작업자의 생명과 안전은 부차로 밀려난 느낌이었습니다."

해피 씨의 어조가 강해진 시기가 있다. 2011년 11월, 정부가 사고 수습을 선언할 것이라는 정보를 입수했다고 한다. 설마 했는데 이 무렵부터 고난이도 작업이 연기되기 시작했다. "선거가 끝날 때까지 위험한 작업은 하지 마라", "담당 장관이 모레 해외에 나가니 오늘 중으로 작업을 마치라" 등등 후쿠시마 제1원전의 현장은 정치에 휘둘리기 일쑤였다. 2017년 유행어가 된 '촌탁忖度●'이 전쟁터나 다름없는 원전 현장에서 벌어지는 현실이었다.

여기서 살자
2013년 5월 19일, 료 씨(33세)

딸도 아들도 학교와 어린이집에 익숙해져 매일 즐겁게 지내는 듯하다. 원전 사고로 집을 떠나 여기저기 전전하다가 후쿠시마의 피난처인 이곳에서 가족과 함께 살기로 결정했다. 이 지역 사회에 녹아들 수 있도록 자치회나 학교의 임원 등 무엇이든 해보려 한다. 아이들을 위해 정을 붙여야 한다.

막 이주했을 때는 딸이 친구가 없어 학교에 가기 싫다면서 자주 울었다. 담임 선생이 매일 딸을 안고 수업을 했고, 아이들이 딸에게 말을 걸도록 분위기를 만들어줬다. 이웃들도 친절하다. 인복이다.

다른 현에서 일이 들어와 딸에게 전학을 물으니 싫다고 고개를 저었다. 피난처를 전전하며 힘들던 시기에도 아이들은 무리해 우리에게 웃는 얼굴을 보여줬다. 다시는 그런 일이 생기지 않도록 하고 싶다.

고향으로 돌아가더라도 예전 같은 생활은 불가능할 것이다. 함께 살던 할머

● 일본의 포털 사이트인 야후 재팬에서 2017년 올해의 유행어로 꼽은 단어. 원래 '남의 마음을 미루어서 헤아림'이라는 뜻이지만, 아베 총리를 둘러싼 정치적 맥락 속에서 '구체적인 지시는 없었지만 자발적으로 그 사람이 원하는 쪽으로 행동함'이라는 의미로 많이 쓰였다.

니도 피난 중에 돌아가셨다. 아이들의 고향 기억은 옅어지고 있다. 그러니 지금 있는 이곳이 고향이라고 이야기해주고 싶다.

고통스러운 피난 생활

료 씨가 일을 마친 밤 이와키에서 그를 만났다. 료 씨는 1년간의 피폭량이 상한에 가까워 연말이 되기 전에 후쿠시마 제1원전을 떠났다가 다시 현장으로 돌아왔다. 다만 자부심을 갖고 해온 일과는 다른 일을 배정받았다. 한번 '해고'를 당하고 자신이 피폭량 수치로만 존재한다고 느낀 경험이 마음에 그늘을 드리우고 있었다. "기필코 후쿠시마 제1원전에서 계속 일할 것"이라던 료 씨의 말이 이 무렵부터 "뭘 하고 싶은지 모르겠다"로 바뀌었다.

흩어졌던 가족과 모여 산 지 1년이 지났다. 이제는 초등학생 딸도 어린이집에 다니는 아들도 적응을 했다. 딸이 다시는 이사하고 싶지 않다고 했을 때 료 씨도 마음을 정했다. "여기 살자. 이곳 출신이 아니니 노력해서 이곳에 녹아들어야 한다." 료 씨는 원전 일로 지쳐 돌아가서도 피곤한 몸을 이끌고 지역이나 학교 일을 했다. 료 씨의 머릿속에는 가족과 떨어져 살던 때 피곤함에 큰소리를 낸 기억이 늘 미안하게 남아 있었다. 어른들의 눈치를 살피는 딸의 버릇이 좀처럼 나아지지 않아 가여웠다. 이제는 아무 걱정 없이 맘껏 웃으면 좋겠다. 료 씨는 매일 몇 번씩 아이들을 안아주고 함께 목욕도 하면서 그날 있었던 일을 묻고 자기 전에는 안아서 침대까지 데려간다고 했다. 어릴 때 료 씨는 가정적이지 못한 아버지 때문에 많이 외로웠다고 했다. 아버지와 놀러간 기억이 한 번도 없다. 그런 아버지 때문에 고생하던 어머니의 모습도 지켜봐야 했다. 형편도 어려웠다. "내 아이에게는 절대 그런 외로움을 안겨주고 싶지 않아요." 료 씨는 만날 때마다 이 말을 했다.

간토 지역의 친척 집으로 피난했을 때도 참담하고 억울하고 고통스러웠다. 입은 옷 그대로인데다가 돈도 없고 불안하기 짝이 없었다. 친절하던 친척도 피난 생활이 길어지자 "너희를 돌보는 게 우리 의무는 아니다. 피난소로 가달라"고 했다. 선보상금으로 100만 엔이 입금되자 노골적으로 비아냥대며 돈을 빌려달라기도 했다. 이때 빌려준 100만 엔 가까운 돈은 지금도 돌려받지 못하고 있다. 그때 일을 떠올리며 료 씨는 입술을 깨물었다.

가까이 살던 본가 가족도 마음에 걸렸다. 함께 후쿠시마 밖으로 피난한 남동생은 원전 사고가 나지 않았다면 고향의 기업에 입사했을 것이다. 일을 해보기도 전에 실업자가 됐고 동거하던 애인과도 틀어져 은둔형 외톨이가 되어버렸다. 일하지 않아도 들어오는 보상금이 동생의 상태를 악화시키고 있다고 료 씨는 걱정했다. "보상금은 언젠가 끊길 돈이잖아요." 여동생은 정신적으로 불안해져 손목을 그어 자살을 시도한 적이 있다. 새아버지도 원전 사고로 삶의 보람이던 일을 잃고 말았다. 어머니는 "그런 곳에서 일하게 하려고 너를 키운게 아니"라며 수화기 너머로 소리를 지르기도 하고 울기도 했다. "병약했던 나를 고생하면서 키우신 어머니를 생각하면…. 원전을 마지막까지 지켜보고 싶은 마음은 있지만, 앞이 전혀 보이지 않아요." 료 씨는 깊은 한숨을 쉬었다. "원전 일이 정말 걱정돼서. 가끔 내가 이상한 건가 생각합니다. 일요일에도 라디오에서 원전 뉴스가 나오면 무의식중에 볼륨을 높이거든요"라며 자조하듯 웃었다.

방사선량이 상한에 가까워지면 간단하게 '해고'당하는데, 료 씨는 존재의 의미를 잃어가고 있었다. 시간이 지나 6월, 사장으로부터 후쿠시마 제1원전 통행증을 반납하고 떠나라는 말을 듣고 료 씨는 분해서 눈물을 흘렸다. 재입사를 보장해달라는 료 씨의 강한 요청에 원전 출입증만 갱신받을 수 있었다.

이와키에서 현지 기업 임원인 세이 씨를 오랜만에 만났다. "원전이 탱크로 가득 찼습니다. 손바닥만 한 땅에도 짓고 있어요. 오염수를 기준치 이하로 처리한 물을 결국 바다로 방류해야 할 날이 오지 않을까…." 세이 씨가 쉬는 날은 일주일에 한 번, 일요일뿐이다. 매일 아침 일찍부터 더위와 강풍과 싸우며 무리하고 있었다.

최근 1개월 반 동안 현장은 탱크 증설로 눈코 뜰 새가 없었다. 누수된 지하 저수조에서 2만 4,000t이나 되는 오염수를 한꺼번에 지상 탱크로 옮겨야 했다. 원전 남쪽 고지대에도 서둘러 탱크를 증설했다. 이와 병행해 매일 새로 발생하는 오염수 탱크 증설을 진행했다. 원전은 이미 탱크 1,000여 개로 가득 차 공터가 많이 줄었다. 여름이 다가오면서 더위도 날로 심해졌다. "작업자들을 쉬게 해야 해요. 서둘러 작업하다가 사고가 날까 겁이 나 제정신이 아니에요. 증원을 해야 하는데 말이지. 하루 작업이 끝나면 피곤이 한꺼번에 몰려와요." 이렇게 일해도 1년 전보다 위험 수당과 일당이 줄었다.

☢

폐로 때까지 일하고 싶지만

2013년 6월 29일, 하루토 씨(29세, 가명)

부모님을 생각하면 이제 결혼해야 한다. 하지만 아이에게 피폭의 영향이 있을지도 모르는데 결혼해줄 사람이 있을까? 피폭 이야기에 그래도 상관없다는 사람은 한 사람도 없었다.

원전 사고 후 바로 후쿠시마 제1원전으로 돌아왔다. 소집 전화를 받았을 때 죽을지도 모르지만 해야 한다는 생각이 들었다. 쭉 이곳에서 일했다. 도망칠 생각은 없었다.

특히 사고 초기에는 필사적이었기에 피폭량 따위에 신경 쓸 겨를이 없었다. 혹독한 작업을 견디지 못하고 그만두는 사람도 있었지만 솔선해서 일했다. 정신을 차리고 보니 몇 년치 피폭을 입은 상태였다.

나도 피폭량이 높고 회사도 경영이 악화돼 그만둘 수밖에 없었다. 오염 제거 작업을 언제까지 할까? 작업자가 감사 인사를 받은 것은 사고 수습 초기뿐, 결국 쓰고 버려지는 신세가 됐다. 병이 나도 아무도 도와주지 않을 테지. 내가 살던 집은 경계 구역으로 지정되어 갈 수 없다. 원자로 폐로 때까지 일하고 싶었지만, 이제는 잘 모르겠다. 모든 게 싫다.

자꾸만 지워지는 사람들

작업자인 하루토 씨는 매일 전화를 걸었다. 대여섯 번이나 전화를 한 날도 있다. 통화 횟수가 그의 불안을 말해주는 듯하다.

"원전 작업자는 고용이 불안정해서 가족이 있다면 도저히 일할 수 없을 겁니다." 하루토 씨는 독신으로, 누적 피폭량이 높아 해고당한 뒤 도심의 오염 제거 작업을 하고 있었다. 6월 어느 날, 이와키에서 그를 만났다. "고향은 논이 펼쳐지고 바다도 산도 있는, 내세울 만한 것은 없어도 살기 좋은 곳이었어요. 사고 후 원전이 끔찍해졌습니다. 그렇게 무서운 곳에서 일을 했다니."

그날 하루토 씨는 기운이 없었다. 언제나처럼 술집 작은 방에 앉았지만 술에 입을 대지 않았다. "원전 사고 직후에는 모두 저희에게 감사 인사를 했어요. 하지만 시간이 지나니 다들 잊었습니다. 앞일도 모르고요. 누가 어떻게 책임을 져줄까요?" 하루토 씨는 몹시 우울한 상태였다. 원전 사고 전 피폭량이 20mSv 정도였는데 사고 후 50mSv 이상 추가로 피폭되어 사고 전후 1년간 피폭량이 70mSv를 가볍게 넘긴 것이다. "이처럼 단기간에 방사선을 뒤집어쓰고도 괜찮을 리가 없잖아요. 결국 목숨 걸고 분투하던 사람들을 정부도 국민도 쓰고 버리는 물건 취급하고 있습니다."

하루토 씨와 처음 만난 것은 원전 사고로부터 1년이 지난 봄이었다. 그의 집은 원전 10km 권내로 상당히 가까운 곳에 있었다. 처음부터 그는 집으로 돌아가는 것은 포기한 듯했다. 그는 고등학교 졸업 후 원전에서 일하기 시작했다. "어려서부터 주변에 원전이 있는 게 당연했고 원전에서 일하는 친척도 많았어요." 동일본 대지진이 발생했을 때도 후쿠시마 제1원전에서 일하고 있었다.

원전 사고가 나고 열흘 정도 지난 어느 날, 피난소에 있는 하루토 씨의 휴대 전화로 원청 책임자가 전화를 걸어 왔다. "죽을지도 모르지만 나를 찾는 전화가 오면 가야 한다고 생각하고 있었습니다. 국기를 등에 지고 전쟁터로 향하는 군인이나 특공대원이 된 기분이었어요." 그는 굳은 표정으로 각오를 들려줬다. 머릿속에는 외국 전쟁 영화에 나올 법한 음악이 계속 흘렀다고 한다. 어머니는 아무 말도 하지 않았다.

"물론 돈도 필요했습니다. 하지만 우리가 관여해온 플랜트에서 사고가 났기에 죄책감이 들었습니다." 다음 날 아침, 상사가 피난소로 마중을 왔다. 피난소 사람들이 모두 지켜보는 가운데 시 공무원은 "잘 부탁드립니다"라며 머리를 깊숙이 숙여 배웅해줬다. 그렇게 후쿠시마 제1원전으로 들어갔다.

실외에 10분 머문 것만으로 1mSv 피폭됐다. 방사선량이 높은 장소나, 얼마나 피폭을 당할지 알 수 없는 곳에도 앞장섰다. 피폭량이 눈에 띄게 높아지면서부터는 일을 잃을까 걱정이 돼 선량계를 두고 가는 경우가 늘었다.

하루토 씨의 피폭량은 순식간에 50mSv를 넘었다. 가을이 되자 사장은 "일이 없다. 오염 제거 작업도 좀처럼 시작되지 않고. 잠시 실업 수당을 받으면서 좀 견뎌라. 조만간 바로 연락하겠다"고 통보했다. 회사에서 해고된 직후 이와키 역 앞에서 하루토 씨를 만났다.

"일하고 싶지만 신세를 많이 진 회사여서 억지를 부릴 수도 없습니다." 언제나 자신감 넘치던 어조에는 그늘이 드리웠고 이날 그는 정말 기운이 없었다.

오염 제거 작업은 단기 일자리다. 일이 끊길 때마다 자력으로 일을 찾아야 해서 하루토 씨는 항상 불안해했다. "원전 일을 정년까지 할 줄 알았습니다. 사고 전에는 안정적이었으니까요." 오염 제거 일이 몇 번째 끊겼을 때일까? 2013년 6월 하루토 씨의 전화를 받았다. "또 해고당했어요. 화가 나 죽겠습니다. 획획 아무렇지도 않게 사람을 버리네요. 고용도 생활도 불안정합니다. 목이라도 매야 하나요."

그로부터 일주일이 지난 아침, 오랜만에 밝은 목소리로 전화를 걸어 왔다. "오라는 데가 있습니다. 정말 다행입니다. 다행이에요." 불안정한 일자리가 초래하는 기분 변화는 그 후에도 몇 차례 되풀이됐다.

오염수 대책, 국비 470억 엔 투입

5월 하순, 2호기 터빈 건물의 바다 쪽 오염 관측용 우물에서 고농도 방사성 물질인 스트론튬 등이 연이어 검출됐다. 도쿄전력은 원전 사고 직후에 유출된 고농도 오염수 일부가 땅속에 남아 지하수로 확산했을 가능성이 높다고 설명했다. 그러나 원자력 규제 위원회는 건물 지하에 고였던 오염수가 해양으로 유출됐을 가능성을 제기했다. 7월 22일, 도쿄전력은 고농도 오염수가 바다로 흘러들었을 가능성을 인정했다. 이 뉴스가 방송된 날 밤 한 작업자가 전화를 했다.

"마침내 인정했네요. 오염된 원전에서 흘러간 빗물이 바다로 유출되고 배수로에서도 오염수가 유출되고 있습니다. 토양에 스며든 지하수도 오염됐어요. 현장에서는 다 아는 사실입니다." 작업자들은

'새삼스럽게 이제 와서 무슨 발표야?' 하는 분위기인 듯했다. 게다가 2호기 터빈 건물 아래에 위치한 지하 터널 트렌치에는 리터당 총 23억 5,000만 Bq의 세슘을 함유한 고농도 오염수가 고여 있는 것으로 밝혀졌다. 도쿄전력은 오염수를 빼내는 공사를 검토했고 물유리°로 단단하게 만들어 해안 근처 지반 속에 벽을 만들기 시작했다. 그러나 오염수는 그 벽을 넘어 바다로 유출되고 말았다. 바다 쪽 트렌치에서는 고농도 오염수가 연이어 확인됐고 2·3호기의 바다 쪽 트렌치에 연결된 수직 갱도에서도 대량 발견됐다.

오염수 문제는 더욱 커졌다. 8월 들어 도쿄전력은 호안에서 지하수가 매일 약 400t씩 바다로 유출되고 있을 가능성을 원자력 규제위원회에 보고했다. 2년 이상 호안 부근 트렌치에 고여 있던 오염수가 지하수와 섞여 바다로 대량 유출됐을 가능성이 있었다.

일본 정부가 오염수 대책에 국비 투입을 검토하기 시작했다. 작업자들은 '국가 프로젝트'라 부르는데, 원자로 건물로 지하수가 유입되는 것을 막기 위해 건물 주변 흙을 얼리는 '동토차수벽'이 검토됐다. 동토차수벽은 터널 공사 등에 단기간 사용된다. 현장의 토목 관계자나 기술자는 "그렇게 긴 거리를 몇십 년씩 얼린다니. 절대 무리다. 게다가 전력이나 유지비가 얼마나 들지 알 수 없다" 등의 이유로 반대 목소리를 높였다. 그러나 9월이 되자 정부는 이 프로젝트에 470억 엔을 투입하기로 결정했다.

• 이산화규소를 알칼리와 함께 녹여 만든 유리 모양의 고형 물질로 점착력이 강하다.

☢

쓸데없는 시찰 좀 오지 마라

2013년 7월 14일, 야마 씨(56세, 가명)

참의원 선거가 한창이다. 정치가 후쿠시마의 상황을 바꿔줄까? 정치인들이
수없이 방문했지만 지금까지 본 바로는 기대할 게 없다. 이제 자기 홍보하러
오는 건 그만하면 좋겠다. 작업에 방해만 되고 상황이 개선되지도 않는다. 이
만저만 민폐가 아니다.

시찰단이 면진중요동에 있으면 출입구에 '시찰 대응'이라는 표식이 걸린다.
작업자는 빨리 쉬고 싶을 때도, 집에 돌아가고 싶을 때도, 덥든 춥든 무작정
밖에서 기다려야 한다. 보도진이 와도 마찬가지다. 작업자와 접촉해 무슨 말
이라도 새나가면 곤란하다는 것이다.

여름에는 열사병 우려도 있고 너무 힘들다. 배도 고프고 화장실도 가고 싶다.
초조해진 작업자들에게서 "빨리 끝내라", "적당히 좀 해라" 불만이 폭주한
다. 시찰단에게 무슨 일이 발생할까 싶어 작업도 중지된다. 후쿠시마 제1원
전을 보러 오려면, 악화된 처우로 고통받는 작업자나 좀처럼 진척되지 않는
상황을 진심으로 바꾸고자 하는 마음으로 오면 좋겠다.

2교대·3교대로 망가지는 신체 리듬

2013년 7월 4일, 참의원 선거가 공시됐다. 정치인뿐 아니라 후쿠시
마 제1원전에 시찰 나온 시찰단을 먼저 통과시키고 작업자들은 건
물 밖에서 대기한다는 이야기를 들었다.

"비가 와도 대기해야 합니다. 게다가 면진중요동 주변은 방사선량이 꽤 높습니다." 야마 씨가 얼굴을 확 찌푸렸다. 그는 언제나 이와키 시내에 있는 집으로 초대했다. 그는 부인과 딸, 어린이집에 다니는 손자 둘과 살고 있었다. 근처에 방사선량이 높은 장소가 산재했으나, 피난 구역에 포함되지 않은 탓에 오염 제거 작업이 좀처럼 이뤄지지 않았다. 유치원과 초등학교 오염 제거 작업은 학부형과 지역 주민 들이 하고 있었다.

야마 씨의 집에 가면 언제나 커다란 흰 개가 맞아준다. 동일본 대지진 이후 주인이 세상을 떠났는지 해안을 떠돌던 개를 데려왔다고 한다. "주인이 사라진 셈이니 사람을 믿지 못해 좀처럼 따르지 않는다"면서 야마 씨는 계속 짖는 개를 달랬다. 처음 방문한 날 거실에 앉자마자 그는 대뜸 "우리 집은 원전 반대를 외칠 만한 입장이 아니"라고 말했다. 하마도리에는 부모나 형제, 친척 누구든 도쿄전력과 관련한 일을 하는 사람이 많았다. 개중에는 원전 추진에 적극적이었다.

이전에 야마 씨는 대형 슈퍼마켓 체인 기업에서 근무했으나 회사가 후쿠시마에서 철수하면서 퇴직했다. 이후 원전 하청 업체에 들어갔고 50세가 넘어 후쿠시마 제1원전에서 일하게 됐다. 월급은 4분의 1로 급감했다. "와달라는 권유를 받고 흔쾌히 들어갔으나 연봉이 250만 엔 안팎이에요. 아내에게 타박만 받죠." 그가 부인 쪽을 보면서 쓴웃음을 지었다. 야마 씨의 일은 교대가 많아 일정이 불규칙했다. 정문 경비나 차량 및 작업자의 오염 검사, 출입구 관리 등은 24시간 근무하며, 공사도 아침 일찍 출근, 2교대, 3교대 등으로 나뉘었다.

근무 시간에 따라 수면 시간도 매일 바뀌었다.

"자정을 넘기는 일은 다들 싫어합니다. 시차 병에 걸린 것처럼 매일 기진맥진한 상태예요." 한때 그는 장 건강이 나빠지고 요로 결석에 걸린 적이 있었다. 하지만 딸이 데리고 돌아온 손자 둘이 삶의 낙인 야마 씨는 가족을 지탱해야 한다는 생각에 어떻게든 버티고 있었다.

자신의 직업을 부끄러워하는 영웅들

야마 씨의 말 중에 잊을 수 없는 것이 있다. 어린이집에 다니는 손자가 "할아버지, 어디서 일해요?"라고 물었을 때 순간적으로 "주유소에서 일하지"라고 답했다는 것이다. "손자에게 원전에서 일한다는 말을 할 수가 없습니다. 나 때문에 손자가 방사능을 가지고 있다는 말을 듣거나 따돌림이라도 당하면…. 게다가 원전 작업자라고 하면 업신여기기도 하고요. 예전에는 달리 일할 곳 없는 사람들의 직업이라고 생각했죠." 얼마 뒤 다른 현으로 피난한 여고생이 교사와 학생 들에게 '방사능'이라고 불리며 따돌림을 당하다 자퇴한 일이 보도되면서 사회 문제로 부각되기도 했다. 그러나 미증유의 사고를 지금 상태까지 그나마 안정적으로 끌고 올 수 있었던 것은 방사선량조차 제대로 모른 채 위험을 무릅쓰고 작업한 사람들 덕이었다.

2016년 4월, 러시아 체르노빌 원전 사고 직후 4호기의 원자로 건물 지하에서 일하던 탄광 노동자를 취재하러 갔다. 그들에게 야마 씨의 이 이야기를 들려주자 체르노빌 동맹 툴라 지부 설립자인 올레크 카셰츠키$^{Олег\ Кашецкий}$ 씨(56세)는 "정말 충격적이다. 숨길 일이 아니라 자랑스러워 할 일이다. 원전 사고를 수습하고 국가를 위기에서 구한 영웅들이지 않은가?"라며 강하게 되물었다. 후쿠시마 제1원전 작업자들의 상황도 설명했다. 카셰츠키 씨는 "사람들은 목숨을 구해준 사람을 잊어버린다. 하지만 그들은 정말 영웅"이라고 강변했다.

그 말에 료 씨를 떠올렸다. "나는 지금까지 인생에서 낙오자여서 그리 좋은 평가를 받지 못했습니다. 세상에 제대로 적응하지 못했는데, 피폭량도 잘 모르고 후쿠시마 제1원전에 가 목숨 걸고 일해 영웅시됐습니다. 그 일원으로서 스스로도 대견했습니다. 하지만 피폭량이 상한을 채우면 단칼에 해고되죠." 료 씨가 눈시울을 붉혔다. "작업자들의 영웅 대접은 원전 사고 직후 잠깐뿐이었다. 체르노빌처럼 표창을 받은 것도 아니고 지금은 모두에게서 잊히고 있다"던 하루토 씨의 체념도 뇌리에서 되살아났다.

야마 씨 이야기로 돌아가자. 이날, 야마 씨의 부인이 점심 식사를 대접했다. 평소 외식만 하는 입장에서 아주 감사한 일이었다. 언제 방문하든 곱게 치장하던 부인은 "지금까지 돈 때문에 고생을 한 적이 없어서. 밤이 되면 불안해서 가슴을 쥐어뜯는다. 스트레스로 건강도 나빠졌고"라며 따뜻한 차를 따라줬다. 대지진 당시 야마 씨의 어머니는 입원 중이었는데, 원전 사고가 발생하면서 강제로 퇴원당했다가 세상을 떠났다. "충분히 치료받으셨다면…." 원통한 야마 씨가 눈물을 글썽거렸다. 열려 있는 창문으로 기분 좋은 바람이 들어왔고 어딘가에서 놀고 있는 손자들이 재잘거리는 소리도 들려왔다.

"어린 손자들을 여기서 생활하게 해도 괜찮을지. 돈이 있다면 도쿄나 오키나와처럼 방사선량이 적은 곳으로 이사하고 싶습니다. 방사선량 높은 데가 널려 있는데 보상금은 나오지 않습니다. 여기서 어떻게든 살아야 해요." 야마 씨가 사는 지역은 보상금 지급 경계선을 조금 벗어났다.

보상금 문제로 주민 사이에 생긴 골은 깊었다. 특히 보상금이 나오는 지역 피난민을 대거 받아들인 이와키의 경우 주민들의 감정이 복잡했다. 이와키 주민들은 국지적으로 방사선량이 높은 곳의 오염 제거를 직접 하는 경우가 많았다. 보상금 문제는 야마 씨의 불안정한 생활과 뒤엉켜 강한 불만으로 자리잡았다.

"원전 30km권 경계가 우리 집과 1km 거리입니다. '선' 안으로 들어가느냐 못 들어가느냐에 따라 완전히 달라지죠. 이런 뉴스를 듣고 눈물이 멈추지 않았습니다."

요시다 소장님, 편히 잠드소서

2013년 7월 19일, 익명(48세)

원전 사고 발생 초기 진두지휘하던 요시다 소장이 세상을 떠났다. 충격이다. 힘내서 다시 현장으로 돌아오기를, 각지에서 잇달아 원전 재가동을 언급하는 지금, 원전 사고에 대해 진심으로 조언해주기를 바랐다.

사고 당시 면진중요동에는 위기를 맞은 여러 원자로의 상황이 시시각각 보고됐다. 그러면 즉각적인 판단과 대처가 필요할 때 도쿄전력 본사나 정부에 제지하지 말고 지원해달라고 요구하지 않았을까? 상부의 지시에 반기를 들려면 상당한 각오가 필요하다. 요시다 소장이 없었다면 상황은 훨씬 심각해졌을 것이다.

현장은 어떤 태세를 갖춰야 할까? 시설이나 설비는 실질적으로 도움이 되는가? 후쿠시마 제1원전 사고가 충분히 검증되지 않았는데 이젠 현장 책임자의 증언을 들을 수 없게 됐다. 앞으로 원전을 어떻게 이끌어갈지 생각하는 길목에서 귀중한 사람을 잃었다.

언제나 작업자들의 건강을 걱정하던 분이다. 혹독한 상황에서 스트레스도 그의 건강을 해쳤을 것이다. 감사합니다. 고이 잠드소서.

사라진 연대감, 무너지는 결속력

2013년 7월 9일, 원전 사고 직후 모든 작업을 진두지휘하던 요시다 전 소장이 식도암으로 세상을 떠났다. 향년 58세였다. 요시다 전 소장이 세상을 떠난 날, 나는 이와키에서 도쿄전력 직원을 만날 예정이었다. 상대는 사고 발생 당시 요시다 전 소장의 인품을 존경하고 따르는 직원들이 현장에 남아 모든 수고를 견딘 사실을 알려준 이였다. 후쿠시마로 향하는 열차에서 문자 메시지 알람이 울렸다. "너무 충격을 받아 아무도 만나고 싶지 않습니다. 죄송합니다"라고 적혀 있었다. 매우 낙담해 기분이 가라앉았다.

원전 사고 발생 전으로 거슬러 올라가 2008년 3월, 도쿄전력은 동일본 대지진 때 실제로 후쿠시마를 엄습한 것과 거의 같은 최대

15.7m의 쓰나미가 원전을 덮칠 가능성을 시험 계산했다. 당시 대책을 검토한 본사의 원자력 설비 관리부 부장이 요시다였다. 이때의 책임 문제가 보도됐지만 원전 사고 후 요시다 전 소장과 함께 일한 작업자 중에 그를 나쁘게 이야기하는 사람은 없었다. 하나같이 "소장이 없었다면 원전 사고는 훨씬 심각한 상황을 맞았을 것"이라고 입을 모았다.

이 무렵 작업자들은 종종 원전 사고 직후를 회고했다. 사고 이전부터 원전에서 일한 베테랑 작업자는 "사고 발생 직후에는 눈앞의 위기를 해결하고자 도쿄전력 직원도, 원청이나 하청 직원도 모두 하나가 되어 노력했다. 같은 목표를 향해 달린다는 연대감이 있었다고 할까…. 지금은 각양각색의 사람들이 들어오고 도쿄전력 직원도 많이 바뀌었다. 사고 수습 선언 후 후쿠시마 제1원전은 그저 그런 보통의 공사 현장이 되어버렸으니. 주위 작업자들의 목적의식도 다르고 나 역시 그때와 다르다"면서 한숨지었다. 사고 직후 현장에 머물며 중심이 된 도쿄전력 직원들은 피폭량이 높아 반년 뒤 다른 지역으로 갔다. 떠난 직원들의 자리는 후쿠시마 제1원전의 구조나 현장을 잘 모르는 사람들이 채웠다. 시간이 지나면서 직원과 작업자 간의 단단하던 결속력도 점차 약해졌다.

무리한 공정이 미치는 악영향

후쿠시마 제1원전은 바다에서 가깝고 장마철이나 여름에는 아침 안개가 잦다. 안개가 짙은 날은 우유 속에 있는 듯 새하얘 앞이 잘 보이지 않기 때문에 작업을 멈춰야 했다. 또 하마도리는 겨울바람이 특히 강하다. 탱크 증설이나 원자로 상부 작업은 강풍이 불면 할 수 없다. 비가 오거나 번개 치는 날은 용접 작업이 불가하다. 더욱이 오염수 누수가 잇따른 8월 무렵부터는 탱크 설치로 정신없이 바빴다.

히로노마치에서 원청 기업인 대형 건설 회사의 임원을 만났다. 그는 후쿠시마 제1원전의 공정이 날씨를 고려하지 않고 무리하게 진행된다고 전했다. "하루라도 빨리 괜찮아졌다고 만방에 피력하고 싶겠지만, 현장 상황을 고려하지 않는 공정으로 '빨리빨리' 압박하면 사고 발생 우려가 높아집니다. 명절 연휴에도 작업자를 보내달라고 해 몇 사람을 파견했습니다." 그런 작업이라도 있어 조금이나마 일이 안정될 것이라 기대했으나 실상은 그렇지 않았다. 이 임원은 "경쟁 입찰로 도쿄전력이 입찰가를 너무 많이 낮추는 바람에 원청도 곤란하다. 빠듯하게 맞춰 입찰 금액을 제출해도 거기서 더 깎는다. 계약을 해도 공사 금액을 제대로 받을 수 있을지 확신할 수가 없다. 하청 업체에도 그 영향이 간다. 앞으로 도산하는 기업이 늘어날 것"이라며 부정적으로 예상했다.

과도한 비용 삭감에 도쿄전력 내에서도 의문이 제기되고 있다. 현장을 잘 아는 직원은 "원전 일을 해온 기업이 아니어도 참여할 수 있는 일이 분명 있다. 비용 절감은 필요하다. 하지만 무조건 삭감하면 안전까지 삭감돼 사고가 난다"고 걱정했다. 후쿠시마 제1원전의 도쿄전력 직원들이 정부와 현장 사이에 끼었다는 이야기도 나왔다. 이 직원은 "정부는 동토차수벽 등에 막대한 돈을 투입하겠다면서 갖가지 참견을 한다. 이대로라면 현장이 고통을 받는다. 차라리 정부 주도로 일하는 편이 나을 것"이라며 질렸다는 표정을 지었다.

탱크의 오염수 대량 누수, 먼바다로

8월 19일, 바다 쪽 구역 플랜지 탱크들을 둘러싸는 제방의 배수 밸브에서 누수가 발견됐다. 해당 탱크는 세슘을 제거한 오염수 저장 탱크였다. 그러나 새어 나온 물 표면에서는 시간당 100mSv가 넘는 방사선량이 측정됐다. 지금까지 후쿠시마 제1원전에서 측정된 방사량은 세슘 등에서 주로 방출하는 감마선이었다. 감마선은 납이나 철로 만든 판으로 어느 정도 차단할 수 있으나, 종이나 알루미늄 등 얇은 금속은 투과한다.

이번에 문제가 된 것은 고농도 스트론튬으로, 이는 감마선이 아니라 베타선이다. 베타선은 얇은 금속으로 방어할 수 있고 거리를 두면 방사선량이 내려가지만, 직접 접촉하거나 체내로 들어가면 열상이나 백내장, 내부 피폭 등으로 이어진다. 내부 피폭은 투과력이 낮은 방사선이라도 심각한 결과를 초래하기 때문에 작업 때 오염수를 만지지 않도록 주의할 필요가 있었다.

이튿날에는 1,000t짜리 플랜지 탱크 한 곳에서 고농도 오염수가 300t가량 샜다는 사실이 밝혀졌다. 탱크 구간은 오염수가 누수됐을 때 밖으로 빠져나오지 않도록 제방을 둘렀지만, 도쿄전력은 "빗물이 고이면 오염수 누수를 발견하기 어렵다"며 배수 밸브를 열어놓은 터였다. 새어 나온 오염수는 부근 배수구를 통해 먼바다로 유출된 것

으로 보인다. 주변 지하수도 오염이 확인됐다. 원자력 규제 위원회는
이 사고를 국제 사고 기준 7단계 중 3단계, '중대한 이상 상황'으로
규정했다. 오염된 주변 토양은 제거됐고 누수된 탱크도 해체됐다. 다
른 플랜지 탱크의 바닥과 측면의 강판 이음새에서도 잇달아 누수 흔
적이 발견됐다.

피폭 무서워 원전에서 일 못 한다

오염수 회수는 주로 수작업으로 이뤄졌다. 오염수가 고인 제방으로
들어가 고무 물갈퀴가 달린 가정용 플라스틱 쓰레받기로 떠 양동이에
담는 식이었다. 베타선 선량이 높아 한 조가 30분 단위로 교대했다.

큰비나 태풍이 올 때마다 현장에서는 탱크 구역을 에워싼 제방에
서 오염수가 넘치지 않도록 하느라 악전고투가 벌어졌다. 태풍 18호
가 상륙한 9월 16일 밤, 40대의 베테랑 작업자로부터 전화가 왔다.
"죄다 물에 잠겨서 빗물인지 오염수인지 알 수가 없더라고요. 태풍
이 오기 전에 물을 빼뒀어야 하는데." 바람은 강하지 않았으나 세찬
빗줄기가 지면에 닿으면서 침수됐다고 한다. 제방 안쪽에는 지난주
에 내린 빗물이 고여 있었는데 여기에 큰비가 더 퍼부은 것이다. 탱
크 속 물에는 스트론튬 등 고농도 방사성 물질이 포함되어 있다. 만
약 이 물이 빗물과 섞이면 전부 오염수가 된다. 그 물에 닿으면 피폭
된다. 실제로 이때 제방 11개 안에서 방출 불가능한 고농도의 오염
이 확인됐다.

후쿠시마 제1원전을 떠난 작업자들에게 원전에서 유출된 오염

수 회수 작업과 탱크 누수를 관찰할 순찰 인원을 급하게 모집하고 있었다. 사람이 없어 도쿄전력 사무직까지 순찰에 나서고 있다.

1년 전 다니던 회사가 후쿠시마 제1원전 일을 수주하지 못해 해고된 하루토 씨에게도 제안이 왔다. 하루토 씨는 "현장에서 쫓아내더니 사람이 부족하다고 다시 오라니…. 어머니는 말씀은 안 하셔도 내심 반대하실 것이다. 지인들도 모두 가지 말라고 한다. 하지만 일할 사람이 필요하다고 하니…"라며 복잡한 심경을 털어놓았다.

어느 날, 전화가 연결되자마자 한 작업자가 격앙된 목소리로 말했다. "상급 회사에서 인원 보충을 재촉하는데 지금 사람을 구할 수가 없습니다. 이렇게 된 데에는 당신들 매스컴 탓도 있습니다. 베타선과 감마선을 뒤죽박죽으로 만들어 1,800mSv니 뭐니 보도해버리니, 모두 무서워서 오지 않는 겁니다. 지금 일하는 작업자도 가족들이 가지 말라고 하거나 당장 집으로 돌아오라고 한다고요." 탱크에서 오염수가 대량 누수된 직후에는 누수된 오염수의 베타선 수치가 높다는 뉴스가 쏟아졌고, 지금까지 전해온 감마선에 관한 설명과 함께 혼란스러운 보도가 넘쳐난 것이 사실이다. 가족이 지방에서 올라와 작업자를 데리고 돌아가는 소동까지 벌어졌다. 이를 지켜본 작업자는 "가족이 데려간 사람이 내가 본 것만 5~6명이다. 어제도 젊은 친구가 가족과 함께 돌아갔다"며 노발대발했다. 전화기 너머로 들려오는 작업자의 성난 목소리를 나는 위축된 채로 듣고 있었다. 위험수당이나 일당이 깎이고, 현장에서는 인력난으로 여간 고생이 아니었다. 여기에 언론의 잘못된 정보까지 가세하고 말았다.

2020년 올림픽은 도쿄에서

2013년 9월 7일(일본 시간으로 8일), 국제 올림픽 위원회 총회에서 2020년 하계 올림픽 개최지로 도쿄가 호명됐다. 결정 직전 프레젠테이션에서 아베 총리는 후쿠시마 제1원전의 오염수 문제에 대해 "결론부터 말하면 전혀 문제없다", "모든 상황을 통제하고 있다", "오염수의 영향은 후쿠시마 제1원전 전용 항만 내 0.3km² 범위 내로 완벽하게 차단하고 있다"고 어필했다. 나아가 건강에 미치는 영향도 "문제없다"고 단언했다. 마침 당직이던 나는 도쿄 본사에서 텔레비전 중계를 지켜봤는데, 총리의 발언에 귀를 의심할 지경이었다. 무슨 근거에서 나온 말일까?

총리의 당황스러운 연설을 들으며 컴퓨터 앞에 앉았다. 후쿠시마 제1원전 현장의 실제 상황과 모순점을 써야만 했다. 나중에 한 작업자는 아베 총리의 발언을 '제2의 사고 수습 선언'이라고 표현했다. 그만큼 현장 상황과 동떨어진 발언이었다. 이후 현장은 이 말에 앞뒤를 맞추느라 또다시 크게 휘둘린다.

아베 총리의 발언 이후, 9월 9일에 도쿄전력의 이마이즈미 노리유키今泉典之 원자력 입지 본부 본부장 대리가 기자회견에서 후쿠시마 제1원전 전용 항만의 해수는 '실트 펜스silt fence'라는 해수 오염 확산 방지용 차단막을 쳤지만 완전 봉쇄는 아니어서, 매일 절반가량 섞이고 있다고, 즉 방사성 물질 유출을 완전히 막지 못한다고 설명했다. 아베 총리의 발언에 대해서는 "해양에 미치는 영향이 적다는 점에 대해서는 (총리와) 비슷한 인식"이라고 구차한 답변을 내놨다.

9월 13일 민주당 회합에서는 도쿄전력의 야마시타 가즈히코^{山下}和彦 연구원이 총리의 발언을 전면 부정했다. 그러나 스가 요시히데^{菅義偉} 관방장관은 같은 날 기자회견에서 "(야마시타 씨의 발언은) 탱크에서 오염수 누수 등 개별적인 일들이 일어나고 있다는 말이다. 방사성 물질의 영향은 발전소의 항만 내에서만 나타난다"고 강조했고 도쿄전력도 같은 의견을 내놓았다.

도쿄 올림픽 결정에 작업자들의 반응은 복잡했다. "현장은 오염수 누수 문제로 어수선하기 짝이 없는데 총리는 '문제없다'고 세계에 떠벌렸다. 정말 위험한 사태가 벌어져도 감추지 않을지", "작업 공정을 올림픽에 맞추는 건 아닌지", "올림픽 기간에는 위험한 작업이 뒤로 밀리거나 중단하는 게 아닌지" 등등 불안감 섞인 의문이 쏟아졌다.

올림픽 유치 프레젠테이션에서 해설자인 다키강 크리스텔^{瀧川ク}リステル이 일본의 손님맞이를 설명하면서 '손·님·을·환·대'라고 천천히 끊어 발음한 것이 유행하면서 그해의 유행어 대상 후보에 올랐다. 피난 생활을 하는 료 씨를 이와키에서 만났다. 올림픽 이야기가 나오자 그의 표정이 어두워졌다. "아이들이 '손·님·을·환·대'라며 흉내 내는 것을 보고 큰소리로 나무라고 말했습니다. 해외에는 '환대'라는 말로 설득한 것 같은데, 지금 일본이 그럴 만한 상황입니까? 후쿠시마는 도쿄에서 250km나 떨어져 있다고 어필하지만…. 도쿄에서 사용하는 전기를 후쿠시마에서 만드는데도 후쿠시마는 버려진 느낌입니다." 그가 분노를 드러냈다.

도쿄 지검, 도쿄전력 임원 및 정부 관계자 42명 불기소 방침

도쿄 올림픽 개최가 결정된 이튿날인 9월 9일, 도쿄 지검은 업무상 과실 치사 혐의 등으로 고소·고발된 당시 도쿄전력 임원과 정부 관계자 42명 전원을 "대형 쓰나미를 구체적으로 예측 가능하다고 할 수 없어 형사 책임을 묻는 것은 곤란하다"며 불기소하기로 했다. 2년 반이 지났건만 누구도 원전 사고의 책임을 지지 않았다. 아니, 원전 사고 발생 후 8년 이상 지나 이 책을 집필하는 지금도 책임 소재조차 명확히 밝히지 못하고 있다. 9월 19일 아베 총리는 도쿄전력의 히로세 사장에게 원전 사고 후 폐로 결정한 1~4호기와 같은 구역에 있는 5·6호기에도 폐로를 요청했다. 히로세 사장은 "연내에 판단을 내리겠다"고 답했다. 도쿄전력은 원자력 규제 위원회에 가시와자키 가리와 원전 6·7호기의 재가동 심사를 신청했다.

사고 당시와 달라진 게 없다

2013년 10월 24일, 해피 씨(가명)

후쿠시마 제1원전 사고 직후부터 현장의 실제 상황을 알리고 싶어 트위터에 글을 올려왔다. 이렇게 올린 글이 책이 되다니. 책으로 정리하면서 지난 2년 반을 돌아보고 깜짝 놀랐다. 지금도 원전 사고 직후와 달라진 것이 전혀 없다. 대책 없이 되는 대로, 무슨 일이 발생하면 그때야 대응하는 뒷북 상태가 계속되는 중이다.

사고 발생 3개월 뒤 고농도 오염수를 처리하고 냉각수를 순환하는 시스템이 마련됐으나 그 이후 진척은 없는 듯하다. 장비와 인원을 단기간에 집중 투입하는 강행 공사가 이어졌고, 탱크와 배관 외 설비 대부분이 "1년만 버티면 된다"면서 유지 관리를 고려하지 않고 만들어지고 있다. 가설 배관이나 탱크의 누수 발생은 뻔히 예측된 일이다. 더 늦기 전에 빨리 오랫동안 사용할 수 있는 것으로 교체해가야 한다.

이런 초대형 사고에도 비용 삭감이 우선이고 필수 공사가 반려되면서 설비 품질도 낮아졌다. 피폭량 문제나 고용 조건 악화로 기술자나 베테랑 작업자가 현장을 떠나고 트위터에 올렸던 우려들이 줄줄이 현실이 되고 있다. 일개 작업자가 알아채는 일을 도쿄전력이 모를 리 없다. 2년 반 동안 문제를 방치한 결과가 지금의 상태다. 지금과 같은 방식으로 문제를 해결하려 한다면 상황은 바뀌지 않을 것이다.

지금도 고향으로 돌아가지 못하고 고통스러워하는 사람들이 많다. 오랫동안 원전에서 일해온 사람으로서 사고에 책임을 느낀다. 앞으로 얼마나 현장에서 일할지 모르겠지만, 최대한 오래 사고 수습 작업에 참여하고 싶다. 현장에서는 지금도 작업자들이 필사적으로 일하고 있다. 사고의 교훈을 퇴색시키지 않기 위해, 두 번 다시 잘못을 되풀이하지 않기 위해서라도 현장에서 무슨 일이 일어나는지 알리고 싶다.

하나둘 사라지는 인재의 증거들

해피 씨는 사고 발생 후 지금껏 현장 검증이 이뤄지지 않는 상황을 우려하고 있었다.

"3호기도, 4호기도 폐로 작업이 진행 중이지만 사고 당시 상황을 알려주는 물적 증거는 점점 사라지고 있습니다. 원전 사고 검증에 필요한 사진이나 데이터를 수집하면서 작업해야 하는데." 이대로 방치하면 사고 발생 원인을 검증할 수 없다는 것이다.

강행 공사의 부작용도 해피 씨의 걱정 중 하나였다. "장기적인 계획 없이 되는 대로 해왔어요. 이젠 비좁은 곳까지 탱크가 들어찼습니다. 1,000t급 탱크를 계속 만들려면 침하하지 않도록 지반을 다져야 하는데 그냥 세우기도 합니다. 지반이 내려앉자 허겁지겁 3~5m 정도 땅을 파 흙을 교체하고 석탄을 섞어 콘크리트 기초를 만드는 곳도 있어요. 진도 6 이상 지진이 발생해 탱크가 무너지면…. 탱크는 내진을 전혀 고려하지 않고 있습니다."

앞으로 계획을 묻자 그가 조용히 답했다. "여기서 나고 자란 사람들이 고향으로 돌아오지 못하는 모습에 원자력과 관련된 일을 해온 사람으로서 조금이나마 책임감을 느낍니다. 언젠가 병에 걸린다 하더라도 자업자득이겠지요. 지금은 사고를 수습해야 한다는 생각만 가득합니다. 원전을 추진할지, 탈원전으로 나아갈지 고민할 틈이 없어요."

이와키에 땅을 사다

원전 사고 후 피난민이 몰려들자 이와키의 땅값이 크게 올랐다. 3배 가까이 오른 곳도 있었다. 신축 아파트나 호텔, 피난민의 집이 들어서면서 매물도 없어졌다. 료 씨는 인생 최대의 결단을 내렸다. 1개월 반 만에 이와키에서 만났을 때 갑자기 이렇게 말했다. "좋은 땅이 나왔기에 사기로 했습니다." 료 씨는 만날 때마다 "임대한 집이 더러워지지 않도록 신경을 많이 쓴다. 냄새가 뱰까 봐 절대 고기도 구워 먹지 않는다. 늘 거쳐가는 느낌이랄까. 우리 집이라는 생각이 들지 않아서 언젠가 내 집을 마련하고 싶다"고 서글퍼했다.

"정말 잘 찾았네요"라는 말이 튀어나왔다. 료 씨가 빙그레 웃었다. "아이들이 전학을 가지 않아도 되는 거리에 마침 좋은 땅이 나왔어요. 운이 좋았죠. 주말에 계약서를 쓰고 돈을 치를 거예요." 지금까지 그는 정부 보상금에 손을 대지 않고 아이들 몫으로 저축해뒀다.

집은 시간이 걸리더라도 제대로 짓고 싶다고 한다. 집터를 본 큰딸이 "내 이름 적은 문패도 달 수 있어요?"라고 물으며 뛸 듯이 기뻐했다고 한다.

그동안 억울함과 고통에 눈물을 보이던 료 씨가 이날은 안도의 눈물을 흘렸다. 이날, 료 씨는 두 번째 큰 결심을 들려줬다. "회사를 그만두기로 했습니다." 이미 들은 적 있으나 후쿠시마 제1원전에 대단히 진심이던 그였기에, 결국 남지 않을까 내심 생각하던 차였다.

"후쿠시마 제1원전에는 미래가 없어요. 피폭량이 상한을 채우면 단칼에 해고됩니다. 힘이 쭉 빠진달까. 바보가 된 기분이죠." 조금 쓸쓸해 보였다. 헤어지기 전 그는 혼잣말하듯 이렇게 말했다. "솔직히 말하자면, 원전 사고 직후처럼 모두 하나 되어 자부심과 열정으로 일하던 그때로 돌아가고 싶습니다."

걸핏하면 멈추는 ALPS

플랜지 탱크에서 오염수 300t 유출이 발견된 8월 19일 이후, 탱크를 에워싼 보의 배수 밸브는 잠그도록 조치했으나 이번에는 태풍과 큰비로 봇물이 넘칠 위기에 봉착했다.

큰비가 오기 전 원전을 순찰해 보에 고인 물을 탱크로 옮겨 검사한 뒤 고농도 오염수는 다른 탱크로 옮기고, 기준치 이하면 지면으로 배수하는 것이 원칙이었다. 그러나 갑작스레 비가 올 경우에는 보 안쪽 물을 직접 검사해 기준치 이하면 그대로 지면으로 배출한다.

담당자들은 큰비가 올 때마다 언제든 출동할 수 있도록 '대기' 상태였다. 주말에 담당 작업자에게 전화를 하면 "오늘도 대기입니다. 아무 일 없으면 집에 있고 싶은데"라고 피곤을 무릅쓰고 밝은 목소리로 답했다. 폭우가 쏟아지면 빗물인지 오염수인지도 모른 채 방호복에 판초 하나만 입고 고군분투했다. 9월에 덮친 태풍 18호는 간신히 이겨냈지만, 보 높이가 30cm밖에 되지 않아 오염도를 확인하는 사이 순식간에 물이 불었다. 이송 펌프의 능력에도 한계가 있었다. 큰비가 올 때마다 도쿄전력에서 봇물 유출을 알리는 메일이 빈번하게 왔다.

오염수 누수는 계속됐다. 보 안쪽 빗물을 옮기는 배관이 소형 탱크로 잘못 연결돼 오염수 4t이 흘러나왔다. 탱크에 물을 가득 채우려다 고농도 오염수가 넘치는 일도 있었다. 이미 탱크 대부분이 95% 이상 찬 상황이었다. 결국 사용하지 않기로 한 지하 저수조 가운데 새지 않는 것을 추려야 했다.

300t 누수는 탱크 바닥 이음새의 누수 방지재가 벗겨져 발생했

을 가능성이 높은 것으로 나타났다. 바닥 판에 있는 볼트 여러 개가 느슨해지고 측면에서도 녹이 발견됐다. 급조된 플랜지 탱크 313개의 볼트를 죄고 이음새를 보강했다. 수위계 설치, 탱크의 천장 물받이와 지붕 설치 작업도 이어졌다. 보 높이를 30cm에서 1m 전후로 높이는 공사도 진행됐다.

오염수 정화도 제대로 되지 않았다. 3월에 가까스로 시운전한 새로운 정화 장치 ALPS는 수시로 멈췄다. 그런 가운데 아베 총리는 후쿠시마 제1원전을 시찰한 후 도쿄전력에 "기한을 확실히 정해 오염수를 정화할 것"을 요청했다. 히로세 사장은 2014년 내에 오염수를 전부 정화하겠다고 발표했다. 발표를 보고 도쿄전력 직원에게 전화를 걸었다. "절대 무리입니다. 그럼에도 약속을 한 이상 기한을 지켜야겠죠. 현장에는 엄청난 압박으로 작용할 겁니다." 깊은 한숨과 함께 터져 나온 그의 우려는 이후 현실로 나타났다.

오염수 처리 작업을 재촉하는 가운데 단순 실수가 이어졌다. 10월 1일, 이송 호스가 소형 탱크에 연결된 줄 모르고 펌프를 가동하다가 오염된 빗물 5t이 넘쳐흘렀다. 10월 9일에는 세슘을 제거한 뒤 염분을 제거하는 담수화 장치에서 관을 잘못 빼 고농도 스트론튬을 포함한 물 7t이 유출됐고 작업자 6명이 오염수를 뒤집어썼다. 오염수 처리 작업에 투입된 작업자는 "'국가의 명령이니 서두르라'는 지시가 내려왔다", "매일 장시간 노동으로 피로가 극에 달했다"고 힘 빠진 목소리로 상황을 전했다.

정부의 "빨리빨리" 압박, 10시간이 넘는 불법 노동

"조례에서 주임 감독이 '(작업 시간이) 10시간이 넘을 것 같으면 선량계를 교체하고 와라. 몇 번을 교체해도 상관없다'고 합니다. 불법도 정도가 있지. 엄청난 말을 내뱉고 있어요." 이와키에서 만난 작업자가 만나자마자 말을 쏟아냈다. 원전 등 피폭의 위험이 있는 현장은 하루 노동 시간이 잔업을 포함해 10시간 이내로 법으로 정해져 있다. 선량계에는 피폭량 외에 작업 시간도 기록되며, 작업이 10시간을 넘기지 않도록 9시간 반에 맞춰 알람이 설정되어 있다. 그런데 현장 조례에서는 원전 내 작업 7~8시간이 지나면 기존 선량계를 반납하고 다시 받으라고 지시했다. 검사에서 걸리지 않도록 편법을 쓰는 것이다.

당시 다른 작업자들로부터 선량계를 반납할 때 9시간 반이 넘어 알람이 울리는 작업자를 자주 본다는 이야기를 들었다. 조례에서 선량계 교체 지시를 받은 한 작업자는 "그런 말은 들었지만 실제로 있는지는 잘 모르겠다"며 입을 다물었다. 이후 나는 선량계를 바꿔 작업을 이어가는 작업자를 찾아나섰다.

다른 작업자도 상사로부터 "선량계를 교체하면 (시간이) 0이 되니까"라는 이야기를 들었다며 "진짜 너무하다"고 얼굴을 잔뜩 찌푸렸다. 도쿄전력이 공표한 공정에 맞추기 위해 몇몇 현장에서 '10시간 이상 작업'하고 있을 가능성이 있었다. 한 작업자는 8시간 작업을 하고 돌아오니 상급 회사의 관계자에게서 "잔업으로 작업 하나 더 해달라"고 요청받았다고 한다. 잔업을 거절한 작업자도 있었지만 몇몇은 다른 선량계를 빌려 현장으로 돌아갔다. 또 회사 사무실에서 상사가 근무표를 쓰면서 "이날 선량계를 두 번 빌려간 사람이 누구지?"
라고 확인하며 근무 시간을 조작한다고 전한 사람도 있었다.

"실수가 계속 발생할 수밖에 없어요. 이대로 무리한 공정에 맞춰
현장을 다그치면 언젠가 큰 사고로 이어질 겁니다." 베테랑 작업자의
말이 머지않은 미래의 일처럼 머릿속을 울렸다.

원전 사고 전과 후 달라진 선량계 설정 의혹

10월 11일,《도쿄신문》은 조간 1면을 할애해 선량계를 교체하는 편
법으로 10시간 이상 작업을 강요하는 실태를 고발했다. 원청 기업
인 도시바도, 1차 하청 기업인 도시바 플랜트 시스템도 사실을 부인
했다. 12월 들어 후쿠시마현 도미오카 노동 기준 감독소가 노동 기
준법 위반으로 도시바와 하청 업체 총 18개사에 시정 권고를 내렸
다. 도시바와 도시바 플랜트 시스템은 "(작업) 시간을 속이려는 것은
아니었다. 원전 내 휴게소에서의 협의나 대기 시간도 노동 시간에 포
함된다는 사실을 정부에 확인한 뒤 개선했다"고 해명했다. 그러나 7
월부터 3개월 동안 10시간 이상 근무한 작업자가 최대 100명이 넘
는다는 사실이 취재 과정에서 드러났다. 그럼에도 노동 기준 감독소
는 도시바의 하청 업체 관리 책임을 묻지 않았다. 법률상 작업자의 노
무 관리 책임은 개별 업체에 있기 때문이다. 그러나 상급 회사가 작업
일정을 압박하면 하청 업체는 거절하기가 쉽지 않다. 하청 업체에 노
무 관리의 책임을 전가하면 노동자가 보호받을 수 있을까? 모든 작업
자의 노동 시간은 도쿄전력이 선량계 데이터로 전산 관리하고 있다.

검증하면 얼마든지 가능하다.

　취재를 하면서 원전 사고 후 선량계의 설정이 바뀌었다는 것도 알게 됐다. 사고 전에는 날짜를 기준으로 계산해 선량계를 다시 빌려도 노동 시간을 누적 합산했으며, 9시간 반이 되면 알람이 울렸다. 그러나 사고 후에는 일단 원전 밖으로 나갔다가 선량계를 다시 빌리면 시간이 0이 되도록 바뀌었다. 다시 말해, 작업자가 선량계 데이터 두 개를 더하지 않으면 실제 원전 안에서 보낸 시간을 알 수가 없다. 담당자를 취재한 결과, "사고 후에는 원전 거의 모든 곳의 방사선량이 높아져 선량계를 지참한 채 점심을 먹거나 휴식을 취하게 했다. 이는 노동 시간이 아닌데도 계산에 포함되므로 관리 차원에서 설정을 바꿨다"고 설명했다. 그러나 원전 사고 직후에는 작업 환경이 정비되지 않아 휴게소에서도 피폭은 일어났다. 노동자의 안전을 지키려는 법의 요지를 고려하면 휴식 시간이나 대기 시간도 노동 시간에 포함해야 한다.

　나중에 작업자의 연락을 받았다. "보도가 나온 뒤 공정, 공사 기간을 서두르는 분위기가 사라져 한숨 돌리고 있다"는 말에 조금은 안심이 됐다. 조례에서 선량계 교체를 지시했던 상사가 기사를 보고 "뭐야, 내가 한 말이 그대로 나왔잖아"라며 크게 웃어넘겼다면서 작업자도 웃었다. 그러나 이듬해인 2014년에도 다른 원청 기업에서 유사한 실태가 발각됐다.

비전문가 감독, 현장의 악순환

"이대로는 4~5년도 못 갑니다." 나오야 씨가 원전 사고 후 자신의 연도별 피폭량을 확인하면서 불만을 토했다. 늘 그랬듯 이와키 역에서 좀 떨어진 술집에서 나오야 씨와 마주 앉았다. 원전 사고 후 첫 해 작업자들의 피폭량은 누구랄 것 없이 높아져 '5년 한도 100mSv'라는 상한과의 사투가 갈수록 심해지고 있었다. 누적 피폭량이 쌓여 현장을 잘 아는 베테랑 작업자나 기술자가 잇달아 떠나는데, 4년째가 되는 2014년 4월 이후에는 더 심각해질 것이라며 미간을 찌푸렸다. "지금 우리 작업에서 핵심 멤버가 이제 5명 정도밖에 남지 않았습니다. 나를 포함해 4명이 이미 피폭량이 아슬아슬해요. 모두 떠나면 현장이 제대로 돌아가지 않을 텐데, 대신할 사람이 있다면 이미 와서 일하고 있겠죠." 나오야 씨의 얼굴이 발그레했다. 여름 이후 나오야 씨가 알게 된 것이 있었다. 후생노동성의 지휘 아래 도쿄전력이 원전 사고 발생 직후의 내부 피폭량을 재평가를 하고 있다는 것이었다. "어쩌면 한 번에 아웃될지도 몰라요." 나오야 씨는 재평가에서 피폭량이 높아져 일할 수 없게 되지 않을까 싶어 불안해했다.

이와키에서 만난 해양 오염수 작업자에게도 이야기를 들었다. "피폭량 문제로 떠난 베테랑 현직 감독 대신 젊은 감독이 왔는데, 이건 정말 낫 놓고 기역 자도 모르니. 작업이 전혀 안 되고 있습니다." 젊은 감독은 돌발 상황이 닥치면 곧장 사무실에서 대기 중인 베테랑 감독에게 전화를 건다고 한다. "그가 전화를 걸면 주변 작업자 모두 '또야?' 하고 한숨을 쉽니다." 그가 통화하는 10~15분 동안 작업자들은 일을 중단하고 그나마 방사선량이 낮은 곳으로 몸을 피한다.

연장 이름도 제대로 모르는 초보 작업자가 점점 늘어난다는 점도 문제다. 작업 시간이 길어져 피로가 쌓이고 실수도 자주 발생한다. 계속 작업자가 교체되면서 작업자를 '쓰고 버리는 일회용'으로 여기는 현장에 사람이 다시 오지 않는다. 악순환이었다.

국회에서도 후쿠시마 제1원전에서 일하려는 사람이 없다는 문제가 제기됐다. 도쿄전력은 지금까지 작업자가 "충분하다"고 해왔으나, 히로세 사장은 10월 말, 원자력 규제 위원회의 다나카 카슌이치田中俊一 위원장과의 면담 중에 "작업자 확보에 큰 어려움을 겪고 있다"고 인정했다. 그리고 11월 들어 히로세 사장은 후쿠시마 제1원전 작업자의 일당을 1만 엔 인상해 원청 기업에 지급하겠다고 발표했다. 도쿄전력의 설명으로는 위험 수당 1만 엔에 1만 엔을 추가 지급한다는 것이었다. 정부 직할인 피난 지시 구역의 오염 제거 작업과 다른 점은, 오염 제거 작업에서는 정부가 작업자에게 위험 수당 1만 엔을 지급하지만 도쿄전력은 어디까지나 인건비로 원청 기업에 지급한다는 것이었다. 작업자들은 "말단인 우리에게 1만 엔이 고스란히 올 리 없다", "회사에서 챙기는 돈이 늘 뿐"이라며 냉소했다.

한편 11월 26일 중의원 본회의에서 정부의 안전 보장에 지장을 초래할 특정 비밀을 지정하고 누설 단속하는 '특정 비밀 보호법안'이 가결됐다. 이미 엄격한 함구령이 있었는데 취재에 협조하는 사람이 더 줄어드는 것은 아닌지…. 작업자들은 "우리가 나쁜 일을 하는 것도 아닌데요, 뭐. 핵 기밀을 발설하는 것도 아니고. 가족 얘기나 얼

마나 열심히 일하는지 말하는 것뿐이니까"라며 시원시원하게 답해
줬다.

사고 수습 선언 이후 무료 암 검진 차등 대우

12월 16일, 일본 정부가 원전 사고 수습을 선언한 지 2년이 지났다.
그 사이 작업자의 처우는 악화일로였다. 사고 수습 선언 이후 원전에
서 일하기 시작한 작업자나 일정 기간 내에 피폭량 기준치에 도달하
지 않은 작업자의 검진 비용은 자기 부담이 됐다. 후쿠시마 제1원전
을 떠나 도쿄의 건설 현장에서 일하는 작업자를 도쿄 역 근처에서 만
났다. 이 작업자는 암 검진을 무료로 받았지만 같은 현장에서 일한
동료는 대상에서 제외됐다고 한다. 해당 동료도 함께 자리에 나와줬
다. 그는 사고 수습 선언 1개월 뒤 건물 주변 잔해 제거 작업에 투입
돼 8개월 만에 50mSv를 초과하는 피폭을 당했다. 그러나 사고 수습
선언 이전부터 일하지 않았다는 이유로 암 검진 비용 3~4만 엔을 내
야 했다. "처우가 다르다는 사실에 깜짝 놀랐죠. 앞으로도 방사선량
이 높은 곳에서 해야 하는 작업이 많습니다. 이렇게 선 긋지 말고 모
두 같은 혜택을 주면 좋겠습니다." 너무나도 절실한 호소였다.

사고 수습 선언 이전에 정부는 작업자 전원을 '긴급 작업 종사
자'로 등록해 건강 상태를 추적하고 일정 피폭량을 초과하면 평생
무료로 검진을 받게 했다. 후생노동성은 "사고 수습 선언 전에는 원
자로가 불안정해 긴급 작업으로 진행됐다. 작업자의 불안감이 커 장
기적인 건강 관리가 필요한 상황이었다. 이제는 긴급 작업이 해제돼

일반 원전과 동일하게 처우하게 됐다"고 설명했다. 정부는 제도에 따라 원전 사고 후 일정 기간 내 50mSv 이상 피폭된 작업자는 백내장 검사, 100mSv 초과 작업자는 갑상선암·위암·대장암 등의 검사 비용을 정부나 고용 기업이 부담해주었다. 도쿄전력은 50mSv 초과 피폭을 입으면 갑상선암·위암·폐암·대장암 검진 비용을, 100mSv 초과인 경우에는 경부 초음파 검진 비용을 지원했다. 그러나 '긴급 작업' 기간에 종사한 작업자가 아니면 그 어느 쪽도 대상이 될 수 없었다.

"언제까지 오염수가 새는 거야?"

2013년 12월 30일, 원전 기술자 나카 씨(72세)

원전 사고 후 직원과 함께 임시 주택에 화분을 가지고 갔다. 정원이나 텃밭을 가꾸지 못하던 터라 모두 매우 기뻐했다. 꽃을 뽑아버리고 채소를 심은 사람도 있었지만.

후쿠시마 제1원전을 잘 아는 사람은 도쿄 올림픽 유치 프레젠테이션에서 화제가 된 "손님 환대"나 "상황은 통제되고 있다"는 말을 "보여주기", "정보는 통제되고 있다"로 바꿔 말한다. 이제는 임시 주택촌 할아버지·할머니도 "이건 보여주기용이지?"라든가 "여전히 정보는 통제되고 있나?"라고 한다. "언제까지 오염수가 새는 거야?"라는 질문에 잘 모르겠다고 하면 "내 기저귀라도 빌려줄까?"라고도 한다. 갈 때마다 "언제 수습 작업이 끝나는 거냐"는 질문을 받는데, 요즘은 묻지도 않는다. 오염수 외에도 문제는 산적하다. 사고가 발생한 지 2년 9개월. 폐로 작업은 아직 시작조차 못 하고 있다.

떠나는 피난민, 남겨진 이들

도호쿠 엔터프라이즈의 나카 회장이 오랜만에 이와키의 요코다이로 이전한 회사에 방문했다. 커다란 유리창으로 회사 앞 공원이 보인다. 공원에 나온 가족에게 나카 씨는 "오염 제거가 끝난 다음 나오는 것이 좋겠다"라고 말해주곤 했다. 도호쿠 엔터프라이즈의 직원은 사고 전부터 후쿠시마 제1원전 작업에 참여해 사고 당시에도, 그 이후에도 목숨을 걸고 일해왔다. 나카 씨는 원전 사고 후 직원과 함께 임시 주택을 방문해 정원을 잃어버린 피난민들이 조금이나마 기운을 내기를 바라는 마음에 화분을 나눠줬다. 나카 씨 본인도 노후를 보낼 생각으로 막 새로 지었던 집을 떠나온 피난민이었다. 바닷가 고지대에 있는 그의 집에서는 후쿠시마 제2원전이 보였다.

도쿄 올림픽이 화제에 오르자 나카 씨는 임시 주택촌 노인들의 재미있는 이야기를 들려줬다. 일본 정부의 태도를 보고 그곳 사람들도 "손님 환대"는 "보여주기"로, "상황은 통제되고 있다"는 "정보는 통제되고 있다"라며 비웃는다고 한다. 그 호방함에 고개가 절로 숙여졌다. 전면 유리로 된 밝은 사무실의 커다란 테이블에서 나카 씨와 오랜만에 크게 웃었다. 후쿠시마를 취재하면서 웃어본 일이 있던가 하는 생각에 정신이 번쩍 들었다.

그가 들려준 임시 주택 이야기는 이후 아픈 이야기로 바뀌고 만다. 임시 주택에서 피난민 가족이 하나둘 떠나면서 남은 고령자들은 나카 씨 일행이 가도 이야기를 나누러 나오지 않게 됐다. 모임이나 행사도 줄어들었다. 다른 임시 주택들도 피난민 가족이 줄어듦에 따라 교류가 줄고, 마음의 문을 닫은 남은 피난민들이 은둔형 외톨이가 되어갔다. 이러한 이야기를 들을 때마다 나카 씨와 임시 주택 사람들 이야기를 나누며 크게 웃었던 시간이 떠오른다.

2014년

잊혀진 사람들

도쿄는 그 사고를 다 잊은 걸까

2014년 2월 1일, 히로 씨(35세, 가명)

피폭량이 상한에 가까워 도쿄로 돌아왔다. 이곳에서는 강렬한 위화감이 느껴진다. 원전 사고 직후의 절전은 모두 잊었는지 밤마다 네온사인이 빛나고 있었다. 후쿠시마에 대한 기사도 거의 없다. 가정에서도 직장에서도 후쿠시마 이야기는 화제에 오르지 않는다.

사고 전에는 원전에서 일해본 적이 없었다. 필사적으로 원자로 냉각 작업을 하는 사람들을 뉴스에서 보고 나도 뭔가 도움이 되고 싶었다. 휘어진 철골, 파편투성이인 원전. 사고 직후 그곳은 엉망진창이었다. 방사선량이 높은 곳이 산재하고 건물 가까이에서는 몇 분 간격으로 작업자를 나눠 인해 전술로 수습을 진행했다. 불안과 긴장으로 떨면서 작업하는 사람도 있었다. 작업을 마치고 원전을 벗어나면 갑자기 피곤이 몰려왔다.

왜 후쿠시마에 좀 더 관심을 보이지 않을까? 아내에게 현장 이야기를 해도 잘 전달되지 않아 애가 탔다. 걸핏하면 오염수가 유출되고 사고 수습과는 거리가 먼 후쿠시마 제1원전의 상황도 도쿄에서는 "그저 사건 하나"일 뿐이라는 느낌이 들었다.

후쿠시마에서는 전우 같은 동료가 생겼다. 현지 사람들과 따뜻한 교류도 있었다. 후쿠시마를 떠나도 원전이나 동료, 주민 생각이 머릿속을 떠나지 않았다. 어떻게든 수습하고 싶다. 현장으로 돌아가고 싶다.

일당 1만 엔 인상을 둘러싼 동상이몽

도쿄전력이 발표한 일당 '1만 엔 인상' 문제는 혼란 속에 있었다. 히로세 사장이 원청 기업에 2013년 12월 계약분부터 임금 인상분을 추가 지급하겠다고 약속한 지 2개월이 지났으나, 실제로 작업자의 일당에 반영되는지 알 수 없었다. 애초에 도쿄전력이 원청 기업에 기지급 중이라던 할증분(1인당 평균 1만 엔)조차 작업자는 받지 못하는 상황이었다.

고용자 측에게도 고민스러운 문제였다. 2013년 12월 이전에 계약한 공사에는 증액분이 없다. 작업에 따라 일당 차이가 크면 불만이 나올 것이다. 대형 플랜트 기업의 하청 업체에 다니는 남성 임원에게 사정을 물었다. "본래는 도쿄전력이 비용을 삭감한 계약 금액을 올려달라는 업체들의 요청에서 시작된 일이었습니다. 갑작스러운 도쿄전력 사장의 발표에 엄청난 소동이 일었습니다. 원청 기업도 혼란을 겪고 있어요. 처음부터 고선량 작업에 하루 2만 엔을 제대로 지급하는 원청 기업도 있습니다. 모두 일당을 올리지 않으면 '가로챘다'고 생각하니 곤혹스럽죠." 다른 하청 업체 사장은 "일률적으로 해야 하는데, 언제 얼마나 올려야 좋을지" 하며 머리를 싸맸다.

기업도 작업자도 "도쿄전력에서 직접 작업자에게 할증분을 지급하라"며 목소리를 높였다. 특히 이제껏 위험 수당을 받지 못한 하청 작업자들은 회사에 대한 불신을 강하게 드러냈다. 정부 직할의 오염 제거 작업처럼 도쿄전력에서 지급할 수는 없는가? 도쿄전력 담당자는 "원청 기업과 계약해 작업자와는 고용 관계가 아니니 불가하다"는 답변을 보내왔다. 하청 업체도, 작업자도 정말 일당이 1만 엔 오르는지 반신반의하고 있다.

뜸해지는 언론 보도

히로 씨와는 도쿄의 술집에서 처음 만났다. 마침 26호 태풍이 도심에 직격탄을 날린 2013년 10월 15일이었는데, 가게로 들어설 때도 가랑비가 내리고 있었다. 약속 시간에 맞춰 도착했으나 히로 씨가 이미 기다리고 있었다. 온화하고 정중한 말투로 후쿠시마 제1원전에 관한 전문적인 이야기를 알기 쉽게 설명해줬다. 영민한 사람이었다.

히로 씨는 수소 폭발한 원자로 건물을 텔레비전으로 보고 '일본이 소멸해버리는 것은 아닐까?'라는 생각이 진심으로 들었다고 한다. 뉴스에서 소방 구조대나 자위대도 현장으로 달려가 냉각 작업에 뛰어드는 모습을 보고 크게 동요해 돕고 싶다고 생각했다. 마침 회사에서 후쿠시마 제1원전에서 일할 기술자를 모집한다기에 망설임 없이 손을 들었다. 지금의 아내와는 아직 사귀던 사이였다. 후쿠시마로 간다는 말을 처음에는 농담으로 여기는 듯했는데, 히로 씨가 진심이라는 것을 알게 되자 "왜 당신이 가야 하느냐"며 울었다고 한다. 그는 "1~2주면 돌아온다"면서 애인을 달랬다. 회사에서도 현장 상황과 피폭 상황을 재차 설명했다. 이에 한 사람이 가지 않겠다고 물러섰고 나머지 지원자들과 함께 후쿠시마로 갔다.

히로 씨는 후쿠시마에 가기 전부터 장비에 익숙해지기 위해 혼자 연습했다. 후쿠시마 제1원전에서 사용하는 타이벡Tyvek을 사 한 달 전부터 히트텍 안에 껴입고 일회용 마스크와 고글을 쓴 채 건설 현장 일을 했다. 히로 씨의 동료들은 한결같이 그가 일처리 확실하고 틀림없는 사람임을 보증했다. "숙소에서도 계속 도면을 본다니까요." 자료를 보고 시뮬레이션해보고, 작업 전에는 곧바로 필요한 도구를 꺼낼 수 있도록 고민했다.

히로 씨가 평일에는 후쿠시마에서 일하고 주말에는 도쿄로 돌아오는 생활을 한 지도 2년 가까이 흘렀다. 그사이 결혼하고 아들이 태어났다.

쥐 때문에 정전이 돼 냉각 시스템이 멈췄을 때 히로 씨는 동료와 함께 면진중요동 게시판에서 원자로 내부 온도 상승 경과를 지켜보며 "이제 몇 분, 몇 초 뒤면 위험해진다"고 마른침을 삼켰다. 주말에 도쿄로 돌아와보면 아무 일도 없다는 듯 거리가 평화로웠다. 히로 씨는 도쿄가 평화로운 순간에도 후쿠시마에서는 작업이 계속되고 있다고 생각하면 마음이 편하지 않았다. 하지만 도쿄의 일상에서 후쿠시마가 화제에 오르는 일은 전혀 없었다. 언론 보도도 드물어 현장 작업자의 트위터나 인터넷에서 일부러 찾지 않으면 그곳의 상황을 알 수 없었다. 왜 아무도 관심을 갖지 않는 것일까? 모두 잊어버린 것일까? 이런 조바심은 부부 사이에도 미묘한 틈을 만들었다.

오염수가 대량 새어 나왔다는 뉴스를 보고 아내는 "당신이 지금저기 있지 않아 다행"이라고 말했다. 히로 씨는 자신을 걱정하는 말인 줄 알면서도 크게 위화감을 느꼈다. 그러다 보니 때로는 아내와 다투기도 했다.

도쿄에서 느끼는 위화감이 점점 커지면서 "후쿠시마로 가고 싶다. 일을 완수하고 싶다"는 히로 씨의 생각은 더욱 강렬해졌다.

작업자를 지키는 게 내 할 일이다

2014년 2월 7일, 겐지 씨(43세)

기온이 계속 내려가면서 추위가 한층 심해지고 있다. 아침에는 영하로 떨어진다. 원전에 가면 물웅덩이가 얼어 있다. 하마도리는 바람이 강하기 때문에 체감 온도는 훨씬 더 낮다.

아무리 추운 날이라도 방호복에 판초를 걸치고 작업을 하면 땀이 난다. 일에 따라 다르지만 움직일 때는 추위가 느껴지지 않는다. 하지만 손가락은 다르다. 면장갑이나 고무장갑만으로는 손이 곱아 금방 움직일 수 없게 된다. 면장갑을 더 껴도 별 차이가 없다.

작업이 끝나고 판초를 벗으면 방호복 속으로 바람이 들어오면서 순식간에 땀이 식어서 소름이 돋는다. 이때는 몸이 덜덜 떨리면서 오한이 멈추지 않는다. 땀에 젖은 속옷이 달라붙어 얼음장 같다. 꾸물거리다간 감기에 걸리고 피폭도 많이 당한다.

일이 끝나면 조금이라도 빨리 작업자를 철수시키려 한다. 가까운 곳에 차를 준비시켜 곧바로 태우고 젖은 옷은 빨리 갈아입으라고 독려한다. 작업자를 지키는 게 반장으로서 내 할 일이다. 신속한 업무 처리와 집중이 현장의 결속으로도 이어진다.

작업자가 오지 않는다

하마도리의 추위는 2월 들어 더욱 심해졌다. 나미에마치에서는 2월 6일 새벽, 관측 사상 최저인 영하 12.4도를 기록했다. 원전도 배관 연결 등이 동파해 작년 겨울과 마찬가지로 누수가 줄이었다. 2월 중순에는 40cm나 눈이 쌓여 제설차가 들어왔다. 원전 작업자들은 현장의 눈을 치우느라 근육통이 생길 정도였다.

일을 마친 어느 날 밤, 이와키에서 겐지 씨가 시간을 내줬다. 2013년 봄 이후 후쿠시마 제1원전에는 작업자가 급증했다. 각 원청 기업에 할당된 휴게실이 작업자로 넘쳐, 누워서 쉴 자리는커녕 앉을 공간도 없다고 했다. 겐지 씨는 동료들과 차에서 대기하는 일도 있었다. 건물 밖에서는 차 안에서도 피폭을 당한다. 대형 휴게실을 서둘러 짓고 있으나 제시간에 완공되지 않았다.

나오야 씨는 연말을 앞두고 다시 매일 잔여 피폭량을 주시하면서 작업에 나섰다. "지금 일손이 달리는 곳은 모두 방사선량이 높아요. 현장에 가고 싶어도 방법이 없습니다." 나오야 씨는 앞장서서 달려가는 유형이라 스트레스가 많았다. 수당이 오르는지도 몰랐다. "우리는 위험 수당이 제대로 나오지 않으니까 동료가 위험 수당 많이 주는 업체로 옮긴다고 했을 때 괴로웠다"고 누가 듣든 말든 중얼거렸다. 실제로 나오야 씨는 방사선량이 높은 현장만 도는데도 위험 수당은 몇천 엔 수준이었다. 앞으로 핵연료 반출 준비 등 방사선량 높은 구역의 작업이 더 늘어날 것이다. 원청 기업이 봄까지 300명을 모집한다지만 나오야 씨가 속한 하청 업체는 인원이 없었다. "쓰고 버리는 존재가 되니 이제 아무도 안 옵니다. 노동 시간은 점점 늘어나고. '사람이 왜 없는데?'라고 물어봐야 소용없죠. 무리예요." 손님이 거의 없는 술집에서 나오야 씨의 체념한 목소리가 낮게 울렸다. 문득 그가 진지한 얼굴로 말했다. "수당 1만 엔을 전액 받는다면 사람이 올지도 모르지….'"

노동 환경 개선 설문 조사 "솔직하게 적을 수 없다"

새해가 된 지 얼마 지나지 않아 이와키에서 만난 하청 작업자에게 도쿄전력이 실시한 '작업자 처우와 노동 환경 개선을 위한 설문 조사' 이야기를 들었다. 그의 회사는 설문지를 밀봉하지 않은 채 제출하게 했다. "도쿄전력에 제출하기 전에 회사에서 확인한다는 의미잖아요. 제대로 적을 수가 없죠."

설문 조사는 원전 사고 이후 시작됐다. 익명으로 진행했으며, 보통은 소속 기업이나 연령 등을 기입하는 칸이 없고 밀봉해서 제출하도록 했다. 설문지 회수는 원청 기업이 했다. 응답자들이 소속된 하청 업체, 그 상위의 하청 기업, 마지막으로 원청 기업 순으로 회수해 도쿄전력에 원청 기업이 우편으로 송부하는 방식이었다. 다른 업체의 작업자는 원청 기업 직원이 보는 앞에서 어떻게 적을지 지시받았고 내용을 확인한 다음 하청 작업자들의 설문지를 봉투에 넣었다고 증언했다. 한 하청 업체 작업자는 "설문지를 상위 기업이 회수하면 익명이라 해도 작업자가 소속된 회사를 금방 안다"며 사실대로 적기 어려운 이유를 설명했다.

2013년 가을, 도쿄전력이 실시한 설문 조사 결과 다중 하청 구조에서 고용 책임이 모호해지는 위장 청부 문제에 대해 "어느 정도 개선됐다"는 발표가 나왔다. 베테랑 작업자는 "서류상 문제가 없도록 답하라는 지도가 철저히 지켜졌을 뿐"이라며 고개를 떨궜다. 이 설문 조사의 문제점이 《도쿄신문》 2월 12일자 조간 1면에 실렸다. 그 후 도쿄전력은 설문지를 직접 회수함에 넣게 하고 작업자가 바라는 점을 듣기 위해 '투서함'도 설치했다.

2월 19일, 정화 처리한 오염수를 플랜지 탱크로 잘못 이송하는 일이 벌어졌다. 게다가 해당 플랜지 탱크 밸브가 열린 채 방치되고 있었다. 연이은 실수로 탱크 상부에서 오염수 100t이 흘러넘쳤다. 탱크로 오염수를 보내는 펌프는 96% 수위에서 경고음이 울려 자동 정지하는 구조였는데 도쿄전력은 이를 해제해뒀다. 수동으로 펌프를 작동시키고, 두 번째 경고음이 울리는 99% 직전까지 오염수를 주입했다는 사실도 드러났다.

잊히는 것이 가장 두렵다

2014년 3월 17일, 하루토 씨(30세)

사고가 발생한 지 3년이 흘렀다. 사고 수습 작업을 하는 우리에게는 그저 흘러가는 과정일 뿐이다. 3월 11일 아침에는 작업을 시작하기 전 모두 묵념을 올렸다.

동일본 대지진 당일, 무섭다며 도망친 작업자도, "가기 싫다"며 크게 우는 작업자도 있었다. 당시 상황을 생각하면 어쩔 수 없는 일이었다. 남은 우리는 방사선량이 뭔지도 모른 채 현장으로 향했다. 끊임없이 발생하는 위기 앞에서 필사적이었다. 원전 사고 직후에는 사고 수습을 위해 열심히 일했으나, 정부의 사고 수습 선언으로 의욕을 잃어 그만둔 사람도 있었다.

어머니는 "언제까지 그 일을 할 거냐"고 물으신다. 할머니도 걱정하신다. 하지만 누군가는 이 일을 해야 한다. 가족에게 방사선량 높은 데서 일한다는 말은 절대 할 수 없지만 말이다.

나는 왜 후쿠시마 제1원전에서 사투를 벌이고 있는가? 깊이 생각해봐야 피곤하기만 해서 지금은 아무 생각도 하지 않는다. 원전 사고 발생 3년이라고 보도진이 대거 나타났다. 설마 3년이나 지났다고 전혀 보도되지 않는 건 아니겠지…?

줄어드는 후쿠시마 원전 관련 보도

일식당에 도착한 하루토 씨는 언제나 그랬듯이 연장으로 가득 찬 배낭을 바닥에 내려놓았다. 무게가 20kg 정도 될까. 납처럼 무거웠다.

하루토 씨의 걱정은 원전 사고 발생 2년째부터 관련 보도가 계속 줄고 있다는 사실이었다.

"잊히는 게 가장 두렵죠. 이미 다 잊었는지도 모르고요." 그의 어조는 언제나처럼 냉담했다. 연간 피폭량이 상한에 가까워진 하루토 씨는 해고당한 후 피난 지시 구역에서 오염 제거 작업을 했다. 그러다 몇 개월 전부터 다시 후쿠시마 제1원전에서 일하고 있다. 그의 모친은 만날 때마다 원전 일을 그만두라고 설득한다고 한다. 이따금 걱정이 되어 전화를 거는 할머니께는 오염 제거 작업을 한다고 말씀드렸다. 하루토 씨는 "깊이 생각하지 않으려 한다. 왜 사는지 생각하면 고민만 커지고 피곤하다"며 표정이 굳었다.

메뉴를 보고 있으니 음식점 사장이 "드물게 좋은 동사리가 들어왔어요"라고 했다. 동사리는 하마도리에서 자주 먹는, 심해에 사는 흰살 생선이다. 원전 사고 전에는 식탁에 자주 올랐다고 하루토 씨가 얘기한 적이 있다. 메히카리는 사고 후에도 자주 봤지만 동사리는 처음이었다. 모두 후쿠시마가 아닌 다른 곳에서 잡은 생선들이었다.

"원전 사고 후에는 거의 못 먹었다"는 하루토 씨는 동사리 다진 요리와 조림을 주문했다. 신선해야만 상에 오르는 동사리 다진 요리는 비리지 않고 맛있었다. 조림은 상당히 큼직했는데 하루토 씨는 묵묵히 젓가락질을 하면서 생선뼈가 반질반질할 정도로 깨끗하게 발라먹었다. 그러고는 "맛있네요"라며 만족스러운 듯 입맛을 다셨다.

혹독한 탱크 속 오염 물질 제거 작업

3월 17일, 도쿄전력은 ALPS로 정화 처리한 오염수의 이상 수치를 파악하면서 오류를 의심하지 않고 가동하는 바람에 고농도 오염수를 그대로 내보냈다. 그 결과 플랜지 탱크 21기가 오염됐다.

그 후 탱크 오염 제거 작업이 시작됐다. 우선 고압 세정을 하고, 그다음에는 탱크로 들어가 수작업으로 오염을 제거해야 한다. 작업자들은 탱크 하부 측면에 있는 직경 80cm 정도의 점검 구멍을 열고 그곳으로 들어오는 빛과 휴대 중인 LED에 의지해 작업을 한다. 이미 위에서 고압으로 물을 뿌려 씻어냈다고는 하나, 불과 며칠 전까지 1L당 1,000만 Bq, 방출 기준치의 수십만 배를 넘는 베타선을 방출하는 스트론튬 등을 포함한 물이 들어 있던 탱크다. 감마선보다 외부 피폭 우려는 적지만 직접 만지거나 체내에 들어가면 내부 피폭으로 이어진다. 그래서 작업자들은 중무장 후 작업에 들어간다.

방호복 위에 판초를 두 장 겹쳐 입고 판초 모자를 전면 마스크 위에 쓰고 테이프로 감는다. 손에는 고무장갑 등을 네 장씩 겹쳐 끼고 발에는 장화를 신는다. 컴컴한 가운데 물을 고압 분사해 씻어내고 갑판 솔로 닦는데, 씻어낸 물을 밖으로 끌어내고 남은 물은 걸레로 닦는다. 5~6명이 한 조가 되어 약 20분마다 교대하는 방식으로 탱크 하나에 며칠씩 걸리는 중노동이었다. "맑은 날은 빛이 들어와 그나마 수월하지만, 비가 오거나 구름이 끼면 어둡고 더워서 정말 힘들어요. 사용한 기자재도 오염을 제거해야 하고요. 오염된 탱크가 아직 많은데…." 어처구니없는 작업은 계속됐다.

작업자 사망, 50분 지나서야 구조 요청

3월 28일, 후쿠시마 제1원전에서 굴착 작업을 하던 히로노마치 하청 기업의 안도 가타시安藤堅(55세) 씨가 토사에 깔렸다가 구조되어 병원으로 이송됐으나 얼마 지나지 않아 사망했다. 원전 사고 후 작업 중 사고로 인한 사망으로는 첫 사례였다.

사고는 오후 2시 20분경 발생했다. 폐기물 저장소 기초 보수 공사로, 현장에는 작업자 15명이 있었다. 깊이 2m 정도 구덩이를 파고 건물 지하로 들어간 안도 씨가 무너져 내린 토사와 콘크리트에 깔렸다. 12분 뒤 다른 작업자가 구조했고, 현장에서 2km 떨어진 원전 내 의무실로 이송할 당시 안도 씨는 의식 불명 상태였다. 이후 구급차로 약 63km 떨어진 이와키 시내 병원으로 이송했으나 사망이 확인됐다.

긴급 대책 본부에는 사고 발생 이후 약 10분 뒤인 오후 2시 반에 첫 보고가 들어왔고, 2시 51분 관계자들에게 사고 발생 소식을 알렸다. 후타바 소방 본부에 구급차를 요청한 것은 다시 18분이 지난 오후 3시 9분(도쿄전력은 오후 3시 2분으로 주장), 사고가 발생한 지 약 50분이 지난 뒤였다. 구급차가 원전에 도착했을 때 이미 안도 씨는 심정지 상태였다. 보통 구급차가 후쿠시마 제1원전에 도착하는 데는 30분이 걸린다. 이날 기자회견에서 도쿄전력은 "사고가 나면 곧바로 구급차를 부르지만 이번에는 그렇지 않았다"고 발표했는데, 이유는 설명하지 않았다. 이튿날에는 작업이 전면 중단됐다.

☢

동료가 사망했는데도 작업은 재개된다

2014년 4월 5일, 익명(35세)

사망자가 발생했는데 작업은 주말 이틀만 중단됐을 뿐 곧바로 재개됐다. 깜짝 놀랐다.

작업이 중단된 동안 원청 기업이나 도쿄전력이 한 일은 직원을 보내 위험한 장소를 점검하는 정도였다. 사고에 대해서도 당일 현장에 있던 우리에게는 아무 설명도 없었고, 조례에서 묵념도 하지 않았다. 게다가 사고가 나도 구급차를 부르기 전에 먼저 도쿄전력에 보고하라는 말을 들었다. 마음대로 구급차를 부르면 도쿄전력이나 원청 기업에 피해를 주는 것이라는 느낌이었다. 사고가 나면 구급차를 부르는 게 우선이다. 그러지 않으면 목숨을 건질 수 없다. 원전 사고 후 후쿠시마 제1원전 주변 병원이 모두 폐쇄됐기 때문에 환자를 이송하는 데 시간이 걸린다. 작업자들 사이에는 "우리끼리라도 도쿄전력에 보고하기 전에 먼저 119에 전화하자"는 말이 오갔다.

지금 후쿠시마 제1원전에서는 매일 수천 명이 일하고 있다. 위험한 작업도 많다. 그러나 원전에 구급 헬기 이착륙장이 없다. 작업자의 목숨과 관련된 일이다. 헬기가 내릴 장소를 만들면 좋겠다.

안전 대책도 제대로 세우지 않은 공사 현장

구급차를 불러도 병원으로 이송될 때까지 1시간 가까이 걸린다. 출퇴근 시간, 아침저녁 러시아워 때는 훨씬 오래 걸린다.

안도 씨는 어째서 구조 이후 진찰까지 이렇게 오래 걸린 것일 까? 베테랑 작업자에게 현상 사정을 들어봤다. "현장에 환자를 이송 할 만한 차가 있다고 장담할 수 없고 들것이 있을 리도 만무하다. 의 무실까지 가는 데도 시간이 걸린다. 게다가 오염 검사를 마쳐야만 의 무실 의사의 처치를 받을 수 있다."

한 작업자는 현장에 있던 자재에 부상자를 싣고 의무실로 옮긴 경험이 있었다. 의무실에 있는 자동 심장 충격기는 초기 응급 조치 정도로, 그 이상 치료가 필요한 경우에는 설비를 갖춘 병원으로 이송 해야만 했다. 타 병원으로 이송하려 해도 원전 사고 직후에는 헬기가 원전 가까이 이착륙할 수 없어, 우선 원전에서 약 20km 거리인 히로 노마치나 나라하마치까지 구급차로 이동 후 다시 구급 헬기로 환자 를 옮겨야 했다. 원전 사고 발생 4년째인 최근에는 원전에서 북쪽으 로 약 2km 거리의 해변 공원에 헬기가 이착륙할 수 있게 돼 한결 수 월해졌지만, 그곳까지 환자를 이송하느라 여전히 시간을 허비하고 있었다.

사고나 위급 환자가 발생한 경우 먼저 의무실과 도쿄전력 본부 에 연락해야 하나 철저히 지켜지지는 않았다. 50대 현장 감독은 "의 무실이나 도쿄전력 본부의 전화번호를 모르는 작업자가 많다. 현장 에서는 원청에, 원청은 도쿄전력에, 다시 도쿄전력이 의무실에 알리 는, 몇 단계나 거치면서 대처가 늦어져 우려스럽다"고 했다.

이번 사고에는 또 다른 문제가 있었다. 사고 현장 사진을 본 기 술자는 토사 붕괴 방지책이 보이지 않는다고 지적했다. 그는 "합판으로 널찍하게 토사 붕괴 방지 장치를 설치하고 작은 중장비가 드나들 수 있게 해 원격 조작으로 작업해야 한다"고 설명했다. 40대의 다른 베테랑도 같은 의견을 보냈다. 기술도 경험도 없는 회사가 일을 수주하니 안전 대책도 제대로 하지 않는 공사 현장이 생겨난 것이다.

4월 1일, 도쿄전력은 후쿠시마 제1원전 사고 대응에 특화된 사내 지사 '후쿠시마 제1폐로 추진 컴퍼니'를 발족했다. 기업 내에서 독립 채산 사업부로 별도 경영 관리하는 형태로, 도쿄전력은 "폐로 작업의 책임과 권한을 명확하게 하고 폐로나 오염수 대책을 가속화하기 위해서"라고 설립 목적을 밝혔다.

일주일 뒤, 후쿠시마 제1원전의 벚꽃이 만개했다는 소식을 듣고 원전 사고 이전부터 이곳에서 일한 겐지 씨에게 연락을 했다. "풍경이 완전히 달라졌어요. 예전에는 정말 숲속처럼 너구리나 여우가 있었거든요. 하지만 이제는 사방에 탱크뿐입니다. 벚나무도 거의 베어내 사라졌어요."

체중이 많이 줄었다
....

2014년 4월 15일, 나오야 씨(44세)

주요 인력인 베테랑이 잇달아 현장을 떠났다. 대신할 사람이 없다는 말만 돌아와 좀처럼 휴가를 얻지 못하고 있다. 떨어져 지내는 딸들과 만나지 못하는 것이 정말 고통스럽다. 동료들도 마찬가지다. 상사가 몸은 괜찮냐고 묻기에

252

괜찮지 않다고 솔직하게 대답했다. 체중이 많이 줄었다.

올해 들어 만난 건설업계 작업자가 도쿄 올림픽 관련 일을 하러 간다고 했다. 피폭도 없고 일당도 높다고 한다. 여기에는 일할 사람이 오지 않는다. 일당은 싸고 피폭량 문제도 있어 안정적이지 않다. 도쿄전력 사장이 말한 일당 인상 건에 대해서는 아직도 회사에서 아무런 설명이 없다. 이대로 흐지부지되는 것은 아닌지 불안하다.

요즘 자주 현장을 떠나는 생각을 한다. 계속 일하고 싶어도 여름이면 5년분 피폭량이 찰 것이다. 현장에서 베테랑이 사라지면 실수가 늘고 작업이 제대로 되지 않을 것이다. 후배를 키울 여유가 없다. 지금부터가 더 어려운데, 중심 역할을 할 사람이 없다.

누적 피폭량 증가로 떠난 베테랑 작업자들

늘 만나던 술집에 조금 늦게 모습을 드러낸 나오야 씨는 몹시 말라 있었다. "입맛이 없고 몸 상태가 최악이다"라며 자리에 앉는 나오야 씨의 안색이 좋지 않았다. 표정도 어두웠다. 떨어져 생활하는 세 살과 다섯 살 딸들과도 한동안 만나지 못한 듯 보였다. 전날 일어난 사망 사고로 오랜만에 이틀을 쉬었다고 한다. 근황을 들려주던 그가 갑자기 여름 점보 복권 이야기를 시작했다. "가족 옆에 있고 싶어요. 복권이라도 당첨된다면 가족 품으로 달려갈 겁니다." 평소 고기를 좋아하던 나오야 씨가 이날은 입맛이 없는지 음료만 마셨다.

원전 사고 발생 4년째, 이제 원전 사고 때부터 일한 베테랑 작업자는 거의 남지 않았다. 게다가 올림픽 준비로 도쿄에서도 작업자를 모집하고 있었다. 위험 수당을 제외하면 일당은 후쿠시마보다 훨씬 높았다. 현장에서 중심 역할을 하던 나오야 씨는 지금 자기가 떠나면 현장은 유지되기 어려울 것이라며 마음 졸였다.

하루 12시간 작업에 30분 휴식

5월 들어 또다시 제보가 들어왔다. 노동 기준법을 어기고 '10시간 이상 작업'이 강요되고 있다는 사실이 발각된 것이다. 도미오카 노동기준감독서로부터 시정 권고를 받은 곳은 안도 하자마의 하청 업체였다. 원청 기업인 안도 하자마도 적법하게 관리하라는 지도를 받았다. 검찰청에 이 건을 송치했을 때는 도미오카 노동 기준 감독서의 발표가 있었으나, 하청 업체와 원청 기업이 시정 권고나 지도를 받았다는 내용은 발표하지 않았다.

관계자의 말을 종합해보면 적어도 2014년 1~2월, 용접 탱크 증설 현장에서 불법 노동을 시킨 것으로 보인다. 탱크 납기인 월말이 가까워오면서 11~12시간의 노동이 이어졌고, 최대 13시간 반이나 후쿠시마 제1원전에 머문 것으로 드러났다. 10시간이 넘어갈 경우 다른 선량계로 교체했으며, 전해 가을 도시바와 그 하청 업체 총 18개 사가 시정 권고를 받은 때였다.

"화장실도 못 가게 했다고요?" 아직 추위가 가시지 않은 무렵, 탱크 증설 작업자들의 이야기에 나도 모르게 소리를 지르고 말았다. "인간 대접도 못 받았습니다. 노예였어요." 작업자들이 근무 시간표를 보여주었다. 불법 잔업은 탱크 설치 납기가 가까워지는 월말에 집중해 있었다. 현장에서는 "내일까지 완성해야 한다", "시간이 없다. 다음 예정도 잡혀 있다"며 다그쳤다. 한 작업자는 "작업 중에는 물도 못 마신다. 피곤해서 집중력도 떨어진다. 체력에 한계가 와 잔업을 줄여달라고 하면 해고했다"고 분개했다.

작업자들은 새벽 5시에 후쿠시마 제1원전에 도착해 6시부터 낮 12시까지 6시간 동안 휴식 시간 없이 작업을 한다. 점심시간이 지나고 오후 1시부터 작업을 재개하는데, 정해진 대로라면 오후 3시 반에 일이 끝나야 하지만 대부분 오후 5시 반 정도까지 잔업을 했다. 점심시간 1시간 이외에 휴식은 없었다. 이마저도 이동과 장비 탈착으로 시간을 빼앗기기 때문에 실질적으로는 30분 정도밖에 쉬지 못한다. 더구나 일찍 출근하는 순번도 있었다. 아무리 물을 덜 마셔도 도중에 화장실에 가고 싶어진다. 하지만 화장실에 한번 가려면 휴게소까지 가서 오염 검사를 받고 장비를 벗고 화장실에 다녀와서 다시 장비를 장착하고 현장으로 돌아와야 한다. "휴게소까지 30분 걸린다. 현장의 임시 화장실은 소변기만 있기 때문에 적당한 곳에서 용변을 해결하기도 한다. 참다 참다 현장에서 실례를 해버린 사람을 셋이나 봤다"고 전하는 작업자의 목소리에 분노가 담겨 있었다. 작업 후 방사선량 검사 담당자 가운데 한 사람은 "기저귀를 쓰는 작업자도 있다. 검사 중에 실례를 하는 아버지 연배의 사람도 있어서 서글프다"고 분노했다.

용접 탱크 하나를 현장에서 조립해 누수 검사를 마칠 때까지 10일이 걸린다. 그러나 이곳 작업자들은 "일주일 동안 네 개를 설치하라"는 명령을 받았다. 10명이 달라붙어도 제시간에 끝낼 수 없는 일정이었다. 후쿠시마 제1원전에 들어와 처음 용접을 배운 작업자도 있었다.

앞으로도 후쿠시마 제1원전에는 지하수 유입을 막는 동토차수벽 건조나 플랜지 탱크 교체 등 대형 공사가 빼곡하게 기다리고 있었다. 탱크 교체만 하더라도 물빼기와 해체, 기초 공사, 용접 등 여러 단계가 있고 여러 구역에서 동시에 작업을 진행하기 때문에 업무 조정도 필요하다. 그러나 4월 원자로규제위원회의 회의에서는 경제산업성 자원 에너지청의 담당자가 "올해 안에 무슨 일이 있어도 (동토차수벽의) 스위치를 켜 동토 조성에 들어가고자 한다"고 발언하는 등 일정 엄수를 요구했다.

작업을 마치면 그날의 마지막 싸움이 시작된다

2014년 5월 20일, 히로 씨(35세)

지금 후쿠시마 제1원전에는 예전에는 본 적 없을 정도로 사람이 많다. 오염수 대책, 휴게소 건설, 건물 내부 조사…. 3,000~4,000명이나 일하고 있다는데 다음 달에는 6,000명이 된다고 한다.

작업을 마치면 그날의 마지막 싸움이 시작된다. 후쿠시마 제1원전에서 출발하는 도쿄전력 버스는 평일에 15분 간격으로 출발한다. 혼잡한 시간대에는 정류장에 길게 줄이 생긴다. 타이밍을 못 맞추면 30분에서 1시간을 기다려야 한다. 그래서 다들 관리 시설에 도착하면 빨리 집에 가려고 일제히 내달린다. 신발 커버를 서둘러 벗고 긴 복도를 달려 빠져나간다. 너무 서두르다 넘어지는 사람도 있다. 수하물 검사장은 혼잡하기 때문에 잔머리를 굴려 옷 속에 숨기는 사람도 있다. 숨겨봐야 발각되지만.

급하게 계단을 올라가 선량계를 반납하고 내려오면 마침내 버스를 기다리는 행렬에 안착한다. 잘 도착했다는 안도감 때문인지 문턱에 발이 걸려 넘어지는 사람이 많다. 모두 달리기 때문에 복도에는 "초조해 말고 서두르지 말고"라고 쓴 포스터가 나붙었다.

다들 버스에 타자마자 지쳐 잠이 든다. 작업자가 더 늘어나면 어떻게 될까?

늘어나는 공사로 급증하는 작업자

오염수 처리나 동토차수벽, 대형 휴게소 설치 등 공사가 늘면서 4월 이후 작업자가 급증하고 있다. 월 평균 4월에는 하루 4,450명, 8월에는 5,800명, 12월에는 6,890명, 2015년 3월에는 7,450명으로 정점을 찍었다.

휴게소는 작업자로 북적거려 눕기는커녕 발조차 뻗을 수 없었다. 한시라도 빨리 버스를 타려는 처절한 싸움이 매일 반복됐다. 귀가 전쟁은 작업을 마치고 출입관리동으로 향하는 구내 버스를 내리는 순간 이미 시작됐다.

출입관리동에서는 사람과 수하물 모두 오염 검사를 받아야 하는데, 수하물이 있으면 정체되기 일쑤다. 티셔츠 안에 짐을 넣고 "수하물 없음" 줄에 섰다가 발각되는 경우도 잦다고 한다.

단숨에 달려 도착한 버스 안에서는 피곤에 절어 바로 숙면. 6번 국도를 달리는 버스 안에서 고개가 꺾이거나 입을 벌린 채 조는 작업자들을 본 적이 있다.

오염수 대책의 희망인 ALPS 장비는 고장이 끊이지 않았다. 5월 21일부터 도쿄전력은 날마다 생성되는 오염수의 양을 줄이기 위해 건물 지하로 유입되기 전에 지하수를 퍼 올려 방사성 물질 농도를 정부와 도쿄전력이 정한 기준치 이하로 낮춘 뒤 바다로 방류하기 시작했다.

눈앞에서 사람이 쓰러진다

2014년 8월 30일, 히로 씨(35세)

추석 명절이 지났음에도 무더위가 기승이다. 눈앞에서 사람이 쓰러졌을 때는 정말 놀랐다. 그는 혼자 걷지 못해 벽에 머리를 부딪치기라도 한 듯 축 늘어져 있었다. 올해는 열사병이 매일 속출해 하루 2~3명이 구급차로 이송된 날도 있다.

서머 타임이 시작된 뒤 시차 장애가 이어지고 있다. 새벽 2~3시부터 일이 시작되기 때문에 "이게 야근과 뭐가 다르지? 수당은 안 주는 거야?" 하는 말들이 자주 오간다.

일찍 자야겠지만 아직 밤이 깊지 않아 좀처럼 잠들지 못한다. 술을 마시고 무리하게 잠을 청해도 새벽에 일어나면 몸이 천근만근이다. 그러다 보니 열사병에도 쉽게 걸린다. 익숙해질 때까지 너무 힘들다.

식사도 큰일이다. 시간이 너무 일러 기숙사에서 나오는 아침밥을 먹을 수 없다. 출근길에 있는 편의점이 최근에야 24시간 영업하기 시작했다. 원전 작업은 일찍 끝나는데 점심 도시락은 예전과 같은 시간에 배달되기 때문에 기다리는 게 보통 일이 아니다. 다른 회사의 어느 작업반이 식사를 못 해 일할 수 없다며 작업을 거부했다는 이야기를 들었다. 일 끝나면 새벽이라 식당은 문을 열지 않은 상태다. 점심 때도 자느라 먹지 못한다. 생활 리듬이 깨져서 금방이라도 쓰러질 것 같다.

피폭이 출산에 영향을 미칠까?

추석 연휴가 끝나고 도쿄에서 돌아온 히로 씨를 이와키에서 만났다. 그는 일에 완전히 열중한 듯했다. 다시 가족과 떨어져 지내는 일상이 시작됐다. 2주 만에 도쿄 집으로 돌아가니 어린 아들이 아빠 얼굴을 잊었는지 엄마를 찾으며 울었다고 한다. 그날 책상에서 출산에 관한 책을 발견했다.

"첫째는 제 피폭량이 아직 낮을 때 태어났어요. 건강하게 태어나 줘 다행이었죠. 둘째를 계획 중인데 지금은 피폭량이 첫아이 때보다 훨씬 높으니…. 시간을 좀 두고 생각해봐야겠습니다." 히로 씨는 "언제까지 일할 수 있을지"를 주로 이야기했지만, 마음 깊은 곳에서는 아이에게 미칠 영향을 걱정하고 있었다.

원전 작업보다는 정부 직할 오염 제거 작업이 위험 수당도 제대로 나오고 일당이 좋아 그쪽으로 가려는 이가 많다는 이야기를 자주 듣던 터다. 그러나 오염 제거 작업자를 취재해보니 정부의 위험 수당 1만 엔은 나오지만 일당은 후쿠시마 최저 임금인 약 6,000엔까지 낮아져 총 16,000엔을 지급하고, 기숙사 숙박비나 식비를 일당에서 공제하는 등 이런저런 이유를 붙여 임금을 삭감하고 있었다.

후쿠시마 제1원전 2호기에서는 터빈 건물로 이어지는 트렌치에 고인 고농도 오염수가 바다로 흘러들지 않도록 터널 접합부 동결 공사가 시작됐으나 제대로 진행되지 않았다. 서둘러 동결하기 위해 작업자가 4교대로 하루 20t 내외의 얼음과 드라이아이스를 삽으로 수직 갱도에 퍼 넣고 있었다. 고농도 오염수 바로 위라 피폭이 심했으나 동결은 제대로 되지 않았다. 결국 방법을 바꿔 특수 시멘트를 투입했는데, 이 역시 실패해 해당 작업을 단념했다.

9월, 정부 사고 조사·검증 위원회가 요시다 전 소장 등에 대해 실시한 인터뷰 조서가 공개됐다.

10월 30일, 도쿄전력은 핵연료 반출 공사 기간 재검토 결과를 발표했다. 1호기의 사용후핵연료 반출 공사를 2017년도 전반기에서 2년 늦춘 2019년도로, 이르면 2020년도 전반기로 예정했던 원자로 내 용융 핵연료 반출 작업은 2025년도에 개시한다는 내용이었다. 지금까지 계획을 앞당긴 적은 있어도 늦춘 일은 처음이었다. 어차피 용융된 핵연료의 상태조차 파악하지 못한 상황에서 폐로 공정만 발표한다는 게 그림의 떡일 뿐이었다. 모처럼 도쿄전력이 현실적인 공정을 발표했다. 그런데 이날 폐로·오염수 대책팀 사무국 회의에서는 일부 공사 기간을 앞당기라는 정부의 주문이 전달됐다.

아무것도 하고 싶지 않다

2014년 10월 29일, 하루토 씨(31세)

후쿠시마 제1원전에서 일할 때의 상사가 다른 원전 작업을 제안했으나 거절했다. 아무것도 하고 싶지 않았다. 집에 있다 보면 허무해지고 점점 나락으로 떨어지는 느낌이다. 밤에는 좀처럼 잘 수가 없다. 아무것도 하지 않는데 시간에 쫓기는 기분이다. 언제까지나 이렇게 있을 수는 없어 초조해지지만 의욕이 생기지 않는다. 일회용 물건처럼 쓰고 버려진 느낌이다.

현장을 개선하고자 여러 가지를 제안했으나 바뀌는 것은 아무것도 없었다. 세상의 관심에서도 멀어졌다. 불면증은 악화됐고 우울증은 더 심해졌으며 이명이 생기고 두통도 심해져 결국 일을 그만뒀다.

현장을 떠난 지금도 후쿠시마 제1원전이 걱정된다. 그러나 지금은 돌아가고 싶지 않다.

극심한 번아웃 겪는 작업자들

"이제 한계입니다. 원전을 떠나기로 했습니다." 도쿄 본사에 있을 때 하루토 씨의 전화를 받았다. "이명이 계속되네요. 아침에 눈을 뜨면 머릿속에서 상사가 화내며 욕하는 목소리가 맴돌며 사라지지 않습니다. 출근할 상태가 아니에요."

하루토 씨는 쭉 불면증이 이어졌고 40도가 넘는 독주에 의지해 간신히 잠을 잤다고 한다. "이대로라면 알코올 중독이 될 것 같습니다." 평소에는 술을 별로 마시지 않았다. 빠르게 말하던 하루토 씨는 갑자기 말을 멈추고 한참을 조용히 있었다. "나는 피해자였습니다. 2011년 3월 11일, 그날부터 여러 가지 일이 있었는데…. 이제 됐다는 생각이 들었습니다."

그 후 병원을 다닌다는 하루토 씨의 증상은 좀처럼 호전되지 않았다. 이따금 전화를 걸어도 언제나 가라앉은 목소리였다. 그의 마음 안에서 단단하게 조이던 무언가가 툭 끊어져버린 느낌이었다.

작은 사고 뒤에는 반드시 큰 사고가 닥친다

여름이 지날 무렵 곳곳에서 부상과 사고 이야기가 들렸다. 그럼에도 공정 엄수는 변함이 없었고 이 무렵부터 "공정 지연 불허, 사고 금물"이라는 말을 자주 들었다. 탱크 증설 현장의 40대 작업자는 "현장 상황을 보지 않고 정해진 공정만 다그치니 모두 피폐해져 실수나 부상이 늘고 있다. 일손이 부족해 쉬지도 못하고, 위에서는 어떻게든 사람을 모아보라는데, 결국 초보자만 모여들어 부상이 더 많아졌다"며 분통을 터뜨렸다. 50대의 오염수 처리 현장 감독은 "작은 사고가 일어난 뒤에는 큰 사고가 닥친다. 징크스가 아니라 일종의 법칙"이라며 몹시 걱정했다.

수많은 작업이 동시다발로 진행되는 것도 문제였다. 건설 현장 작업자는 "사전 준비나 작업 환경 정비를 제대로 할 여유가 없다. 지척에서 진행되는 작업도 많아 위험하다"고 말한다. 공정을 지키느라 아침부터 밤까지 교대 근무로 연속 작업하는 현장도 있었다.

부상이 빈번하게 발생하는데도 도쿄전력에서는 거의 발표를 하지 않았다. 어떻게 된 일일까? 원청 기업의 임원을 취재했다. "도쿄전력에서 사고 관련 정보는 보내줍니다. 정보는 원청 기업이 공유하고요. 가슴이 철렁 내려앉을 정도로 섬뜩한 사안도 말이죠. 분쟁 소지가 큰 건수도 많습니다. 어느 선까지 발표할지는 도쿄전력이 판단합니다. 사고를 일으킨 장본인이 발표를 결정한다는 게 참 이상하지만." 다른 원청 임원은 4월에 '후쿠시마 제1폐로 추진 컴퍼니'가 발족한 이후 발표 방식이 바뀌었다고 했다. "작은 사고나 부상은 발표하지 않습니다. 병원으로 이송됐을 때만 공표합니다."

나는 작업자들의 협조 아래 최근 반년간 발생한 사고와 부상 사례를 모아봤다. 콘크리트 거푸집 강재에 팔꿈치를 부딪쳐 다섯 바늘을 꿰맨 사례, 탱크 증설 준비 중에 손가락이 끼어 일곱 바늘을 꿰맨 사례, 탱크 설치 작업에서 지면에 까는 철판 위치를 바꾸다 왼쪽 발등이 골절된 사례, 자재 적재 중에 강재 추락으로 골절된 사례 등. 취재로 알게 된 사고만 약 70건. 대부분이 발표되지 않았다.

9월 22일에는 탱크 내 13m 높이의 발판에서 길이 1.5m, 무게 4kg의 쇠 파이프가 떨어져 아래 있던 40대 작업자가 척추가 골절되는 중상을 입었다. 공사 현장에는 기본적으로 위와 아래에서 동시에 작업하면 안 된다는 '상하 작업 금지' 원칙이 있다. 물건이 떨어지면 아래에 있던 작업자가 부상을 당하거나 자칫 목숨을 잃을 수도 있기 때문이다. 현장 상황을 물으니 이런 답이 돌아왔다. "있을 수 없는 일이죠. 주의를 받으면 3m 혹은 5m 정도 살짝 빗겨 위아래 작업을 합니다."

11월 7일, 또다시 강재 낙하 사고가 발생했다. 작업자 3명이 중경상을 입었다. 도쿄전력과 후쿠시마현 후타바 경찰서에 따르면 부상자 3명은 도쿄전력 자회사의 하청 업체 직원으로 이와키에 사는 40~50대 남성이었다. 용접 탱크 상부 13m 높이에서 무게 390kg인 강재가 떨어져 인접 탱크에서 누수 방지 보를 만들던 세 사람을 덮쳤다. 한 사람은 의식을 회복했으나 척수 손상으로 안심할 수 없는 상태였다. 한 사람은 양쪽 발목 골절, 또 한 사람은 양쪽 다리에 타박상을 입었다. 사고 원인은 강재를 임시 고정하면서 낙하 방지 장치를 하지 않았던 것으로 알려졌다.

오합지졸 용접공들

2014년 12월 7일, 겐타로 씨(31세)

강재가 떨어져 세 사람이 중경상을 입었는데 현장에서는 여전히 상하 작업을 하고 있다. 강재에 낙하 방지 조치를 하지 않은 이유가 시간이 없어서였다고 들었다. 무리한 공정 때문이다. 하지만 지금도 탱크 증설 현장은 조급한 속도를 전혀 조정하지 않고 있다.

작업자들은 초보자 투성이의 오합지졸이다. 용접공이 한 사람 몫을 제대로 하려면 10년이 걸리고, 솜씨까지 갖추려면 여기서 5년이 더 걸린다. 그런데 막 들어온 신입에게 용접을 시킨다. 탱크 증설 현장에서 용접을 배우면서 자격증을 따오라고 한다. 후쿠시마 제1원전의 탱크 만들기가 이들의 연습 과정인 셈이다. 그러니 완성도가 높을 리가 없다. 다행히 탱크의 측면이나 바닥 등 누수되기 쉬운 부분은 이들에게 시키지 않는 듯하지만 말이다.

누수 검사는 통과한다지만, 날림 공사로 몇 년 지나지 않아 누수가 발생하지 않을까 싶다. 게다가 비가 와도 용접 작업을 한다. 이처럼 무책임한 기업도 있나 싶어 한숨이 절로 나온다. 이런 일이 계속되어도 괜찮을까?

미자격자 고용하고 높은 임금 챙기는 하청 업체

용접 탱크 증설 현장에서 일하는 지방 출신 용접공은 이와키의 술집에서 만나자마자 상체를 기울이며 이야기를 시작했다. 이번에 그가 소속된 하청 업체에 '용접공'으로 투입된 작업자 절반이 자격증이 없거나 갱신 만료된 이들이라고 한다. 용접 탱크 증설을 서둘러야 하는데 용접공이 부족하다. 전문 용접공을 둔 하청 업체는 신바람이 나 일을 수주하기 쉬워졌다.

"현장에 투입된 다음에야 자격시험을 보러 다닙니다. 원전에서 용접 연습을 하는 겁니다. 이런 엉터리가 어디 있어요?" 말 한마디 한마디에서 분노가 배어나왔다. 개중에는 시험을 몇 차례나 치고도 번번이 떨어지는 사람도 있었다. 그 업체에는 초보자만 있다는 사실이 들통나 탱크 측면 용접은 하지 못하고 상단 뚜껑 부분만 용접하게 했다. "측면은 누수가 발생할 수 있지만 윗부분은 적당히 용접하면 되니까요. 용접 탱크는 완성된 뒤 X선 검사와 초음파 검사를 하는데, 이를 생략하고 있습니다. 사장은 주판알만 튕기며 자격도 없는 사람

에게 용접을 시키고 높은 임금을 챙기고요." 사장은 비가 오는 날에
도 "지붕은 괜찮다니까"라며 작업을 시켰다. "이런 회사가 많아지면
성실한 기술자들이 오려 하지 않을 겁니다." 이날 이 기술자는 처음
부터 끝까지 화가 잔뜩 나 있었다. 결국 그는 다른 하청 업체로 자리
를 옮겼다.

　　그런 회사가 어느 정도로 많은지 베테랑 작업자에게 물었다. "원
청인 건설 회사에서 용접은 자격 조건을 확실히 확인합니다." 그 하
청 업체는 상당히 질이 나쁜 회사였던 듯했다.

원전 사고가 다시 발생한다면

12월 22일, 4호기의 사용후핵연료 수조에서 핵연료 1,535개를 꺼냈
다. 1~3호기 원자로 내부의 용융된 핵연료 총 1,496개를 제외하고
사용후핵연료 수조에 핵연료가 총 1,573개 남긴 했지만, 큰 과제 하
나를 해결한 셈이다.

　　원자력 규제 위원회는 각지 원전의 신 규제 기준 적합 심사를 진
행하고 있었다. 다나카 위원장은 "(신 규제 기준은) 원자력 시설 설치나
운전 등의 가능 여부를 판단하는 것으로, 절대적인 안전성을 보장하
지 않는다"라는 말을 되풀이하고 있었다. 다시 말하면 신 규제 기준
을 통과해 재가동하더라도 원전 사고는 날 수 있다는 의미다. 그리
고 원자력 규제 위원회는 12월 10일, 원전 사고가 발생할 경우 긴급
수습 작업에 참여하는 작업자의 피폭량 상한을 현행 100mSv에서
250mSv로 올리는 방침을 정했다. 원전에 다시 사고가 날 경우를 대

비하는 것이었다. 12월 17일에는 간사이전력 디카하마 원전 3·4호 기의 심사서안을 승인했다. 새해에는 규슈전력 센다이 원전 1·2호 기가 재가동될 것이라는 예측이 나왔다.

2015년

작업자의 암 발병과 산재

일자리만 있다면 고향으로 돌아오고 싶다

2015년 1월 22일, 렌 씨(50대, 가명)

3년 반 만에 고향으로 돌아왔다. 4박 5일 설 명절 휴가를 얻었다. 가족과 일주일에 두세 번 통화만 했지 만나는 건 오랜만이다. 딸도 아들도 든든하게 성장했다. 전문학교에서 건축을 배워 봄부터 사회인이 되는 아들은 다부진 모습이었다. 이야기를 들으면서 "대단하다", "잘했어" 하며 끝도 없이 칭찬을 해줬다. 스물네 살 된 딸이 "아버지, 머리카락이 많이 빠졌네요" 하며 엉엉 울었다. 고생을 해서 그렇다고 생각한 모양이었다. "아직 많아" 하며 쓴웃음을 짓고 말았다. 아내와 아이들에게는 후쿠시마 제1원전에서 하는 일을 설명해줬다. 오랜만에 만난 형제는 모두 나이가 들어 많이 놀랐다. 어서 돌아와야겠다고 생각했다. 아내는 생각보다 차분했다. 네 가지 생선회와 메밀국수를 먹으면서 재회를 축하했다.

오랜만에 오키나와 친구들도 만나니 고향이 좋다는 생각이 절로 났다. 일자리만 있으면 돌아오고 싶다. 후쿠시마로 간 것도 오키나와에 일자리가 없기 때문이었다. 1~2년이면 될 줄 알았는데 이렇게 길어질 줄 몰랐다.

원전 일은 할 수 있는 만큼 하고 싶다. 하지만 설에는 반드시 귀향하겠다는 반성도 했다.

세 군데 암 동시 발병, 모른 척하는 정부와 도쿄전력

후쿠시마 제1원전에서 4개월간 일한 후 암에 걸린 삿포로의 한 작업자(56세)가 산재 신청을 했다는 10월 6일자 《홋카이도 신문北海道新聞》 기사를 보고 곧장 삿포로로 날아갔다. 이 작업자는 방광과 대장, 위에 연이어 암이 발견되어 치료 중이었다. 이는 전이가 아니라 각각 독립된 암이었다. 그의 자택 근처 커피숍에서 만났다. 출입문의 종이 울리며 차가운 공기와 함께 나타난 그는 검은 가죽점퍼 차림이었고 언뜻 보기에도 무척 마른 체형이었다. "위를 적출해서 67kg이던 체중이 45kg까지 빠졌어요." 목소리가 잠겨 있었다.

그가 2차 하청 기업 소속 중장비 기사로 후쿠시마 제1원전에서 일하기 시작한 것은 2011년 7월. 원전 사고 발생 이후 4개월이 지나고 원자로 내부에서 녹아내린 핵연료가 가까스로 냉각되기 시작한 무렵이었다. 여기저기 흩어진 잔해, 수증기가 피어오르는 원자로 건물…. '엄청난 곳에 와버렸구나.' 몸속 저 밑바닥부터 공포가 스멀스멀 올라왔다고 한다. 그는 1~4호기 원자로 건물 및 해안 구역의 잔해 제거 작업에 투입돼, 방사선량이 높은 현장 가까이에 10t 트럭을 세워놓고 차량 내 방사선을 차단하는 납함 안에서 무인 중장비를 원격 조종했다. 에어컨은 고장이었다. "실내 기온이 50도나 되는 납 상자 안에서 작업을 해야 했습니다. 원격 조종이라는 말 외에 사전에 설명을 자세히 듣지는 못했습니다."

작업은 아침 9시부터 낮 12시까지 하루 3시간. 휴식 시간은 없었다. 먼저 무인 중장비로 산재한 파편을 헤치며 잔해 제거 현장까지 길을 만들어간다. 파편 아래 배관이나 밸브 등이 있어 신중해야 했다. 때로는 도로변 도랑에 강재를 깔아놓은 임시 토대로 중장비를 싣고 가 납함에서 원격 조종하는데, 상당한 고난도 작업이었다. 현장을 보면서 직접 조종해야 할 경우에는 텅스텐 조끼를 입고 30분 교대로 중장비를 운전했다. 중장비로 집어낼 수 없는 잔해는 손으로 직접 치웠다. '×100', '×200'이라고 붉은 글자가 적힌 파편들이 있었다. 매시간 100mSv 혹은 200mSv를 발하는 고농도 방사선량 파편을 표시한 것이었다. "너무 위험하다고 생각했으나 원청 기업 직원도 수작업을 하고 있었습니다. 어쩔 수 없었죠." 큼직한 잔해를 중장비로 깨뜨리면 작은 파편이 되어 흩어진다. 도쿄전력 직원이 "좀 더 깨끗하게"라고 주문하자 상사가 그에게 "손으로 정리하라"고 지시했다.

현장의 방사선량이 높아, 5mSv로 설정된 선량계가 몇 분 만에 울리기 시작했다. 이런 상황에서는 순식간에 하루 방사선량 한도를 초과한다. 선량계를 납 상자 안에 놓고 갈 수밖에 없었다. "열 번 이상 선량계를 두고 갔습니다." 10월 말까지 4개월 동안의 피폭량은 기록상 56.41mSv였다.

후쿠시마 제1원전을 떠난 이듬해 봄, 목욕을 하려고 벗은 속옷이 새빨갰다. 혈뇨였다. 곧바로 병원으로 달려갔고, 방광암 진단을 받았다. 1년 후, 도쿄전력이 부담하는 암 검진에서 대장암과 위암이 발견됐다. 가족력은 없었다. "거짓말이겠지." 그는 진단 결과를 믿지 못하고 거듭 확인했다. 의사는 "틀림없습니다. 전이된 것이 아니라 각각 생긴 암입니다. 위는 완전히 들어내는 것이 좋겠습니다"라고 말했다. 이때 처음으로 방사선 피폭과의 관련성을 의심했다. 의심은 점점 커졌다. 도쿄전력과 후생노동성 상담 창구에 전화를 했으나 "인과 관계를 알 수 없다", "노동 기준 감독서로 가보라"며 책임을 떠넘겼다. 항암제가 맞지 않아 방광도 적출했다. 대장도 절제했다. 그는 중도 장애자로 판정받았다. 항암 치료, 세 군데 적출 수술…. 보험이 있었음에도 의료비가 200만 엔이 넘었다. 그는 2013년 8월에 산재를 신청했다.

"위가 없어 장에 부담이 갑니다. 음식을 한 숟가락 떠먹고 어지럼증이나 심장이 빨리 뛰는 댐핑 증후군으로 쓰러져 수차례 병원에 실려갔어요." 도저히 일할 수 없는 상태였지만 생계가 달려 있었다. 산재를 인정받지 못하면 돌려받은 치료비를 다시 갚아야 했다. "목숨을 걸고 일했는데. 특공대 같은 싸움이었다고요." 그는 억울하다, 분하다는 말을 되풀이했다.

그는 자원이 아닌, 회사에서 가지 않으면 해고한다고 해 고민 끝에 간 것이었다. "그 선택으로 생사의 갈림길에 놓였습니다. 후쿠시마에 간 걸 후회합니다." 그는 입술을 깨물었다.

2015년 4월, 작업자 대상 역학 연구가 시작되려는 참이었다. 정부는 12월 16일 '사고 수습 선언'까지 긴급 작업에 투입된 작업자 약 2만 명을 대상으로 피폭이 건강에 미치는 영향을 조사할 예정이었다. 원폭 피해를 연구해온 공익 재단 법인 방사선 영향 연구소가 담당 기관이었다. 우선 후쿠시마현에서 2,000명을 선행 조사하고 신년부터 본격적으로 조사한다는 계획이었다. 역학 조사단은 작업자의 생애에 걸쳐 피폭량과 암 등 질병 이력을 추적하고 혈액 등도 보존한다. 원전 사고 후 누적 피폭량이 100mSv를 초과한 173명은 염색체 검사도 실시한다. 특히 사고 직후에는 피폭 정도를 정확히 알지 못하는 작업자가 많아 자세한 인터뷰 조사도 필요했다. 현재 작업자나 후쿠시마 제1원전을 떠난 작업자가 조사를 받는 동안 일을 쉴 수 있을지, 더구나 평생 검사를 받을 수 있을지가 관건이었다. 조사는 난항이 예상됐다.

삿포로 작업자는 "정부나 도쿄전력은 검사를 받으라지만 암이 발견되어도 산재로 인정받지 못하면 치료비는 개인 부담이다. 재검사도 자비로 하라며 거부했다. 산재는 개인이 인과 관계를 입증하기가 쉽지 않다. 정부가 철저하게 조사해서 인과 관계를 밝혀주면 좋겠다"면서 참을 수 없는 분노에 이를 악물었다.

간절한 바람이 무색하게도 2015년 1월 말, 도미오카 노동 기준 감독서는 "피폭에서 암 발생까지의 기간이 짧아 인과 관계가 있다고 보기 어렵다"며 산재로 인정하지 않는다고 통보했다. 돌려받은 치료비 200만 엔을 갚아야 하는 처지가 된 것이다. 남성은 중장비 기술자로 어찌어찌 일을 다시 시작했으나 댐핑 증후군이 계속돼 여러 번 구급차에 실려갔다. 체중은 더 줄었다. 남성은 9월 1일, 도쿄전력과 원청 기업인 다이세이 건설 등 3개 회사를 상대로 '안전 관리 태만으로 불필요한 피폭을 당했다'며 약 6,500만 엔 보상 요구 소송을 삿포로 지방법원에 제기했다.

피폭보다 무서운 무직

후쿠시마 제1원전에는 오키나와에서 온 작업자가 많았다. 렌 씨도 그중 한 사람이었다. 1월, 차가운 바람을 뚫고 이와키 역 앞 술집으로 들어섰다. 렌 씨는 일자리를 찾던 중에 우연히 원전 작업자 모집 신문 광고를 봤는데, 기술이 없어도 된다기에 왔다고 한다. "피폭이 좋을 리 없지만 그래도 익숙해졌습니다." 렌 씨는 독한 소주를 삼키며 굵은 목을 움츠렸다. 육체 노동을 계속할 수 있을지 불안하고 주위에서도 더는 버티지 못할 것이라고 하지만, 야구를 오래 하면서 단련된 렌 씨의 몸은 생각보다 훨씬 강했다. 후쿠시마에서도 매일 일을 마치고 숙소로 돌아와 하루에 6km를 1시간 반 동안 걸었다. 오키나와 전통주 아와모리를 좋아하는 렌 씨는 쾌활한 사람이었다.

후쿠시마에 큰 지진이 일어날 때마다 가족들에게 전화가 왔다. 특히 딸은 방사선을 두려워하며 "돌아오세요"라고 여러 번 말했다. 그때마다 "오키나와에 일자리가 있으면 좋으련만…"이라고 같은 대답을 반복했다. 동향 동료 몇몇은 오키나와로 돌아갔다가 일자리가 없어 다시 후쿠시마로 왔다.

"원자로 폐로 때까지 후쿠시마에서 일할 생각은 없습니다. 지금이라도 고향으로 돌아가고 싶은걸요. 하지만 하던 일은 제대로 마무리 짓고 가겠습니다."

피난 구역이 해제되고 작업자 숙소가 후쿠시마 제1원전 근방으로 옮겨졌다. 이와키에서 멀어지면서 렌 씨와는 좀처럼 만나지 못했다. 주말이면 술집 거리로 나가기 좋아하는 렌 씨였으나, 차가 없어

외출이 어려워졌다고 전화로 불평했다.

사고 빈발, 도쿄전력 책임 인정

새해가 밝자마자 또 사망 사고가 발생했다. 1월 19일 오전 9시가 조금 지난 시각, 원청 기업 안도 하자마의 직원 츠리 유키오^{釣幸雄}(55세) 씨가 완성된 플랜지 탱크의 지수 처리 완료 여부를 점검하던 중 사고가 일어났다. 칠흑처럼 어두운 탱크 안에서 높이 10m의 천장에 올라가 뚜껑을 열다가 떨어진 것이다. 그는 가슴과 허리, 다리에 큰 골절상을 입고 구급차로 이송되었으나 이튿날 사망했다. 안전띠를 걸고 있었으나 그물을 고정해두지 않았던 것이다. 같은 날 오후에는 도쿄전력의 가시와자키 가리와 원전에서 시설 내 점검 작업을 하던 작업자(51세)가 3.5m 높이에서 떨어져 다리가 골절되는 중상을 입었다.

이튿날 1월 20일 아침, 후쿠시마 제2원전에서 하청 기업의 니즈마 이사무^{新妻勇}(48세) 씨가 건물 안에서 원통형 기기 점검 기구에 머리가 끼어 사망했다. 볼트를 풀 때는 크레인으로 기구를 고정하는 것이 원칙이지만 지켜지지 않은 것이다.

원전 사고 이전부터 일해온 1차 하청 기업의 임원은 "도쿄 올림픽 유치 결정 이후 원전 현장이 무리한 공정을 재촉받았다. 어디서 사고가 나도 이상하지 않은 상태였다. 정부는 녹아내린 핵연료를 10년 이내에 처리하라느니, 동토차수벽을 6월까지 설치하라느니, 상황을 전혀 이해하지 못하고 무책임한 발언을 하는데 현장은 그저 휘둘리고만 있다"는 그의 말에서 분노가 묻어났다.

이틀간 연이어 사망·부상 사고 세 건이 발생하자 도쿄전력은 긴급 기자회견을 열었다. 전년 3월 토사 붕괴로 굴착 작업을 하던 작업자가 사망한 이후 사고 방지 대책을 취하지 않아 이번 참사로 이어졌다. 도쿄전력의 아네가와 다카후미姉川尚史 상무는 기자회견에서 "해야 할 일을 하지 않았다. 기본으로 돌아가 점검하지 않았던 것이 (사고의) 주요한 원인 중 하나다"라고 인정했다.

휴일 수당 미지급에 분노하는 작업자들

도쿄전력이 전 지역 안전 점검을 실시하기로 했다. 1월 20일부터 약 2주간 원자로 냉각수 주입 등을 제외한 모든 작업이 중지됐다. 지금까지는 사고 발생지의 작업만 중지하고 다른 현장은 계속 가동했다. 이번 중단은 일당직 작업자들에게 큰 타격이었다. 2주를 무급 휴일 처리하면 임금이 급감하기 때문이다.

휴일 수당을 지급하지 않는 회사가 있는가 하면, 위험 수당을 제외한 일당의 60~70%를 지급하는 회사도 있었다. 야마 씨의 회사에서는 작업 중지 기간 동안 일당이 나오지 않았다. 여러 곳에서 불만의 목소리가 나오면서 분위기가 점점 험악해졌다. "폭동이라도 날 기세입니다. 그날 벌어 그날 먹고사는 사람이 많아요. 사활이 걸린 문제라고요."

1월 말, 점심시간에 지방에서 온 30대 작업자의 전화를 받았다. 그는 "2011년 가을에 크레인에서 금속 와이어 다발이 떨어져 작업자의 양다리가 절단됐을 때도 휴업은 없었다. 작업자들이 사고를 일으킨 것도 아닌데 사망 사고가 날 때마다 이렇게 중단해버리면 어쩌 냐"며 강한 불만을 토했다.

원청과 하청 기업도 상황이 심각했다. 1차 하청 기업의 한 임원 은 "도쿄전력이 휴업 보상금을 지급하지 않으면 인건비는 2주 만에 억 단위가 된다. 대형 건설 회사라면 5억 엔이 넘을 것"이라며 눈살 을 찌푸렸다. 원청 기업들은 휴업 보상분을 도쿄전력에 요청했으나, 도쿄전력은 "현장 안전 점검, 사고 원인과 대책을 함께 이야기하는 회의분은 지급하겠지만 휴일 수당은 불가하다"고 답했다.

마침내 작업자들이 도미오카 노동 기준 감독서 등을 찾아가는 사태에 이르렀다. 노동 기준 감독서는 "자금이 없으면 하청 업체가 작업자에게 휴업 보상금을 주지 못한다"면서 도쿄전력에 지급하도 록 지도했다. 그러자 도쿄전력이 태도를 바꿔 휴업 보상분을 지급하 기로 했다.

1월 23일, 도쿄전력은 탱크에 있는 고농도 오염수를 연내에 정 화 처리하는 계획을 취소한다고 발표했다. 정화 작업용 ALPS의 작 동 오류가 이어지면서 처리량이 예상 목표의 60% 정도로 떨어졌기 때문이다. 도쿄전력 히로세 사장은 자원에너지청의 우에다 다카유 키上田隆之 장관에게 "3월 말까지 처리하기 어렵다. 약속을 지키지 못 해 죄송하다"고 사죄했다. 완료 일정은 5월 중으로 조정됐다.

도쿄전력, 오염수 해양 유출 1년간 방치

2주간의 작업 중단 이후 현장 분위기가 달라졌다. 40대 반장은 무리한 강요가 없어졌다고 전했다. "도쿄전력도 더는 사고를 일으키고 싶지 않을 것이다. 도쿄전력 직원이 '위험하면 현장에서 작업을 중지해달라. 안전이 제일'이라더라." 작업 공정을 여러 번 재검토한 끝에 계획을 다시 세운 현장도 있었다.

그러나 그것도 한때였다. 한 현장 감독은 "이제 도쿄전력이 아니라 원청 기업이 '상반기 매출을 늘려야 하니 서둘러라. 공정이 우선이다'라느니 '작업 종료 시점은 바꿀 수 없다'고 말하고 있다. 여전하다"라면서 크게 한숨을 쉬었다.

2월 말, 도쿄전력 측이 1년여 전부터 고농도 오염수가 해양으로 단속적으로 흘러 들어가는 것을 파악하고 있었음에도 방치한 사실이 드러났다. 보고를 받은 원자력 규제 위원회에서도 대책을 지시하지 않은 것으로 알려졌다. 해양으로 연결된 배수구의 방향을 후쿠시마 제1원전 전용 항만 안쪽으로 바꾸는 작업이 갑자기 이뤄졌다.

원자력 규제 위원회가 지난해 9월 규슈전력 가와우치 원전 1·2호기, 2월 12일 간사이전력 다카하마 원전 3·4호기를 새로운 규제 기준에 부합한다고 인정하면서 두 원전은 연내에 재가동될 예정이었다. 4월 후쿠이 지방법원은 다카하마 원전 3·4호기가 새로운 규제 기준을 충족했더라도 안전성이 보장되지 않으면 재가동을 금한다는 가처분 결정을 내렸다. 하지만 간사이전력의 이의 신청으로 12월 가처분이 취소됐다.

3월 1일, 통행 금지였던 원전 주변의 조반 고속도로常磐道가 전면 개통됐다.

료 씨의 새 출발

료 씨는 후쿠시마 제1원전을 떠나 새 일을 찾았다. 한동안 지인의 목수 일을 돕던 중에 한 배관공 장인이 후계자를 찾는다기에 그 일을 이어받기로 한 것이다.

오랜만에 만난 료 씨는 근육이 많이 붙어 늠름했다. 미소에도 힘이 있고 자신감이 넘쳤다. "원전 사고 후 되는대로 떠밀리며 살았다"며 불안해하던 때와 비교하면 놀라울 정도로 달라진 모습이었다. "제대로 기술을 익히는 데 3년은 걸린대요. 얼른 체득해서 제구실을 하고 싶습니다." 료 씨는 집에서도 배관공 일을 공부한다고 했다. 장인 부부는 인정 많은 사람이었다. 료 씨는 그들을 "신 같은 존재"라고 표현했다. "일에는 엄격하지만 나를 파트너로 인정해주십니다. 매일 즐거워요." 료 씨의 표정이 굉장히 밝았다. 동일본 대지진 이후 주택 건설과 보수가 한창이어서 일도 넘칠 정도로 많이 들어오고 있었다.

초등학생이 된 두 아이도 안정됐다고 한다. "부모나 어른들의 눈치 보지 않고 잘 웃어요. 천진난만합니다." 료 씨 주변에 여유롭고 온화한 공기가 머물고 있었다.

"살길을 찾았구나 싶어요. 인터넷상에서 후쿠시마 제1원전의 작업자라면 영웅시하고 추켜세워주니 내가 대단한 기여를 한다고 착각했습니다." 그가 말을 이었다. "그래도 여전히 마음에 걸려요. 필요하다면 다시 원전에서 일할 마음도 있어요."

원전 사고가 발생한 지 4년이 지나 올해 2월, 료 씨 가족과 이와키 해변에서 만났다. 료 씨에게서 가족 이야기를 자주 들어서인지 처음 만난 것 같지 않았다. 가족사진 속 모습보다 더 자란 아이들이 눈앞에 있었다. "가족의 소중함과 귀중함을 이번 원전 사고로 알게 됐습니다. 앞으로는 가족과 함께 살면서 아이들의 미소를 반드시 지킬 겁니다." 두 아이를 응시하는 료 씨의 눈길은 무척이나 따뜻했다.

긴급 시 피폭 한도 상향 조정

3월 13일, 후생노동성의 전문가 회의에서는 원전 중대 사고 등 긴급 수습 작업이 생길 경우 작업자의 피폭 한도를 현행 100mSv에서 250mSv로 상향 조정한다는 방침을 정했다. 후쿠시마 제1원전 사고 발생 직후에도 100mSv에서 250mSv로 상향 조정했다. 방사선 심의회 등을 거쳐 2016년 4월 1일부터 개정 법령이 시행됐다.

3월에 1호기의 원자로 격납용기 내부 조사도 진행됐다. 조사 결과 원자로 내부의 핵연료가 대부분 녹아내린 것으로 판명됐다. 4월 로봇 조사에서는 격납용기 내부에 최대 시간당 9,700mSv의 초고도 방사선량이 존재해 사람이 40분만에 사망하는 수준이라는 사실이 공개됐다.

야근 때마다 발이 묶인다

2015년 3월 16일, 익명(36세)

야근 때 원전 안을 걷는데 경찰관이 불러세웠다. "실례합니다. 신분증을 보여주십시오." 신분증을 내밀자 "늦은 시간까지 수고가 많으십니다"라고 했다. 정중한 느낌이었다. 소문으로는 들었지만 정말로 불심 검문을 받으리라고는 생각지 못했다.

밤에는 위험하니 도보 이동 금지 규칙이 있다. 작업자 중에는 "경찰관이 오면 귀찮아지니까 몸을 숨기라"는 사람도 있다. 하지만 몸을 숨기면 오히려 수상하다. 군데군데 외등이나 조명으로 장소에 따라서는 의외로 밝다. 크리스마스처럼 야간 조명을 비추는 현장도 있다. 밤에는 차량이 다니지 않기 때문에 조용하다.

야근 때는 발이 묶인다. 작업이 끝나도 도쿄전력 버스가 출발하는 새벽 4시까지 기다려야 한다. 잠시 눈을 붙일 장소도 없어서 휴게소나 복도에서 잠을 잔다. 원전에는 피폭 억제를 위해 10시간 이상 머물 수 없기 때문에 깊이 잠들지 않도록 주의해야 한다.

샤워도 할 수 없다. 화장실에는 '머리 감기 금지'라는 안내문이 붙었지만 씻고 싶은 마음은 충분히 이해가 간다. 야근 수당이 높기 때문에 회사에서 잔머리를 굴려 준야근으로 돌려 야간 근무가 수시로 바뀌는 바람에 몸이 너무 피곤하다.

무너지는 부부관계

한밤의 현장은 어떤 모습일까? 얼마 전 이와키에서 만난 젊은 작업자는 처음 후쿠시마 제1원전에 온 무렵, 원전 사고 발생 당시를 떠올리며 "여기저기 흩어진 파편이나 엉망으로 파괴된 원자로 건물이 무서웠으나 그 적막감이 강한 인상으로 남아 있다"고 했다. 원전 주변에는 아무도 살지 않는다. 후쿠시마 제1원전은 6번 국도에서 바다쪽으로 들어간 곳에 있어 차 소리도 들리지 않는다. 다른 공사 현장에 비하면 낮에도 조용한 편이지만 밤에는 더 고요하다. 원전 안을 달리는 덤프트럭이나 자동차도 거의 없다. 주민이 살지 않기 때문에 길거리에 불빛조차 없다. 외등이 적어 탱크 구역은 어둠에 잠긴다. "별은?" 하고 물으니 "올려다볼 겨를이 없다"며 웃었다.

도쿄에서 온 히로 씨도 연말이 다가오자 방사선량이 상한에 가까워지고 있었다. 일을 마치고 돌아오는 그를 이와카에서 만났다. 기운이 없어 보였다. "월말에 나가라는 말을 들었습니다. 방사선량 때문에 버려지는 신세가 되어버렸어요." 이 무렵에는 원청이 85mSv나 90mSv 등 상한을 연달아 아슬아슬한 수준으로 올렸다. 원전 일을 계속하기 위해 히로 씨는 후쿠시마로 이사와 살 생각을 하고 있었다. 이주 계획을 실현하기 위해 그는 가족을 여러 차례 이와키로 불러 볼거리가 있는 곳에 데려가기도 했다. 현지 사람들과의 교류는 히로 씨에게 '보물' 같은 것이었다. 후쿠시마에서 가족과 함께 살고 싶다는 마음은 이곳에서 지낸 시간만큼 강해지고 있었다.

다만 지난해 봄 이후 작업 공정에 쫓겨 월 1회 도쿄에 가기도 어려워지고 아내가 도움을 청해도 집으로 돌아가지 못해 가족과 균열이 생기고 있었다. 오랜만에 집에 갔을 때 아내는 본인만 중요하냐고 물었다. 이 말이 그의 마음 깊숙이 꽂혔다. 균열은 생각보다 커 한번은 이혼 이야기로 번졌다고 했다. 히로 씨의 표정이 어두웠다.

얼마 전부터 히로 씨는 홀로 후쿠시마에서 지내는 것도 할 만해졌다고 말한다. 히로 씨는 그 어느 때보다 쓸쓸해 보였다. 오랜만에 집으로 돌아간 그가 아들을 안으려 하자 아이가 "아빠, 싫어" 하며 작은 손으로 히로 씨의 얼굴을 밀며 울기 시작했다고 한다. 가족의 마음이 떠나기 시작한 것이다.

원전 사고 후 홀로 후쿠시마로 온 작업자들은 가족과 떨어져 있는 몇 년 동안 여러 가지 일을 겪고 있었다. 이곳에서 알게 된 여성과 친밀한 관계로 발전하는 작업자가 있었다. 한 여성과 사랑에 빠져 함께 살 집을 구하려다가 가진 돈을 잃고 만 이도 있었다. 반대로 총각 행세를 하다가 발각되어 문제가 된 사례도 있었다.

후쿠시마 여성이 고향으로 돌아간 작업자를 만나러 갔다는 이야기도 들었다. 이와키의 작은 유흥가에는 갖가지 사연이 끊이지 않았다. 가족에게 1,000만 엔이 넘는 수당을 보냈는데 떨어져 사는 아내가 모두 탕진해 이혼한 사람도 있었다. 여러 차례 이혼의 위기를 넘겼다는 젊은 작업자는 "후쿠시마 제1원전에 홀로 와서 일하는 작업자의 가정은 모두 위기를 맞고 있다"고 담담하게 말했다.

아내와 약속한 기한도 지났다

2015년 4월 17일, 도모 씨(49세, 가명)

올해도 벚꽃이 활짝 피었다. 후쿠시마 제1원전에 와서 두 번째 봄을 맞았다. 1년 전과 비교해 벚꽃이 많이 줄었다.

작년, 외부에서 만든 탱크를 배로 들여와 대형 트레일러로 원전 안으로 운반하기 위해 도로 쪽 벚나무 가지를 잘라냈다. 나무를 하나둘 베어 탱크를 세우고 주차장을 만들었다. 너무 베어내는 것이 아닌가 싶어 쓸쓸해졌다. 꿩 소리도 더는 들리지 않는다.

작업 현장은 작업자가 계속 바뀌어 1년만 지나도 베테랑 대우를 받는다. 피폭량이 상한에 달해 떠난 동료에게 벚꽃 사진을 보내려 한다. 솜씨 좋은 기술자였는데. 그가 떠나고 나서 현장은 상당히 고전하고 있다.

오랫동안 일한 기술자라도 해고 통지는 갑자기 받는다. 어차피 해고할 것이라면 미리 말해주면 좋겠다. 어느 날 갑자기 일이 없다는 말을 듣고 길거리를 헤매게 하지 말고. 상급 회사는 일이 많을 때만 사람을 모으고, 없으면 갑자기 해고한다. 작은 회사로선 사활이 걸린 문제다. 어떻게든 일을 이어가려고 필사적으로 노력한다. 지금은 작업자가 많지만 다음 계약이 정해지지 않았다면서 상급 회사가 또 작업자를 줄이고 있다. 후쿠시마에서 1년만 일하겠다고 아내와 약속했는데 그 기한도 지났다. 내년 벚꽃은 못 보겠지?

오염수 1만 t 수작업으로 처리

도모 씨는 어릴 때 후타바 군 친척 집에 놀러와서 원전 근처 바다에서 물놀이를 자주 했다. 그래서인지 줄곧 후쿠시마 생각이 떠나지 않았다. 그러다 회사에 기술자로서 현장으로 보내달라고 자원했다.

원전에서 일을 시작하고 금방 스트레스가 쌓였다. 평일에는 식사도 목욕도 출퇴근도 모두 동료와 함께했다. 현장은 오합지졸 집단으로, 도저히 국내외 인재가 결집한 현장이라고는 할 수 없었다.

"지금은 익숙해졌지만 처음 반년은 초조하고 우왕좌왕했습니다. 새로 지은 건물이 뒤틀렸다든가, 데이터가 결과물과 다르다든가…. 시간이 지날수록 작업자들은 의욕이 떨어졌습니다. 무엇을 할 수 있을지 정말 진지하게 생각해온 터라 더 화가 났어요." 스트레스로 술을 마시고 먹기만 해서 살이 쪘다며 자조하듯 웃었다.

"한 달에 한 번 가족을 만나러 가서도 술을 많이 마시고 아들에게 술주정이나 부리다가 시끄러우니까 제발 잠이나 자라는 말을 들었습니다." 심지어 1월에는 사고로 작업이 중단되고 휴업 보상이 나오지 않을지도 모른다는 말을 전했다가 아내와 분위기가 나빠졌다. "결국 수당 없이 일당 70%가 나왔지만 1월 임금은 3분의 1밖에 들어오지 않았어요. 언제까지 작업을 중단할지 알면 다른 일을 찾아볼 텐데. 아내는 '생활이 어렵다'고만 하니."

5월 27일, 도쿄전력은 탱크에 저장된 고농도 오염수 처리가 완료됐다고 발표했다. 그러나 플랜지 탱크 바닥에 기계 펌프로 퍼낼 수 없는 오염수 1만 t가량을 수작업으로 빼내야만 했다. 대체로 트리튬만 든 처리수를 증설한 용접 탱크로 옮기고 빈 플랜지 탱크는 해체 수순을 밟았다. 또 용접 탱크에 스트론튬 등 일부만 제거한 오염수 약 18만 t도 ALPS로 다시 처리해야 했다.

빚을 내 임금을 주다

2015년 6월 19일, 요시오 씨(50세, 가명)

작업자로 일하면서 작은 회사를 운영하고 있다. 직원의 생활은 무슨 일이 있어도 지켜줘야 한다고 생각하지만 요즘 휴업 보상 문제로 난처하다. 도쿄전력이 작업을 중지한 2주분 임금은 원청 기업에 지급하기로 했으나, 원청 기업에서는 일당의 60%만 지급했으며 수당은 포함되지 않았다. 그런데도 돈을 받았으니 서류에 사인을 하라고 한다. 임금에서 수당이 차지하는 비율은 높다. 항의하자 "노력해서 해결하라"는 답이 돌아왔다.

법률상 휴업 보상은 고용 회사의 책임이다. 하지만 우리가 사고를 일으킨 것도 아니고, 작은 회사에는 이를 해결할 여력이 없다. 결국 빚을 내 직원에게 수당을 지급했다.

손해를 보는 것은 언제나 열심히 일하는 작업자나 말단에 있는 성실한 회사다. 떼돈을 벌려는 것도 아니지만 빚을 내가면서까지 하려고 이곳에 온 게 아니다. 무엇을 위해 일하는지 점점 모르겠다.

도쿄전력 임원 '업무상 과실 치사죄'로 기소

요시오 씨는 원전 사고 후 간토에 있던 회사 직원들을 이끌고 후쿠시마 제1원전으로 왔다. 방사선량이 높은 현장을 비교하면 대기업 종합 건설 회사는 수당 포함 하루 일당이 3만 6,000엔이었으나 중견 건설 회사는 2만 8,000엔, 알 만한 토목 회사의 경우 1만 9,000엔으로 제각각이었다. 요시오 씨가 토목 회사의 하청 기업으로 일당 1만 9,000엔에 일을 했을 때 같은 현장에서 일하는 작은 건설 회사의 하청 업체 작업자가 하루 6,500엔밖에 받지 못한다는 사실을 알았다. "돈 문제만이 아니에요. 목수도 현장 감독도 수준이 너무 낮아 굉장히 놀랐습니다. 재작업해야 할 정도로 심각한 경우도 있었습니다. 벽을 세울 때 너무 얇아서도, 두꺼워서도 안 되는데, 비 오는 날 시공해서 볼트에 녹이 슬기도 하고. 말문이 막힐 때가 한두 번이 아니었습니다."

안전 점검으로 작업이 중단됐을 때는 휴업 보상 문제로 고민이 많았다. 노동 기준법상 고용자의 사정으로 직원을 쉬게 할 경우 평균 임금의 60% 이상 지급해야 한다. 최종적으로는 도쿄전력이 휴업 보상금을 지급하기로 했으나 원청 기업에서 받은 돈은 위험 수당을 제외한 임금의 60%였다. 요시오 씨는 고민 끝에 사장인 아내에게는 비밀로 하고 빚을 내 직원들의 휴업 보상금을 지급했다. "결국 아내가 알아버렸어요. '뭣 하러 일하나?'라는 말을 들으며 혼이 났지만 할 말이 없었습니다. 그치만 직원들도 먹고살아야 하잖아요."

요시오 씨는 소주를 마시며 긴 한숨을 토했다.

배수구 누수 문제도 계속됐다. 6월에는 정문 옆에 작업자용 대형 휴게소가 완성됐다. 7월 31일에는 도쿄 지방 검찰이 두 차례 불기소한 도쿄전력의 가츠마타 츠네히사勝俣恒久 전 회장, 다케쿠로 전 부사장, 무토 사카에武藤栄 전 부사장 등 전 경영진 3명을 도쿄 제5검찰심사회가 업무상 과실 치사죄로 기소해야 한다는 두 번째 의결을 공표했다. 다음 해 2월 세 사람은 "대규모 쓰나미를 예측할 수 있었음에도 막연한 대책으로 태만히 임해 원전 가동을 멈추지 않았다"는 업무상 과실 치사죄로 도쿄 지방법원에 강제 기소됐다. 그리고 8월 11일, 규슈전력 가와우치 원전 1호기가 새로운 규제 기준에 근거해 재가동에 들어갔다. 2012년 여름 재가동한 간사이전력 오이 원전이 이듬해인 2013년 9월 정지된 이래 '원전 가동 제로' 시대는 1년 11개월 만에 끝났다.

결국 이대로 버려지는 것일까?

2015년 8월 5일, 요시오 씨(50세)

원청 기업으로부터 "다음 공사 개시가 연기됐으니 일단 돌아가라"는 말을 들었다. 몇 개월간 스스로 일을 찾아 먹고살다가 오라는 것이다. 이럴 수는 없다.

진행 중이던 공사가 연기되면서 현장의 인력 감축이 시작됐다. 연기된 만큼 적자가 나기 때문에 평소 현장에 오지 않던 임원이 나타나 "인력은 절반 정도면 충분하겠지"라고 말하기도 했다. 비용만 생각하는 것이다. 남은 작업자도 사람이 줄어 고역이다.

단기 근무처를 어떻게 찾는담. 운 좋게 허드렛일이라도 구하면 다행이지만…. 나뿐 아니라 함께 일하는 직원들도 달려 있다. 게다가 다음 공사도 예정대로 시작될지 장담할 수 없다.

사람이 부족할 때도 갑자기 구해오라고 한다. 하지만 언제까지 일할 수 있을지도 모르면서 무책임하게 사람을 부를 수도 없다. 우리는 쓰고 버리는 존재인가. 50년을 살면서 이런 건 처음이다. 타격이 너무 크다.

현장 상황에 따라 고용·해고 손바닥 뒤집듯

이와키 술집에서 만난 요시오 씨의 안색이 좋지 않았다.

"상급 회사는 성수기에 내일이나 모레까지 사람을 모을 수 있느냐고 무리한 요구를 해오다가도 1개월도 지나지 않아 필요 없어졌다고 하는 경우도 있습니다. 여기까지 온 인부들에게 못할 짓입니다. 우리도 불안한데 아무렇지 않은 듯 사람을 부를 수는 없어요."

요시오 씨는 쓴 약을 마시기라도 하듯 소주를 들이켰다. 주문한 닭꼬치는 손도 대지 않아 딱딱하게 식었다. 그의 어깨에는 직원들의 생계가 달려 있었다. "우리가 바둑판에서 버리는 말인가요? 도마뱀 꼬리 자르기처럼 간단하게 잘라버리는데, 잘린 사람의 아픔을 알긴 할까요?" 요시오 씨가 주먹으로 가슴을 쳤다. "사람도 아니에요, 그놈들."

요시오 씨와 젊은 인부들은 그 후 2주가 채 지나지 않아 도쿄로 돌아갔다. 작업 재개를 기다렸으나 여섯 번째 공사 연기 연락을 받은 뒤 요시오 씨는 이쯤에서 완전히 손을 떼기로 결정했다.

9월 3일, 원자로 건물 지하로 유입되는 지하수를 줄이기 위해 건물 주변에 있는 서브드레인 41개 가운데 산 쪽 20개로 지하수를 퍼내기 시작했다. 오염수는 기준치 미만으로 정화 처리한 뒤 9월 14일부터 해양 방류하기 시작했다.

9월 5일, 나라하마치의 피난 지시가 해제됐다. 이번 조치에 나라하마치 이외 지역의 피난민 작업자는 심경이 복잡했다. 도미오카마치 출신 작업자는 "아직 돌아갈 만한 상태가 아니다. 오염 제거도 미흡하고 인프라도 제대로 정비되지 않았는데 있을 수 없는 일이다. 2020년 도쿄 올림픽까지 피난민을 모두 돌려보내려는 정부의 의도가 미심쩍다. 이렇게 빨리 복구했다고 세계에 알리고 싶은 것"이라며 불안감을 토로했다.

이 무렵 영세한 하청 업체들은 또 다른 걱정을 안고 있었다. 2016년 3월 말까지 건설업 관련 회사는 직원 전원을 사회 보험에 가입시켜야 한다는 정부의 시책 때문이었다.

"갑자기 의무 가입이라니. 하루 벌이로 먹고사는 우리에게는 현실적으로 어려운 일입니다. 작업자도 임금에서 보험료 명목으로 월 3만~4만 엔을 제하니 보험에 가입하고 싶지 않다는 이도 많아요. 상급 회사에 보조를 요청할 수밖에 없어요." 더는 경영하기 어렵다는 판단에 상급 회사에 흡수 합병되거나 폐업하는 업체도 있었다. 직원이 15명 정도인 현지 업체 사장이라고 해봐야 직접 일하는 작업자였다.

사장은 "나만 해도 월 8만 엔 정도가 임금에서 빠져나갑니다. 10만 엔 가까이 임금이 줄면 직원은 회사를 그만둔다고요. 그렇다고 회사가 3분의 2를 부담한다면 경영이 안 되죠." 그는 불면증에 시달리고 있었다.

백혈병, 원전 사고 이후 첫 산재 인정

후생노동성은 10월 20일, 원전 사고 후 후쿠시마 제1원전에서 작업하다 피폭돼 백혈병에 걸린 작업자에게 처음으로 산재를 인정했다. 기타큐슈의 그 작업자(41세)는 건설 회사 직원으로 2011년 10월부터 2013년 12월까지 후쿠시마 제1원전과 규슈전력 겐카이 원전 등지에서 일했다. 2013년 12월 후쿠시마 제1원전을 떠난 후 몸에 이상을 느꼈고, 다음 달 급성 골수성 백혈병 진단을 받았다.

1976년에 만든 방사선 업무 종사자의 백혈병 산재 인정 기준은 '연간 5mSv 이상 피폭', '첫 피폭을 동반하는 작업 후 1년 이상 지나 발병'으로 다른 요인이 없어야 했다. 당시는 일반인 연간 피폭 허용치가 5mSv였기에 이를 기준으로 삼은 것으로 보인다. 이 덕분에 백혈병은 다른 암에 비해 산재를 인정받을 가능성이 높았다. 다만 후생노동성은 "산재 인정은 보상이 결여되지 않도록 배려하는 행정상의 판단으로, 과학적으로 피폭이 건강에 미치는 영향의 인과 관계를 증명한 것은 아니다"라고 강조했다.

여기에는 이유가 있다. 이전까지 작업자들이 전력 회사나 국가를 상대로 소송을 하려면 스스로 병과 피폭의 인과 관계를 입증해야 했다. 이 때문에 지금까지 원고가 승소한 예가 한 건도 없었다. 게다가 백혈병 이외에는 정해진 기준이 없었다. 혈액암인 악성 림프종은 '연간 25mSv 이상', 다발성 골수종은 '누적 50mSv 이상'이 기준이다. 원전 사고 후 후생노동성은 다른 암에도 산재 인정 기준을 마련했다. 폐나 위, 갑상선 등 고형 암의 기준은 '누적 100mSv 이상, 증상이 나타나기까지 5년 이상'으로 정했다. 사례 하나하나를 후생노동성의 전문가 위원회에서 검토한 뒤에야 산재가 인정된다. 백혈병에 비해 다른 암은 산재 인정의 장벽이 너무나 높았다.

장차 산재 신청이 증가할 것으로 예상되는 상황에서 정부는 어떻게 대응할 것인가? 또 원전 사고 초기에는 선량계가 부족해 정확한 피폭량을 알 수 없는 작업자가 많았다. 이를 어떻게 평가할 것인지도 문제였다.

탱크 순찰은 너무나 고되다

2015년 11월 4일, 기미 씨(58세, 가명)

원전에 빼곡하게 들어선 탱크를 순찰하는 일은 정말 고되다. 누수가 우려되는 플랜지 탱크가 해체되기 시작됐기 때문에 조금 여유가 생겼지만 대신 용접 탱크가 늘고 있다.

순찰은 3명이 한 조로 움직인다. 용접 탱크는 하루 두 번, 플랜지 탱크는 하루 네 번 순찰한다. 탱크 구역을 둘러싼 둑 안으로 들어가 선량계가 흔들리는

지 살펴본다. 탱크에 누수 흔적이나 오염을 발견하면 고농도 방사선량에 노출될 위험이 있기 때문에 다가가지 않고 사진을 찍어 보고한다. 둑 안쪽 물이 20cm 이상이면 멀리서 육안으로 살핀다.

둑 안쪽에 고인 물은 정체되어 있다. 바닥에 퇴적물도 있어 미끄럽다. 쓰레기에 발이 걸려 넘어져 물에 빠진 적도 있다. 오염된 물에 닿으면 위험하기 때문에 판초 방수복을 입고 장화를 신는다. 한여름에는 지옥이 따로 없다. 넘어져 찢어질 것을 대비해 방호복과 판초는 항상 여분을 가지고 다닌다.

밤에는 아무래도 둑 안으로 들어가지 않는다. 외등을 켜지 않아 어둡고 길가 식물들이 어둠 속에서는 괴물처럼 보여 으스스하다. 원전 안은 탱크로 가득하다. 언젠가 한계가 오겠지….

3호기 격납용기 내부 촬영 성공

탱크에서 방사성 물질이 섞인 물이 새면 주변 방사선량이 올라간다. 그 때문에 작업자는 허리 높이에 선량계를 차고 탱크 주변에 설치된 둑 안쪽으로 들어가 탱크 가까이에서 방사선량을 측정해 누수 여부를 확인한다. 오염수가 새면 둑 안쪽 물도 오염됐을 가능성이 높아 위험하다. 3~5명이 한 조로 5~6개 조가 돌아가면서 순찰한다. 오염수가 누수되면 오염수 내의 스트론튬이 뿜어내는 베타선이 문제가 되므로 작업자는 손끝에 베타선을 측정하는 특수 선량계를 단다.

작업자 역학 조사를 위한 건강 검진소에서 기미 씨를 만났다. 후쿠시마 제1원전에서 30년간 일한 그는 원전 사고 당시 핵연료 냉각기 운전원으로 원자로 바로 옆에 있었다.

어마어마한 진동에 전원이 끊겨 암흑천지가 되면서 장치가 멈췄다. 순간 기미 씨는 책상과 컴퓨터를 필사적으로 부여잡았다. 바퀴 달린 팩스가 드르륵 소리를 내며 굴러왔다. 지하 배터리가 제 기능을 하지 못하는지 냉각계의 중요 전원이 꺼졌다. 원자로 건물 안은 먼지가 잔뜩 일어 눈앞이 하얗게 보였다. 업무용 휴대 전화와 손전등만 챙겨 몸을 낮추고 손으로 더듬으면서 비상구를 찾았다. 터빈 건물로 이어지는 1층, '소나무 복도'라 부르는 긴 통로에 상비등이 켜져 있었다. 여진이 이어지는 가운데 15분 정도 걸었을까. 기미 씨는 방호복을 벗고 속옷만 입고 밖으로 나왔다. 바다 쪽 출구로 나가라는 안내에 따라 4호기에서 정기 점검 작업을 하던 작업자 수천 명과 함께 고지대로 내달렸다. 운 좋게 휴게소에 들러 사복과 지갑을 들고 나올 수 있었다. 작업자는 대부분 정문으로 달려갔다. 하지만 운전원을 대신할 사람은 없었다. 도망을 칠 수만은 없었다. 기미 씨 일행은 운동장에 모여 인원을 점검했다. 다른 이들이 귀가를 서두르는 가운데, 운전원들은 지시를 기다리며 대기했다.

가족이 걱정됐으나 전화는 불통이었다. 기미 씨의 집은 바다와 가까워 쓰나미 피해가 걱정됐다. 상사로부터 "원자로가 멈췄다. 뒤는 도쿄전력 직원이 맡는다"는 말을 듣고 기미 씨는 후타바에 있는 집으로 향했다.

집에는 아무도 없을 시간이었다. 근처 사는 사람에게 차를 빌려 고등학생인 아들을 데리러 갔으나 바다 쪽은 쓰나미로 통행 금지였다. 후쿠시마 제1원전에서 일하는 큰딸은 면진중요동에 있었을 것이다. 나중에야 여성 직원들은 기미 씨 일행보다 먼저 도쿄전력 버스를 타고 원전을 벗어났다는 것을 알게 됐다. 학원에 갔던 작은 딸은 남자 친구의 집에 있어 무사했다. 하지만 바다 앞에 사는 80세 가까운 어머니의 안부를 확인하지 못했다.

기미 씨는 뜬눈으로 밤을 보냈다. 이튿날 아들과 함께 가보니 쓰나미에 쓸려 다닌 차와 집, 잔해가 한가득이었고 그 자리에 있어야 할 집도, 이웃집도 보이지 않았다. 아들이 밭 한가운데서 굴러 다니는 주황색 지붕을 발견하고 "친구네 집 2층 지붕"이라고 소리쳤다. 평소 건물에 가려져 있던 바다가 훤히 보였다. 후쿠시마 제1원전으로부터 10km 권내에 피난 지시가 내려와 이웃 주민들과 함께 피난 버스를 타야만 했다. 피난소에서 만난 어머니는 자꾸 경련을 일으켜 병원으로 옮겨졌고, 가족 모두 그리로 향했다. 그 후 피난소에서 생활한 기미 씨는 원전으로 돌아가야 한다는 생각에 초조했다고 한다.

복귀하라는 전화를 받은 것은 4월 5일. 후쿠시마 제1원전으로 돌아간 것은 4월 20일이었다. 원전 사고 후 운전원의 일이 사라져 기미 씨는 원전의 여러 현장을 전전하고 있었다.

동일본 대지진 후 가족과 함께 살 아파트를 찾아다녔으나 적당한 곳이 없었다. "일도 어떻게 될지 모르는데 내 나이 50에 빚을 떠안을지도 모른다. 하지만 아이들이 살 집은 필요하다." 곧바로 이와키 시내에 땅을 사고 집을 지어 이듬해에 아이들과 이사했다. 대지진 후 이와키의 토지 가격은 크게 올랐고 잇달아 피난민의 집이나 아파트가 지어지면서 쓸 만한 땅도 크게 줄었다. "그때 결단하지 않았다면 집을 못 샀을 겁니다." 기미 씨는 진지하게 말했다.

10월 20일, 3호기 원자로 격납용기 안에 카메라를 투입해 촬영하는 데 처음으로 성공했다. 내부 수위는 추정대로 약 6.5m, 방사선량은 최대 약 1Sv로 극히 높은 수치였다. 그리고 10월 26일, 오염된 지하수가 호안에서 바다로 새어 나오는 것을 막기 위해 바다 쪽으로 총 780m 길이의 차수벽이 완성됐다. 차수벽은 해저에 강철 파이프 600여 개를 박아 만든다. 그러나 완성 후 벽 부근 지하수 수위가 올라가 서브드레인에서 퍼 올리는 양을 늘려야 했고 하루 300t의 오염수가 추가 발생했다.

곧 태어날 아이에게 피폭의 영향이 있지는 않을까?

2015년 11월 23일, 히로 씨(37세)

곧 둘째가 태어난다. 무사하면 좋겠다. 아내는 둘째를 많이 바랐으나 상당량을 피폭당한 내 상태가 아이에게 미칠 영향이 걱정되어 시간을 가지려 했다. 그래서 아내가 임신했다는 말을 들었을 때 솔직히 어떻게 해야 할지 몰랐다.

의사나 국가 상담 창구에 물어도 괜찮다고만 한다. 하지만 방사선이 인체에 미치는 영향을 잘 모르는 상황이다. 굉장히 걱정스럽다.

아이가 성장하면 네가 태어나기 전에 원전 사고가 있었고 모두 힘을 합쳐 이겨냈다는 말을 해주고 싶어 작업에 참여해왔다. 지금으로서는 그저 건강하게 태어나주기만 바랄 뿐이다.

탱크 해체와 오염수 회수

후쿠시마 제1원전에서는 오염수 누수가 반복된 플랜지 탱크를 5월부터 본격 해체하기 시작했다. 12월 1일, 탱크 313개 가운데 가까스로 26개를 해체했다. 탱크 내부에 남은 오염수는 기계로 퍼낼 계획이었으나 바닥 이음새가 많은 데다, 다 퍼내지 못해 결국 수작업을 하게 됐다. 탱크 바닥에는 고농도의 방사성 물질을 포함한 녹과 불순물이 침전되어 있었다. 작업자들은 플랜지 탱크 하나당 1,000개가 넘는 볼트를 풀어야 했다.

작업자는 이중 방호복에 두꺼운 판초 상하의를 입고 다시 고무로 된 전신 수트를 덧입는데, 장갑은 목장갑에 고무장갑을 3중, 4중으로 끼고, 장화를 신고 전면 마스크를 쓴다. 선량계도 일상용 두 개에 베타선 측정기를 손가락, 허벅지, 전면 마스크 안 등 모두 다섯 개 장착한다. 텅스텐 조끼를 입는 경우에는 몸에 장착하는 선량계가 더 늘어난다. 이처럼 무거운 장비를 갖추고 탱크 안으로 들어가려면 일은커녕 움직이는 것만으로도 중노동이라 금세 열이 차 '지옥'이 따로 없었다고 한다. 4년 이상 취재하면서도 이만큼 장비를 갖추는 작업은 들어본 적이 없었다.

탱크 안에 물이 남아 있으면 방사선을 차단해주지만, 물을 빼내면 보호막이 사라진다. 탱크 안에서 일하는 작업자의 베타선 피폭 위험이 크기 때문에 10cm 깊이로 물을 남겨둔 채 작업을 했다. 강력 흡인 차량에서 호스를 끌어와 긴 물갈퀴로 탱크 바닥의 물과 진흙을 모으면서 세심하게 빼낸다. 찌꺼기 때문에 긴장하지 않으면 미끄러진다. 장비로 인한 체력 고갈과 피폭량 문제로 탱크 바닥 작업은 30분 한도로 여러 조가 교대 작업을 했다.

오염의 위험은 해체 작업에서도 마찬가지였다. 탱크 안 오염수를 빼낸 다음 오염이 특히 심한 바닥은 고무 매트를 여러 겹 깔아 방사선을 차단한다. 이 무렵 오염수를 제거한 뒤 해체 작업을 하던 작업자 기 씨는 "오염 검사에서 자주 걸린다. 사용한 장화는 매일 버린다. 팔꿈치나 무릎에 오염 물질이 붙으면 큰일이다. 물 위로 넘어지기라도 하면 순식간에 오염된다"고 설명했다. 작업 시간은 20~50분. 250cpm 이상이면 도쿄전력에 보고하지만 작업자는 최대 그 100배로 오염됐다고 한다.

"어제는 오염 검사에서 13명이 걸렸어요. 동양 최고의 오염인 거죠." 기 씨의 말이 농담처럼 들리지 않았다.

사람이 있어 회사가 존재하고 일이 존재한다

2015년 12월 27일, 겐지 씨(44세)

연말 송년회와 여름휴가 즈음해서는 수고 많았다는 의미로 회사에서 회식을 연다. 후쿠시마 제1원전에서 함께 일해도 작업이나 시간이 달라 직원 전원이 만날 일은 좀처럼 없다. 지금은 오염 제거 작업을 하는 사람도 있어 더욱 만나기 어렵다. 그래서 연 2회 모두 모이는 자리를 마련한 것이다.

원전 사고 후 내가 소속된 하청 업체 사장이 "이제 원전은 지긋지긋하다"며 일을 접었다. 그래서 후쿠시마 제1원전에서 계속 일하기 위해 동료 4명과 회사를 만들었다. 그중 2명은 가족과 함께 피난을 가면서 회사를 떠났다. 하지만 직원이 조금씩 늘어 지금은 20명이 넘는다.

인원이 적을 때는 생일 축하 모임도 가졌다. 모두가 함께 축하하면 현장의 결속력도 좋아진다. 우리가 하는 일은 사람이 없으면 유지될 수 없다. 이익만 추구하는 회사라면 사람이 모이지 않는다. 좋은 직원을 만나 행운이다. 모두 성실하게 잘해주고 있다. 이 이상 회사를 키울 생각은 없다. 모두가 하나되어 일하는 회사로 만족한다.

작년 생일에는 직원들이 깜짝 파티를 열어줬다. 지인과 함께 술집 문을 열자마자 모두 폭죽을 터뜨리며 맞아줬다. 내가 좋아하는 케이크도 준비해줬다. 정말 깜짝 놀랐다. 직원은 가족이다. 이들이 있어 회사가 존재하고 일을 할 수 있다.

2016년

여기는 최전선이다

누군가는 해야 하는 일이다

2016년 1월 6일, 도쿄전력 자회사 직원(50대, 익명)

정년까지 10년 남았다. 고농도 방사선량이 흐르는 현장에서 일하면서 수당은 늘었지만 임금은 달라지지 않았다. 보너스는 원전 사고 후 "모회사인 도쿄전력의 부담을 줄이자"며 대폭 삭감한 채 그대로다. 최근 4년 반 동안 150명정도가 조기 퇴직했다.

지금 우리 회사는 후쿠시마 제1원전에서 일할 사람만 모집하고 있다. 구인정보에는 높은 임금을 보장하지만 실제 대우는 좋지 않다. 좀처럼 일하려는사람이 없다. 얼마나 고된지 다들 아니까.

원전 사고 후 현장으로 돌아왔을 때 "세계에서 가장 위험한 원전에서 일을 해줘 감사하다"는, 돌아가신 요시다 소장님의 메시지를 상사가 전해줬다. 지금도 그 메시지가 마음속에 남아 있다. 친척이 일을 계속할지 물었지만 30년 이상 해온 일을 그만둔다는 생각은 해본 적이 없다.

누군가는 해야 하는 일이다. 정년까지, 아니 65세까지는 일하고 싶다. 회사는 인력의 3분의 1을 파견 회사에서 공급받는 상황이다. 현장에서 이대로 일하게 해주면 좋겠다.

삭감, 삭감, 삭감

"원전 사고 후, 보너스가 40% 삭감된 채 그대로입니다." 오랫동안 도쿄전력의 자회사에서 근무해온 50대 작업자와 이와키 역에서 조금 떨어진 패밀리 레스토랑에서 만났다. 그가 소속된 도쿄전력 자회사는 원전 사고 때 상당수의 직원이 그만뒀다. 자회사 3사가 합병할 때 "조기 퇴직 제도로 50세 이상 직원은 정년과 똑같이 대우하겠다"는 말에 많은 직원이 그만두었다고 한다.

"원전 사고 후에는 모회사인 도쿄전력이 매우 어려운 상황이라며 여름에도 겨울에도 보너스를 60% 삭감했습니다. 수지를 맞춰 도쿄전력에 환원한다는 것이었습니다. 전면 마스크를 쓰고 작업할 때는 하루 1,000엔씩 위험 수당이 붙었으나 그 외 수당은 없었어요. 원전 사고 후에는 피폭 때문에 작업 시간이 짧아져 잔업 수당도 사라졌고요. 그 후 보너스는 40% 삭감 수준으로 조금 올랐지만 사고 전 액수로 회복되지 못하고 있습니다. 반면에 도쿄전력 직원은 원전 사고 후 임금이 20% 삭감됐으나 지금은 다시 늘어났죠." 그의 어조는 한없이 낮았다.

그는 고등학교를 졸업하고 도쿄전력의 자회사에 입사해 30년 이상 원전에서 일해왔다. 한 번 도쿄전력에서 근무한 적이 있다고 한다. "그때는 기본급이 인상되어 임금을 두 배 받았다"고 했다. 자회사와 도쿄전력의 급여가 얼마나 차이 나는지를 보여준다. 원전 사고 후에도 위험 수당이 오르기는커녕 보너스 삭감으로 임금이 대폭 줄었으며, 이전까지 맡아온 전문직 일도 할 수 없게 되었다. 급여가 크게 줄자 젊은 직원들이 하나둘 회사를 떠났다. 남아 있던 동료도 피난 중인 가족과 떨어져 지내는 시간이 길어지자 "아이들이 자라는 걸 지켜보는 것은 평생 한 번뿐이라"며 얼마 전 회사를 그만뒀다.

"(우리 회사는) 후쿠시마 제1원전에서 일하는 작업자만 회사를 그만둔다. 가시와자키 가리와 원전 직원은 모두 '후쿠시마 제1원전에 가느니 회사를 그만두겠다'고 한다. 피폭도 당하고 본업도 할 수 없고 일도 불안정한데도 임금은 낮으니…"라며 그는 담담하게 말을 이었다. 직원이 연이어 그만두고 약 1년 전부터 파견 직원이 들어와 일하고 있다. 둘이던 파견직은 순식간에 3분의 1을 차지하게 됐다. 그런데도 그는 오랫동안 일해온 원전에서 계속 일하고 싶다고 했다.

일본 정부와 도쿄전력은 1월 25일, 가급적 빨리 모두 교체한다던 플랜지 탱크를 당분간 계속 사용하겠다고 발표했다. 동토차수벽 설치가 늦어지고, 또 지난해 10월 바다 쪽 완성된 차수벽 쪽 호안 부근 지하수 수위가 올라가 차수벽 너머 바다로 흘러넘칠 위험성이 높아졌다. 이로 인해 하루 300t 가까운 오염된 지하수를 퍼 올려야 했다. 플랜지 탱크를 계속 사용해야 하는 이유였다.

"아빠는 필요 없어!"
....
2016년 1월 11일, 히로 씨(37세)

후쿠시마를 떠나 가족의 품으로 돌아온 지도 반년이 넘었다. 원전 사고 후 후쿠시마 제1원전에서 일할 때 태어난 아들은 계속 떨어져 살아서인지 좀처럼 다가오지 않았다. 아들은 "아빠 필요 없어"라며 가끔 집에 오는 아버지를 거부했다. 안아주려 해도 손으로 밀쳐내고 "아빠, 오지마"라며 얼굴을 할퀴기도 했다. 아빠라고 불러주는 것만으로도 다행인 걸까. 조금 가까워졌구나 싶다가도 얼마 못 가 다시 어색해진다. 아내와도 사이가 그리 좋지 않다. 이런저런 일로 부부 싸움도 하고 이혼 이야기가 자주 나와 우울하다.

무리한 공정으로 주말에도 휴일을 챙기지 못하고 가족이 곤란한 일을 겪을 때도 곧바로 달려가지 못해 곤혹스러울 때가 많았다. 아들의 운동회에도 함께하지 못했다. 교통비 부담도 컸다. 가족을 후쿠시마로 불러 함께 살아보려고도 했지만 결국 아내를 설득하지 못했다.

다른 지방에서 혼자 후쿠시마에 온 작업자 중 이혼하는 사람이 많다. 적어도 가족과 함께 살 숙소가 있으면 좋겠다. 원자로 폐로까지는 오래 걸릴 것이다. 그때까지 얼마나 많은 가족이 붕괴될까? 봄에는 방사선량이 초기화된다. 원전에서 다시 와달라기에 아내에게 운을 띄워봤으나 대답을 듣지 못했다.

암초에 걸린 동토차수벽 공사

원자로 건물에 흘러드는 지하수를 줄이기 위해 1~4호기를 에워싸기로 한 동토차수벽 공사도 암초에 걸렸다. 2월 15일, 도쿄전력은 원전 전체를 덮으면 수위 때문에 오염수가 밖으로 샐 가능성이 있다며, 당분간 바다 쪽만 동결한다고 발표했다(3월 31일 동결 시작). 320억 엔 이상 국비가 투입됐으나 이 단계에서도 목표한 만큼 효과를 얻을지 확신하지 못했다.

3월 29일, 도쿄전력의 가츠마타 전 회장, 다케쿠로 전 부사장, 무토 전 부사장 등 구 경영진 3명이 업무상 과실 치사죄로 도쿄 지방 법원에 강제 기소되어 재판에서 원전 사고의 형사 책임을 물을 수 있 게 됐다.

원자력 규제 위원회의 '신규제 기준'도 흔들리고 있었다. 원자력 규제 위원회는 2월 24일, 7월에 운전 기간 40년이 되는 간사이전력 다카하마의 노후 원전 1·2호기에 대해 대대적인 보수를 조건으로 신규제 기준에 적합하다는 심사 서안을 승인했다. 2012년 개정된 원 자로 등 규제법은 원전 운전 기간을 40년으로 제한하고 있다. 최대 20년 운전 연장은 "예외 중의 예외"(일본 정부)다. 향후 노후 원전이 줄 줄이 연장될 가능성이 현실화됐다. 이런 가운데 3월 9일, 오츠 지방 법원은 후쿠시마 제1원전 사고의 원인이 규명되지 않는 현 상황을 주시하면서 "가혹한 사고 대책이나 긴급 대응 대책에 우려할 만한 점이 있다"고 신규제 기준에 의문을 표하고, 다카하마 원전 3·4호기 의 운전을 중지한다는 결정을 내렸다. 이 결정은 이듬해 3월 28일 오 사카 고등법원에서 뒤집혀 3·4호기는 재가동에 들어갔다.

같은 달 도쿄전력은 후쿠시마 제1원전 지역을 오염도 등에 따라 세 구역으로 나누었다. 1~3호기의 원자로 건물 내부 등 전면 마스크 에 방호복이나 판초를 착용하는 '레드R 구역', 오염수 관련 작업 등 으로 전면 혹은 반면 마스크, 방호복을 착용하는 '옐로우Y 구역', 원 전 대부분에 해당되는, 오염 제거로 방사선량이 대폭 감소해 일회용 마스크와 일반 작업복을 착용하는 '그린G 구역'으로 구분했다. 그러나 작업화를 그대로 신고 오염도가 높은 곳에서 낮은 곳을 걷거나, Y와 G 구역에서 같은 도구를 사용하거나, 원전 내를 차량이 돌아다니므로 엄격히 구분될 수 없었다.

"아무것도 변한 게 없는데 구역을 나눈들 무슨 의미가 있는지. 그저 보여주려는 것이지. 이동 복장에서 방호복으로 갈아입는 시간만 걸린다. 원청 기업은 '안전'하다는 곳에서 일하는 경우 위험 수당을 낮추라고 한다. 엎친 데 덮친 격"이라며 40대 작업자가 하소연했다. 4월 이후 다른 하청 업체의 작업자도 위험 수당이 낮아졌다고 했다. 설명도 없이 반 이하로 깎은 기업도 있었다.

3월 18일, 약 4,000t이 넘는 방호복 폐기물과 신발 등을 태우기 위해 신설한 소각 시설이 본격 가동되기 시작했다.

원전 사고 5년, 베테랑 기술자 돌아올까?

원전 사고 후 법정 한도 '5년 한도 100mSv'에 가까워져 떠났던 작업자의 피폭량이 '초기화'되었다. 핵연료 반출을 앞두고 작업장이 원자로와 가까워질수록 현장을 숙지한 베테랑이나 기술자가 절실했다. 그러나 도쿄 올림픽 개최를 위한 공공사업이나 민간 공사가 느는 바람에 도쿄에서는 일당이 20~30% 올랐고, 다른 원전도 재가동에 들어가 작업자 모집이 늘고 일당도 상승하는 경향을 보이고 있었다. 한 기술자로부터 도쿄 주변에서 진행되는 작업에 7~8개 회사에서 연락이 왔다는 이야기도 들었다. 잔업 수당까지 합치면 도쿄의 일당이 더 두둑했다.

"원전은 경기가 나쁠수록 일하려는 사람이 모입니다." 원전 사고 전부터 일해온 1차 하청 기업의 임원의 말이다. "작업의 중심인 반장이나 현장 감독이 후쿠시마 제1원전으로 돌아오기를 바란다면 능력에 따라 수당에 차등을 두거나, 피폭을 당한 이는 다른 쪽으로 일하도록 순번을 짜는 등 장기 고용을 보장하는 방법이 필요하다"고 호소했다. 원청이나 하청 기업 가운데 비교적 대형 회사는 작업자가 일자리를 잃지 않도록 피폭 위험이 덜한 작업장으로 재편성할 수 있었으나, 2차 하청 이하의 작은 기업에서는 여전히 현실적으로 어려운 일이었다. 작업자들의 요구는 원전 사고 발생 후 5년이 지난 지금도 변하지 않았다.

대지진 꿈에 소스라치게 놀라 깬다

2016년 6월 4일, 하청 기업 사장

최근 5년을 돌이켜보면 마치 환영 같다. 원전 사고 후 여진이 이어지면서 한밤중에 여러 번 잠에서 깼다. 그럴 때마다 "원전에 있는 작업자들은 괜찮을까? 냉각이 멈추지 않았을까?" 하는 생각에 텔레비전을 켜 확인했다.

그 후 한밤중에 지진이 일어나는 꿈을 꿨다. "앗, 지진이다" 하며 잠에서 깼고, 다시 잠이 들면 이번에는 굉음이 들리고 서 있을 수도 없을 만큼 흔들리는 느낌에 벌떡 일어난다. 현관까지 나왔다가 후쿠시마 제1원전이 걱정되어 서둘러 방으로 돌아와 텔레비전을 켠다. "어? 아무것도 없네. 꿈이었구나"

하는 경우가 여러 번 있었다. 2년 정도 전까지 이런 일이 반복됐다.

한때는 술이 늘었다. 밤에 잠이 오지 않아 술을 마셔도 3시간쯤 자면 깨고 만다. 이러한 상태가 반년 정도 이어졌다. 그래서 아침 일찍부터 일하러 나섰다. 일이 있어서 다행이었다.

도쿄전력 관련 일을 하던 아내는 "나는 지금까지 '원전은 안전합니다'라고 말해왔다. 원전이 폭발한 게 모두 내 탓 같다"며 침울해했다. 불을 켜지 않고 어두운 방에 있기도 하고 낫토만 먹기도 하며 몹시 울적해했다. 서로 정상이 아닌 상태가 한동안 계속됐다.

사람을 만나는 일이 고통스러워졌다. 가족 붕괴, 은둔형 외톨이···. 아무리 보상금을 쥐어줘도 치유될 수 없는 '원전 환자'가 늘고 있다.

사고 후유증과 붕괴되는 가족들

동일본 대지진 발생 전부터 후쿠시마 제1원전에 직원을 파견해온 하청 기업의 사장에게 오랜만에 연락하자 수화기 너머로 가라앉은 목소리가 들려왔다. "만나자는 연락을 자주 거절하다 보니 이제 점점 연락도 안 옵니다. 그치만 시간이 지날수록 사고 관계자를 만나는 것이 고통스러워서."

이 사장은 오랫동안 후쿠시마 제1원전에서 기술자로 일해왔다. 작업자로서 은퇴한 후에도 직원을 계속 파견했다. 동일본 대지진이 발생했을 때 후쿠시마 제1원전에 있는 꿈을 꾸면서 가위에 눌리기도 했다. 꿈에서 그는 "밸브를 열어!"라고 크게 소리를 질렀다.

원전 사고 후 1년 동안 그는 집과 회사가 모두 피난한 와중에 후쿠시마 제1원전 작업이 겹쳐 필사적으로 버텨야만 했다. 불면증에 고통을 겪다 보니 술이 늘었다. 청주를 하루 세 홉 마셨다. 한 되짜리 병이 일주일을 못 갔다. 이런 상태가 반년 정도 이어졌다. "알코올 중독자 같았습니다. 하지만 맛을 느끼지 못하니 양이 점차 줄었습니다." 잠에서 깨면 일찍부터 사무실로 나갔다. 담배도 늘었다.

도쿄전력 관련 일을 하던 아내도 원전 사고 후 불안정해졌다. 두 사람 모두 우울했기 때문에, 사장은 가까운 곳에 방을 얻어 떨어져 나왔다. 사장은 "아내와 이혼하고 싶지 않다. 그렇기 때문에 되도록 얼굴을 마주치지 않으려 한다"고 했다.

주위에서도 이혼이나 별거 또는 피난지에서 사망하는 경우가 늘었다. 우울증으로 부부가 함께 정신과에 다니는 가족도 있었다. 가족과 떨어져 피난했다가 사고를 입거나 쇠약해져 사망하는 사람도 있었다. 고령의 부부가 히로노마치로 돌아왔으나 주변에 돌아온 주민이 적고, 특히 밤에 인적이 전혀 없어 무섭다며 아내가 혼자 아들 가족이 있는 피난소로 가버린 경우도 있었다. 혼자 남은 남편은 "아내를 본 지 3개월 됐다"며 쓸쓸하게 말했다고 한다.

"3대가 함께 살던 가족은 피난을 하면서 제각기 떨어져 지내고 있습니다. 나이 든 우리 부부만 고향 집으로 돌아왔지만, 딸과 아들은 피폭이 두려워 어린 손자를 데리고 놀러오기를 꺼립니다." 집을 짓고 하나둘 임시 주택을 떠나는 가운데 남겨진 고령자들은 버려졌다고 느끼고 있었다. "이혼, 이사, 우울증, 가족 붕괴. 다들 쉬쉬하지만 자살도 늘고 있다. 아이를 데리고 피난해 지내는 아내들도 언제까지 남편과 떨어져 살아야 하는가 하는 문제에 직면했다. 후쿠시마에 사는 가족들은 앞으로 어떻게 될까?"

'노심 용융' 용어 사용 금지한 도쿄전력 사장

5월 말, 미에현에서 개최되는 주요국 정상회담 개최 전날인 25일부터 3일간 후쿠시마 제1원전 작업을 중단한다는 연락을 받았다. 곧바로 도쿄전력에 전화를 걸었다. 원자로 냉각과 오염수 처리, 순찰 외에 모든 작업을 중지하기로 3월 말 후쿠시마 제1원전 폐로 추진 컴퍼니 회의에서 결정했다고 했다. 담당자는 "국가 정상이 모이는 기간 중 가능한 한 위험을 줄이려는 당사의 판단이다. 정부의 요청은 아니다"라고 설명했다. 한 작업자는 "테러 대책이라고 들었다. 무슨 일 생기면 안 되니 문제를 피하려는 것 아니겠나. 도쿄 올림픽이나 패럴림픽 기간에도 작업이 중단되는 것은 아닐지"라며 의심했다. 다른 작업자는 "작업 중지와 재개 전에는 이런저런 점검도 많아서 작업이 전혀 진척되지 않는다"고 불만스러워 했다.

작업이 중단된 5월 25일 이른 아침, 평소 작업자들의 출근 차량으로 정체가 심한 6번 국도가 한산했다. 조금이라도 늦으면 빵도 주먹밥도 순식간에 사라진다며 작업자들이 한탄하던 편의점에도 사람이 드물었다. 작업자들에게 전화를 걸어봤다. 지방에서 온 작업자는 "휴업 보상도 없고 5월에는 열흘 연휴까지 있어 생활이 너무 빠듯하다"며 다른 건설 현장을 찾아 고향으로 돌아갔다고 했다.

2016년에는 도쿄전력이 원전 사고 직후 은폐한 일들이 하나둘 드러나기 시작했다. 4월, 동일본 대지진 발생 2시간 반 뒤 수위가 내려가 있던 1호기 원자로의 핵연료가 "약 1시간 뒤에 노출될 것"을 예측했음에도 도쿄전력이 정부와 후쿠시마현에 보고하지 않았다는 사실이 밝혀졌다. 5월에는 원전 사고 당시 도쿄전력이 노심 용융을 '노심 손상'으로 설명함으로써 상황을 은폐했음을 인정했다. 6월 16일, 도쿄전력의 제3자 검증 위원회의 조사 결과 시미즈 사장이 "'노심 용융'이라는 용어를 사용하지 말라"고 지시했다는 사실도 밝혀졌다.

도쿄전력이 4년 전 도쿄전력 사고 조사 위원회 조사에서 시미즈 사장의 지시를 파악하고도 보고서에 올리지 않았다는 사실도 드러났다. 이 보고서에 따르면, 2011년 3월 14일 시미즈 사장은 기자회견에 나온 무토 부사장에게 공보 담당자를 통해 메모를 전달했다. 공보 담당자는 "총리 관저에서 이 용어(노심 용융)는 사용하지 말도록" 했다고 부사장에게 귀띔했다고 한다. 도쿄전력 화상 회의에서는 처음부터 '노심 용융'이나 '멜트다운' 등의 용어가 난무했으나 이후 기자회견에서는 '노심 손상'이라는 말로 바꿔 언급했고, 같은 해 5월 결국 1~3호기의 노심 용융을 인정했다. 시미즈 사장은 제3자 검증 위원회의 물음에 "기억나지 않는다"고 답했고, 당시 민주당 간부도 관여 사실을 강하게 부정했다.

5일이 지난 6월 21일, 도쿄전력의 히로세 사장은 기자회견에서 "은폐였다"고 사죄했다. 하지만 관저의 지시가 있었는지는 의문을 남긴 채 추가 조사를 하지 않겠다고 했다. 후쿠시마 제1원전에서는 6월 6일, 지하수위가 내려가 건물의 오염수가 밖으로 새지 않도록 바다 쪽 동토차수벽 일곱 군데를 열어 산 쪽까지 동결하기 시작했다.

　8월 19일에는 후쿠시마의 기계 수리 회사에 근무하는 50대 남성이 백혈병으로 산재 인정을 받았다. 백혈병으로 산재 인정을 받은 사례는 원전 사고 후 두 번째였다.

땀이 물밀듯이 입으로 들어찬다

2016년 9월 5일, 익명(38세)

9월 들어 다시 더위가 시작됐다. 오전에도 30도를 넘어 몸 상태가 나빠지는 사람이 있었으며, 방사선량이 높은 건물 주변 작업은 텅스텐 조끼를 입기 때문에 더 힘들다. 작업을 마치면 기진맥진한다.

최근에 5kg짜리 가벼운 텅스텐 조끼가 들어와서 그나마 다행이다. 이전 조끼는 13~17kg이나 돼 서거나 숙이는 것만으로도 온몸이 피폐해졌다. 작업이 끝나면 술 한 방울도 마시고 싶지 않을 정도로 녹초가 됐다.

7월 하순은 특히 힘들었다. 전면 마스크를 쓰면 턱에 찬 땀이 참방참방 소리를 내면서 입으로 들어간다. 원전은 아스팔트나 철판으로 덮여 있어 훨씬 덥다. 방호복 팔꿈치에서 땀이 뚝뚝 떨어져 속옷까지 땀투성이가 된다. 양말까지 젖으면 오염 가능성이 있기 때문에 바꿔 신어야 한다. 용접공은 더 힘들다. 대형 송풍기를 돌리거나 햇빛을 차단하는 텐트를 세우기도 한다. 함께 버스를 타고 돌아가는 동료를 기다리게 해야 해서 샤워할 여유가 없다. 매년 열사병 대책으로 피클을 만든다. 그러고 보니 올해에는 안 만들었네.

퇴사한 작업자 39명, 수당 미지급 소송

후쿠시마 제1원전은 경내 방사선량을 낮추고 비로 인한 지하수 증가를 억제하기 위해 지면에 모르타르를 뿌리고 아스팔트나 철판으로 덮어두었다. 이 지면과, 즐비하게 늘어선 탱크의 반사 빛이 작업자들의 열사병을 유발하는 요인이다.

현역 작업자는 잘릴지도 모른다는 걱정에 좀처럼 목소리를 내지 못한다. 9월 9일에는 위험 수당을 받지 못하고 퇴사한 작업자 39명이 도쿄전력과 원청 기업인 도시바, 하청 기업 등 총 6개사를 상대로 후쿠시마 지방법원 이와키 지부에 미지급 수당 약 6,860만 엔 청구 소송을 제기했다. 원전에서 일어난 첫 번째 집단 제소였다.

10월 31일자 《도쿄신문》 조간에는 도쿄전력에서 원전 사고의 손해 배상 업무를 담당하면서 3년 전 우울증 진단을 받은 이치이 다다후미一井唯史 씨(35세)가 이날 도쿄 중앙 노동 기준 감독서에 산재 신청을 한다는 기사가 실렸다. 이치이 씨는 2011년 9월부터 원전 사고로 휴업이나 폐업, 이전한 기업이나 개인 사업주 180개사를 담당했다. 이치이 씨는 "상사로부터 '심사 내용이나 보상 금액은 바꿀 수 없다. 무조건 사과를 하라'는 말을 들었다. 상대의 고함을 몇 시간 동안 견디는 경우도 있었다. 그저 듣고 있을 수밖에 없는 것이 너무 괴로웠다"고 하소연했다.

"정부는 조속히 보상금을 지급하라 했으나 서두르다 보면 부실 심사로 문제가 발생해 불만이 제기되었다." 2013년 2월, 이치이 씨는 직원 대상 보상 기준 적용 방법 자문 담당이 됐다. 밤마다 수면 부

족에 시달렸다. 머지않아 아침에 일어나지 못하고 구토 증상 나타나
더니, 그해 9월 우울증 진단을 받고 휴직했다고 한다. 3년간의 휴직
기간이 끝나갈 즈음 이치이 씨는 11월 5일자로 해고됐다는 통보를
받았다. 결국 그는 산재를 인정받지 못했다. 이 밖에도 원전 사고 후
보상 업무를 담당하다가 우울증으로 휴직한 뒤 자살한 직원이 있다
는 사실이 드러났다. 원전 사고 대응 또는 처리 업무를 보다가 극심
한 스트레스에 내몰린 직원이 적지 않았다.

후쿠시마 제1원전에서는 9월 중반부터 1호기 원자로 건물의 덮
개 벽면 철거 작업이 시작됐다. 방사성 물질 확산 방지를 위해 2011년
10월 설치한 덮개였다. 사용후핵연료 반출 준비로 덮개를 철거한 후
잔해를 제거하고, 핵연료 반출용 크레인 등과 함께 새로운 건물 덮개
를 설치하기로 했다.

넘고 보니 죽을 고비

2016년 9월 25일, 히로 씨(38세)

한동안 사고나 부상이 없었는데 이번 달 들어 3일 연속 사고가 발생했다. 8일
에 탱크를 해체하던 작업자가 철판을 절단하던 중 손가락 두 개가 잘려 긴급
호송됐다. 9일에는 작업자가 공구 상자에서 쇠 지렛대를 당기려다 뒤에 있
던 배관과 지렛대 사이에 손가락이 껴 여덟 바늘을 봉합하는 사고가 있었다.
10일에는 비계공이 발판에서 떨어져 다쳤다. 그러고 보니 휴게소 매트 위에

서 미끄러져 이마를 몇 바늘을 봉합한 사람도 있었다.

이후 조례에서 손이나 발의 끼임 사고가 발생하지 않도록 주의하라는 당부가 내려왔다. 사고는 방심할 때 일어난다. 갑자기 날씨가 서늘해져 마음이 느슨해져서일까.

예전에 한 비계공이 높은 곳보다 낮은 곳에서 일할 때가 오히려 위험하다며 "넘고 보니 죽을 고비"라는 표현을 한 적이 있다. 100m 높이에서는 긴장해서 떨어지지 않는다고, 2~6m 등 비교적 낮다고 느끼는 곳에서 일할 때 더 조심하라는 말이었다. 사고가 나면 작업이 중단되기 때문에 전체가 영향을 받는다.

베테랑 작업자들의 공통된 하소연

4월 이후 히로 씨는 고민 끝에 후쿠시마 제1원전으로 돌아왔다. 이와키에서 만난 히로 씨는 "넘고 보니 죽을 고비"라는 비계공의 이야기는 나무 가지치기를 하면서 들었다고 한다. 부상 사고가 발생한 현장은 탱크 해체 현장, 고체 폐기물 보관 시설 설치 등 각각 다른 곳이었다. "추석 연휴나 휴가가 끝났을 때 방심하는 경향이 있고, 서머 타임이 시작되거나 끝날 때도 몸이 적응하는 데 일주일 정도 걸립니다. 익숙해지면 익숙해졌다고 또 사고가 나고요…." 공사 현장에 익숙하지 않은 작업자는 여전히 많았다. "3분의 1씩이나 비용을 후려쳐 닥치는 대로 일을 따는 원청이 있어서 원전 일에 능통한 기업이 수주할 수가 없습니다. 기술자는 일당도 높고요. 경험 없는 사람들을 하나부터 열까지 일일이 가르치라는 건지. 앓느니 죽죠. 직접 하는 게 나아요." 히로 씨의 불만은 일이 몰리는 베테랑 작업자들의 공통적인 생각이었다.

백혈병 용접공, 도쿄전력과 규슈전력 고소

11월 22일, 전해 10월 원전 사고 후 처음 백혈병으로 산재 인정을 받은 기타큐슈의 용접공(42세)이 도쿄전력과 규슈전력에 총 약 5,900만 엔의 보상을 요구하는 소송을 제기했다. 그는 2차 하청 기업 소속으로 2011년 10월부터 2013년 12월까지 규슈 겐카이 원전과 후쿠시마 제1원전, 제2원전에서 주로 용접을 하면서 총 19.78mSv의 피폭을 당했다. 후쿠시마 제1원전에서는 4호기 원자로 건물의 덮개 설치 작업을 했다. 그 후 집으로 돌아와 1개월도 지나지 않은 2014년 1월, 급성 골수성 백혈병 진단을 받았다고 한다. 죽을지도 모른다는 불안감에 생겨난 우울증도 산재로 인정됐다.

비행기를 타고 규슈로 가 해당 작업자를 만났다. 집으로 찾아가자 가족이 전부 나와 맞아줬다. 초등학생 아들 셋을 둔 화목한 가족이었다. 그는 검정 티셔츠를 입고 금목걸이를 하고 있었다. 후배들을 잘 돌보는 형님 티가 났지만 밝고 사랑스러운 아내에게는 쩔쩔매는 모습이었다. 거실 테이블을 두고 대각선으로 마주 앉았다. "지금도 숨 쉬기가 고통스러워 잠을 못 잡니다. 우울증 때문에 외출도 어렵고요."

사장이 그에게 후쿠시마 제1원전에 갈 직원 명부를 제출해달라고 지시한 것이 2011년 봄이었다. 부하 14명을 선발했다. 대부분이 따라와줬다고 한다. 그는 '도움이 된다면'이라는 마음으로 일을 받아들였다. "특공대가 된 기분이었습니다. 피폭 생각은 하지 않았기 때문에 무섭지도 않았어요. 당시 막내아들은 아직 어린이집에 다니고 있었고, 부모님은 걱정하시면서 '가지 마라'고 하셨습니다."

그해 10월, 팀보다 먼저 후쿠시마 제2원전으로 갔다. 후쿠시마 제2원전에서는 쓰나미 대책으로 건물의 대형 화물 반입구로 물이 유입되지 않도록 막는 작업을 했다. 내부 피폭이 200cpm이었는데 상사가 "이것(이 수치)은 잘라버린다"라고 해 깜짝 놀랐다. 방사선 관리 수첩 내부 피폭란에는 '없음'이라고 기록됐다. 그 후 겐카이 원전 정기 점검에서 원자로 건물의 부식된 배관을 교체한 다음, 2012년 10월 하청 업체의 작업자를 데리고 후쿠시마 제1원전으로 갔다. 슬슬 가족에게 돌아가고 싶었지만 혼자 빠져나올 수 없었다.

후쿠시마 제1원전에서는 4호기 원자로 건물 덮개 설치 작업을 했다. 원전에는 아직 잔해가 많았으며, 방사선량이 높은 잔해에는 빨간 스프레이로 방사선량이 적혀 있었다. 용접공인 남성은 750t급 크레인의 주행로를 만드는 철판 용접과 발판 설치 공사를 맡았다. 전면 마스크에 방호복을 겹쳐 있고 그 위에 텅스텐 조끼를 착용했다. 그러나 수량이 부족해 텅스텐 조끼를 입지 못한 날도 있었다. 그 후 3호기의 엘리베이터 설치 작업 등에 참여했다. 2013년 12월에는 부상 사고가 이어져 숙소에서 대기했다. 이후 위험 수당 지급을 '떼였다'는 것을 알고 규슈로 돌아왔다.

몸에 이상은 규슈로 돌아온 직후 나타났다. 기침이 멈추지 않았으며 37도의 미열이 계속됐다. 숨 쉬기가 어렵고 체력이 많이 떨어졌다. 원전 퇴역을 위해 전리電離 방사선 건강 검진을 받은 병원에서 "백혈병일 수도 있다"는 말을 들었고 타 병원에서 급성 골수성 백혈병 진단을 받았다. 백혈병은 유전도 아니고 바이러스성도 아니다. "거짓말 같았습니다. 눈앞이 깜깜했죠. 아직 아이들도 어린데 내가 왜 죽어야 하나 싶어 눈물이 멈추지 않았습니다."

병원에 입원해 항암 치료를 받으면서 머리카락이 빠졌고 고열과 구토가 계속됐다. 구내염이 심해 밥도 제대로 못 먹었고 면역력이 떨어져 입속 세균에 감염되어 이가 여러 개 빠졌다. 음식 냄새가 쓰레기 냄새 같았다. 복통으로 데굴데굴 구르고 설사 때문에 하루에 화장실을 40번이나 드나들었다. 무슨 일이 있어도 살아야 한다고 스스로를 다잡았지만 생각과 달리 면역력은 계속 떨어졌다.

골수 이식을 받은 후 패혈증이 나타나 41도 고열이 이어지면서 위독한 상태에 빠지기도 했다. "한여름에도 전기 담요를 켜지 않으면 몸이 부들부들 떨렸습니다. 이제 죽는구나 싶었죠." 당시 상황을 설명하는 그의 목소리가 잠겼다. 그때 옆방에서 아이스크림을 몇 개째 먹던 초등학생 아들이 다가와 진지한 얼굴로 말했다. "그만해요." 사뭇 강한 어조에 그의 말이 끊겼다. 깜짝 놀라 "미안해, 아버지께 고통스러운 말씀을 꺼내게 해서"라고 사과하는 내 앞에서 아이 어머니가 눈물을 보였다.

투병을 하던 중에 그는 의사에게 부탁했다. "선생님, 집으로 돌아가게 해주세요. 어차피 죽는 거라면 아이들과 함께 지내다 가고 싶습니다." 그때 의사가 큰소리로 나무랐다고 한다. "나을 수 있어요!

분명 좋아질 겁니다." 의사의 강한 어조에서 그는 "살 수 있을지도 모른다"라는 희망을 발견했다. 구토와 싸우면서 무엇이든 입에 넣으려 발버둥쳤다. 된장국 한 그릇을 30분 동안 먹은 적도 있었다.

지금은 증상이 호전되어 병이 완화되었다. 하지만 재발 가능성은 여전해서 죽음의 공포는 쉽게 사라지지 않았다. 마음이 무겁고 심하게 요동쳐 잠을 자지 못하게 됐다. 우울증이었다. 용접공으로 복귀할 전망은 보이지 않는다. "산재가 인정되지 않았다면 어떻게 됐을지 생각만 해도 아찔하다"고 그는 말했다. 그는 기자회견에서 "인과관계가 과학적으로 입증되지 않았다"고 하던 후생노동성이나, 산재 인정 후에도 후쿠시마 제1원전에 다니는 작업자가 "과학적으로 인과 관계가 없으니 안심하십시오"라고 적힌 책자를 받았다는 말을 들었을 때는 분노를 참을 수가 없었다고 한다. "정부와 도쿄전력의 태도가 뻔히 보인다. 만약 상황이 좋지 않은 방향으로 흘렀다면, 남편이 세상을 떠나면 어떡하나 하는 생각에 하루하루가 무서웠다"는 아내의 눈에서 굵은 눈물방울이 뚝뚝 떨어졌다. "위중해진 남편이 무균실에 있을 때 아이들이 유리창 너머로 '아빠, 아빠' 부르던 광경을 잊을 수가 없다. 그런 일은 두 번 다시 겪고 싶지 않다"고 아내가 딱 잘라 말했다.

서너 시간가량 이야기를 듣고 도중에 가족과 함께 식사를 했다. "그렇게 많이 시켜서 다 먹을 수 있겠어?", "다 먹을 수 있어요"라는 부자를 지켜보면서 이 가족의 평온을 마음 깊이 빌었다.

후쿠시마 먼바다에서 규모 7.4 대지진 발생

2016년 들어 큰 지진이 이어졌다. 4월 구마모토에서 한신 대지진과 같은 규모 7.3의 대지진이 발생한 데 이어 11월 22일 새벽 6시경 후쿠시마 먼바다에서 규모 7.4의 지진이 발생했다. 그날 아침 요란한 전화 소리에 잠에서 깼다. 도호쿠 지역의 지진을 알리는 상사의 전화였다. 센다이에 140cm, 후쿠시마 제1·2원전에 100cm의 쓰나미가 오고 있었다. 곧바로 작업자들에게 문자 메시지를 보냈다. 통화가 된 사람은 후쿠시마 제1원전에 작업자를 파견하는 회사 도호쿠 엔터프라이즈의 나카 회장이었다. 나카 씨는 이와키 시내 자택에서 강한 진동을 느끼고 잠에서 깼다. 그리고 곧장 직원들에게 연락했다. 이미 4명이 후쿠시마 제1원전으로 가는 길이었다. 긴급 사태 발생 시 후쿠시마 제1원전으로 달려가도록 규정되어 있다고 한다.

나카 씨 집은 고지대에 있다. 바다와 가까운 오나하마 사람들이 몸을 피해 달려와 집 주변이 차로 가득했다. 주유소에는 자동차 행렬이 생겼다. 동일본 대지진 당시 휘발유 공급이 끊겨 피난하지 못하거나 도중에 차를 버린 사람들이 적지 않았다. 그때를 떠올린 사람들이 주유소로 달려간 것이다. "항구의 배들은 먼바다로 피해 피해가 없었습니다. 5년 전 일이 떠올랐어요." 흥분한 나카 씨의 목소리가 흘러나왔다.

이 지진으로 후쿠시마 제1원전 3호기의 사용후핵연료 수조 냉각이 1시간 반 동안 정지했다. 수위계가 흔들리면서 수위 저하로 판단해 멈춘 것으로 고장은 아니었으나, 이 소식을 듣고는 식은땀이 흘렀다. 이른 시각에 원전에 들어간 작업자는 면진중요동에서 대기하고 있었다. 후쿠시마 제1원전으로 가던 작업자는 "무사합니다. 길이 많이 막힙니다"라고 문자 메시지를 보내왔다.

배관공 기 씨는 탱크 해체 작업을 마치고 후쿠시마 제1원전을 잠시 떠났다가 다른 원청으로 들어가 후쿠시마 제1원전에 처음 오는 작업자들의 지도자로 일하게 됐다. 시간이 남아돌아 심심하다는 기 씨를 이와키에서 만났다. "계약서를 쓰는데 강사 일당이 1만 엔밖에 안 된다는 말에 깜짝 놀랐습니다. 이왕 온 이상 내팽개치고 갈 수도 없고." 업체들의 계약은 여전히 무책임했다. 기 씨의 업무는 새로 개설된 '위험 체감 훈련' 강습이었다. 안전띠를 차고 매달리거나, 평균 남성 체중에 맞춘 75kg짜리 모래주머니를 4m 높이에서 떨어뜨려 안전띠가 없으면 어떻게 되는지를 시연했다. 또 허리뼈 위치에 장착하는 안전띠를 복부에 매면 떨어질 때 배에 멍이 들거나 목숨이 위험해진다는 것을 실제로 보여주는 1시간 반짜리 강좌였다. 강습 내용은 실제로 후쿠시마 제1원전에서 발생한 사망 사례나 사고를 참고해 만든 것이었다. "안전띠도 마냥 안전한 게 아니지만 유일한 생명줄이니까 진지하게 가르칩니다. 같은 내용을 반복하다 보니 이제 다 외워버렸다니까요." 기 씨의 목소리에는 힘이 있었다.

아들을 위해 원전에서 포켓몬을 잡는다

2016년 12월 5일, 히로 씨(38세)

가족에게 한 달에 한 번밖에 가지 못한다. 줄곧 집을 비운 아버지를 "아빠 필요 없다"며 밀어내는 아들과 떨어져 올봄 다시 후쿠시마에 왔다. 그런데 스마트폰 게임 '포켓몬GO' 덕에 기적이 일어났다.

집에 갔을 때 아들에게 잡은 포켓몬을 보여주니 "이렇게 많아요?" 하며 눈을 반짝였다. 그후 내가 가면 날듯이 달려온다. 도호쿠 연안에 진귀한 포켓몬이 나타난다고 하니 "아빠 있는 데 갈래요"라고 해 가족이 함께 놀러오기로 약속했다.

이제 아버지를 잘 따르는 아들에게 포켓몬을 예로 들면서 후쿠시마 제1원전 일을 말해주고 있다. 방사능은 '보이지 않는 요괴', 원자로 건물은 '성'으로 설명한다. "요괴가 득실득실한 성이 있는데 아빠는 이 성에서 요괴를 잡아. 요괴가 화나지 않도록 이사도 시키고, 수조에서 끌어올릴 준비를 하고 있어"라는 식으로 이야기한다. "어? 요괴가 따라오지 않았어요?"라고 묻기에 "원전에서 나올 때 검사를 하니까 괜찮아"라고 답해줬다. "어떤 요괴예요?"라는 질문에는 "보이지 않아 모두 무서워하지만, 요괴가 많으면 삐삐 소리가 나지"라고 답한다.

후쿠시마 제1원전이 세상에서는 잊히고 있지만, 지금은 아들이 포켓몬에 흥미를 잃는 것이 더 두렵다.

원전에 포켓몬 출현

포켓몬 GO 게임 속 포켓몬이 원전에도 나타난다니 놀라웠다. 후쿠이현의 고속 증식 원자로 '몬주'나 간사이전력 다카하마 원전 등 각지의 원전에 포켓몬이 출현하고 있었다. 작업자들 말로는 후쿠시마 제1원전에도 아주 귀한 캐릭터는 아니지만 있다고 한다. 도쿄전력은 후쿠시마 제1·2원전, 가시와자키 가리와 원전 등 세 곳에 포켓몬이 출현했음을 확인했다. 그리고 7월, 작업자들의 원전 내 스마트폰 사용을 금지하고 게임 회사에도 포켓몬이 나타나지 않도록 조치를 요청했다고 발표했다. 나아가 일본 정부도 후쿠시마 제1원전의 피난 구역에 캐릭터 삭제를 요청했다.

히로 씨는 만나기로 한 날에도 이와키에 도착하기 전 포켓몬을 잡은 다음 약속 장소로 왔다. "아들이 이젠 낯을 가리지 않습니다. '아빠 싫어'가 이제는 '아빠 있는 데 가고 싶어'로 바뀌었습니다. 가족이 갑자기 후쿠시마에 왔어요. 오나하마에 있는 아쿠아 마린에 데려가니 어찌나 좋아하던지요." 기쁜 표정으로 말하는 히로 씨의 스마트폰을 보니 수많은 포켓몬이 담겨 있었다. "아빠의 포켓몬을 제 것이라고 생각하니까요." 히로 씨가 멋쩍은 듯 웃었다. 이 무렵 히로 씨는 일을 마치고 아무리 피곤해도 게임 아이템을 얻을 수 있는 포켓 스톱이나 포켓몬이 나타나는 장소를 돌아다녔다. "라프라스라고 하는 진기한 포켓몬이 도호쿠 연안에 출현합니다. 지난번에는 시간을 내 해안까지 갔는데 없더라고요." 정말 안타까워하는 표정이었다. 금지될 때까지는 후쿠시마 제1원전으로 이동하는 버스에서도 아이템을 얻느라 부지런을 떨었다. 아들에게 모험담처럼 포켓몬에 비유해 후쿠시마 제1원전을 설명했다는 이야기를 들으며, 히로 씨 가족을 위해 어린 아들의 포켓몬 사랑이 하루라도 길게 이어지기를 빌었다. 그 후 후쿠시마에는 '포켓몬 금지' 포스터가 붙었다.

취재해보니 "주유소에 포켓스톱이 있었다", "현장 감독이 포켓몬을 잡았다"라는 사람이 많았다. 후쿠시마 제1원전에 포켓몬이 출현한 사실을 모두 알고 있었다. 일주일 정도 지나 포켓몬이 나타나지 않게 됐다고 한다. 오나하마에 희귀한 캐릭터가 출현했을 때는 몰려든 사람들 사이에서 우연히 마주친 작업자들도 있었다고 한다. "만나더라도 말은 걸지 않기로" 미리 약속하는 작업자도 있었다.

여기는 최전선이다

2016년 12월 18일, 히로 씨(38세)

원전 사고 후 후쿠시마 제1원전의 전진 기지였던 J 빌리지가 올해 말로 그 역할이 끝난다. 처음 원전에 온 5년 전부터 매일 이곳을 다녔다. 방호복 등을 받아 갈아입고 차량 오염 검사를 받기도 했다. 후쿠시마 제1원전으로 가는 버스도 여기서 갈아탔다.

11월에 매점이 문을 닫으면서 매점 주인이 주던 고양이 먹이는 이제 청소하는 분이 챙기고 있다. 그분마저 떠나고 나서는 일고여덟 마리가 입양됐다.

원전 사고 직후 작업자나 자위대원이 열심히 일하는 모습을 기사로 보고 나도 도움이 되고 싶어 후쿠시마에 왔다. 자위대의 헬리콥터나 장갑차도 있어서 "엄청난 곳이구나. 여기는 최전선이다"라는 생각이 들었다. 모두 흰 방호복을 입어 삼엄한 느낌이었다. 각오는 했지만 두려웠다. 자루에 담긴 방호복 폐기물이 산처럼 쌓이던 시기도 있었다.

후쿠시마 제1원전으로 작업자를 실어나르는 버스는 지금은 대형으로 바뀌었으나 전에는 아주 작은 버스였다. 앉지 못하면 피곤함에 선 채로 졸면서 숙소로 돌아갔다.

5년 동안 고속도로가 개통됐고 일반인 출입 가능 장소가 점점 늘었다. 상황이 개선됐음을 느끼면서 수습 작업에 참여하길 잘했다는 생각이 든다. J빌리지와 헤어지다니 슬프지만 원래대로 돌아가는 것은 기분 좋다. 재건 모금에 나도 기부금을 내고 싶다. 감사하다, 수고했다는 마음으로.

갑상선암 걸린 작업자 산재 인정

11월 15일, 후쿠시마에서 요코하마로 피난왔다가 따돌림을 당한 중학교 1학년생의 수기가 공개됐다. "세균 취급하면서 방사능이라고 놀려 고통스러웠다", "동일본 대지진으로 사람들이 세상을 떠나 괴롭지만 나는 살아보기로 마음먹었다." 기사를 읽은 노부 씨가 전화를 걸었다. "살아보기로 마음을 먹었다니 눈물이 나더라고요. 이 아이의 말이 머릿속을 떠나지 않습니다." 노부 씨의 목소리는 떨리고 있었다. 후쿠시마에서도 보상금을 받는 사람과 받지 못하는 사람 사이에 따돌림이 발생했고, 괴로워 등교를 거부하는 아이들이 있었다. 노부 씨는 머릿속으로 동일본 대지진 때의 일들이 주마등처럼 스쳤다고 한다.

12월 16일, 갑상선암에 걸린 작업자가 산재를 인정받았다. 40대의 도쿄전력 직원이었다. 그는 1992년부터 2012년까지 원자로 운전 및 감독 업무를 맡았다. 후쿠시마 제1원전의 3·4호기 운전원으로 근무했고 1·3호기의 수소 폭발도 겪었다. 누적 피폭량은 149.6mSv였고 이 가운데 139.12mSv는 원전 사고 후 피폭된 것이었다.

12월, 2개월 전 정지한 규슈전력 센다이 원전 1호기가 재가동함으로써 가동 중인 원전은 전년도 10월에 재가동된 센다이 2호기와 2016년 8월 재가동된 시코쿠전력 이카타 원전 3호기를 합쳐 3기로 늘었다. 12월 21일, 일본 정부는 고속 증식 원자로 '몬주'를 폐로하기로 결정했다.

12월 9일, 경제산업성은 재계 인사로 구성된 '도쿄전력 개혁 1F(후쿠시마 제1원전) 문제 위원회'를 열고 후쿠시마 제1원전 폐로와 보상, 오염 제거 비용을 21조 5,000억 엔으로 제시했다. 2013년 제시한 11조 엔의 두 배인 비용 내역에는 폐로 비용이 8조 엔으로 4배 늘어난 것 외에, 재난 피해자 보상 7조 9,000억 엔, 오염 제거 비용 4조 엔, 중간 저장 시설 건설비 1조 6,000억 엔이 제시됐다. 경제산업성은 크게 늘어난 비용을 도쿄전력의 경영 노력 외에, 전기 요금 추가 부담 등 세금으로 회수할 방침이다. 앞으로도 이 비용은 더 늘어날 수 있으며 국민 부담이 얼마나 될지는 예측할 수 없다. 또 정부는 도쿄전력이 오염 제거 비용을 부담하도록 원칙을 수정했다. 귀환이 불가능한 지역의 오염 제거에 국비를 투입하고 2017년 예산에서 300억 엔을 계산하기로 했다. 12월 27일, 도쿄전력은 보상 및 오염 제거 비용으로 원자력 손해 배상·폐로 등 지원 기구에 추가 지원금 7,078억 엔을 신청했다고 발표했다. 위원회에 따르면 2020년 1월, 도쿄전력에 대한 원자력 손해 배상 지원 규모는 약 11조 3,500억 엔으로, 발표된 것은 9조 1,512억 엔이었다.

2017년

....

방사선 총알받이

인간은 변한다는 믿음이 있다

2017년 1월 23일, 노부 씨(46세)

신년회를 겸해 직원과 함께 여행을 다녀왔다. 후쿠시마 제1원전 사고가 난 지 곧 6년. 온갖 일을 견디며 열심히 일해준 직원에게 아무것도 해주지 못했다. 답례하고 싶어 가족과 연인을 동반한 가족 여행을 기획했다.

이번 여행을 도맡아 진행해준 직원은 계약직이다. 2~3년 전 파친코에 빠져 무단 결근해 일주일을 찾아다닌, 그렇게 해고했던 사람이 빈털터리가 되어 "너무 후회스럽습니다. 열심히 해보겠습니다"라며 돌아왔다. 주위에서는 우려했으나 다시 한번 믿어주기로 했다.

직원 고용은 회사의 신용 문제와 직결된다. 상급 회사 사람이 "만약 문제를 일으키면 당신 회사가 철수하는 겁니까?"라고 물었다. "멋지게 보이려는 게 아니라, 나를 믿고 온 사람인데 버릴 수 없습니다"라고 답했다.

이 과정을 지켜본 그가 변했다. 내가 매일 아침 기숙사로 데리러 가기도 하지만, 하루도 쉬는 법 없고 지각도 하지 않는다. 진지하게 일한다. 원래 실력이 좋았기 때문에 일이 수월해졌다. 지금처럼만 해주면 정직원이 될 것이다. 기숙사에서도 모두 잘 이끌어줘 도움이 되고 있다. 꾸지람을 듣고 눈물 흘리던 젊은이도 제법 성장했다. 인간은 변할 수 있다. 변하기 때문에 재미있다.

연대하는 노동자

노부 씨에게 직원과 동료는 모두 가족이었다. 골목 안쪽 초밥집에서 노부 씨를 만났다. 연말연시 안부를 묻자 그는 온천장에서 열었다는 신년회 소식으로 답했다. 가족과 연인 동반은 노부 씨다운 발상이었다. 직원 대부분이 가족과 함께 참여했다. 가장 놀라운 소식은 파친코에 빠져 회사를 그만둔 청년이 돌아왔다는 것이다. 책임지고 보살피기로 약속했다 해도, 임원이 매일 아침 직원을 데리러 간다는 점에 또 한 번 놀랐다. "나 몰라라 하면 길에 나앉으니까. 그런 모습은 보고 싶지 않습니다. 나도 한때 대충 산 적이 있어서 더 그렇습니다." 눈가 가득한 주름이 그가 얼마나 기뻐하는지를 보여줬다. 웃는 얼굴을 보면 그가 얼마나 좋은 사람인지 알 수 있다.

대인 관계를 힘들어하는 직원도 있었다. 대화도 서툴고 사람을 가까이하지도 않았다. 노부 씨는 그도 내버려두지 않았다. "여러 번 그에게 '말하지 않으면 마음을 전할 수가 없다. 다른 사람은 이해하지 못한다. 속 얘기를 하고 싶으면 나한테만이라도 해라.' 이렇게 다가갔습니다." 다행히 그 직원도 조금씩 말문을 열었다.

"젊은 사람이 그만둘까 봐 화도 못 내고 참는 사장도 있죠. 하지만 젊은 친구들을 지켜줄 사람이 사라지면 어떻게 될지 생각해보니, 할 말은 해야겠다는 생각이 들었습니다. 혼자 헤쳐나갈 정도로 젊은 직원이 성장한다면 그걸로 기쁘죠. 사람은 바뀔 수 있어요." 노부 씨의 이야기를 듣다 보면 구원받는 느낌이 든다. 취재라기보다 인간적인 가르침을 받는 기분이다. 헤어질 때 노부 씨가 한 말에 당황했다.

"고맙습니다. 후쿠시마를 잊지 않고 계속 찾아와줘서."

작업자들의 주치의가 세상을 떠나다

지난해 말, 다카노 병원의 다카노 히데오高野英男 원장(81세)이 세상을 떠났다. 자택의 화재 때문이었다. 원전 사고 후 30km 권내에서 유일하게 피난하지 않고 의사와 병원 스태프 수가 줄어드는 와중에도 며칠이든 병원에 머물며 혼자 병원을 유지해왔다. 원전 사고 후 응급병원이 없어지면서 후쿠시마 제1원전 작업자들도 부상을 입으면 다카노 병원으로 호송됐다. 원전 내 의무실에 부상이 알려지면 잘릴지도 모른다고 걱정하는 작업자들도 다카노 병원의 야간 외래를 찾았다. 원전 사고 이후 6년. 다카노 원장의 피로도는 이미 한계를 넘어선 상태였다. "무슨 일이 있어도 내 할 일을 묵묵히." 이것이 환자의 신뢰와 존경을 받은 다카노 원장의 입버릇이었다.

피폭량도 늘고 체중도 늘고

2017년 2월 19일, 도모 씨(51세)

3년 전 후쿠시마 제1원전에 왔을 때 60세 전후의 작업자가 "남은 것은 군살과 피폭량뿐이군"이라고 말하며 한숨 쉬는 걸 들었다. 그때는 그저 웃고 말았으나 지금은 웃을 수가 없다.

후쿠시마 제1원전 작업은 피폭 때문에 근무 시간이 짧다. 원전 내 이동도 차로 하고 거의 걷지 않는다. 숙소에서 보내는 시간도 길다. 이른 저녁 돌아와 목욕을 하고 맥주를 마시고 식사를 한 다음, 방에서 또 술 한잔하고…. 그래서 다들 살이 찐다. 방사선량이 높은 곳에서는 5~10kg이 넘는 텅스텐 조끼를 입기 때문에 여름에는 특히나 힘들다. 숙소에 와서 술 한잔할 기운도 없다. 선하품이 끊이지 않는데 드링크제를 마셔도 효과가 없다. 이렇게 고통스러운 시간을 보내는데.

스트레스 때문에 더 먹는다. 평일 일과는 후쿠시마 제1원전과 숙소를 오가는 게 전부다. 남자만 있는 숙소에 틀어박혀 일도, 식사도, 목욕도 같이한다. 일이 줄면 수면 아래에서 쟁탈전이 시작된다. 갑자기 호출을 받기도 하고 해고를 당하기도 한다. 앞으로는 방사선량 높은 곳의 작업이 늘 테니 피폭량 문제로 잘릴지도 모른다는 생각에 전전긍긍하게 된다.

나는 파친코도 하지 않고 여자도 안 만난다. 피폭량과 체중만 는다…. 싫다, 정말 싫다. 그 작업자가 한 말대로 되고 말았다.

하청 업체 간의 치열한 수주 경쟁

스트레스를 먹는 것으로 푸는 것은 도모 씨만이 아니었다. "다들 10kg 정도씩 살이 쪘다." 이와키 역 앞 술집에서 도모 씨는 쓴웃음과 함께 한숨을 쉬었다. 갑자기 호출을 받고 나와 말 한마디 나눌 여유도 없이 일을 한다. 매일 녹초가 된다. 그러다 일이 없으면 곧바로 해고당하는 생활이 반복됐다.

작업 반장 역할을 하던 도모 씨가 또 해고당했다는 연락을 받고 이와키로 갔다. "경쟁 업자에게 일을 빼앗겼습니다. 현장 일을 잘 모르는 자인데 몰래 뒤에서 상급 회사에 접근해서는. 장난하는 것도 아니고, 참." 만나자마자 도모 씨는 언짢은 표정으로 분통을 터뜨렸다.

하청 업체의 수주 경쟁은 전쟁이나 다름없다. 원청이나 1차 하청 기업의 입김이 중요해 술자리나 골프 등 접대는 물론, 사장 자택 풀뽑기나 반려동물 돌보기, 사장 가족을 위해 차량을 보내는 등 갖은 수를 써 일을 따려 든다. 기술력으로 승부해온 도모 씨가 치를 떠는 것도 무리는 아니다.

"기술도 경험도 없는 회사가 일을 진행하다 감당하지 못하면 처치 곤란한 상황에서 다시 나를 부른단 말입니다. 대충 마무리하라는 말도 듣습니다. 되묻는 것도 지칩니다. 하라는 대로 하면 상급 회사로부터 다음번 일을 확보할 수 있죠. 좋은 게 좋은 거라고 혼잣말을 하지만…." 적당히 넘기면 된다는 식의 현장에 도모 씨는 치를 떨었다. "우리의 피폭은 전혀 고려하지 않아요. 집에 갈 때마다 해고당했다고 하면서 들어가니. 남은 것은 피폭량과 체중뿐이에요."

시간당 650Sv, 40초 만에 사망하는 수치

해가 바뀌어 후쿠시마 제1원전 3호기의 사용후핵연료 반출을 위해 반출용 덮개 설치 공사가 시작됐다. 2호기 원자로 격납용기 내부 조사에서는 로봇을 투입할 준비가 진행됐다. 1월 30일 카메라 조사에서 압력용기 아래 거무스름한 퇴적물이 발견됐는데, 2호기에서는 포착하지 못했던 데브리(녹아내려 떨어진 핵연료 잔해)가 아닐까 추측하며 조사의 진전을 기대했으나 확인하지는 못했다. 도쿄전력은 동영상을 분석해 방사선량을 시간당 최대 530Sv로 발표했다. 추정치라지만 엄청난 농도다. 탐사 카메라도 2시간 만에 고장 났다. 2월 조사에서는 방사선량이 시간당 최대 650Sv인 것으로 추정했다.

조사 결과가 나온 뒤 세이 씨를 만나러 이와키로 향했다. 2호기 격납용기의 내부 조사 때 구멍 뚫는 작업에 참여한 이였다. "mSv가 아니라 (1,000배나 되는) Sv라고요. 예상은 했지만 너무 높아요. 단순히 들어가면 죽는다는 정도가 아닙니다. 처음으로 격납용기 내부 상황을 이 정도나마 알게 된 건 획기적이지만요." 세이 씨는 조사에 진척이 있다는 점에 들떠 있었다. 7Sv 피폭되면 사망한다는데, 시간당 650Sv라는 것은 약 40초면 사망한다는 뜻이었다.

조사용으로 개발한 전갈 모양의 탐사 로봇은 퇴적물 부근에서 멈춰 회수하지 못했다. "개발비가 십수 억이다. 첫 시도라 개량하는 데도 시간이 걸린다. 결국 방사선과의 싸움이다. 원격 조종을 해도 로봇을 진입구까지 운반하는 등 몇몇 작업은 사람이 해야 한다. 얼마나 단시간에 해내는가가 관건이다. 초기에는 3mSv로 설정한 선량계가 1분도 지나지 않아 파손됐다. 일주일에 15mSv 넘게 피폭된 작업자도 있었다"고 세이 씨는 회고했다. 원자로 내부 상황을 모른 채 조사용 로봇을 개발하는 건 상당히 어려운 일이었다. 3월 조사에서는 1호기 격납용기 바닥에 고인 오염수에서 시간당 최대 7.4Sv의 방사선량이 측정됐다. 이때 선명한 영상을 얻었으나 데브리의 존재는 확인하지 못했다. 7월, 3호기 격납용기 내부의 수중 로봇 조사로 압력용기 하부에 검은 물질이 확인됐다. 처음 포착한 데브리였다.

'자율 피난민'에 대한 무상 주택 제공 중단

원전 사고 이후 6년이 지나면서 피난 지시가 연이어 해제됐다. 정부는 피난 종료로 '원전 사고 종식'을 주장하려 했다. 3월 31일 나미에마치·가와마타마치·이이타테, 4월 1일에 도미오카마치의 정촌 4곳에서 일부 지역을 제외하고 피난 지시를 해제했다. 원전 지역인 오쿠마마치와 후타바마치 두 지역을 포함한 시정촌 7곳은 피난 지시가 계속 유지됐다. 그러나 귀환율은 저조했다. 2월 대상 지역이 매우 적은 다무라 지역 72% 이외에는 나라하마치 11%, 가츠라오 9%, 가와우치 21%, 미나미소마 14%만 돌아왔다. 3월 말에는 피난 구역 외지역에서 피난한 '자율 피난민'의 유일한 안식처인 후쿠시마의 무상주택 제공이 중단됐다. 후쿠시마에서 일하는 남편과 떨어져 자녀와함께 피난한 가족 등 6년간 아슬아슬하게 최저 생활을 유지해온 피난민들을 궁지로 내모는 조치였다. 각지의 지방 의회에서 정부에 지원 연장을 요구하는 의견서를 가결했다. 독자적으로 주택 지원 대책을 내놓는 자치 단체도 있었으나, 지원 폭은 지역에 따라 달랐다.

노부 씨는 피난 지시 해제에 심경이 복잡했다. "정부는 귀환 준비가 됐다고 하는데 대체 뭐가 마련됐다는 건지. 오염 제거도 미흡하다는 건 처음부터 알고 있을 겁니다. 공간 방사선량이 낮아져도 문제는 오염이죠. 피난 지시가 해제되어도 어린아이가 있는 젊은 사람들은 오지 않고 노인들만 돌아오고 있습니다. 누가 그들을 보살피겠어요" 노부 씨도 6년 동안 가족과 지낸 시간이 얼마 되지 않는다는 사실에 부끄러워진다고 한다.

"집에 갈 때마다 아들이 많이 컸구나 싶죠. 원전 사고 직후에는 내가 이곳 사람이니 어떻게든 지켜야 한다는 생각으로 필사적으로 매달렸지만…. 분명 아침에 출근해서 저녁에는 가족이 있는 집으로 돌아갈 수 있는 일을 택했는데, 그럴 수 없게 된 겁니다. 아이들을 참고 견디게만 한 것이 계속 마음에 걸립니다. 6년 동안 원전에서 일하면서 가족과 함께 살지 못한 것이 후회스럽습니다."

노부 씨의 목소리가 떨렸다. 담배를 한 모금 빨고서 그는 조금 진정이 된 듯 다시 고향 이야기로 돌아갔다. "국회의원도 자기나 가족 일이라면 이걸 타당한 조치라고 할지 생각해보기를 바랍니다. 국가가 보상을 중단하려는 건지, 돈 때문인지는 모르겠는데, 문제는 정부가 피난민을 진지하게 고민하지 않는다는 겁니다."

그 이후 거액이 투입된 오염 제거 작업에서 비용을 부풀려 청구하는 등의 부정이 줄줄이 발각됐다.

3월 17일, 후쿠시마에서 군마 등으로 피난한 주민 137명이 정부와 도쿄전력에 총 15억 엔의 보상을 요구한 소송에서 마에바시 법원은 "도쿄전력은 거대 쓰나미를 예견했고 사고를 막을 수 있었다"고 판단했다. 이에 따라 도쿄전력과 국가의 보상 책임을 물어 원고 중 62명에게 총 3,855만 엔을 지급하라고 판결했다. 이즈음 전국적으로 약 30건 가까이 진행되던 집단 소송 가운데 피난민이 승소한 첫 번째 판결이었다.

원전에 의존해 살 수밖에 없는 걸까

2017년 7월 16일, 치하루 씨(43세, 가명)

후쿠시마 제1원전에 있을 때 주말에 이와키 시내의 메밀국숫집에 자주 갔다. 낮부터 소주나 청주를 마실 수 있지만 식사는 메밀국수와 정식뿐이었다. 현지 어부들이 많이 모이는 곳이라 어부가 "내가 잡아온 것 좀 내오지?"라고 하면 주인이 아침 조업에서 잡은 해산물을 요리해줬다.

가자미와 붉은 살 생선회, 뱅어, 연어알 간장 조림…. 문어회는 정말 맛있었다! 간토에서 왔다고 하니 "살 곳도 있고 일도 소개해줄 수 있는데"라고 해 마음이 좀 흔들렸다. 매일 가게에 오는 어부들과 이야기를 많이 했다. 사투리가 심해 술에 취하면 무슨 말을 하는지 도통 못 알아듣는 때도 있었지만.

어부들은 동일본 대지진 때 땅이 흔들리자마자 먼바다로 출항했다고 한다. 그곳에서 쓰나미가 덮친 항구 쪽을 지켜보는 내내 무사히 돌아갈 수 있을지 불안했다고 한다. 대지진 후에도 배를 띄워 시신을 수습했다는 이야기도 들었다. 사지육신이 온전치 못한 시신도 있었고 신발만 남은 경우도 있었고…. 심하게 훼손된 시신도 2~3일 보니 익숙해지더라는 이야기도 해줬다.

현지 사람들과 알고 지내면 일하는 데 힘이 된다. 하루빨리 원전을 폐로해야겠다고 생각하게 된다. 한편에서는 "달리 일거리가 없으니 원전에서 일할 수밖에 없다"고 하고. 원전에 의존해 살 수밖에 없는지 생각이 복잡해진다.

문신한 작업자와 야쿠자 작업자

간토 출신 기술자 치하루 씨가 후쿠시마에 온 것은 원전 사고 후 1년 뒤였다. 아내의 만류에 부부 싸움을 했고, 어머니는 치하루 씨가 말을 듣지 않는 고집불통이라며 "조심하라"라는 말로 보내주셨다. 중학생 아이들도 "1년 정도 아빠가 집에 없을 거야"라는 말에 울음을 터뜨렸으나 별말 없이 보내줬다. 치하루 씨는 후쿠시마 제1원전에서 1년간 일한 후 간토 지역으로 돌아갔다가 지난해 후쿠시마로 돌아왔다.

"후쿠시마에는 방사선량이 높아 6년이 지나도 못 들어가는 곳이 있는데, 간토에서는 도쿄 올림픽 공사에 대형 슈퍼마켓이나 상업시설 공사를 벌이며 경제 효과를 말하고 있습니다. 지금 그런 데 정신 팔릴 때가 아닌데. 그런 현장에서 일하는 게 공허하게 느껴졌습니다. 그래서 후쿠시마로 돌아오고 싶었어요."

이즈음 치하루 씨는 하던 작업이 일단락되어 간토 지역으로 돌아갈 시기가 다가오고 있었다.

"아이들 학교 문제로 아직은 안정적인 수입이 필요합니다. 사회보험이 의무화되면서 후쿠시마 제1원전에 단기 작업자나 1인 사장이 들어오기 어려워졌어요. 이 문제만 아니면 다음에도 일할 수 있을 텐데."

작업자들은 저마다 단골 가게가 있다. 치하루 씨가 자주 다닌 가게는 10명이면 꽉 차는 메밀국숫집이었다. 이 가게는 현지 어부나 건설 노동자 들이 모이는 곳이라 알아듣기 힘든 사투리가 난무했다.

"부모도 자식도 단골이 되어 자주 찾는 가게였어요. 현지 사람과 친구가 되어 외부에서는 알 수 없는 생생한 얘기를 들을 수 있어서 참 좋았죠."

이발소나 라면집도 단골 가게가 됐다. "처음 갔을 때는 현지 사람이 먼저 인사를 했습니다. 그게 기뻐서 일을 할 때 큰 힘이 됐어요. 지금은 후쿠시마 제1원전이 이전보다 깨끗해지고 전반적으로 방사선량이 낮아져서 좋은 의미에서 최전선이라는 느낌이 많이 사라졌습니다. 일하러 오는 사람이 없으니 어쩔 수 없지만, 돈벌이를 내세워 사람을 모집하는 게 안타까워요."

치하루 씨는 몸에 고등학교 졸업 무렵 새긴 문신이 있었다. 원청 기업 숙소에서는 공동 목욕탕을 이용하는데 일본풍 그림이나 관음상, 용 문신을 한 사람이 의외로 많았다. "6명 중에 1명쯤 되나 봐요. 현장 일이란 본래 그렇죠. 원전뿐 아니라 건설 현장에는 예전부터 문신한 사람이 많습니다."

실제로 문신을 한 작업자를 취재해보니 단지 패션으로 한 사람이 있는가 하면 조직 폭력배와 관련된 사람도 있었다. 오랫동안 원전에서 일한 50대 베테랑 작업자는 "조직 폭력배 중에 실력 있는 기술자가 많아요. 이들이 원전을 지탱해온 셈"이라고 설명했다.

국제 원자력 기구의 권고를 받은 원자력 규제 위원회는 지난해 9월, 테러 방지를 위해 원전 작업자의 신원을 조사하기로 결정했다. 이후 후쿠시마 제1원전에서도 신원 확인용 서류 외에 범죄 이력이나 채무 유무, 테러 조직이나 폭력단과 관련 없음을 서약하는 신고서

와 함께 도항渡航 이력도 제출하게 했다. 원청 기업의 신원 조사도 엄격해져 폭력배 관련자는 배제됐다.

위험 수당을 요구하지 않아 고용되는 외국인 노동자

얼마 전부터 피난 지시 구역의 오염 제거 작업에 필리핀 노동자를 중심으로 외국인이 상당수 투입되고 있었다. 건설 회사가 필리핀에서 1,000명 단위로 사람을 데려온다는 정보도 입수했다. 실제로 오염 제거 현장에는 여성을 포함해 상당히 많은 외국인 노동자가 일하고 있었다. 현장에 따라서는 작업자의 3분의 1 혹은 절반이 외국인인 곳도 있었다. 오염 제거 작업 하청 업체의 임원은 "연수생(외국인 기능 실습생) 명목으로 데려오기도 한다. 일본인과 달리 위험 수당도 요구하지 않고 성실하니까"라고 이유를 설명했다. 원전 일은 오염 제거 작업보다 절차가 복잡한 데다 원청 기업의 심사가 엄격해 외국인에게 일을 시키기 어렵다. 그러나 이미 브라질이나 필리핀 등 외국인 용접공이 들어와 있었다.

일본에서 오래 일한 필리핀 용접공을 만났다. 그는 "후쿠시마 제1원전에서 일하지 않으면 다음 일을 줄 수 없다"는 회사의 말에 피폭의 공포를 참고 일하고 있었다. 그가 이곳에서 일하기 시작한 시기는 용접공이 특히 부족할 때였다. 도쿄전력은 그해 2월, 관련 기관과 협의해 후쿠시마 제1원전에서는 외국인 기능 실습생에게 일을 시키지 않는다고 원청 기업에 전달했다. 그런데 11월부터 외국인 기능 실습생 6명이 안전 교육 없이 사고 잔해나 벌채목 등을 처리하는 폐기물

소각 시설의 기초 공사에 투입됐다는 사실이 이듬해 봄 보도됐다. 오염 제거 현장인 줄 모르고 투입된 외국인 기능 실습생들이 국회에서 피해를 호소하는 사태도 벌어졌다.

반감기 2만 4,110년 방사성 물질을 뒤집어쓰다

6월 6일, 원자력 관련 시설에서 국제 평가 기준 '2단계(이상 사태)'에 해당하는 사고가 발생했다. 일본 원자력 연구 개발 기구의 오아라이 연구 개발 센터에서 핵연료 점검 작업 중 작업자가 연 저장 용기 내 핵연료 물질 밀봉 용기의 이중 비닐이 부풀어 떨어지고 말았다. 이때 방사성 물질 플루토늄 등이 사방으로 튀어 작업자 5명이 내부 피폭을 입었다. 26년간 개봉하지 않고 보존하는 동안 내부에서 가스가 발생한 것으로 보인다. 일본 원자력 연구 개발 기구는 한 작업자의 폐에서 플루토늄이 2만 2,000Bq 검출됐다고 발표했으나, 이후 조사에서는 일부 작업자의 소변에서 플루토늄이 검출됐지만 폐에서는 검출되지 않았다고 정정했다. 향후 50년간 예상되는 내부 피폭은 가장 높은 경우 100mSv 이상 200mSv 미만으로 추정됐다. 피폭량 추정치는 처음보다 크게 낮아졌으나 말 그대로 이상 사태가 발생한 것이다. 플루토늄-239의 반감기는 2만 4,110년이다. 원전 작업자는 외부 피폭보다 내부 피폭을 더 두려워한다. 일단 체내에 방사성 물질이 들어오면 몸속에서 계속 피폭이 진행되기 때문이다.

이제 사고가 나도 목숨은 건지겠구나

2017년 8월 1일, 하루토 씨(34세)

몇 년 만에 후쿠시마 제1원전에 와서 새 사무동 본관과 휴게소를 보고 감개 무량했다. 특히 헬기장이 그랬다. 생명과 관련된 일인데 왜 곧바로 헬기장을 만들지 않았는지 이해할 수가 없다. 여러 사람의 노력으로 마침내 원전 헬기 장이 생겼다고 들었다. 울컥했다. 이제는 사고가 나도 목숨을 건질 가능성이 높아졌다.

3년 전, 굴착 작업 중에 흙더미에 깔린 작업자가 병원으로 호송됐으나 사망 했다. 당시 구급차로 환자를 옮겼는데, 구급 요청 이후 병원 도착까지 1시간 이 걸렸다. 구급차를 불러 헬리콥터 착륙 장소까지 옮기고 다시 헬기로 병원 으로…. 살릴 수 있는 사람도 구하지 못했다. 사고 발생 통보도 늦었다.

새로운 휴게소, 식당, 편의점까지 생겨서 놀랐다. 원전 사고 직후에는 밥은 커녕 물도 제대로 못 먹었다. 휴게소에서도 피폭됐고 방사능으로 오염된 바 닥에서 통조림이나 레토르트 식품을 먹었다.

오랫동안 일해왔으므로 계속하고 싶은 마음은 변함이 없다. 원전이 폐로될 때까지 지켜보는 것은 무리겠지만 지금 내가 할 수 있는 일은 계속할 것이다.

닥터 헬기용 시설, 7년 만에 운행 시작

5월 9일, 후쿠시마 제1원전 내 헬기장이 운행을 시작했다. 원전 사 고가 발생한 지 7년 만에 마침내 관리동 근처에서 닥터 헬기가 뜰 수 있게 된 것이다. 1분, 1초를 다투는 위급 상황에서 닥터 헬기용 시설은 의미가 매우 컸다.

그간 왜 방법을 마련하지 않았을까? 하루토 씨의 마음속에서는 분노가 복잡하게 얽혀 있었다. 그는 원전 사고 발생 초기 솔선해서 방사선량이 높은 작업장으로 갔고, 반년 만에 해고를 당했다. '쓰고 버려졌다'는 생각은 사명감으로 일해온 하루토 씨를 계속 괴롭혔다.

어느 날, 하루토 씨를 지탱해온 버팀목이 무너졌다. 의욕이 사라지고 우울했다. 스트레스를 받으면 귀가 들리지 않는 돌발성 난청도 발병했다. 이런 상태가 얼마나 지속됐을까? 오랜만에 이와키의 음식점에서 하루토 씨를 만났다. 이 무렵 하루토 씨는 큰 산을 하나 넘은 듯 보였다.

"오랜만에 후쿠시마 제1원전에 가니 헬기장이 생겼더라고요. 목숨을 구하겠다는 확약은 아니지만 감개무량했어요. 사람이 죽는 건 보통 일이 아니니까. 게다가 원전 사고 직후에 함께 일하던 사람들이 꽤 많이 돌아왔더군요. 그럴 때인가봐요." 지금까지 원전 생각이 한시도 머리에서 떠난 적 없던 하루토 씨도 이제는 조금 거리를 두는 모습이었다. 원전에 집착하던 마음에서는 해방된 듯했다. 이날 하루토 씨는 조용했다. "후쿠시마 제1원전에서 오래 일하고 싶은 마음은 변함이 없습니다. 지금까지 줄곧 여기서 일했다는 자부심이 있거든요. 우선은 눈앞의 일을 하려 합니다. 할 수 있는 것을 하면 된다고 생각이 바뀌었어요."

"우리는 방사선 총알받이인가?"

배관공 기 씨는 스트레스에 파묻혀 있었다. 신입 작업자 교육은 아무런 매력이 없었다. "할 일이 없어서 먹고 마시고, 살이 15kg이나 쪘다고." 올봄 벚꽃이 피던 무렵에는 "괴롭다. 하루빨리 그만두고 싶다"고 만날 때마다 불평을 했다. "나는 줄곧 배관 일을 해왔으니까요. 아, 정말 현장에서 일하고 싶다." 김치를 집는 기 씨가 크게 한숨을 내쉬었다.

이날은 기 씨의 성장기부터 원전 일까지 인생 여정을 들었다. 부모님이 맞벌이라 기 씨는 할머니 손에 자랐다고 한다. 어릴 때 할머니가 자주 만들어주시던 감주의 향을 지금도 기억한다. 초등학교 때부터 서예와 수영을 잘했다. 교회 주일 학교의 누나에게 첫눈에 반한 조숙한 소년이기도 했다. 초등학교 5학년 때 비틀즈의 일본 공연에서 노래를 듣고 충격을 받았다. 용돈을 모아 중고 레코드 가게를 다니며 해적판이든 뭐든 비틀즈에 관한 것이라면 다 모았다. 수영도 계속했다.

"400m 개인 혼계영에서 대회 신기록을 세웠어요. 중학교 1학년 때는 전국 대회에 출전할 정도였으나, 거기까지였죠. 한계를 느꼈습니다." 중학교 2학년 때 아폴로 11호의 닐 암스트롱이 인류 최초로 달에 착륙하는 모습을 텔레비전으로 보고 우주를 동경했다. 그때부터 밤하늘 사진을 찍기 시작했고 고등학교에 진학하고 나서도 계속 찍었다. 다이빙을 시작한 것은 대학생 때였다. 대학 졸업 후 도요타의 차량 성능을 점검하는 테스트 드라이버를 거쳐, 부친과 연관된 건설 회사에 취직했다. 이후 첫 번째 결혼을 했으나 "종교에 빠졌다"는 아내와 이혼했다. 직접 회사를 경영할 때는 "연 매출 1억 엔"이라는 위세를 떨치며 해마다 사이판이나 괌, 하와이 등 해외로 다이빙을 다녔다. 그사이 두 번째 결혼을 했지만 아내는 사치를 즐기고 낭비벽이 심해 결국 이혼했다. 두 차례 결혼으로 자녀 4명을 얻었다. 모친의 건강이 나빠진 뒤 함께 살기 위해 40대 중반에 고향으로 돌아왔다. 그때부터 원전에서 일했다. 동일본 대지진이 난 날에는 하청 작업자로 후쿠시마 제1원전에서 일하고 있었다. 기 씨에게 대지진은 한신 대지진, 추에쓰 지진, 추에쓰오키 지진에 이어 네 번째였다.

후쿠시마 제1원전과 관련한 일 이야기에 이르자 기 씨의 불만이 쏟아져 나왔다. "4년 전에는 원자로 주변 작업이나 방사선량이 높은 현장에만 투입됐습니다. 피폭량 상한에 아슬아슬해질 때까지 일했고, 모두 '우리가 방사선 총알받이입니까? 아직 죽고 싶지 않다고요'라며 화를 냈습니다." 현장에서는 많든 적든 피폭을 당한다. 탱크 설치도, 오염수 정화 장치 설치도, 배관 교체 작업도, 대체로 3개월 정도 작업했는데 연간 상한에 근접하면서 원전을 떠나야 했다. 그럼에도 기 씨는 이곳에서 일하고 싶다는 의지가 강했다. 이번에는 후쿠시마 제1원전에 들어오는 작업자들의 위험 체험 훈련 강사로 1년 가까이 근무했다. "1년이 얼마나 길었는지. 매일매일 똑같은 이야기를 해서 진절머리가 납니다. 내일 차로 내달려 고향으로 돌아갈 거예요."

이즈음 기 씨는 가족과의 관계가 원만하지 못했다. "결혼해서 독립한 아들과 딸을 못 만났습니다. 세 번째 손자가 태어났는데 아직

보지도 못했어요. 어쩌면 네 번째 손자가 태어났을지도 모르죠. 연락을 해도 답장이 없어요. 아들이 고등학생일 때는 내가 잔업을 마치고 아침에 퇴근하면 뜨거운 물수건을 준비해 기다려줬는데." 섭섭한 기색이 역력했다. 이번에 기 씨가 고향으로 돌아가기로 결심한 이유는 말기 암인 숙부 때문이라고 한다. 한동안 고향에 머물면서 숙부를 간병하겠다는 것이다. "숙부께 신세를 많이 졌어요. 가족이잖아요." 그는 가족을 많이 생각하는 사람이었다.

집도, 아내의 묘도 쓰나미에 쓸려갔다

2017년 8월 13일, 기미 씨(59세)

추석에는 아내의 묘에 갈 것이다. 바닷가에 있던 집은 원전에서 6~7km 떨어져 있었다. 쓰나미로 흔적도 없이 사라져 터만 남았다. 10여 년 전 세상을 떠난 아내의 묘도 쓰나미에 쓸려가 작년에 높은 지대로 이장했다.

무덤을 어디로 옮길까? 수없이 고민했다. 동일본 대지진이 발생한 이듬해 고민 끝에 이와키 시내에 새집을 지었다. 보상금은 없었다. 아내의 묘도 이와키에 이장하려 했으나 장모님이 "고향에 두고 싶다"고 하셨다. 아무리 고향의 공간 방사선량이 낮다 해도 아들이나 손자를 데려가고 싶지 않았다. 고향에 묘를 쓰면 나밖에 갈 사람이 없다고 말씀드렸으나, 장모님은 완강하셨다. 그래서 마을이 옮겨간 고지대에 이장하기로 했다.

예전 무덤에서 망자의 혼을 모셔가는 의식은 마을에서 함께 해줬다. 그러나 유골은 어떻게 할까? 관공서에 물으니 "우리 담당이 아니다"라는 말뿐이었다. 고민하다 아들과 둘이서 유골 수습에 나섰다. 무덤은 쓰나미로 대좌도 덮개도 어긋나 안쪽에 바닷모래가 40~50cm나 쌓여 있었다. 흙탕물이 섞인 모래를 퍼내고 체에 걸러 유골을 수습했다. 여기서는 납골할 때 흙으로 돌아간다고 해 유골함을 깨고 묻는다. 그래서 아내와 아내의 언니의 유골이 뒤섞여 구별할 수 없었지만, 그나마 해일에 휩쓸려가지 않은 게 다행이었다. 새로운 묘에 납골하고 스님의 도움으로 영혼을 모셨다.

산소가 가까우면 기일에 갈 수 있겠지만 지금으로서는 추석과 봄·가을 추모일에만 간다. 언젠가 고향으로 돌아가고 싶다. 이제 곧 정년이다. 아들도 취직을 했고 후쿠시마 제1원전의 뒤처리는 후진에게 맡겨야 할 것이다. 다음에는 고향을 복구하는 데 힘을 쏟고 싶다.

쓰나미로 사라져버린 삶의 터전

피난 지시 구역의 묘지는 사찰 주지까지 모두 피난하면서 한동안 방치되고 있었다. 원전 사고 직후에는 성묘도 일시 귀가 허가를 받아야만 갈 수 있었다.

쓰나미로 집을 잃은 기미 씨는 아내의 산소를 어디로 옮길지 고민이 많았다. 묘지는 쓰나미에 휩쓸렸으나 다행히 유골은 남아 있었다. 기미 씨는 가슴 아픈 이야기도 담담하게 말했다. "고향 집은 터만 남고 흔적도 없이 사라졌지만, 나중에 사람들이 아들의 책가방과 아내 사진이 있는 앨범을 찾아줬습니다." 다행히도 가족사진이 많이 남아 있었다. 당시 10년 된 집으로 바다에서 100m 정도 떨어진 거리에 있었다.

수차례 집터로 가봤으나 여지가 없었다. "집을 지을 때 아내의 생명 보험으로 받은 대출을 10년에 걸쳐 갚았는데, 그 집이 사라진 겁니다. 원전 사고로 피난한 집은 보상을 받았지만 쓰나미 피해는 아무것도 받지 못했어요. 도쿄전력은 서류를 보내 '이 지역은 보상이 나오지 않는다'고 굳이 확인해주더군요. 누락을 없애려는 조치였겠지만."

인근 지역 주민들이 피해 보상금으로 새로 집을 짓는 상황 속에서 기미 씨의 심경은 복잡할 수밖에 없었다. "집이 사라졌을 때 큰아이가 고등학교 2학년이었어요. 이와키에 새집을 지으면서 진 빚은 80세까지 일해야 갚을 수 있습니다. 내년이 정년인데. 아들이 결혼할 때가 되면 이 집을 아들에게 주고 오래된 집이라도 상관없으니 동일본 대지진이 일어나기 전 살던 마을로 돌아가고 싶어요." 억울함과 복잡한 심경을 안고 있으면서도 그의 어조는 온화했다. 그는 작은 목소리로 되뇌었다. "원전 사고만 없었어도."

비용 절감 목표로 철저한 효율화 방침 시행

기미 씨는 계속 회사에서 후배를 육성하고 싶었다. 이제는 전처럼 일할 수 없지만 그동안 쌓은 지식과 기술을 다른 작업이나 후진 양성에 활용하고 싶어 했다. 이 무렵 후쿠시마 제1원전에서는 '도요타식' 노동 환경 개선과 비용 절감을 목표로 불필요한 것을 철저하게 배제하는 효율화 방침을 따르고 있었다. 그러나 구조 조정을 하지 않는

'도요타식'과 달리 후쿠시마 제1원전에서는 비용 절감과 동시에 인원 삭감도 진행됐다. 기미 씨의 직장에서도 이제껏 셋이서 하던 일을 1~2명으로 줄이는 등 인력을 감축했다. 제조사가 직접 해온 전문 분야도 비용을 줄이기 위해 도쿄전력의 자회사 등에서 진행됐다. "전문가가 아니라서 제대로 대응하지 못하는 문제도 많다. 제조사 측도 불만이 많을 것이다. 제조사에게 맡기면 비싸다며 일을 빼앗아놓고 그 일을 도쿄전력 자회사 등 단가 낮은 회사에 가르쳐주라니. 그러니 그저 '취급 설명서를 보라'며 두툼한 설명서를 건네주고 만다." 기미 씨네 회사는 원전 사고 후 여러 해 동안 인원 감축을 위해 조기 퇴직을 권했다. 50세 이상은 '남은 연수×100만 엔'으로 퇴직금을 지급한다는 말에 여러 명 퇴직했다.

그런 와중에 정년을 반년 앞두고 회사는 정년 후에도 일할지 상사와 면담해 결정하라는 메일을 보내왔다. 기미 씨가 찾아가자 상사는 면담 용지를 들고 선 채로 "이제 얼마 안 남았으니"라며 앞으로 어떻게 할지를 물었다. 귀찮아하는 상사의 태도에 기미 씨의 마음속에서 뭔가가 무너져 내렸다. 기미 씨는 그 자리에서 그만두겠다고 말했다. 상사는 붙잡지 않았다. 남은 동료를 보니 일은 그대로인데 임금이 40% 이하로 깎이고, 현장 작업에서 배제됐으며, 재고용이 되더라도 1~2년 지나 그만둬야 했다. "후쿠시마 제1원전을 위해 일해왔습니다. 원전 사고 후에도 얼마나 많은 일을 했는지 모릅니다. 그 기술도 지식도 필요없다는 거죠."

한편 원자로 3호기에서 사용후핵연료 566개를 꺼내기 위해 7월

부터 원자로 건물 상부에 덮개 설치 작업이 진행됐다. 블록 8개를 조
립해 만든 덮개 안에 수조에서 꺼낸 핵연료를 수송 용기로 옮기는 연
료 취급기를 설치하고 수송 용기를 수조에서 꺼내 지상으로 내리는
크레인도 세웠다. 도쿄전력은 2018년 중반에 핵연료를 꺼낼 예정이
었다.

여름마다 반복되는 무더위와의 사투
2017년 9월 6일, 노부 씨(47세)

여름에는 수면 부족으로 해마다 많이 힘들다. 오죽하면 원청에서도 올해는
서머 타임을 보류하자는 의견이 나왔는데, 7월 들어 아침 8시에 이미 30도를
넘는 날이 이어졌다. 이런 상태라면 작업은 무리라는 의견에 따라 결국 서머
타임을 시행하게 됐다. 추석이 지나면서 기온은 조금 내려갔으나 습도가 여
전히 높다. 심상치 않은 무더위였다.

새벽에 작업하면 체감 온도가 상당히 내려간다. 그렇지만 두툼한 판초를 입
고 배관 작업을 하는 날은 무척 힘들다. 속옷·방호복·판초⋯ 겹겹이 껴입는
것만으로 땀범벅이 된다. 추석 명절이 끝나고 오랜만에 장비를 장착하니 더
힘들다. 전면 마스크에 땀이 고여 첨벙첨벙 소리가 난다. 고개를 숙이면 땀이
눈과 입으로 들어가기 때문에 아래쪽을 쳐다볼 수도 없다. 작업 중에 현기증
이 나서 위험하다고 느낀 적도 있다. 일단 휴식을 취하고 다시 작업에 들어갈
때도 있지만, 여름에는 두 번 작업하는 게 정말 무리다. 판초를 벗는 순간 찾

아오는 시원함. 고무장갑을 벗으면 주르륵 땀이 떨어진다. 휴게소에서 마스크를 벗고 냉방되는 곳에서 스포츠 음료를 마시면 수분이 서서히 온몸으로 스며든다. 이 순간이 천국이다.

작업 전날 잠이 모자라거나 과음을 하면 순식간에 열사병에 걸린다. 작업장에 나와 10분 혹은 15분 정도 지나면 열사병이 온다.

가시와자키 가리와 원전 재가동 결정

잠든 가족이 깨지 않도록 새벽 2시에 가만히 일어나 3시 전에 편의점에서 아침 끼니를 사들고 원전으로 간다. 이것이 노부 씨가 서머타임 기간에 매일 반복하는 일과였다. 무더위·습기와의 사투는 올해도 이어졌다. 6월까지는 그다지 덥지 않았으나 7월 들어 급격하게 기온이 올라갔다. 작업에 따라 방호복 위에 판초를 두 장 겹쳐 입고 일을 하기도 한다.

이 무렵에는 낮이든 저녁이든 이른 시각에 작업자들을 만날 수 있다. 노부 씨도 저녁 7시에는 잠자리에 든다. 그가 일을 마치고 돌아오는 시간에 이와키 역 앞 중화요릿집에서 함께 점심을 먹었다. 노부 씨에게는 작업을 마친 뒤 숙소에서 두 시간 정도 젊은 작업자들과 술 한잔 하는 것이 소중한 시간이었다. "텔레비전을 보면서 이러쿵저러쿵 이야기도 하고, 내일 계획 등을 논의하죠. 이렇게 이야기를 나누는 것만으로 많이 달라집니다." 동일본 대지진 이후 호텔이나 회사의 기숙사에서 동료나 부하와 함께 살았다. "가장 오래 같이 지낸 친구는 6년, 짧아도 3년은 됩니다. 가족보다 함께 있는 시간이 더

기니 참 이상한 일이죠." 노부 씨는 반주 한 잔을 아주 달게 마셨다.

그는 봄에 가족이 가까이 이사 온 뒤에도 당분간 새집과 숙소를 오가며 생활하다가 곧 가족과 대부분의 시간을 보내게 됐다. 만화에 푹 빠졌던 딸은 고등학생이 됐고 아들은 어느새 중학생이다. 아이들에게 친구도 많이 생겨서 한시름 놓았다. "6년이 참 기네요. 줄곧 쫓기는 기분이었습니다." 노부 씨의 표정이 침울해졌다. 후쿠시마 제1원전 대부분 구역이 일반 작업복과 일회용 방진 마스크만 착용하는 'G 구역'이 되면서 수당도 줄었다. "지금 받는 조정금 월 2만 엔도 끊길지 모릅니다. 계속 일자리가 있을까? 회사는 괜찮을까? 가족은 어떡하지? 이런 생각에 잠을 잘 수 없어 한밤중에 깨곤 해요." 노부 씨의 불면증은 몇 년째 계속됐다.

9월 들어 원자력 규제 위원회는 도쿄전력이 재가동하려는 가시와자키 가리와 원전 6·7호기에 내진 공사를 하면 신규제 기준에 '적합'한 것으로 판단한다는 심사 서안을 두고 최종 논의에 들어갔다. 도쿄전력 회장과 사장이 나온 7월 면담에서 다나카 위원장은 "후쿠시마 제1원전을 주체적으로 폐로시킬 수 없는 사업자에게는 재가동 권한도 없다"고 비판했다. 그러나 9월 6일 회합에서는 "가시와자키 가리와 원전을 가동해 사고에 대한 책임을 다하려는 뜻은 어느 정도 이해한다"는 등, 도쿄전력의 태도를 옹호하는 위원들의 발언이 잇달았다. 다나카 위원장도 "도쿄전력의 적격성에 대해서는 적극적인 반대 의견이 없었다"고 말을 바꿨다. 한편 니가타현은 독자적인 사고 검증이 끝날 때까지 재가동 논의를 하지 않겠다고 발표했다. 이후 도쿄전력의 적격성 인정을 비판하는 의견이 터져 나오자 원자력 규제 위원회가 잠시 일정을 연기하기로 했으나, 10월 4일에는 다시 말이 바뀌었다. 심사 서안이 승인되면서 12월에 정식 재가동이 결정됐다.

작업자들의 반응은 복잡했다. 재가동하면 일할 곳이 늘어 환영하는 목소리도 있었고, "가시와자키 가리와 원전 가동으로 도쿄전력의 예산이 늘어 후쿠시마 제1원전의 작업도 증가하는 건 아닐까" 하는 기대의 목소리도 있었다. 반면 "올봄 이후 가시와자키 가리와 원전 재가동을 노린 탓인지, 후쿠시마 제1원전의 예산이 제한되어 일이 없다"고 우려하는 원청 기업도 있었다. 베테랑 기술자가 빠져나가는 상황을 우려하는 소리도 나왔다. "내년 봄부터는 가시와자키 가리와 원전에 한꺼번에 사람이 모일 겁니다. 대형 종합 건설 회사 등은 앞질러 작업자를 옮기고 있어요." 이와키에서 만난 1차 하청 기업 사장의 말이다.

9월 22일에는 원전 피난민이 제기한 집단 소송에서 치바 지방 법원의 판결이 나왔다. "대규모 쓰나미를 예측해 대책을 취할 수는 있었으나, 그렇다 해도 사고를 막지 못했을 가능성이 있다"며 국가의 책임을 부정하는 내용이었다. 정부와 도쿄전력의 책임을 인정한 그해 3월 마에바시 지방법원의 판결과 크게 다른 결과였다. 그리고 10월에 후쿠시마 지방법원에서는 다시 국가의 책임을 인정하는 판결이 나왔다.

결국에는 사람의 손길이 필요하다

2017년 10월 5일, 세이 씨(60세)

첫 손자가 한 살이 됐다. 걷고 싶어 안달하는 시기다. 전에는 할아버지를 못 알아봤는데, 요즘은 곧장 "안아줘" 하며 달려온다. 딸도 어릴 때 이랬다. 너무 귀여워서 어쩔 줄 모르겠다.

데브리 제거 준비가 진행되고 있다. 원전 밖에 실물 크기 모형을 만들어 여러 제조 업체와 대학 교수, 연구자가 방법을 연구 중이다. 콘크리트를 부어 초고도 방사선량의 핵연료를 단단히 굳혀 반출하는 방법도 검토 중이다. 물속에서는 방사선이 차단되니까 물을 가득 채워 작업하는 방법도 모색하고 있다. 원자로 격납용기 내부를 살펴보기 위해 어디에 구멍을 뚫을지, 어디로 로봇을 투입할지 일일이 검증한다. 하지만 실제로 해보지 않으면 알 수 없다. 내부 상태를 알아도 데브리를 제거할 수 없는 경우도 있을 것이다.

지난번 2호기 조사에서 퇴적물에 묶여 회수하지 못한 자주식 전갈 로봇의 후속 모델 개발에도 막대한 비용과 시간이 든다. 로봇을 투입을 할 때는 사람의 힘을 빌릴 수밖에 없다. 작업자의 피폭이 문제다. 방호복과 전면 마스크를 착용하고 그런 작업에 시간이 얼마나 걸리는지를 스톱워치로 측정해본다. 실제로 데브리 제거 작업은 언제쯤 하게 될까. 내가 참여하는지도 미지수다. 내기술이나 지식을 후배에게 전해줘야 한다.

데브리 제거 작업이 몇십 년 걸릴지 아무도 모른다. 그 선구자로 자부심을 갖고 있다. 자손들이 안심하고 살 수 있는 후쿠시마로 만들고 싶다.

예산 부족으로 작업 중단되는 현장

세이 씨는 데브리 제거 훈련용 모형 관련 일에 참여하고 있었다. 원자로 격납용기 주변의 초고도 방사선량 환경에서 어떻게 피폭을 줄일 수 있을까? 제조 업체마다 팀을 꾸려 다양한 방법으로 검증하고 있었다. 격납용기에 구멍을 뚫는 작업도 한 단계 연구가 진행되어 피폭을 덜 입는 방법이 개발됐다.

구멍 뚫는 기계 설치팀의 피폭을 줄이기 위해 미리 잘라낸 납 차단막을 사전 설치한다. 기계 설치에는 조당 2~3명 단위로 열 개 조가 구성된다. 작업자가 20명 이상 필요한 것이다. 설비를 원격 조종해 구멍을 뚫고, 막을 때는 재빨리 달려가서 납판을 걸고 볼트로 조인다고 한다. 시간 싸움이다. 텅스텐 조끼를 입고 빠르게 30m를 달려가 우회전, 다시 반입구까지 20m를 달린다. 로봇을 투입하는 주변은 방사선량이 시간당 500mSv인데 그 1m 앞까지 접근해야 한다.

봄 이후 줄기 시작한 후쿠시마 제1원전의 작업이 가을이 되자 현격하게 적어졌다. 한 원청 기업은 8,000명이던 작업자를 한 번에 반으로 줄였다. 원자로 1~3호기의 데브리 제거 준비 단계인 모형 작업도 예산이 부족해 중단됐다. 세이 씨도 이후 모형 현장을 떠나 창고 정리 등을 하면서 작업 재개를 기다렸다. 겨울에 원자로 격납용기 내부 조사에 투입될 예정이었으나 연기됐고, 일은 이듬해로 다시 미뤄졌다.

"고베 철강에서 알루미늄과 동, 철강 제품 검사 데이터를 조작했다가 발각된 영향도 있습니다. 원전 배관에 쓰는 자재들이니까요.

이만저만 민폐가 아니죠. 도쿄전력에서 발주를 하지 않아 돈도 나오지 않습니다. 준비는 다 됐는데. 여름 이후에나 시작하려나 모르겠네요." 세이 씨는 평소와 달리 초조했다. 격납용기 내부 조사에 투입된 다른 하청 기업 임원에게도 상황을 물었다. "연말까지 계속 일이 줄고 있습니다. 갑자기 돈 나올 곳이 막혀버린 거예요. 다른 일도 전혀 없고요. 데브리 제거 계획이 있지만 실물 크기 모형 개발에 1년 반이 걸립니다. 이것도 예산이 나오지 않아 발주를 안 한다네요. 지금 상태라면 3년은 늦어질 것 같아요."

원자로 1~4호기를 에워싸는 동토차수벽은 8월에 나머지 한 곳을 동결하기 시작해 11월에 거의 완성했다. 정부가 동토차수벽 도입을 결정한 2013년 봄에는 매일 지하수 400t이 1~4호기의 원자로 건물로 흘러들어 새로운 오염수 발생의 원인이 됐으나, 원자로 건물 부근의 지하수위를 제어하는 서브드레인에서 지하수를 퍼내거나 동토차수벽으로 보막이를 한 효과로 올 9월에는 하루 120t까지 감소했다. 그러나 태풍이나 큰비가 오면 동토차수벽 틈새로 빠져나가는 지하수가 늘어 오염수는 계속 증가했다.

10월 말, 오염을 제거한 토양 등을 보관하는 중간 저장 시설이 본격 가동에 들어갔다. 12월, 시코쿠전력 이카타 원전 3호기의 운전 중단을 요구하며 히로시마 주민들이 제기한 소송 결과가 나왔다. 히로시마 고등법원은 구마모토현 아소 칼데라가 대분화할 때 "화쇄류火碎流가 도달할 가능성이 적지 않다"면서 원전 운전 중단 명령을 내렸다. 12월, 안전 대책 비용이 늘어 수지 타산이 맞지 않는다는 이유로 간사이전력은 운전 40년을 맞은 오이 원전 1·2호기의 폐로를 결정했다.

원자력 트리오와 원전 카스트

이와키에서 만난 젊은 작업자에게 무슨 작업을 하고 있는지 묻자 "말단이라 어디서 무슨 일을 하는지 잘 모른다"는 답이 돌아왔다. "물어보면 화를 내거든요. 방사선량이 기입된 원전 전체 지도를 보여달라고 해도 보여주지 않아요." 취재를 해보니 작업의 전체적인 그림을 파악하지 못하는 작업자가 확실히 많았다. 감독 이상 직급이거나 하청 기업 간부 정도가 아니면 무슨 작업인지 물어도 제대로 답을 듣지 못하는 경우가 많다. "내가 하는 일인데도 자세히 좀 알려 하면 미심쩍게 쳐다봅니다." 젊은 작업자는 난감한 표정을 지었다.

원전 사고 전부터 일한 30대 작업자에게 "원자력 트리오를 아세요?"라고 물은 적이 있다. "미츠비시 중공업은 귀족, 그러니까 양반이라는 거죠. 도시바는 다소 거칠어서 무사. 도시바는 한때 양반 비즈니스라고 했으나 아무래도 그런 이미지는 아닌 것 같아요. 히타치는 낭인. 새로운 곳을 개척하면서 비즈니스를 해나가니까요." 실제로는 다를 수 있으나 관계자들이 이렇게 느낀다는 것이다. 그는 에도 시대의 신분 제도에 비유해 말을 이어갔다.

"원청 기업에서 부르면 하청 업체는 얼른 달려갑니다. 하청 업체 작업자는 밭 가는 백성인 셈이에요. 점점 수당도 일당도 줄어 가난한 농사꾼 신세로 전락합니다. 지금은 도쿄전력의 발주가 적어 후쿠

시마 제1원전에 전반적으로 일이 줄고 원청도 하청도 고통스러워해
요. 불러줘야 갈 수 있습니다. 없으면 일자리를 잃는 거고요."

원전 카스트가 분명히 존재하는 것이다.

그럼에도 원전에 남아 일하는 이유

후쿠시마 제1원전으로 돌아가지 않겠다

2018년 1월 11일, 료 씨(38세)

후쿠시마 제1원전을 떠나 주택 배관공 일을 시작한 지도 4년이 지났다. 일이 많아 매일 바쁘다. 머리도 몸도 지금 하는 일과 앞으로의 일로 생각이 가득하다. 함께하는 사장님께 기술을 배운 덕에 혼자서도 공사 시작과 마무리를 온전히 할 수 있게 됐다. 몸도 상당히 다부져졌다.

원전 사고 전에 살던 후타바 집도 해체하고 작년 여름 새집을 지어 가족이 함께 이사했다. 아들은 초등학생이 됐고 딸은 올 4월 중학생이 된다. 두 아이는 이제 활기차게 지낸다. 피난지에서 전학했을 때는 아이가 따돌림을 당할까 봐 걱정했다. 피난 구역 출신이라는 사실을 말하지 말아달라고 담임에게 부탁을 하기도 했다. 지금은 두 아이 모두 우리가 피난 구역 출신이라는 걸 이해하고 안정을 찾았다. 두 아이 모두 달리기도 잘하고 공부도 반에서 1등이다. 아내와 "우리 애들 맞아?" 하면서 어리둥절해한다.

원전 사고 후 고통스럽던 일들도 거의 떠올리지 않는다. 기억이 없어졌다고 할까? 후쿠시마 제1원전 관련 뉴스를 보지 않아도 이제는 걱정되지 않는다. 왜 그렇게까지 원전 일에 매달렸을까 싶다. 지금은 살 방도를 찾았다. 이제 후쿠시마 제1원전으로는 돌아가지 않겠다.

원전이 안전하다며 인건비 삭감

지난해 말부터 작업자들의 입에 오르는 화제는 오로지 하나뿐이었다. 수당이 내려간다는 것이다. 지난해 12월 21일, 도쿄전력은 "원전 경내 방사선량이 감소해 환경에 따른 인건비를 조정한다"고 발표했다. 2018년 4월부터 약 95%의 인건비를 감액한다는 내용이었다.

감액 폭이 가장 큰 곳은 일회용 방진 마스크와 일반 작업복만 입는 G 구역이었다. 도쿄전력은 원전 사고 직후 방사선량이 높은 곳에서 진행하는 작업에는 (내용이나 현장에 따라 차이가 있으나) 평균 1만 엔을 추가 수당으로 지급해왔다. 2013년 11월에는 후쿠시마 제1원전의 작업자 확보 방책으로 평균 '1만 엔 추가 인상'을 발표했다. 다시 말해 기준 단가에 하루 평균 2만 엔을 추가 지급한 것이다. 이번에 삭감된 것은 원전 사고 직후 가산한 수당으로, G 구역은 후쿠시마 제1원전의 저오염 구역 작업과 같은 수준으로 인건비가 내려간다.

작업자들은 "원전을 몇 개 구역으로 나누는 걸 보고 이 상황을 예상했다"고 했지만 낙담하는 모습이었다. 30대 작업자는 "여기서 더 내려가면 일반 공사 현장의 일당과 비슷하거나 오히려 더 낮아진다"고 비명을 질렀다. 2016년 봄 원전을 세 구역으로 구분한 시점에 전 구역의 수당을 내린 원청도 있었다. 50대 2차 하청 기업 사장은 이 무렵 1차 하청 기업으로부터 "매출이 크게 떨어졌다. 이해해달라"라는 말을 들었으며, 인당 하루 1만 엔이던 수당이 반 이하로 줄었다고 전했다. 이 하청 기업 사장은 "이제는 다른 구역도 수당이 내려갈 가능성이 크다. 인력을 확보하려면 일당을 올려야 하는데, 지금으로서는 하루 1만 몇천 엔이 줄 수 있는 최대치다. 일이 충분하지도 않아 회사가 버틸 수 있을지 불안해 미치겠다"며 탄식했다.

새해가 밝았어도 도쿄전력에서 새롭게 발주하는 일거리는 없었다. 원전 사고 이전부터 일한 1차 하청 기업의 50대 임원은 "해야 하는 공사가 아주 많은데 도쿄전력은 아직 발주를 하지 않는다. 세금도 못 내 도산하는 회사가 늘었다"며 절박한 표정을 지었다.

원청 기업 한 곳은 지난해 여름 이후 900여 명에 달하던 작업자를 300명 수준으로 줄였다. 도쿄전력 자회사의 50대 임원은 "일이 부족해 한 달에 3분의 1은 쉰다. 문제가 발생했을 때 필요한 인력을 확보하려면 최소 고용을 유지해야 한다. 같은 작업에도 이전 인원의 2배를 투입하는데 자금은 적어 인건비를 삭감할 수밖에 없다"고 설명한다.

공사 예산이 왜 나오지 않을까? 트위터로 후쿠시마 제1원전 상황을 알려온 해피 씨는 "원전 사고 전 1억 엔 이하 작업은 후쿠시마 제1원전에서 결정했으나 지금은 본사가 결정합니다. 원청 기업이나 도쿄전력 직원이 필요한 작업 계획을 세워도 본사에서 반려해버려요"라고 설명했다. 그 배경에는 2017년 5월 근본적으로 재검토한 도쿄전력 재건 계획이 있다고 한다. 후쿠시마 제1원전의 폐로와 보상이 가장 중요한 과제가 되면서, 목표로 삼은 연 5억 엔의 자금을 충분히 확보하지 못했다. 가시와자키 가리와 원전 재가동 비용을 마련하려는 의도로 추측된다. "원자로 조사용 로봇 개발 비용도 원청 기업이 일부 부담하고 있습니다. 지금 공정으로는 진척되지 않습니다."

이런 가운데 원자로 내부와 오염수 처리 관련 작업은 이어지고 있었다. 고농도 방사선량 환경에서 이뤄지는 작업이 잦아서 연간 피폭량 한계로 떠나는 작업자도 여전히 많았다. 해피 씨는 "오염수를 퍼내던 작업자는 2개월 만에 연간 피폭량 한도인 20mSv가 차 해고 됐습니다. 도쿄전력은 장기 고용을 위해 저방사선량과 고방사선량 작업을 안배해 발주하겠다고 했으나, 현장은 그대로 대응할 수 있는 상황이 아닙니다." 그는 작업이 멈춘 동안 인력을 유지할 자금이 필요하다는 점을 지적했다. "원자로 폐로 작업에 정부가 나서서 안정적으로 운영하지 않으면 기업도 작업자도 견디지 못합니다."

사고 후 8년, 저마다 길을 찾아가는 작업자들

4년 전 기술자로서 새출발한 료 씨의 일이 끝나는 시간에 맞춰 전화를 걸었다. "잘 지내요. 아주 바빠요." 수화기 너머에서 통통 뛰는 듯한 밝은 목소리가 들려왔다. 료 씨는 후쿠시마뿐 아니라 미야기나 군마, 이바라기 등 가까운 지역까지 진출해 일하고 있었다.

이제 그는 언제 전화해도 안정감이 있었다. 전에는 텔레비전이나 라디오에서 원전 관련 뉴스가 나올 때마다 음량을 높여 잔뜩 긴장하던 료 씨가 이제는 뉴스를 보지 않아도 그만이라고 한다. 조금 망설이다 물었다. "지금도 후쿠시마 제1원전으로 돌아가고 싶어요?" 즉각 대답이 들려왔다. "돌아가지 않겠습니다."

간토 지역으로 피난한 장인도 가족과 함께 후쿠시마로 돌아왔다고 했다. 료 씨의 장인이 12월, 원전 사고 후 8년 만에 가게를 다시 열고 처남도 일을 돕는다는 말을 나중에 들었다. 저마다 길을 찾기 시작한 것이다.

료 씨처럼 후쿠시마 제1원전을 떠나 돌아오지 않은 사람들이 있다. 다른 원전이나 화력 발전소로 간 40대 남성은 말했다. "역시 장비를 전부 갖추고 일하는 건 힘들어요. 아무 때나 물을 마실 수 있고, 더구나 본래 제 기술을 써먹을 수 있는 곳에서 일하니 좋죠." 50대 기술자는 건설 현장에서 일한다. "부수는 게 아니라 짓는 일이 본업이니까요."라는 설명이 듣기 좋았다.

2호기에서 데브리 발견

1월 19일, 도쿄전력은 원자로 2호기의 격납용기 내부를 조사했다. 그 결과 용기 하부에서 녹아내린 노심 핵연료의 잔해가 발견됐으며, 자갈 모양 퇴적물이 데브리일 가능성이 높다고 발표했다. 고열로 압력용기 바닥에 커다란 구멍이 생겨 떨어진 것으로 보인다. 조사는 격납용기 옆쪽에 구멍을 뚫고 카메라를 부착한 길이 13m의 신축식 파이프를 삽입해 실시했다. 1월 22일, 자갈 모양 퇴적물이 데브리임이 확인됐다. 압력용기 바로 아래에서는 시간당 7~8Sv의 방사선량이 계측됐다. 격납용기 조사가 한 걸음 나아가긴 했으나 데브리 추출 계획은 전혀 세우지 못하고 있다.

3호기의 원자로 덮개 공사도 마무리 단계에 접어들었다. 덮개는 반원형으로 높이가 약 18m, 길이는 57m다. 수조, 연료 취급기, 크레인을 모두 덮는 구조로, 원전 밖에서 제작해 가져와 3호기 상부에서 조립하는 방식으로 2월 중 완성할 예정이었다. 원자로 건물 최상층부나 사용후핵연료 수조 내부에는 오염된 잔해가 어지럽게 흩어져 있어 접근하지 못하고 있었다. 그러다 원격 조종 장비로 잔해를 제거하고 방사선 차단용 철판을 깐 뒤 1~2시간 정도는 작업할 수 있게 됐다. 한 작업자는 "수조 안에 (방사선으로) 거대해진 잠자리 유충이나 물방개가 있지는 않을까 농담을 주고받기도 했으나 그런 건 없었다. 초기에 시야가 탁할 정도였던 걸 생각하면 용케 잔해 제거를 잘했다며 긴 시간 힘써온 노고에 복잡한 표정을 지어보였다.

3월, 도쿄전력은 원자로 1~4호기의 주변을 통째로 에워싸는 동토차수벽이 하루 95t의 지하수 유입을 막고 있다는 결과를 발표했다. 동토차수벽은 길이 30m인 관 약 1,600개를 땅에 박아 영하 30도의 냉각액을 순환시켜 주변 흙을 얼리는 원리다. 유지 비용이 연간 십수억 엔에 달한다. 게다가 원자로 동쪽 바다 쪽에 전선 등이 지나는 트렌치가 있어 빈틈없이 막아낼 수는 없어 효과에 한계가 있다.

3월 22일, 시정촌 8곳의 주민 216명이 도쿄전력을 상대로 제기한 손해 배상 청구 소송에서 후쿠시마 지방법원 이와키 지부는 피해자 213명에게 약 6억 엔을 지급하라고 판결했다. 정부나 도쿄전력을 상대로 피난민들이 제기한 소송은 2017년 3월 마에바시 지방법원을 시작으로 치바·후쿠시마·도쿄·교토 지방법원 등 총 7개의 판결이 나왔다. 모두 도쿄전력에 원전 사고의 책임을 물었고, 4개 판결에서 국가의 책임이 인정됐다.

일은 줄어들고 피폭 상한은 다가오고

2018년 2월 14일, 다이키 씨(56세, 가명)

작년 긴 연휴 이후 계속 일이 줄어든다. 있어봐야 방사선량 높은 작업이다. 지금은 연간 피폭량 상한이 20mSv라 오래 일할 수 없다. 방사선량 높은 곳에서는 인해 전술로 작업자를 2교대로 들여보내고 있다. 지난주에도 5명, 어제도 6명이 다녀왔다. 그리고 그 숫자만큼 원전을 떠난다. 특히 원자로 격납용기 내부 조사에 참여한 로봇 조종사는 피폭량이 높아 일하는 기간이 더 짧다. 일주일 정도 일하면 "이제 됐습니다"라는 말을 듣는다.

원격 조종 크레인 기사 같은 특수 전문직은 일이 없어도 원청 기업이 고용을 유지해줬는데 이제는 그쪽도 어려워졌다고 한다. 함께 일했던 크레인 기사가 언제 떠날지 모른다며 불평을 했다. 그는 다른 기술직보다 임금이 높은데, 초기에는 일당 7만~8만 엔의 위험 수당이 따로 붙었으나 지금은 그 절반 정도라고 탄식했다.

'후쿠시마 제1원전병'이라는 말이 있다. 원전 사고 직후에는 작업 가능 시간이 짧아 고작 몇 시간 일하고 숙소로 돌아갔다. 장비가 만만치 않지만 아침부터 장시간 일하는 현장에 비하면 편했다. 여기 아니면 일을 못 하겠다는 사람이 있으면 모두가 '후쿠시마 제1원전병'에 걸렸다고 한마디씩 했다. 나도 마찬가지지만, 그런 사람이 꽤 있다. 여기서 돈을 모아 작은 가게라도 차리려 했는데 요즘 일이 없어 불안하다. 이 원전을 떠나고 싶지 않다.

그럼에도 후쿠시마 제1원전에서 일하는 이유

도쿄에서 온 다이키 씨를 처음 만난 것은 2017년 봄이었다. 그는 바처럼 점잖은 술집보다 저렴한 술집을 좋아했다. "저는 가족이 사는 도쿄에서 일할 생각이 없어요. 후쿠시마 제1원전병에 걸렸거든요. 여기 일은 별로 힘에 부치지도 않고 일하는 시간도 짧아요."

바닷가에 있는 후쿠시마 제1원전에서는 염해로 중장비가 금방 녹이 슨다고 한다. 후쿠시마 제1원전에서 대형 크레인의 기름 유출이나 고장이 꼬리를 문 시기가 있었다. 이 이야기가 나오자 다이키 씨는 "원전에는 오래된 장비가 많거든요. 대형 크레인도 대부분 구닥다리라 덜그럭덜그럭거려요. 기름은 새지, 그걸로 모자라 부서지기까지. 보통 크레인은 15년 정도 씁니다. 그 이상 쓰려면 관리 비용이 늘어나니까. 그런데 여기에는 30년 된 크레인도 있어요"고 설명했다. 후쿠시마 제1원전 작업에 투입된 중장비는 방사선에 오염되기 때문에 리스한 기계를 결국 사들인다는 이야기를 들은 적 있었다. 원전에 놔둔 중장비는 다시 리스할 수 없다. 크레인이 자주 고장 나는 데는 이유가 있었다.

여기에서 계속 일하고 싶은 이들에게는 "우리 힘으로 고향을 복구하고 싶다", "아이들이 안심하고 살 수 있도록 만들고 싶다", "이곳에서 계속 살고 싶다" 등 여러 가지 동기가 있다. 후쿠시마뿐 아니라 다른 지방에서도 원전 일을 해온 작업자들은 "원전에서 일해왔다는 책임감이 있다", "우리가 하지 않으면 어떻게 하겠느냐"는 말도 많이 한다. 다른 지방에서 후쿠시마로 달려온 작업자들 중에는 "후쿠시마

와 나라를 위해" 목숨을 걸겠다는 각오를 밝히는 사람도 있지만, 지진이나 재해가 발생했을 때처럼 "뭔가 할 일이 있다면", "어려움에 처한 사람들을 도울 수 있다면"이라는 순수한 마음으로 온 사람이 많았다. 참여했던 작업을 마지막까지 마무리 짓고 싶다는 사람들도 있었다. 물론 그저 돈을 벌러 온 사람도 있다. 다이키 씨의 말처럼 '후쿠시마 제1원전병'도 있을 것이다. 시간이 흐르면서 작업자들이 작업에 임하는 동기는 많이 달라져 있었다.

진척 없는 역학 조사, 검진받은 사람은 고작 20%

2011년 12월 16일 정부의 사고 수습 선언 때까지 긴급 작업에 참여한 작업자가 약 2만 명. 정부의 역학 조사는 난항을 거듭하고 있었다. 2014년 시작된 선행 조사 예산은 약 9천만 엔으로, 이후에는 매년 약 5억 4천만 엔이 배정됐다. 조사를 맡은 공익 재단 법인 방사선 영향 연구소에 따르면, 조사에 동의한 작업자는 약 7,000명 정도였다. 2만 명 가운데 약 4,200명, 20%가 1차 검진을 받았다. 연락이 닿지 않는 작업자가 약 1,700명, 조사 거부가 약 3,000명, 나머지 약 8,300명은 무응답이었다. 방사선 영향 연구소의 기타무라히로코喜多村紘子 부주임은 "주소가 바뀌거나 2차·3차 하청 기업에서 근무하다 이미 그만둬 소재를 알 수 없는 사람이 많다. 도쿄전력이나 원청 기업에 협조 요청을 했으나…"라며 고충을 털어놓았다. 또 원전 사고 직후에는 선량계가 부족했기에 피폭 기록을 신뢰할 수도 없다. 역학 조사에서는 기업의 방대한 기록을 바탕으로 작업자 한 사람 한 사람의 피폭량을 다시 평가해야 했다. 오쿠보 도시테루大久保利晃 고문 연구원은 "검진율이 오르면 정확도가 올라간다. 건강 상태를 추적함으로써 병을 예측하고 조기 발견할 수도 있다"고 말했다.

작업자가 검사를 받지 않는 이유는 주로 두 가지였다. 첫 번째는 일을 쉬어야 하기 때문이었다. 역학 조사에 참여하면 교통비와 사례금으로 3,000엔을 지급하지만, 하루 벌어 하루 먹고사는 작업자에게는 일당이 절실하다. 두 번째 이유는, 이미 일상 건강 검진 외에 6개월에 한 번씩 전리 방사선 장애 방지 규제에서 규정한 백혈구 수치 검사 등을 받아야 한다는 것이다. 게다가 도쿄전력 등의 무료 암 검진이나 후쿠시마 주민 건강 조사를 위한 검진도 받아야 한다. 이렇게 여러 가지 검진이 난무하는 것도 문제였다.

이 모든 검사에 참여한 50대 작업자는 "갖가지 검사를 받아야 해서 귀찮다. 두 가지 검사에서 각각 흉부 X레이를 찍으라고 해서 하나는 거부했다"고 말한다. 원전 사고 긴급 작업 중에 50mSv 이상 피폭된 40대 작업자는 "많이 바쁜 데다 역학 조사는 검진 기간이나 의료 기관이 한정적이라 시간을 맞추기가 어렵다. 검사를 하나로 통일하면 좋겠다"고 호소했다. 다른 이유도 있었다. 60대 작업자는 "검진을 받고 병을 발견하면 뭐하나. 치료비도 생활비도 그 어떤 보상도 없다. 다들 냉랭한 반응"이라고 담담하게 말했다.

원전 사고 후 대량 피폭된 30대 작업자는 "암에 걸린들 피폭과의 인과 관계를 입증하지 못하면 재판은 물론이고 산재도 인정받지 못한다"며 고심하는 모습이었다. 이 남성은 결국 피폭량 문제로 해고되어 다른 현장으로 가면서 검사조차 받지 못했다.

산재 신청에 의견서를 제출해온 한난 중앙 병원(오사카 소재)의 무라타 사부로村田三郎 부원장은 처음부터 역학 조사에 난항을 예상했다고 답했다. "검사를 단일화해 요일이나 검진 장소 등 접근성을 높일 방법을 마련해야 한다. 정부는 작업자에게 휴업 보상을 해주고 치료비 부담도 고려해야 한다"고 지적했다. 나아가 전대미문의 원전 사고임을 다시 한번 강조하며, "병과 피폭의 인과 관계 연구를 밝혀줄 기회다. 원전을 추진해온 정부와 도쿄전력이 책임을 져야 한다. 피폭당한 노동자를 제대로 조사를 하는 것은 그들의 의무"라고 호소했다.

함께 살면서 자식의 성장을 지켜보고 싶지만

2018년 5월 1일, 가즈마 씨(42세)

가족과 떨어져 생활한 지 7년. 시간이 눈 깜짝할 사이에 지나갔다. 아들은 고등학생이 됐다.

한 달에 한 번 가족에게 가는 날을 아들은 지금도 진심으로 기다려준다. "같이 살고 싶다"고 하는데 피난지에서 출퇴근하는 건 현실적으로 어렵다. 아들이 아직 초등학생일 때 혼자 전철과 버스를 타고 나를 보러 온 적이 있다. 책가방을 메고 혼자 돌아가는 뒷모습을 지켜보며 어쩌나 안타깝던지.

3cm만 더 크면 아들의 키가 나와 같아진다. 운동부에서 활동하고 대회에서도 상위에 올랐다. 대회나 원정 경기 때는 아들의 부탁으로 소형 버스를 운전

해 선수들을 태워준다. 아들이 진작부터 "그날 시간이 있어요?"라고 물어보는 게 정말 귀엽다. 아들의 활약은 아버지로서 정말 기쁘다. 집에 가면 아들과 함께 라면집이나 초밥집에 나란히 앉아 이야기를 나눈다.

함께 살면서 아들이 자라는 걸 지켜보고 싶다. 하지만 25년짜리 대출금을 10년 만에 갚은 집이 오염됐다. 공간 방사선량이 10분의 1로 줄었다고는 해도 여전히 높은 곳이 많다. 아들은 장래에 고향에서 농사나 양계를 하고 싶다는데 논밭에는 풀만 무성하다. 피난 지시가 해제됐어도 돌아갈 상황이 아니다.

원전 사고만 없었다면. 이곳에서 계속 일하고 싶지만 일이 반이나 줄었다. 임금이 내려간다는 소문도 돈다. 좀처럼 마음이 안정되지 않는다.

효율성 앞세우는 현장에 남은 건 새내기 작업자뿐

사고 이후 7년이 지나도록 가즈마 씨는 이와키의 공용 숙소에서 혼자 살고 있었다. 가즈마 씨가 형님, 누님 하며 따르는 부부의 가게에서 그를 만났다. 이들이 가족과 떨어져 지내는 가즈마 씨의 마음을 다잡아주고 있었다.

지난번보다 머리가 짧아진 가즈마 씨는 앉자마자 아들 이야기를 시작했다. "시합 때마다 차로 선수단을 데리고 다니는데, 아주 막 부려먹는다니까요." 싱글벙글 미소가 가시지 않는다. 가즈마 씨의 아들은 중학교 때 운동부에 들어가 고등학교 1학년 때 선발 선수로 뽑혔고, 팀이 대회 상위권에 오를 정도로 성적이 좋았다. "만나면 건방지게 하이파이브를 합니다. 시합은 절대 포기하지 않겠다고 하죠." 부자 관계가 아주 좋아 보였다. 가즈마 씨는 동일본 대지진 전에는 아들과 함께 낚시를 자주 다녔다. 아들은 고등학교 졸업 후 취직을 하고 싶다고 했다. 하고 싶은 일도 미래의 꿈도 명확했다. 가즈마 씨의 아내는 반대했으나, 그는 아들 편이었다. "대학에 가도 좋고 일을 해도 좋습니다. 아들이 원하는 길을 가기를 바랄 뿐이에요." 스스로 미래를 개척해나가는 아들은 가즈마 씨에게 큰 자랑거리였다.

"예전으로 돌아갈 수 있다면 원전에서는 일하지 않을 겁니다. 95세인 아버지는 '너는 남들이 안 하려는 일을 하려는 경향이 있어. (원전 일을) 시키고 싶지 않다'고 말씀하세요." 작업 반장인 가즈마 씨는 일을 그만두겠다고 여러 번 말했다. 그럴 때마다 소장은 붙잡았다. "자네는 후쿠시마 제1원전에 뼈를 묻을 사람이다. 지시도 잘하고 현장도 자네 덕에 돌아가는데. 동일본 대지진 전부터 계속 해온 일이지 않은가." 그때마다 소장은 이런 말로 설득했다.

현장에는 반장급 인력이 매우 부족했다. "대지진 전부터 하청 업체 일이 줄어드는데도 계속 일할 수 있도록 배려해줬습니다. 원청의 신뢰를 얻지 못하면 하청 기업은 일을 못 따는걸요. 게다가 지금 현장에서 모든 일을 할 수 있는 사람은 나 하나뿐이니…. 책임감도 있죠. 그렇지만 현장은 효율성을 앞세웁니다. 사람이 반으로 줄고 임금도 줄었어요. 동기 부여가 되지 않아요. 솔직히 도망치고 싶습니다."

가즈마 씨의 고향은 약 열 가구가 살고 있었으나 피난 지시 해제 후 복귀한 집은 세 집뿐이었다. 그나마도 모두 고령자들이었다. 지금도 마을 풀베기 작업에 나가보면 어릴 때처럼 가즈마 씨 이름을 부르고 "수고한다"며 인사를 건네준다고 한다. 노인만 있는 마을이 괜찮

을지 걱정이 돼 마음이 흔들린다고 했다. "젊은 사람이 없으니. 나라
도 돌아가야 하나."

원전 사고가 앗아간 일상의 풍요

후쿠시마를 취재하다 보면 고향에 애착이 강한 사람을 자주 만난다.
원전 사고 후 피난한 이들도 고향과 가까운 이와키에 사는 경우가 많
았다. 인근 후타바 군도 이웃이나 마을 사람들의 유대가 각별했다.

　후타바에 살던 작업자들에게 고향의 장점을 물어보면 이렇게
답한다. "산도 있고 바다도 있지. 논밭이 펼쳐져 있지. 특별한 건 없
지만 그냥 좋지", "역시 고향이 최고다. 이웃 사람은 가족과 마찬가지
고. 어린 시절 잘 보살펴준 아저씨·아주머니·친구 들도 있다."

　2017년과 2018년 5월, 황금연휴 전 나라하마치에서 축산업을
하던 네모토 노부오根本信夫(80세) 씨 부부가 산나물을 캐러 간다기에
동행했다. 네모토 씨가 운전하는 작은 트럭으로 부부의 반려견인 쿠
로와 함께 나라하마치의 산에 올랐다. 하늘 높이 곧게 쭉 뻗은 나무
들이 우거진 초록 산길을 지나자 탁 트인 곳이 나왔다. 기도 댐 안쪽
오츠지로 지구다. 골짜기에는 물냉이와 고추냉이가 자생하고 탐스
러운 두릅도 자랐다. 햇볕이 잘 드는 들판에는 고사리가 있었다. 네
모토 씨가 전에 쓰던 외양간 주변에도 청나래 고사리 싹이 잔뜩 자라
고 있었다. "얼른 캐보세요." 네모토 씨의 말에 부부를 따라 정신없이
산나물을 캐기 시작했다. "잠시 쉬죠." 자리에 앉자 네모토 씨의 부인
이 직접 만든 주먹밥을 꺼냈다. 닭튀김과 계란말이, 지난주 캔 산나

물 반찬도 있었다. 따뜻하고 포근한 햇빛 아래 뺨을 스치는 기분 좋은 바람을 느끼면서 산나물 반찬과 주먹밥을 볼이 미어지도록 입에 넣었다. 맛이 잘 밴 머위 조림이 흰 주먹밥과 아주 잘 어울렸다.

산 안쪽으로 더 들어가니 오갈피나무가 있었다. 네모토 씨를 따라 경사를 올라갔지만 그의 빠른 걸음을 도저히 따라잡을 수 없었다. "이게 참 맛있지." 겨우 따라잡은 곳에서 네모토 씨는 눈을 가늘게 뜨고 오갈피 싹을 보여줬다. 지역에서는 동네 산과 깊이 연결되어 살아가게 마련이다. 네모토 씨 부부는 매년 산나물을 캤다. 하지만 원전 팀의 야마카와 씨가 채취한 산나물을 도쿄로 가져가 세슘 수치를 측정했더니, 2018년 채취한 오갈피는 식품 기준(1kg당 100Bq)의 37배, 고비는 2.7배가 나왔다. 다행히 청나래 고사리 싹, 고사리 등은 식품 기준치를 넘지 않았다. 7년이 지나도 오갈피와 고비는 기준치를 크게 초과한 상태였다.

원전 사고 후 산나물을 캐지 않는 집도 많다. 피난지에서 산나물을 캐거나 농사를 짓지 못해 다리와 허리가 약해졌다는 노인들 이야기도 종종 들었다. 원전 사고가 빼앗아간 것은 풍요로운 자연생활이 아닐까. 몇 년이 지난 이제야 실감이 났다.

피폭은 우리가 당하는데 돈은 회사가 다 가져간다

2018년 6월 1일, 간 씨(54세, 가명)

4월부터 후쿠시마 제1원전의 작업 대부분에서 위험 수당이 없어졌다. 우리는 고농도 방사선량 작업장인 원자로 건물 주변에서 작업하기 때문에 위험 수당이 깎이지 않았지만 하루 2만 엔이던 수당이 지금은 1만 엔으로 줄었다. 같은 작업을 하는 다른 하청 업체 작업자는 3,000엔을 받는다. 피폭당하는 건 우리인데 회사가 다 가져간다.

원청의 경비 삭감으로 숙소 경비원이 해고됐다. 식비도 개인 부담으로 바뀌었다. 아침 식사 140엔, 저녁 식사 430엔. 그나마 평일에는 회사가 반을 지급하지만 휴일인 토요일과 일요일에는 저녁 값으로 860엔을 써야 한다. 심지어 맛도 없다. 그래서 매일 편의점에서 해결하고 있다.

6년 반 전, 처음 후쿠시마 제1원전에 왔을 때가 그립다. 그때는 돈가스나 카레가 나오는 등 밥이 제법 푸짐했다. 동료와 "살찌겠는걸" 하는 얘기를 하곤 했는데, 정말 10kg이 쪘다.

지금은 전자레인지와 포트도 쓸 수 없게 됐다. 가스야 위험하니까 이해하지만 그런 건 왜 금지하는지. 전류 차단기가 내려가기 때문이라는데, 갑자기 금지한 걸 보면 돈 내고 밥을 사먹으라는 무언의 압박 같기도 하다. 경비 삭감으로 원전 밖에 임대했던 사무소도 계약을 해지했다. 5월부터 휴대 전화 반입도 금지됐다. 원전 사진 유출 방지 조치인 듯하다. 카메라가 없는 전화기만 팀별로 1~2명만 휴대할 수 있다. 일이 생기면 연락하라는데 내 휴대 전화는

2018년 - 그럼에도 원전에 남아 일하는 이유   377

가지고 들어갈 수 없다.

여러 가지로 조건이 악화되는데, 적어도 같은 작업은 임금을 동등하게 주면 좋겠다. 나는 그나마 사정이 나은 편이지만 피폭 정도는 모두 같다는 걸 생각하면 안타깝다.

무료 암 검진 대상에서 제외된 이들

비계공 간 씨를 이와키에서 만났다. 2018년 새해가 밝은 직후였다. 원전에서 일한 지 5년 차. 원자로 건물 주변 작업으로 누적 피폭량이 80mSv에 달했다. 간 씨는 사고 수습 선언 후 일했기 때문에 정부나 도쿄전력의 무료 암 검진 대상이 아니었다. 이전에는 3호기 원자로 건물에 강철 차단막을 세우는 작업에 참여했다. "대기소에서 나오는 순간 이미 상한을 2mSv로 설정한 선량계에서 삐삐 경고음이 울리기 시작합니다. 피폭량이 점점 올라가는 게 느껴져요. 숨을 몰아쉬면서 급경사 계단을 뛰어 올라가려니 정말 힘들지만 서둘러 나사를 박아야 합니다. 나사 하나만 박으면 면박을 주니 어떻게든 4개를 박고 사력을 다해 돌아왔습니다." 간 씨는 먼 곳을 응시했다. 그렇게 일해도 암 검진 대상에서 제외된다는 간 씨에게 아무 말도 하지 못했다.

정화됐다던 오염수 80%에 방사성 물질 잔류

3월 14일, 간사이전력 오이 원전 3호기가 4년 반 만에 재가동했고, 5월 9일에는 4호기도 재가동에 들어갔다. 6월 14일, 지난해 6월에 취임한 도쿄전력의 고바야카와 도모아키小早川智明 사장이 후쿠시마현청을 방문해 후쿠시마 제2원전 1~4호기를 모두 폐로한다는 방침을 우치보리 마사오^{內堀雅雄} 지사에게 전달했다.

8월, 후쿠시마 제1원전에서는 방사성 물질 62종을 제거하고 트리튬만 남은 오염수에 다른 방사성 물질이 잔류한다는 사실이 밝혀졌다. 2017년 ALPS에서 처리한 뒤에도 최대 법령 기준치의 7배나 되는 요오드-129 등이 검출됐다. 오염수 처리에 대해서는 2016년 '트리튬수 태스크포스'인 경제산업성의 전문가 위원회에서 지층 주입, 해수 방류, 수증기 방출, 수소 방출, 지하 매설이라는 5개 안을 제시했다. 2017년 9월 취임한 원자력 규제 위원회의 후케타 도요시^{更田豊志} 위원장은 "희석하면 확실히 법정 기준치 이하로 내려갈 것"이라면서 이것이 유일한 방법이라고 주장했다. 조기 해양 방류의 의지를 다시 한번 내보인 것이다. 정부의 전문가 회의가 개최한 공청회에서 현지 어업인들은 강하게 반대했다. 도쿄전력은 지금껏 정화를 거친 오염수에서 트리튬 이외의 방사성 물질은 대부분 제거됐다고 말해왔는데, 9월 28일, 탱크에 보관 중인 오염수 가운데 80%가 넘는 75만 t이 충분히 정화되지 않았다는 결과가 나왔다. 조사 결과 다른 방사성 물질이 법령 배출 기준치 이상 잔류하고 있었다.

후생노동성은 9월 4일, 폐암으로 사망한 50대 작업자의 산재를 인정한다고 발표했다. 다섯 번의 산재 인정 가운데 폐암 사례는 처음이었다. 그는 1980년 6월부터 각지의 원전에서 방사선 관리자로 일했고 2011년 3월 후쿠시마 제1원전 사고 이후에는 방사선량 측정 업무를 맡았다. 누적 피폭량은 195mSv로, 원전 사고 후의 피폭량이

74mSv였다.

9월 6일 새벽 3시경 홋카이도 이부리 동부에서 최대 진도 7로 관측된 지진이 발생했다. 대규모 토사가 붕괴해 41명이 사망했다. 홋카이도 대부분 지역이 정전됐으며 신규제 기준 심사 중이라 가동이 멈춘 홋카이도 전력 도마리 원전 1~3호기의 외부 전원이 한때 끊기기도 했다.

관리 부족으로 찍히지 않으려 열사병도 견딘다

2018년 8월 16일, 노부 씨(48세)

새벽 3시 반에도 덥다. 좀 덜 더운 날도 습도가 높아 질릴 정도다. 서머 타임 시기라 야간에 작업하는 현장도 있을 것이다.

원자로 건물 주변 외에 탱크나 오염수 처리 관련 작업은 장비를 갖추고 일하기 때문에 더 힘들다. 전면 마스크와 방호복은 기본이고 여기에 판초까지 입고 면장갑에 고무장갑을 몇 겹씩 끼니 체감 온도가 11도 올라간다. 32도인 날은 40도를 쉽게 넘긴다는 얘기다. 오염 지하수가 늘지 않도록 지면은 아스팔트로 포장했고 탱크도 강렬한 햇빛을 반사한다. 어떻게든 그늘을 만들려고 머리를 짜내지만 신통한 방법을 찾지 못하고 있다.

아침 6시에 이미 30도가 넘는다. 매일 새벽 "오늘은 정말 나가기 싫다"고 생각한다. 매년 덥다, 덥다 하지만 사이사이 흐린 날도 있었다. 올해는 갑자기 온 무더위가 그대로 이어지고 있다. 장시간 작업에 체력이 뚝뚝 떨어진다.

지난번에는 위험한 일이 있었다. 갑자기 피로가 몰려오더니 몸이 천근만근으로 무거워지면서 숨이 가빠져 아무것도 잡을 수 없었다. 숨 쉬기가 힘들어 전면 마스크를 벗어던지고 싶은 충동이 일 때도 있다. 굉장히 어지럽다. 뒤로 꽝 넘어질 때처럼 강력한 뭔가가 엄습한다. 올여름은 너무 이상하다.

작업을 할 때는 긴장하므로 좀 낫지만 일하다가 쉴 때가 위험하다. 의무실에 가면 세세하게 경위를 묻고 체력 관리를 제대로 하지 않는 업체로 찍힐 수 있기 때문에 되도록 견딘다. 현장에 물을 마시고 휴식을 취할 수 있는 차가 있어 그나마 상당히 도움이 된다.

아이들의 시간은 빨리 흐른다

노부 씨는 4월부터 피난민용 공영 주택에서 나와 가족과 함께 살게 됐다. "딸이 청소를 하지 않아 내가 한다"고 불평을 하면서도 눈꼬리는 내려가는 것을 보니 함께 사는 기쁨을 감추지 못하는 듯했다. "고등학교를 졸업하면 패션 일을 하고 싶다는데, 제 갈 길을 찾아가는 게 보기 좋다"며 미소 짓는다. 중학생 아들도 축구에 빠져 지낸다고 한다. "함께 사니까 위화감이 좀 들어요. 전에는 초등학교 저학년이었으니까. 어라, 내가 아이들에게 어떤 식으로 화를 냈더라? 새삼 그런 생각을 합니다"며 씁쓸하게 웃었다. 딸은 부인하지만 애인이 생긴 것 같다며 노부 씨는 싱긋 웃는다. 아들도 피난지 학교에서 따돌림을 당해 친구가 없던 시기의 그림자는 사라지고 지금은 밝게 지낸다고 한다. "딸도 아들도 모르는 사이에 아빠 허락도 없이 어른이 된 것 같습니다. 가족이 모두 함께 살 시간은 앞으로 2년 정도일 텐데,

소중한 시간이죠."

겐지 씨는 이혼한 뒤 혼자 키운 딸과 헤어져 살고 있었다. 원전 사고 당시 초등학생이던 딸은 중학교 졸업 후 간토 지역의 전문학교에 들어가 기숙사 생활을 했다. "원전 사고 후 일 때문에 호텔 생활을 하면서 집에 못 가는 나를 대신해서 우리 어머니와 함께 살았는데, 많이 외로웠을 겁니다. 지금은 떨어져 지내지만 매일 문자 메시지를 주고받아요." 동료들과 시끌벅적하게 지내는 겐지 씨도 딸 이야기를 할 때만큼은 말씨가 차분해졌다. 가족과 떨어져 지낸 몇 년 동안 아이들은 진로를 고민하는 나이가 됐다.

장시간 노동으로 인한 과로사

"후쿠시마 제1원전에서 일하다 사망한 작업자의 유족이 사망 원인과 진상을 알고 싶어 정보를 모으고 있다." 지난 3월, 후쿠시마 제1원전에서 쓰러진 작업자의 죽음을 추적 취재할 때 이런 이야기를 들었다. 유족이 프리랜서 작가 기노 류이치木野龍逸 씨에게 상담 중이라는 이야기를 듣고 기노 씨를 통해 연락을 취했다.

세상을 떠난 작업자는 1차 하청 기업의 자동차 정비·렌탈 업체 '이와키 올' 소속 정비사 이카리 다다아키猪狩忠昭 씨(57세)다. 2012년 3월 입사해 후쿠시마 제1원전 전용 차량 점검과 정비 업무를 담당했는데, 2017년 10월 26일 점심 식사와 휴식을 마치고 동료와 차를 타고 작업장에 도착한 직후 의식을 잃으면서 경련을 일으켰다. 곧바로 원전 내 의무실로 옮겼으나 이미 심정지 상태였다. 사인은 치사성 부정맥이었다.

도쿄전력은 이카리 씨가 사망한 날 기자회견에서 "병사로, 작업과는 인과 관계가 없다"고 발표했다. 후일 인터넷에서 이날 도쿄전력의 기자회견을 본 이카리 씨의 아내는 충격을 받았다. 남편이 사망하기 1년 전 심장 수술을 받았지만, 불과 1개월 전 건강 검진에서 "이상 없음"을 확인받았기 때문이다. 이카리 씨의 아내는 "너무나 변해 있었다. 온화하던 얼굴에 고통이 묻어났고 눈물을 보인 적도 있었다. 남편은 왜 죽어야 했나? 나와 딸이 병원에 도착하기도 전에 도쿄전력이 '작업과 인과 관계가 없다'고 발표한 사실에 충격을 받았다"며 눈물을 삼켰다. 남편의 죽음을 납득하지 못한 이카리 씨의 아내는 여동생과 함께 남편의 근무처, 도쿄전력, 원청 기업, 남편을 진단한 의사 등 어디든 달려갔다.

유족의 조사에 따르면 이카리 씨는 사망 6개월쯤 전부터 피로와 체력 난조를 호소했으며, 사망 3일 전에는 혈압이 올라가 걷기조차 힘들어했다. 근무 카드 등을 찾아본 결과 시간 외 노동이 월 100시간이 넘는 비정상적인 근무 실태가 드러났다. 이카리 씨가 사망하기 1개월 전에는 시간 외 노동이 122시간, 사망 직전 6개월 평균은 월 110시간이었다. 유족들은 2018년 3월 산재를 신청했다. 10월 16일, 이와키 노동 기준 감독서는 이카리 씨가 사망 전 1개월간 100시간 이상 초과 노동을 했고, 2~6개월에 걸쳐 월 80시간을 초과하면서 '과로사' 기준을 충족했다고 판단했다. 유족에게서 산재 인정 소식을 들은 뒤 양해를 구한 다음 11월 5일자 조간 1면에 기사를 실었다.

원전 사고 후 장시간 노동이 원인이 된 산재 인정 사례는 없었다. 노동 기준 감독서는 통근 시간도 노동 시간으로 인정했다고 설명했다. 후쿠시마 제1원전 작업자가 사무소 등에 모인 다음 탑승하는 만큼 차량 이동 시간도 노동 시간으로 고려했다는 의미다. 특히 이카리 씨는 사무소에서 근무 카드를 찍고 나서 원전으로 가는 출근길과 퇴근길 렌터카 납품 업무도 보고 있었다.

원전에는 사고 후 한 번도 점검하지 않은 중장비와 공사 차량이 300대 이상 있었다. 원전 밖으로 나올 수 없을 만큼 오염된 차량이 많아 이카리 씨는 전면 마스크에 방호복, 장비를 모두 갖추고 차량 아래 들어가 정비·점검 작업을 해야 했다. 이카리 씨를 포함해 5명이 하루 5~6대를 살피는 고된 일정이었다. 작업 전 회사에서 측정한 혈압이 사망 3일 전 이미 160을 넘었다는 것도 알려졌다. "남편의 혈압이 높다는 사실도 회사는 알고 있었다. 남편의 장례식에 도쿄전력 관계자와 회사 임원이 다녀갔으나 위로 한마디도 하지 않았다"고 이카리 씨의 아내는 원통해했다.

이카리 씨는 뛰어난 실력으로 근무 평가도 좋았으며 후배들도 존경했다고 한다. 아내, 아들과 딸 등과 함께 사는 단란한 가족이었다. 즐거운 마음으로 기다리던 딸의 성인식을 보지 못하고 세상을 떠났다. 아내는 이카리 씨가 사망하기 1개월 전 남편이 힘들다고 말했을 때를 돌이켜봤다. "그때 일을 그만두게 했다면…." 이카리 씨가 사망할 때까지도 후쿠시마 제1원전에서 일하는 줄 몰랐다고 했다. 아내도 다른 가족도 마찬가지였다. "남편 같은 일을 겪는 사람이 더는 나오지 않기를 바랍니다."

도쿄전력이 원전 내에 차량 정비팀을 설치한 것은 2014년 6월이었다. 이듬해인 2015년 5월, 도쿄전력의 폐로·오염수 대책 조정 회의 자료에는 "구내 차량(791대) 정비(현재 하루 정비사 5~6명 근무)에 매일 3~5명 추가 필요"라고 적혀 있다. 그런데 4개월 뒤 자료에는 "6월부터 4명 태세(공장장＋정비사 3)로 정비 실시"라고 기록한 것으로 보아 정비사 수가 줄어든 것을 알 수 있었다. 2017년 1월, 도쿄전력은 이듬해 9월 말까지 원전 내 등록 차량(정비 대상 809대, 미점검 331대 포함) 정비를 모두 마친다는 계획을 발표했다. 이카리 씨의 근무 시간은 2017년 4월 이후 급격하게 늘었으며, 이 무렵 정비팀은 주 4일에서 5일로 늘려 작업했다.

2019년 2월, 유족들은 이와키 올과 원청 기업 우토쿠, 도쿄전력에 약 4,300만 엔의 손해 배상을 요구하며 후쿠시마 지방법원 이와키 지부에 소송을 제기했다. 도쿄전력은 소송 관련 문서에 "시간 외 노동 상황은 몰랐다", "가혹한 작업 환경이었다고는 할 수 없다"고 기재했다. 우토쿠는 "하청 계약 발주자로서 노동 시간 파악과 관리 의무는 지지 않는다"고 주장했다. 이와키 올은 이카리 씨가 새벽 4시 반에 출근해 근무 카드를 찍었음에도 "근무 시간은 기본적으로 8시부터 17시까지"라면서 유족이 지적하는 시간 외 노동을 부정했다. 2020년 1월, 지금도 재판은 진행 중이다.

2019년

그날의 참사는 아직도 끝나지 않았다

사고 당시 중학생, 원전에서 일하게 되다

2019년 3월 15일, 하루토 씨(35세)

이맘때면 갑자기 원전이나 재해 관련 뉴스가 많아져 이런저런 기억을 상기시켜 괴롭다. 올해 3월 11일에는 후쿠시마 밖으로 나가 중장비 자격증을 땄고, 작업 도구를 다시 구입했다. 재해 지역에는 할 일이 여전히 많다. 사고는 아직 끝나지 않았다.

마지막으로 후쿠시마 제1원전을 떠난 게 1년 반 전이다. 누적 피폭량은 이제 곧 100mSv가 된다. 생애 방사선량이 300~400mSv나 되는 사람도 있지만, 원청 기업에서는 100mSv를 초과하면 현장에 두 번 다시 오지 말라고 한다.

후쿠시마에서는 20대 작업자와 일했다. 사고 당시 중고등학생이었는데 건설 회사에 취업해 텔레비전으로 보던 곳에 와 있다. 다음번 작업장은 원자로 건물 주변이라고 한다. 의욕 넘치는 젊은이들로, 원전에서 처음 일하는데도 두려워하지 않고 "해야 하는 일"이라고 말했다. 이들에게 후쿠시마 제1원전 이야기를 들려주는 동안 사고 직후의 상황이 떠올랐다.

당시 원전은 1호기와 3호기 수소 폭발로 잔해가 여기저기 흩어져 있었고 방사선량도 제대로 파악되지 않았다. 현장은 전기 시설 복구와 원자로 냉각 작업으로 분주했다. 원자로 건물이 폭발하는데도 "'노심 용융'이란 말은 쓰지 말라!"는 상사도 있었고 정보도 뒤죽박죽이었다. 그래도 무슨 일이든 하자며 모두 필사적이었다. 당시 현장에서 느낀 연대감은 지금도 잊을 수 없다. 젊은 작업자는 "당시 일을 이야기할 때면 모두가 표정이 진지하다"고 했다. 나는 피폭량이 높아 돌아갈 수 없지만, 후쿠시마를 위해 일하고 싶은 마음은 변하지 않았다. 원전 작업은 젊은이들이 이어갈 것이다. 이렇게 조금씩 세대 교체가 될 것이다.

작업자들의 세대 교체

"차세대 청년을 후쿠시마 제1원전에 보내게 됐습니다." 2월 말 어느 저녁, 하루토 씨의 전화를 받았다. 후쿠시마 제1원전 작업장에서 현지 출신 20대 작업자들이 일한다는 말은 들었지만, 그들이 사고 당시 중학생이었음을 생각해보니 감회가 남달랐다. 원자로 주변이라면 방사선량이 높은 작업장인데 젊은이가 들어가도 괜찮을지 걱정스럽다. 고농도 방사선량 작업장의 완전 무장 작업에 대해 "어차피 해야 하는 일 아니냐면서 시원스럽게 일한다니까요"라고 전하는 하루토 씨의 이야기를 들으며 문득 하청 업체 간부인 겐지 씨가 예전에 "이왕이면 현지 작업자를 고용하고 싶다"고 한 말이 떠올랐다. "오염 제거도, 원전 일도 이 고장에 애정이 있는 사람은 작업 방식부터가 다르니까." 다른 하청 기업의 노부 씨도 타 지역에서 달려와준 이들에게 깊이 감사하면서도 멋쩍은 듯 이렇게 말한 적이 있다. "아무래도 우리 같은 현지인이 해야죠. 아들은 어떻게 생각할지 모르지만, 어릴 때부터 만들거나 해체하는 걸 좋아했는데 이 일을 이어가준다면 좋죠."

히로 씨가 2년 만에 후쿠시마로 돌아왔다는 소식을 듣고 연락을 취했다. 긴급 대책 본부가 있던 면진중요동의 벽을 가득 채웠던 응원 편지와 메시지, 종이학 등이 모두 철거돼 쓸쓸해졌다고 한다. 히로 씨는 "편지와 포스터를 뗀 테이프 자국이 남아 있다. 8년이 지나 낡은 건지, 아니면 이제 일상으로 돌아왔다는 건지. 1층 대회의실에 메시지를 보냈던 중학교 2학년 학생들은 이제 모두 성인이 됐을 것이다. 건강하게 지내려나. 벌써 결혼해서 아이가 있을지도 모르겠다" 며 아이들을 떠올렸다.

힘들고 긴장되는 현장에도 웃을 일은 있다

2019년 4월 5일, 히로 씨(40세)

2년 만에 후쿠시마 제1원전에 출근한 첫날은 새삼 긴장이 됐다. 고농도 방사선량 속에서 시간을 허비하지 않도록 작업 도구를 즉각 꺼내는 연습을 했다. 연말이 가까워지면 피폭 상한선에 다다른 작업자가 많아지기 때문에 고농도 방사선량 작업장에 불려 나간다.

텅스텐 조끼와 연장이 어깨와 허리를 짓눌러 부담이 어마어마하다. 고개를 쳐드는 위쪽 작업은 더 힘들다. 비계공들은 5~6kg 연장을 들고도 몇 시간씩 작업을 한다. 그들의 체력과 근성에 고개가 절로 숙여진다.

원자로 3호기 근처를 지나는데 〈우주 전함 야마토〉의 주제가가 들렸다. 원자로 건물을 디귿 자 모양으로 에워싼 벽 쪽 엘리베이터가 움직일 때마다 울리는 경고용 멜로디다. 예전에는 자드의 〈지지 말아요〉가 나왔는데 원청이 바뀌어 선곡도 바뀐 걸까? 멜로디만 들리는데 저절로 가사가 생각난다. "안녕, 지구여. 길을 떠나는 함선은…."

원자로 2호기 차단벽의 엘리베이터가 움직일 때는 동요 〈고요한 호반〉이 나온다. 고농도 방사선량 구역이라 전혀 편안할 리 없는 곳이지만 "뻐꾹뻐꾹 정말 시끄럽네" 하면서도 동료들과 웃곤 한다. 엘리베이터를 타고 옥상까지 올라가면서 동료의 이름을 외치던 쾌활한 작업자도 있었다. 원자로 3호기 건물의 돔 덮개를 설치할 때는 록 밴드 바쿠후 슬럼프의 〈러너〉가 흘러나왔다. 느릿느릿 움직이는 엘리베이터와 빠르게 내달리는 록 음악의 만남이 좀 우스웠다.

원전에 울려 퍼지는 음악 소리

후쿠시마 제1원전에 흐르는 음악에 대해서는 예전부터 궁금하던 차였다. 원전 사고 초기, 서부에서 온 신 씨도 대형 크레인이 움직일 때 나오는 음악 이야기를 자주 했다. 중장비나 엘리베이터 이동 신호로 사람들을 환기시키는 목적인 듯했다. 후쿠시마 제1원전은 바다에서 가깝고 주변에 아무것도 없어 공사 차량이나 중장비 소리 외에는 이렇다 할 소음이 없었다. 조용한 곳에 갑자기 최대 음량으로 음악이 나오기 시작했는데, 히로 씨는 "오르골 음악 같은 게 나오고 가사는 없다. 조용하다 보니 상대적으로 음악 소리가 아주 시끄럽다"고 했다. 원자로 3호기의 엘리베이터는 최상층까지 35m 높이다. 오르내리는 1~2분 동안 계속 음악이 울려 퍼지는 것이다. 노래도 〈우주 전함 야마토〉라니 좀 의아하다. 우주 전함 야마토가 방사능 제거 장치를 찾아 250년간의 잠에서 깨어나 머나먼 혹성으로 길을 떠난다는 이야기가 아니던가. 〈안녕, 지구여〉와 함께 작업자가 원자로 3호기 꼭대기로 올라가는 광경을 상상하니 좀 심란해졌다.

작업자들은 변함없이 쾌활하다. 아스팔트 포장 작업을 한 50대 작업자는 "강풍이 불면 풍속계에서 여자 목소리로 '풍속 10m가 넘었습니다'라는 경보 메시지가 울려 퍼진다니까"라며 웃는다. 이 작업자는 선량계 수치가 점점 올라가면 〈도깨비 따윈 없다니까〉를 개사해 노래 부른다고 한다. "오염 따윈 없다니까. 오염 따윈 거짓말이야"라고 흥얼거리는 사이 선량계가 삐삐 울려대는데, 그러면 관리 직원이 "거짓말이 아닙니다. 진짜 있습니다"라며 진지한 표정으로 반박한다고 한다. "그게 재미있어서 자꾸 부른다"며 그는 개구진 표정을 지어 보였다.

4월 10일, 오쿠마마치 일부 지역의 피난 지시가 해제됐다. 후쿠시마 제1원전이 있는 지역으로는 첫 해제였다. 원전에서는 4월 15일, 원자로 3호기의 사용후핵연료를 꺼내기 시작했다. 4호기는 2014년 말 핵연료 1,535개를 모두 반출했으나 노심 용융이 일어난 1~3호기에서는 처음이었다. 3호기 5층 수조에는 사용후핵연료와 미사용 핵연료 총 566개가 있다. 우선 미사용 핵연료를 먼저 꺼낸다. 반출한 핵연료는 원전 내 공용 수조로 옮기는데, 다 꺼내려면 약 2년이 걸린다고 한다. 방사선량이 높고 대부분 원격 조종이기 때문에 난항이 예상됐다. 3호기 다음으로는 방사선량이 훨씬 높은 1·2호기의 핵연료 반출이 기다리고 있었다.

도쿄는 후쿠시마를 잊은 걸까

2019년 5월 10일, 치하루 씨(45세)

원자로 3호기의 사용후핵연료 반출을 인터넷에서 보니 감회가 새로웠다. 후쿠시마 제1원전에서 핵연료 반출을 위해 건물 주변에 울타리를 건설할 때 참여했다. 잔해투성이던 고농도 방사선량 현장이 생각난다. 여러 종류의 기기에 수시로 문제가 생겨 훨씬 오래 걸릴 줄 알았다.

후쿠시마 제1원전을 떠난 지 1년이 됐다. 원전 사고를 완전히 잊은 듯한 도쿄에서 올림픽 관련 공사 현장 일을 하다 보면 강한 위화감이 든다. 사람도 자재도 부족한데 내년 개최를 위해 공사 기간에 쫓기고 있다. 먹고사는 것도 중요하지만 그보다 먼저 할 일이 있는데 여기서 지금 뭘 하고 있는 걸까. 지금 일하는 현장에는 후쿠시마 제1원전에서 같이 일하던 사람들이 있다. 얼굴만 마주치면 후쿠시마 이야기를 한다. 현장을 떠나도 후쿠시마 일이 말도 못 하게 궁금하다. 하지만 언론은 거의 보도하지 않는다.

올림픽 유치를 위해 총리가 세계를 향해 "오염수 통제를 잘하고 있다"고 선언한 뒤 후쿠시마 제1원전도 이제 여느 공사 현장일 뿐이라고 강조하기 시작했다. 방호복이나 전면 마스크를 착용하지 않는 구역도 확대됐다. 그런 와중에 함께 일하던 사람이 백혈병으로 산재 인정을 받았다. 피폭량이 나의 3분의 1이었는데. 두려우면서도 후쿠시마 일을 해야 한다는 생각이 떠나지 않는다.

최근 도쿄에서 후쿠시마 관련 안테나 숍*에 다녀왔다. 이와키 특산주와 차조기말이를 먹으면서 후쿠시마 생각을 했다. 어부들과 한잔하던 국숫집, 오염 제거 작업자나 원전 작업자가 모이던 분식집…. 나처럼 원전을 반대하는 사람도 있는가 하면 찬성하는 사람도 있어 깊은 이야기는 하지 않는다. 다양한 인간을 만날 수 있었다. 가장 먼저 할 일은 후쿠시마 관련 일이라고 생각한다. 불러준다면 언제든 갈 준비가 되어 있다.

코앞으로 다가온 올림픽 개최

도쿄에서는 2020년 올림픽·패럴림픽 관련 시설 공사가 막바지였다. 1년 전 아들을 위해 도쿄로 돌아온 치하루 씨와 오랜만에 통화를 했다. 올림픽 개최를 앞두고 쫓기는 듯했다.

화제는 후쿠시마 제1원전 원자로 3호기의 사용후핵연료 반출로 옮겨갔다. 도쿄전력은 지난해 11월 핵연료 반출 계획을 제시했으나 크레인 등 기기 고장이 잇달아 결국 4월 15일로 연기했다.

"가장 먼저 후쿠시마 사고부터 수습해야 한다. 배가 고프면 꿈꿀 수 없다지만, 지금 이 나라는 너무 배가 부른 게 아닌가 싶다"며 치하루 씨는 이 상황에 개탄했다.

원자력 규제 위원회는 4월 24일, 원전 본체 공사 인가 후 5년 이내에 '특정 중대 사고 대처 시설'인 항공기 추락 테러 대비용 원격 조종

• 신제품에 대한 소비자의 반응을 살피기 위해 임시 운영하는 점포.

원자로 냉각 유지 장치를 완성하지 않으면 운전을 정지하기로 결정했다. 이미 재가동한 규슈전력 센다이 원전 1·2호기는 각각 2020년 3월과 5월까지 이 시설이 완공되지 않아 정지될 전망이다. 작업자 신원 검사도 엄격해졌다. 그러나 실제로 테러에 직면했을 때 이런 조치로 원전이 안전하게 대처할 수 있을지는 의문이었다.

누가 여기서 일하겠는가

2019년 5월 31일, 유스케 씨(40세, 가명)

유서 깊은 백화점과 명품점이 즐비한 긴자의 공사 현장에서 일하다 후쿠시마 제1원전으로 오니 차이가 엄청나다. 지금은 야구의 구원 투수처럼 요청이 있을 때만 원전에 왔다가 다른 곳으로 가는 식으로 일을 병행하고 있다.

예전에 비하면 여기서 일하는 이점이 사라졌다. 원전 사고 발생 직후에는 원전 전체의 방사선량이 높았기 때문에 일하는 시간은 짧고 위험 수당은 많이 나왔다. 그러나 지금은 작업 시간도 길고 위험 수당도 낮아졌다. 원전 작업장의 95%는 위험 수당이 거의 없다.

도쿄 올림픽을 앞두고 도쿄 인근에는 일거리도 많고 임금도 높아졌다. 일당만 비교해도 도쿄 쪽이 20~30% 정도 높다. 후쿠시마 제1원전은 방사선 관리 구역이므로 잔업도 어렵다. 그러니 잔업 수당까지 더하면 도쿄 쪽 임금이 훨씬 높다. 지금은 후쿠시마 제1원전 위험 수당이 조금 높지만 이마저 줄면 이점이랄 게 별로 없을 것이다.

회사 입장도 마찬가지다. 작업자의 인건비가 낮아 발주처가 지급하는 돈은 적은데 출장 수당도 줘야 하고 관리 직원도 파견해야 하니 경비가 많이 든다. 우리 회사는 후쿠시마 제1원전 일에서 아예 손을 떼고 싶어 한다.

심각한 문제가 또 있다. 도쿄전력은 몇 년 전부터 작업자 피폭량을 줄이려고 연간 20mSv 이하로 억제해왔다. 핵연료 반출로 고농도 방사선량 속에서 하는 일이 많아지는데 지시에 따라서는 일을 할 수가 없다.

인력 파견 회사들 철수

이와키 역 근처에서 유스케 씨를 만났다. 그는 원전 사고 직후부터 후쿠시마 제1원전과 다른 현장을 오가며 일해왔다. 그가 일하는 현장은 아직 위험 수당이 나오지만, 하청 업체로서는 모든 작업자에게 수당을 지급하기 때문에 남는 게 없다. 도쿄 주변 공사 현장은 인건비가 오르는 반면, 후쿠시마 제1원전에 작업자를 보내면 출장비와 숙박비가 추가로 드는 만큼 회사의 수익이 줄어든다. 도쿄에서 인력을 파견하던 회사들이 후쿠시마에서 철수하고 있다. 도쿄전력의 요청으로 2년 전부터 원청 기업이 후쿠시마 제1원전 작업자의 연간 피폭량 상한을 20mSv로 정한 것도 철수 이유였다. 작업자의 피폭량을 조정하려는 것이었으나 현장에서는 핵연료 반출을 앞두고 오히려 방사선량이 높은 작업장이 많아져 실질적으로는 단기 노동자밖에 쓸 수 없는 상황이다. "대형 종합 건설 회사 직원 중에는 계속 일하는 사람도 있지만, 하청 업체에서 그런 사람은 정말 소수다."

☢

싼 인력보다 베테랑 작업자가 시급하다

2019년 7월 5일, 노부 씨(48세)

4월부터 적용된 개정 출입국 난민법의 체류 자격에 따라 '특정 기능'으로 외국인 노동자를 받는다는 이야기가 있다. 제대로 될지 의문이다. 도쿄전력이 정부의 요청을 받아들여 관리 체제가 정비될 때까지 당분간 보류할 것 같지만, 이전에 오염 제거 작업인 줄 모르고 왔던 외국인 기능 실습생 같은 일이 또 발생하지 않을까.

문제는 일본어 실력만이 아니다. 피폭 방지 필터 마스크를 쓰면 원래 소리가 잘 안 들린다. 위험한 순간이나 돌발 상황에서 소통이 제대로 될까? 제대로 전달되지 않으면 돌이킬 수 없는 상황이 닥치고 만다. 후쿠시마 제1원전에서는 일본인 작업자도 큰 부상을 입고 목숨을 잃는다. 고농도 방사선 현장에서는 피폭 때문에 서둘러 일을 마쳐야 한다. 일본어에 아주 능통하다면 모를까. 언어 장벽이 있으면 일하기가 어려울 것이다.

방사선 교육도 도쿄전력이나 원청 기업은 몰라도 하청 업체에서 하는 건 무리다. 게다가 위험 수당은 계속 낮아지고 일본인인 우리도 돈을 떼이는 처지인데 외국인 노동자에게는 더하지 않을까.

방사선 지식도, 언어도 서툰 외국인 노동자 투입

무더위에 모두 지친 가운데 오랜만에 밤비가 뿌렸다. 술집 작은 방에서 만난 노부 씨의 얼굴에 웃음이 가득했다. 요전번 약속 날 내가 갑자기 입원을 하면서 만나지 못한 뒤로 반년이 흘렀다. 노부 씨는 휴대 전화를 집어들어 키가 훌쩍 자란 중학생 아들의 사진을 보여줬다. "딸은 이제 사진을 못 찍게 해요."

이날 화제는 후쿠시마 제1원전의 외국인 노동자 수용 문제였다. 새로운 체류 자격에 따라 도쿄전력이 특정 기능 외국인 노동자를 후쿠시마 제1원전 폐로 작업 등에 투입할 방침이라는 《아사히신문》의 보도가 나온 것이 4월. 도쿄전력은 협력 회사 수십 곳이 참석한 회의에서 외국인 노동자들이 원자로 폐로 관련 작업과 사무동 등의 건물 청소에 투입된다고 설명했다. 선량계 휴대가 필수인 작업은 올바른 방사선 지식과 일본어 이해력이 필요하다고도 했다. 5월에 후생노동성의 신중한 검토 요청을 받고 도쿄전력은 외국인 노동자 수용을 보류했다. 언어 문제를 포함해 기존 작업자들과 동등한 혹은 그 이상의 안전 위생 수준을 유지할 수 있을지 신중하게 검토하기로 했다.

노부 씨는 생각에 잠겼다. 소주 칵테일이 담긴 술잔의 얼음이 녹아 소리가 났다. "피폭량 상한 등 외국인의 방사선량 관리는 어떻게 하려고?" 노부 씨의 우려는 단순한 노파심이 아니었다.

대형 종합 건설 회사의 베테랑 기술자는 "후쿠시마 제1원전 탱크 증설 현장 등에 일본계 브라질인이나 동남아시아계 작업자가 동원된다. 고농도 방사선 현장에는 없었지만. 그들 중에는 일본어에 서툰 사람도 있었다. 피난 지시 구역의 오염 제거 작업은 작업자의 반 정도가 외국인이었다. 한 필리핀 노동자는 구체적인 작업 내용도 모르고 왔다고 했다"고 전했다. 다른 기술자는 "기술 협력 차원에서 전문가가 온다면 반가운 일이지만, 필요한 인력도 적은 지금 기술자나 베테랑을 계속 확보할 방법을 고민해야 한다"며 외국인 노동자에 부정적인 의견을 보였다. 싼 노동력으로 방사선량 높은 곳에서 일을 시키려는 건 아닌지 의심스럽다는 작업자도 있었다.

천문학적 사고 처리 비용

7월 31일, 도쿄전력은 후쿠시마 제2원전의 원자로 4기를 모두 폐로하기로 결정했다. 이로써 후쿠시마 제1원전의 6기에 이어 후쿠시마 내 총 10기의 폐로가 확정됐다. 사용후핵연료 약 1만 개는 원전 내에 신설하는 저장 시설에 보관하고 폐로 종료까지 후쿠시마현 밖으로 옮기기로 했다. 하지만 최종 종착지는 결정되지 않았고 반출 계획도 전혀 세우지 못하고 있었다. 같은 날, 후쿠시마 제2원전의 폐로 비용이 총 4,000억 엔 이상으로 상승한다는 발표도 있었다. 7월 27일에는 도쿄전력이 재가동하려는 가시와자키 가리와 원전의 안전 대책 비용으로 1조 엔을 책정, 새 견적을 정리했다고 교도 통신이 보도했다. 2016년 경제산업성은 후쿠시마 제1원전 폐로 비용 8조 엔, 피해자 보상 7조 9,000억 엔, 오염 제거 비용 5조 4,000억 엔 등 사고 대응 비용으로 21조 5,000억 엔을 산출했다. 2019년 3월, 민간 연구소 '일본 경제 연구 센터'는 데브리와 오염수 처리 방식에 따라 편차가 있지만 사고 처리 비용이 총 35조에서 81조에 이를 것이라고 추산했다. 도쿄전력은 가시와자키 가리와 원전 재가동과 연계해 후쿠시마 제1원전의 폐로와 보상 비용을 조달할 계획이라지만 최우선인 폐로 비용조차 구체적인 견적과 확보 방법을 제시하지 못했다.

8월 1일에는 후쿠시마 제1원전 원자로 1·2호기의 공용 배기통 해체 작업이 시작됐다.

원전 최초의 고공 작업을 안전장치 확인 없이 진행

원전 사고 발생 초기의 수소 폭발로 지주 접합부 등이 파손된 배기통은 붕괴 위험이 있어 연내에 상부 절반을 해체할 예정이었다. 이 배기통은 원전 사고 직후 1호기 원자로 격납용기의 압력을 낮추기 위해 방사성 물질이 섞인 증기를 방출하는 배기구로 사용됐다. 배기통 연결 부위는 2011년 8월 시간당 10Sv 초과, 2015년 10월 시간당 2Sv가 계측되는 등 후쿠시마 제1원전에서 방사선량이 가장 높았다.

배기통은 높이 120m로, 후쿠시마 제1원전에서 이런 고공 작업은 처음이었다. 윗부분 절반 60m를 23조각으로 나눠, 위에서부터 가로로 둥글게 잘라 해체할 계획이다. 3월 시작 예정이던 작업은 1월에 3·4호기 옆 배기통의 지상 76m 부근에서 점검용 철판이 낙하하면서 연기됐다. 다행히 다친 사람은 없었으나 주변의 안전 확보와 기기 수리를 위해 5월 20일로 보류한 것이다.

작업 직전, 절단 장치를 들어 올리는 대형 크레인이 배기통 끝부분과 충돌한다는 사실이 알려지면서 작업은 다시 늦어졌다. 종합 건설 회사 관계자는 "와이어를 감는 기계의 안전장치 위치를 확인하지 않아 벌어진 일이다. 이는 기본 상식"이라며 어이없다는 표정을 지었다.

절단 작업은 200m 떨어진 버스에서 카메라 약 160대의 영상을
보면서 원격 조종하는데, 배기통에 가까운 크레인은 사람이 직접 운
전해야 했다. 이에 따라 크레인 조종실을 납판으로 에워싸 방사선을
차단한다. 한 작업자는 "피폭량이 높아지면 베테랑 작업자가 도중에
빠져야 할 수도 있다"며 걱정했다.

목숨 걸고 일하지만 자부심은 없다

2019년 8월 9일, 야마 씨(62세)

원전 사고 발생 초기, 어린이집에 다니던 손자들이 "할아버지, 어디서 일하
세요?"라고 묻기에 얼떨결에 "주유소에서 일한다"고 대답했다. 사실대로 말
할 수가 없었다. 나중에 어린이집 교사에게 손자가 "우리 할아버지는 주유소
에서 일하세요"라고 뿌듯하게 말하더라는 이야기를 전해 들었다.

내가 후쿠시마 원전에서 일한다는 게 알려지면 손자가 방사능을 옮긴다고
따돌림을 당하지나 않을까 두려웠다. 게다가 저임금에 혹독하기만 한 현장
을 생각하면 경시당하고 있다는 생각에 주눅이 들어 어깨를 펴지 못했다.

자정을 넘기는 심야 작업을 '해넘이 근무'라고 부른다. 원전 사고 직후에는
긴급 강행 공사도 많고 한동안 근무 시간이 자주 바뀌었다. 이른 아침에 나가
기도 하고 저녁 무렵 작업을 시작해 새벽까지 일하기도 했다. 이러다 보니 시
차병에 걸린 느낌이 든다. 수면 시간은 근무 시간 전환에 따라 달라졌다. 잠
을 못 자고 피곤이 가시지 않은 채 일터로 향하는 날이 이어졌다. 새벽까지

근무하는 날은 말 그대로 기진맥진이다.

목숨 걸고 작업을 하는데도 일당이 낮고 자부심도 없었다. 어찌 됐든 손자를 데리고 돌아온 딸과 우리 부부를 위해 죽을 각오로 일했다. 돈만 있다면 어린 손자들을 안전한 곳으로 피난시키고 싶은 마음도 있었다. 원전 사고 후에는 불합리한 일이 많아. 지난 8년 동안 손자들이 없었다면 아마 나는 망가져버렸을 것이다. 그런 손자들이 이제 중학교 1학년, 초등학교 6학년이다. 지금도 같이 검도를 한다. 내가 원전에서 일하는 걸 이제 둘 다 알 텐데 아무것도 묻지 않는다.

환경 장관 "방법은 해양 방류뿐" 발언

야마 씨는 후쿠시마 제1원전에서 계속 일하고 있었다. 야마 씨의 굵은 목소리를 들으니 그의 따뜻한 미소가 떠올랐다. "개 두 마리는 먼저 세상을 떠났습니다. 지금은 새 아내와 살고 있죠." 동일본 대지진 후 우연히 만났다는 흰 개가 야마 씨의 마당에서 짖던 기억이 났다. "원전에서 일한다고 손자들에게 말했습니다. 솔직히 가능한 한 숨기고 싶었지만요."

8월 8일, 도쿄전력은 오염수에 대해 전망을 발표했다. 2022년 여름이면 보관용 탱크가 한계에 달한다는 내용이었다. 도쿄전력에 따르면 7월 18일 원전 내 탱크는 약 970개이며 보관 중인 오염수는 약 114만 t이었다. 2020년 말까지 원전 내에 137만 t분의 탱크를 확보한다는 계획을 세웠지만 이후 대처 방법은 딱히 없었다. 전에 비해 하루에 발생하는 오염수의 양은 줄었지만 날마다 170t씩 늘어나고 있었다. 대용량인 10만 t급 탱크로 교체한다 해도 그만큼 탱크 간격을 넓게 확보해야 하므로 결과적으로 보관 용량은 늘지 않는다. 이튿날 이와 관련해 7개월 만에 경제산업성 소위원회가 열렸다. 장기 보관을 염두에 두고 논의됐으나 진척된 건 없었다. 9월에는 하라다 요시아키原田義昭 환경 장관이 "방법은 해양 방류뿐"이라고 발언해 전국어업 협동조합 연합회 등 관계자들의 반발을 불러일으켰다.

구역 나누기로 위험 수당 낮춘다니

2019년 8월 23일, 유스케 씨(40세)

며칠 전 귀가 버스에서 쓰러져 병원으로 호송된 사람이 중증 열사병이었다고 한다. 다른 현장에서는 허리춤에 선풍기가 달린 옷을 입는다는데, 후쿠시마 제1원전에서는 방사선 먼지가 많아 사용할 수 없다. 아침 9시가 넘으면 햇빛이 세진다. 도쿄전력은 반면 마스크를 장려하지만, 오염이 심한 현장에서는 방사선 관리 담당자가 전면 마스크를 권장한다.

원전이 방사선량에 따라 세 구역으로 나뉜 지 3년 반이 지났다. 처음에는 오염수 처리 구역에서 신던 신발로 저오염 구역을 다니거나, 고농도 방사선 구간에서 작업한 차림으로 일반 작업복을 입는 사람과 스치는 등 뒤죽박죽이었다. 지금은 오염이 심한 데서 작업할 때는 현장과 가까운 철판 위에서 전용 신발로 갈아신지만, 여기저기 신발을 놔두거나 간이 신발장을 빗속에 방치하는 등 관리가 엉성하기 짝이 없다. 신발을 갈아신을 때 실수로 철판에 발을 딛기도 하고. 지면에 깐 납 매트 위에서 측정하면 오염도가 낮은 구역이라도 방사선량이 굉장히 높은 장소도 있다. 근본적으로 건물 밖을 몇 개 구역으로 나눈다는 것 자체가 무모한 시도다.

4월 무렵, 아베 총리가 양복 차림으로 후쿠시마 제1원전 경내를 시찰한 후로 관광버스가 지나는 도로는 오염을 제거해 일반 복장으로 다녀도 괜찮은 구역이 됐다. 그러나 도로 양쪽은 방사선량이 높은 편이다. 그런 구역 나누기로 위험 수당을 낮춘다니 씁쓸하다.

사고 현장 견학 연간 1만 건

후쿠시마 제1원전에 연간 약 1만 그룹 정도가 견학을 온다. 여러 해 전 도쿄전력 임원에게 그 얘기를 듣고 나도 모르게 되물었다. "그렇게 많다고요?" 작업에 방해가 되지 않도록 코스가 정해져 있다지만 과연 그럴까? 도쿄전력 임원은 장기적으로 견학을 늘릴 것이라고 했다. 방문객은 정부나 국제 원자력 기구 등 국제기구, 국내외 언론사, 지방 자치 단체 공무원, 현지 주민 등으로 현재 연간 약 2만 명이 찾고 있다. 4월 아베 총리가 양복 차림으로 5년 7개월 만에 후쿠시마 제1원전을 방문한 기억이 새롭다. 견학 차량이 다니는 도로는 오염을 제거했지만 방사선량이 갑자기 올라가는 장소가 나타나기도 하고, 바로 옆은 전면 마스크 혹은 반면 마스크에 방호복을 입는 Y 구역이다. 그런데도 안전하다고 할 수 있을까. 유스케 씨는 이렇게 말한다. "보여주고 싶은 것만 보여주는 것이다." 이런 양상은 앞으로도 계속 바뀌지 않을 듯하다.

피폭량 기준은 우릴 위한 게 아니다

2019년 9월 4일, 익명(54세)

원전 사고 후 피폭량 기준이 여러 번 바뀌었다. 세계 각지의 기준이 다양하지만 피폭량 상한은 생명을 지키려는 것이라고 여겨왔다. 그러나 원전 관련 기준은 우리 생명을 위한 것이 아니다. 일반인의 피폭량 연간 허용 한도는 1mSv인데, 원전 사고가 발생한 지 8년이 지나도 후쿠시마의 피난 해제 기준은 연간 20mSv다. 더구나 어른과 아이에게 같은 기준을 적용하는 것이 옳을까? 이는 작업자의 연간 피폭량 평균과 같다.

국제 기준상 괜찮다지만, 그렇다면 1mSv는 무엇인가? 20mSv는 주민을 귀환시키려는 기준, 경제를 위한 기준이 아니었을까? 과학적으로 입증되지도 않았는데 "피폭과는 인과 관계가 없다"고 주장하거나 안전하다고 단언하니 정말 걱정스럽다.

작업자는 현장 밖에서도 피폭을 입는다. 기준이 제각각인 데다 방사선에 노출된다는 사실은 변함이 없다. 다시 사고가 발생한다면 피폭량 상한은 즉각 250mSv로 상향 조정될 것이다. 원자력 규제 위원회 등에서도 원전 사고 발생을 전제로 논의한다.

작업자의 피폭량은 연도별로 관리한다. 4월에 '초기화'하고 새로운 피폭 상한 기준을 받는다고 그동안 입은 피폭량이 없어지는 것은 아니다. 나의 생애 방사선량은 500mSv에 가깝다. 돈을 받고 일한 것이므로 병이 들어도 자업자득이라고 말할지도 모르겠다. 하지만 원전 사고 후 일하러 온, 특히 젊은 작업자가 병에 걸리면 피폭과의 인과 관계를 증명하라고 하지 말고 인도적인 관점에서 보상을 해주면 좋겠다. 이런 식이면 원전에 다른 일이 발생한다 해도 아무도 달려오지 않을 것이다.

법원, 도쿄전력 임원에 무죄 선고

국제 방사선 방호 위원회는 1990년 매년 균등하게 피폭된다 해도 생애 1Sv를 넘지 않아야 한다고 밝히고, 이에 따라 '5년간 100mSv'를 기준으로 제시했다. 일본도 여기에 맞춰 원전 작업자의 피폭량 상한을 정했다. 다시 말해 원전 작업자는 법률로 정한 피폭량 상한을 지키더라도, 최대 1Sv까지 피폭될 가능성이 있다는 뜻이다.

연간 피폭량 20mSv 이하인 곳은 피난 지시를 해제한다는 기준은 원전 사고가 발생한 지 8년이 지나도 바뀌지 않았다. 2011년 4월 6일에 원자력 안전 위원회가 제시한 위급 시 적용 수치가 그대로 이어지고 있다.

후쿠시마 제1원전에서는 배기통 해체 문제가 이어지고 있었다. 절단 장치에서 오류가 빈번히 발생했다. 발전기 연료 소모로 정지하기도 하고, 절단 날 4개의 마모가 예상보다 빨랐으며, 통신 이상으로 움직이지 않기도 했다. 처음 계획은 위쪽부터 하루 약 2m를 절단하는 것이었으나 예상과 달리 1개월이 걸렸다.

9월 19일, 후쿠시마 제1원전 사고를 둘러싸고 업무상 과실 치사죄로 강제 기소된 도쿄전력의 가츠마타 전 회장, 무토 전 부사장, 다케쿠로 전 부사장 등 세 피고에 대한 판결에서 도쿄 지방법원은 "대

규모 쓰나미의 예견 가능성은 인정할 수 없다"며 무죄를 선고했다.
공판의 쟁점은 원전 경계를 넘어서는 높이 10m의 쓰나미를 예견하
고 대책을 취함으로써 사고를 막을 수 있었는지 여부였는데, 세 사람
은 일관되게 "거대 쓰나미는 예견할 수 없다"고 무죄를 주장했다. 9월
30일, 검찰 측 지정 변호사는 도쿄 고등법원에 항소했다.

　10월 12일, 매우 강력한 태풍 19호가 들이닥쳤다. 기록적인 호
우로 동일본 지역이 큰 피해를 입었다. 후쿠시마도 밤부터 이튿날 새
벽까지 직격탄을 맞아 26명이 사망했다. 이와키 등을 포함해 작업자
숙소나 기숙사, 호텔 등도 정전됐다. 이와키 시내의 나츠이강과 요시
마강 등은 범람했다. 원전 사고 후 고향을 떠나야 했던 사람들이 침
수 등으로 다시 재해를 당하는 이중 피해를 입고 말았다.

강풍이 후쿠시마 제1원전을 덮친다면

2019년 10월 25일, 세이 씨(62세)

태풍 19호가 후쿠시마를 덮친 10월 12일 밤, 이와키 시내 아파트에 있었다.
세찬 비가 창을 두드리고 휴대 전화에서는 재난 경고음이 계속 울렸다. 나츠
이강·요시마강·사메강이 잇달아 물에 잠겼다. 물이 들이닥치면 2층으로 피
하려고 계속 창밖을 주시했다. 잠을 잘 상황이 아니었다. 새벽녘에 비가 잦아
드니 경찰차와 소방차, 구급차 사이렌이 울려댔다.
이와키 시내의 천변 주택 지역에서 사망자가 많이 나왔다. 물이 3m까지 올

라간 곳도 있었다. 한밤중에 갑자기 물이 들이닥치면 도망갈 엄두도 못 낼 것이다. 비가 더 왔다면 피해는 더욱 심각했을 것이다.

이튿날 원전에 출근하니 곳곳에서 펌프로 고인 물을 빼내고 있었다. 예상보다 침수 피해가 적어 그나마 다행이었다. 오염물이 많다 보니 방사선 관리원이 방사선량을 측정한 다음에 작업을 시작했다. 태풍 전날 대형 크레인을 철수시키고 다른 기자재가 날아가지 않도록 단단히 고정하는 등 분주하게 대비를 했다. 당황스러운 건 정수장 침수로 이와키 시내 약 4만 5,000세대의 수도가 단수된 일이다. 아파트도 물이 나오지 않았다. 직원 절반의 집에 수도가 끊겼다.

원전에서는 사무소 사람이 급수 시설에서 조달한 물을 퇴근길에 받아 귀가한다. 20L짜리 물통 한 개로 하루를 버텨야 하니 턱없이 부족하다. 적어도 30L는 있어야 한다. 목욕은 옆 동네인 유모토 역 앞 온천을 이용했다. 작업 후 바로 목욕할 수 없어 괴로웠다. 정체도 심하고 목욕을 하려면 1시간 반 정도 기다려야 한다. 다행히 3일 전부터 물이 나왔다.

만약 치바처럼 송전탑이 쓰러질 정도의 강풍이 후쿠시마 제1원전을 덮친다면 어떻게 될까? 절단 중인 배기통도 수백 개나 있는 오염수 탱크도 위험하다. 임시 배관도 있고 배전반도 있다. 만일 핵연료 냉각기가 정지된다면…. 큰비보다는 강풍과 지진이 무섭다.

폐로까지 30~40년, 과연 가능할까?

원자로 1·2호기의 배기통 절단 작업에서 문제가 줄이었다. 11월 말에는 원격 조종 절단기의 소형 회전날이 절단면에 끼어 빠지지 않았다. 이 때문에 12월 3일 작업자 3명이 크레인의 바구니를 타고 약 110m 높이까지 올라가 전동 공구로 절단 작업을 했다. 약 3시간 반 작업으로 받은 이들의 피폭량은 최대 0.52mSv였다.

정부는 12월 2일, 후쿠시마 제1원전의 원자로 폐로를 위한 공정 표의 개정안을 발표했다. 2021년부터 원자로 2호기의 데브리를 꺼 내 제거한다는 내용도 있었다. 반면에 트리튬이 남은 오염수의 처리 방법은 결정하지 못하고 있었다. 논의 주체인 경제산업성 소위원회 는 12월 23일, '희석해 해양 방류', '증발시켜 대기 방류', '두 가지 병 행' 등 세 가지 안을 제시했다. 소위원회는 전문 위원회 '트리튬수 대 책 본부'의 보고서에 실린 다섯 가지 안에 대해 2016년 11월부터 논 의해왔다. 결론은 나오지 않았다.

12월 17일, 후쿠시마에서 야마가타로 '자율 피난'한 주민 734명 이 정부와 도쿄전력을 상대로 보상금 약 80억 7,000만 엔을 요구한 소송에서 야마가타 지방법원은 국가의 보상 책임을 인정하지 않고, 도쿄전력에 원고 5명에게 44만 엔을 지급하라고 명령했다. 다른 원 고는 "도쿄전력이 이미 변제한 액수를 넘지 않는다", "원전 사고로 인 한 권리 이익은 없다"고 판단했다. 전국에서 피난민들이 제기한 집 단 소송 약 30건 가운데 13번째 판결이다. 모든 재판에서 도쿄전력 의 책임을 인정했지만 국가의 책임을 인정한 판결은 6건이었다(인정 하지 않은 것은 4건. 다른 소송은 국가가 피고가 아니었다).

12월 26일, 후쿠시마에서 유일하게 여전히 전체 피난 상태인 후 타바마치에 대해 2020년 3월부로 일부 피난 지시 해제가 결정됐다.

12월 27일, 정부는 도쿄전력 후쿠시마 제1원전의 폐로·오염수 대책 관련 각료 회의를 열고, 2023년으로 예정한 원자로 1·2호기의 사용후핵연료 반출 목표를 최대 5년 늦추기로 공식화했다. 1호기의 방사성 물질 비산 방지용 대형 덮개는 2023년 완공 예정이고, 핵연료 반출 개시는 2027~2028년도로 전망했다. 2호기 수조에 남은 핵연료 615개는 2024~2026년에 2년여에 걸쳐 반출한다는 계획이다. 또 2호기의 데브리 추출을 2021년 중에 시작한다는 내용도 이날 개정된 공정표에 명기됐다. 원전 사고 발생 후 30~40년으로 정한 폐로 완료 목표 기간은 그대로 유지했다.

사고를 낸 것도 사람이지만 수습하는 것도 사람이다

2020년, 도쿄 올림픽·패럴림픽이 개최되는 해다. 3월 11일이면 원전 사고가 발생한 지 9년이다. '벌써'라고 해야 할지, '아직'이라고 해야 할지. 작업 일지를 쓰기 시작한 2011년 8월부터 취재에 응해준 작업자들과 9년을 함께해온 셈이다. 어린이집에 다니거나 중고등학생이던 아이들이 고등학생이나 사회인이 됐다. 그동안 후쿠시마 제1원전에서는 데브리와 사용후핵연료를 안정적으로 냉각하고 있고, 원전 내에 널렸던 잔해도 제거했다. 1~3호기의 원자로 격납용기 내부 조사, 사용후핵연료 반출이 진행됐다. 매일 400~500t씩 생기던 오염수도 하루 150~170t으로 크게 줄었고, 2019년 12월 개정된 공정표에는 오염수 발생량을 2025년까지 하루 100t 이하로 억제하겠다는 목표가 명시됐다.

한편 110만 t이 넘는 트리튬 잔존 오염수의 최종 처리 방법이 결정되지 않아 원전의 저장 탱크는 계속 증가하고 있다. 현재 나온 제안은 해양과 대기 방출 또는 두 가지를 병행하는 방법으로, 후쿠시마 현지에서는 뜬소문으로 인한 피해를 우려하는 반발이 빗발쳐 타협점을 찾지 못하고 있다. 그 배경에는 ALPS로 다 제거하지 못한 트리튬 이외에도 방사성 물질이 잔류해 배수 기준치를 웃돈다는 사실이 발각되어 쌓인 불신이 원인이었다.

당면 과제는 원자로 1~3호기의 사용후핵연료 반출이다. 4호기는 2014년 핵연료 1,535개를 모두 꺼내는 데 성공했다. 작년 4월 시작된 3호기의 핵연료 반출 작업은 기기 고장 등으로 종종 중단되곤 했으나, 1월 31일 기준 총 566개 가운데 63개를 꺼내 이송했다. 2021년 3월 말 종료될 예정이라고 한다. 1~3호기의 핵연료 반출 작업은 이보다 앞서 반출을 완료한 4호기와 달리 모두 노심 용융이 발생한 원자로 건물에서 이뤄지는 작업이다. 방사선량이 매우 높아 주로 원격 조종 기계를 사용하는데, 4호기와는 작업 환경이 크게 다르다. 문제가 발생하면 작업자가 현장으로 직접 들어가 대응해야 한다.

원전 사고 전부터 일해온 베테랑 작업자가 자주 되풀이하던 조언이 생각난다. "모든 것을 로봇이나 원격 조종으로 할 수 없다. 로봇을 반입구로 가지고 가는 것도 결국 사람이다." 그 말대로 지금까지 격납용기 조사에서 로봇 운반이나 사전 굴착, 장치 설치 모두 사람 손을 거쳤다. 원자로 건물 안의 방사선량을 낮추기 위해 납판을 깔거나 원자로 건물을 덮어씌우는 작업을 반복하면서 인해 전술을 펼쳐왔다. 탱크에서 흘러넘친 오염수를 쓰레받기로 퍼내는 것도, 자잘한 잔해를 일일이 삽으로 퍼 제거하는 것도 사람이 했다.

핵연료 반출 이야기로 돌아가자. 수조에 핵연료 392개가 남아 있는 1호기에서는 2011년 10월 방사성 물질 비산 방지용 덮개를 벗기고 수소 폭발로 날아가버린 철골이나 콘크리트 잔해 철거를 진행했다. 이제 원자로 건물 상부의 잔해를 철거하기 위해 2023년까지 크레인이 달린 원자로 건물 덮개를 설치할 예정이며, 핵연료 반출은 2027~2028년에 할 전망이다. 1호기는 이외에도 격납용기 상부의 떨어져나간 삼중 철근 콘크리트 덮개(직경 12m, 520t)도 처리해야 한다. 그러나 2018년 9월, 이 덮개의 두 번째 단 중앙부에서 시간당 최대 1,970mSv라는 초고도 방사선량이 계측되어 작업에 난항이 예상된다.

핵연료 615개가 남아 있는 2호기는 원자로 건물 상부를 해체할 예정이었으나 지난해 12월, 수소 폭발을 면한 원자로 건물을 그대로 활용하는 것으로 방향을 바꿨다. 건물 옆에 핵연료 반출 장비와 크레인을 신설, 상부 개구부와 최상층을 오가는 레일로 2024~2026년 핵연료를 꺼낸다는 것이다. 그러나 개구부에 맞춰 핵연료 반출 장치를 소형화했기 때문에 한 번에 꺼낼 수 있는 양이 줄어 소요 시간이 늘어날 것이다. 3호기에 비해 1·2호기는 방사선량이 높아 작업에 난항이 예상된다. 공정표는 다섯 차례나 개정됐고, 그대로 진행되리라는 보장은 없다. 작업에는 목표와 계획이 필요하다. 그러나 현장을 직접 보고 공정을 수립해야 하며 상황에 맞춰 검토하고 수정해야 한다. 여러 번 지적했듯이 원전 복구 작업은 기후 영향을 많이 받는다. 특히 해변의 강풍은 크레인에 큰 영향을 미친다. 그런데도 지금처럼 일정을 중심으로 현장을 움직이면 또다시 큰 사고가 날 수도 있다.

2021년 중에는 드디어 2호기의 데브리 추출도 시작될 전망이다. 도쿄전력은 원자로 격납용기의 벽면 배관으로 로봇팔을 투입할 예정이다. 지난해 2월 조사에서 자갈과 비슷한 데브리 일부를 들어 올리려 했으나, 흘러내린 데브리가 바위처럼 단단하게 굳어 실패했다. 이를 어떻게 떼어낼지가 난제다. 도쿄전력은 본격적인 추출 전 영국제 로봇팔을 사용해 데브리를 소량 채취해 단단한 정도와 성분을 분석할 것이다. 그나마 조사가 가장 많이 진척된 2호기에서도 데브리의 일부를 확인했을 뿐, 어디에 어떻게 떨어졌는지 파악하지 못했다. 게다가 녹아내린 핵연료를 전부 꺼내는 방법까지는 찾지 못한 상태다. 격납용기 내부는 사람이 머물 수 없는 초고도 방사선 구역이다. 로봇 투입이나 장비 설치 등으로 접근해 작업자의 안전을 확보하는 것이 중요한 과제다.

1호기에는 원자로 격납용기 내부에 퇴적물이 대량 쌓여 있음에도 데브리 상태는 아직 파악하지 못했다. 지난해 조사용 수중 로봇을 투입하려 했으나 격납용기 측면에 구멍을 뚫으려는 순간 방사성 물질로 오염된 다량의 분진이 나와 작업을 중단했다. 3호기는 2017년 7월 압력용기 바닥에서 데브리 추정 물질이 발견된 이후 조사를 하지 못하고 있다. 지금까지의 조사 결과 압력용기 내부의 구조물이 격납용기 내부에 대량 낙하했다는 사실이 밝혀졌다. 1·2호기보다 구조물 손상 정도가 커 작업의 난이도는 훨씬 높다. 데브리를 완전히 제거하지 못할 경우 어떻게 할 것인지도 문제다. 또 1~3호기의 데브리는 총 880t을 어디에 보관할지도 문제다.

어느 정도를 '폐로'라고 할 것인가도 문제였다. 원전 사고부터 폐로까지 30~40년을 목표로 하는 것은 현실성 낮은 주장이다. 원전 사고 발생 이후 벌써 9년. 이미 4분의 1이 지났다. 언젠가 노부 씨와 이런 이야기를 나눈 적 있다. 할아버지·할머니가 된 미래의 어느 날 그의 고향집 툇마루에 앉아 차를 마시며 "마침내 폐로네요"라는 소식을 나누면 좋겠다는 것이었다. 하지만 지금은 우리가 살아 있는 동안 폐로를 보기는 힘들 것이라는 생각이 든다. 노부 씨는 지금도 "움직일 수만 있으면 후쿠시마 제1원전의 폐로를 돕고 싶다"고 말한다. 이 마음은 원전 사고 이래 변함이 없다. 작업자들은 고향을 지키려는 의지도 강하다. "우리 손으로 고향을 위해 무슨 일이든 하고 싶다", "후쿠시마 제1원전에서 일해온 우리가 할 일이다"라는 말을 많이 한다. 또 원전 사고 직후부터 긴급 작업에 참여해온 기술자나 베테랑들도 "어떻게든 돕고 싶다", "폐로까지 계속 참여하고 싶다"는 마음이다. 사고 전부터 원전 일을 해온 사람들의 마음에는 "원전에 관여해온 책임이 있다", "지금까지 함께한 원전을 지켜보고 싶다"는 생각이 자리하고 있다.

사람을 지키는 국가를 바란다

한시도 가시지 않는 우려가 있다. 폐로까지 나아가는 긴 시간 동안 계속 인력을 확보할 수 있는가. 원자로 건물의 핵연료 반출은 고농도 방사선량 속에서 인해 전술로 작전 수행하듯 이뤄지는 작업이어서 필수 인원이 확보되어야 한다. 한편 수년 전부터 후쿠시마에서는 고농도 방사선량 작업에서도 피폭 한도를 '연간 20mSv'로 권장하고 있다. 이를 고려하면 작업자가 '일하는 시간'은 극히 짧아진다. 또 가장 큰 난관인 데브리 추출 작업에도 관련 지식을 갖추고 현장을 잘 아는 베테랑이 필수적이다. 그러나 9년이 지나도록 후쿠시마 제1원전은 늘 인력 고용이 불안정한 상태다.

게다가 이제는 위험 수당을 깎는 상황이다. 작업자들은 "이곳에서 일할 이유가 없다"고 공공연히 말한다. 고농도 방사선량에 노출되는 위험한 작업이 늘어날 것으로 예상되는 가운데, 후쿠시마나 원전에 각별한 마음이나 강한 의지가 없으면 이곳에서 계속 일을 하기 어려워질 것이다.

현재, 현장에는 20대 작업자들이 들어오는 등 세대교체가 이뤄지고 있다. 현지 출신 작업자와 다른 현에서 온 작업자들을 고려하면 이후 상황이 어떻게 달라질지 생각해보게 된다. "일이 있을 때만, 피폭량에 여유가 있는 작업자만 부른다"는 기존 방식으로 모집한다면 머지않아 일할 사람이 없어질 것이다.

고난이도 작업을 앞두고 후쿠시마 제1원전의 인력 수급 불안정성은 큰 걸림돌이 될 것이다. '결국은 사람'이라는 베테랑의 언급은 결코 단순한 말이 아니다. 작업자가 계속 일할 수 있는 환경을 만드는 것이 무엇보다 우선 아닐까.

국제 원자력 평가 기준 최악의 '7단계'에 해당하는 사고가 발생했고, 사고 직후에는 도쿄전력 직원의 경우 최대 678mSv, 협력 회사 작업자는 최대 238mSv의 피폭을 당했다. 사고 직후 원자로 3호기의 지하 오염수에 들어간 작업자들은 하루 작업으로 피폭 173~180mSv를 기록했다. 지금도 누적 방사선량 100mSv를 초과한 작업자는 계속 증가하고 있다.

전례가 없는 원전 사고에 작업자의 피폭량은 크게 올라갔지만, 이에 대한 보상은 전혀 없었다. 병으로 일을 할 수 없게 돼도 생활비는커녕 치료비도 보상받지 못했다. 후생노동성에 따르면 원전 사고 후 후쿠시마 제1원전에서 일한 작업자 가운데 24명이 암에 걸려 산재를 신청했다. 그 가운데 백혈병 3명, 폐암 1명, 갑상선암 2명이 산재를 인정받았다. 6명은 산재 신청조차 받아들여지지 않았고, 3명은 청구를 취하했으며, 나머지 9명은 여전히 조사 중이라고 한다.

걱정스러운 것은 청구를 취하한 3명이다. 취재 결과 부상을 입거나 건강을 해쳐 쓰러졌을 때 회사나 상위 회사로부터 "임금을 보상할 테니 산재 신청을 하지 말라"는 요구를 받은 작업자들이 있었다. 그중에는 상사나 사장에게서 "산재를 신청하면 (작업자 관리가 불량하다고) 회사에 일이 끊길 것이다. 다른 직원에게도 피해가 간다"는 말에 취하한 사람도 있었다. 이것이 과연 본인의 의사일까? 후쿠시마 제1원전 사고와 상관없이 지금까지 원전에서 일하다가 암에 걸린 작업자가 소송에서 승소한 예는 없다.

이렇게 큰 원전 사고가 나고 피폭량이 크게 올라갔는데도 일반 공사 현장과 같은 '산재'로 보상을 받는다. 또 산재를 인정받는다 해도 그것으로 보상이 충분하다고 말할 수 있을까? 후쿠시마 제1원전에서 일한 뒤 급성 골수성 백혈병에 걸린 기타큐슈의 용접공(45세)은 산재 인정을 받은 뒤 2016년 11월 도쿄전력과 규슈전력에 손해 배상 소송을 제기했다. 그는 백혈병으로 어린 자녀 3명을 남겨두고 죽을지도 모른다는 공포심에 우울증이 발병했다. 우울증과 백혈병 모두 산재로 인정받았으나, 백혈병 재발 가능성과 "보상이 언제까지 나올까" 하는 불안감은 여전하다고 한다.

이 용접공의 변호인단은 "백혈병 산재 인정 때 전문가 회의에서 남성에게 유전적 요인이 없음을 확인했고, 원전 피폭 외에 발병 원인을 찾지 못했다"고 주장했다. 또 "피폭으로 백혈병이 발병했다는 것을 의학적·과학적으로 입증하는 것은 불가능하며, 원고에게 입증을 요구하는 것은 불가능을 강요하는 것"이라며 남성의 백혈병과 피폭의 인과 관계를 인정해야 한다고도 했다. 2009년 방사능병 인정 소송에서 도쿄 고등법원은 복합적인 발병 원인 가운데 하나가 방사선이거나 방사선으로 발병했다고 판단되는 경우도 "방사선을 원인으로 판단하는 것이 옳다"고 판결했다. 그를 진찰한 도라노몬 병원 부원장이자 백혈내과의인 다니구치 슈이치谷口修一 씨는 "의학에서는 '몇 밀리시버트 이하는 안전'하다고 선을 긋지 않는다. 방사선량이 낮아도 영향을 미친다는 것은 부정할 수 없다"고 설명한다. 또 "원전 사고 후 작업자는 재난을 당한 피해 지역과 국가를 위해 일했다. 피폭과의 인과 관계를 완전히 부정할 수 없다면 보상을 해야 하지 않을까? 생애 건강 상태를 조사하고 치료비 등도 보상해야 한다"고 말한다.

체르노빌과 후쿠시마는 무엇이 다른가

구소련에서 체르노빌 원전 사고가 발생한 지 30년이 되는 2016년 4월. NHK의 나나사와 기요시七沢潔 씨의 권유로 좀 이른 황금연휴 휴가를 받아, 체르노빌 원전 사고 직후에 수습 작업을 한 리크비다토르Likvidator(사고 수습 작업자)들을 만나러 러시아를 찾았다. 모스크바 남쪽에 있는 툴라에는 탄광 노동자들이 살고 있었다. 이들은 폭발한 원전 4호기 밑으로 녹아내린 핵연료가 지하수와 반응해 대폭발하지 않도록 질소 주입 작업을 위해 터널 굴착 공사에 동원되었다.

툴라의 탄광 노동자 450명은 원전 사고 7일째인 1986년 5월 2일부터 2주씩, 약 1개월 동안 터널 공사장에서 일했다. 원전 사고 수습 작업에 참여한 리크비다토르의 조직 '체르노빌 동맹 툴라 지부'를 방문해 취재한 결과, 당시 450명 전원이 원전 사고에 의한 질병 장애인으로 인정받았다. 3분의 1인 150여 명은 심장 질환이나 암, 자살 등으로 사망했다고 한다. 리크비다토르 약 25만 명 가운데 사망자는 5만 명으로 5분의 1 수준이니 툴라 탄광 노동자들의 사망률은 훨씬 높다.

당시 동원된 탄광 노동자의 상당수가 20~30대였다. 젊고 건장했던 남성들은 2주간의 작업을 마친 뒤 하나둘 건강에 이상을 겪기 시작했다. 터널 공사 중에 의식을 잃기도 하고 감기에 자주 걸렸다. 극심한 두통과 관절통, 각종 내장 질환도 닥쳤다. 지부장 블라디미르 나우모프Vladimir Naumov 씨(60세)는 "사고 후 5~10년 동안 날마다 동료들이 죽었다. 최악의 시기였다"며 어두운 표정을 지었다.

더는 일을 할 수 없어 생활이 곤궁해진 데다 치료비도 만만치 않았다. 1989년 10월, 탄광 노동자 5명이 권리를 지키기 위해 체르노빌 동맹 툴라 지부를 결성했다. 설립자 중 하나인 올레크 씨(56세)는 "정부는 우리를 무시했다. 누군가 발 벗고 나서야 했다"고 증언한다. 다른 지역에서도 같은 움직임이 일기 시작했다. 체르노빌 동맹은 구 소비에트 연방 전체에 급속하게 확산됐다.

체르노빌 동맹은 시위도, 단식 투쟁도 서슴지 않으며 보상을 요구했다. 이들의 운동으로 1990년부터 원전 사고로 인한 질병 장애인이 인정되었고, 1991년 러시아와 우크라이나 등지에서는 '체르노빌법'을 제정했다. 장애인 판정을 받은 사람에게는 임금 보상과 연금, 치료비와 약값이 지급됐다. 현재는 보상이 점점 줄어 미미한 수준이 되어버렸다는데, 그럼에도 당사자들이 발 벗고 나서 스스로 권리를 쟁취한 사실은 변하지 않는다.

지난해 체르노빌 동맹 회원이자 체르노빌 법안 마련에도 참여한 알렉산드르 베리킨Alexander Brrykin 씨(65세)와 화상으로 만났다. 2015년 일본 방문 때 인터뷰한 이후 두 번째였다. 베리킨 씨는 "주민을 포함해서 원전 사고 후 병에 걸렸을 때는 피폭과의 인과 관계가 아닌, 오염된 장소에 있었고 위험을 감수했다는 시각에서 보상해야 한다"고 말한다. 러시아에서도 피폭과의 인과 관계를 심사하지만 기본적으로는 신청하면 받아들여졌다고 한다.

러시아와 일본의 차이는 무엇일까. 일본의 작업자는 대부분 도쿄전력 등 전력 회사에서 일을 수주하는 협력 업체에 속한다는 점이다. 하청 기업이 "작업자 관리를 제대로 하지 않았다"고 해 일을 수주하지 못할까 두려워하는 현실에서, 작업자의 보상이나 권리를 지키는 조합이 있다 한들 좀처럼 가입하기 어렵다. 피폭량이 높아 해고된 작업자에게 물었다. "왜 일본에서는 체르노빌 동맹 같은 단체를 조직하지 않는 걸까요?" 그는 "지금도 원전에서 일하는 작업자가 많으니 노동자 조합을 만드는 건 무리"라고 딱 잘라 말했다. 작업자 대상 상담 지원 단체에서도 일을 그만둔 작업자나 그럴 각오를 한 작업자만 상담을 받으러 오는 실정이라고 한다.

작업자 보상 재검토 필요하다

이제 사고 수습에 참여했던 작업자들 가운데 암 환자로서 "작업으로 처음 피폭된 지 5년 이상 지난 뒤 발병", "누적 피폭량 100mSv 이상(위암·폐암 등 고형암일 경우)"의 기준을 충족하는 사람은 늘어날 것이다. 어떻게 대응할 것인가? 조건을 어느 정도 충족해야 보상 요구 접수가 있을 때마다 열리는 전문가 검토 회의 절차를 밟지 않고 인정을 받을까? 후생노동성 담당자의 대답은 이랬다. "산재 인정이라는 틀 안에서는 병과 피폭의 관계만 검토하게 됩니다. 보상 관점에서 다른 틀을 마련할 필요가 있겠습니다."

목숨을 걸고 작업한 작업자들임에도 구제하는 방법은 원전 사고 전과 같은 산재뿐이다. 재판에서 작업자들이 방사선의 영향을 입증하는 책임까지 져야 한다. 정부와 회사 측이 방사선의 영향을 부정하지 못한다면 피해를 인정하고 보상해야 하지 않을까?

2020년 3월 11일이 지나면 원전 사고 발생 10년차로 접어든다. 체르노빌의 리크비다토르와는 피폭량이 다르지만 작업자들의 나이를 감안하면 암 같은 질병에 걸리는 사람이 증가할 가능성이 높다. 작업자들이 했던 말이 생각난다. "방사선은 무미·무취이고 눈앞에 퍼져 있어도 보이지 않습니다. 일하는 동안 점점 피폭을 의식하지 않게 되죠. 하지만 만약 후쿠시마 제1원전 작업자가 잇달아 암에 걸린다면 아무도 일하러 오지 않을 겁니다", "지금은 눈앞의 작업을 어떻게든 마무리하려고 필사적으로 일하고 있습니다. 하지만 또다시 지진이 나면 나는 도망갈 거예요."

2020년 1월 현재, 원자로 격납용기 내부에 녹아내린 핵연료에 대해 밝혀진 것이 별로 없다. 폐로까지 이어지는 전 공정의 어디쯤 왔는지도 알 수가 없다. 몇십 년이 걸릴지 모르는, 끝이 보이지 않는 작업이라는 점을 염두에 두고 작업자 보상에 대해 재검토할 필요가 있다. 그렇지 않으면 폐로는 뜻대로 이뤄지지 않을 것이다.

'소문자'를 집약한 르포르타주

아오키 오사무靑木理(프리랜서 저널리스트)

"논픽션은 철저히 소문자를 켜켜이 쌓아 엮는 문예"라고 했다. 아니, 논픽션뿐 아니라 저널리즘 전반에 해당하는 말로 언론계에서 일하는 사람이라면 모두 기억해야 하는 경구가 아닐까 싶다.

그러나 신문을 비롯해 저널리즘 세계에는 '대문자'가 난무한다. '사설'과 '논설', '해설'이나 '오피니언' 같은 것들이 대표적이다. 성실한 취재를 바탕으로 한 것도 많겠지만 저도 모르게 대문자로 흐르는 글을 많이 본다. "이래야 한다", "우리는 이렇게 생각한다", "정부 방침은 이것이다" 등등.

취재원이나 정보원도 대문자의 매력을 거부하기 힘들다. 정권을 쥔 정치인, 정부 고위직, 대기업 총수, 관공서나 수사 기관의 고위층. 권력자의 곁에는 극비 정보와 데이터가 집중되는 만큼, 취재하려는 자들이 침을 흘리며 떼 지어 몰려든다. 성공적으로 파고들면 중요한 정보를 손에 쥐는 것을 넘어서 모조리 낚아챌 수도 있기 때문이다.

오해를 감수하고 말하자면 이는 논픽션 작가든 신문 기자든, 정보를 양식 삼는 저널리스트의 벗어날 수 없는 본성이다. 정치와 사회 현실에 의문을 제기하고 다른 길을 제시하는 저널리즘의 역할을 고려하면 대문자로 엮어가는 문장을 전부 부정할 수도 없다.

그러나 그 가운데 누락되는 목소리들이 있다. 무명인들의 희로애락이 있다. 거기에는 본래 우리가 음미하고 되씹어보고 반추하고 심사숙고해야 하는 사실들이 담겨 있다. 논픽션뿐 아니라 저널리즘 종사자들이 대문자에 휩쓸리지 않고 오로지 소문자에 집중하면서 사실을 건져내야 하는 필요성이 여기에 있다.

이 책은 철저하게 '소문자'를 가려내 엮었다. 인류 역사에서 전례가 없는 원전 재해를 둘러싸고 진상과 내막을 밝히는 책과 기사가 여럿 발표됐으며, 앞으로도 계속 나올 것이다. 그렇지만 이 책 이상으로 '현장'에 파고들어 '현장발 소문자'를 집약한 르포르타주는 드물다.

등장인물은 원전 사고 수습의 최전선에 선 작업자들뿐이다. 처참한 사고 현장에서 매일매일 사투를 벌이지만 이들은 사고의 심층에 관련된 기밀 정보를 파악하는 것도 아니고 어떤 권력도 없다. 오히려 불안정한 약자 입장에서, 때로는 편한 대로 쓰다 버려진다는 두려움에 직면하면서, 그러나 무엇보다 위험한 '현장'에서 매일 임무를 다하는 이들일 뿐이다.

그런 상황에서도 어떤 작업자는 사명감이나 책임감을 안고, 또 어느 작업자는 지역 사회나 조직의 끈에 엮여, 다른 작업자는 먹고살기 위해, 위험과 모순으로 가득한 후쿠시마 제1원전에서 몸으로 감당하며 방사선과 사투를 벌이고 있다. 나는 이 책의 뿌리가 된《도쿄신문》의 〈후쿠시마 작업자 일지〉 연재를 처음 읽을 때부터 이것이 예사롭지 않은 기록이라는 사실에 주목했다. 짧은 연재였지만 취재의 수고나 고충을 쉽게 상상할 수 있었기 때문이다. 가뜩이나 일자리가 불안정한 작업자들로서는 기자에게 사고 현장이나 작업 내용을 발설했다가 당장 잘릴지도 모를 일이다. 그 가운데서 증언해줄 이들을 찾고, 신뢰감을 줘 경계심을 푸는 과정을 거쳐 그들의 목소리를 직접 듣고 그들의 입장을 헤아리면서 기사를 쓰는 수고와 고충 말이다.

이러한 내실의 중요성은 이미 밝혔으므로 다시 언급하지 않겠다. 아마도 여기서 밝힌 것 이상으로 장애물이 많았으리라 추측한다. 그 노력이 차곡차곡 쌓여 철저하게 소문자로 엮은 이 르포르타주가 탄생했다.

등장하는 작업자들의 생각이나 형편은 각양각색이다. 앞으로 수십 년, 아득할 정도로 오래 걸릴 사고 수습과 폐로 과정을 생각할 때, 작업자들을 현재처럼 불안정하고 비인도적인 환경 속에 내버려 둬서는 안 된다. 저자도 그렇게 기술하고 있다.

"일이 있을 때만, 피폭량에 여유가 있는 작업자만 부른다"는 기존 방식으로 (작업자의 의지나 마음에 기대) 모집한다면 머지않아 일할 사람이 없어질 것이다.

몇십 년이 걸릴지 모르는, 끝이 보이지 않는 작업이라는 점을 염두에 두고 작업자 보상에 대해 재검토할 필요가 있다. 그렇지 않으면 폐로는 뜻대로 이뤄지지 않을 것이다.

저자가 제기한 문제의식의 극히 일부지만, 이러한 호소는 '현장'

에서 한결같이 고군분투하는 작업자의 목소리에 귀를 기울여 그 증언이라는 소문자를 진지하게 쌓아올린 결과이기 때문에 설득력을 갖는다.

이 "무명인들의 증언"을 정독하고 받아들이고 되씹어 '대문자'로 엮어낼 명제로 회수하면서 어떻게 대처할지 고민하는 것이 우리 모두에게 부과된 무거운 책무다. 예를 들어 원전 사고 처리 작업 환경은 이대로 괜찮은가? 아니, 사후 처리가 가능한 것인가? 가능하다면 폐로 과정을 구체적으로 어떻게 설정할 것인가? 나아가 앞으로는 원전을 어떻게 할 것인가? 에너지 정책은 어떠해야 하는가?

얼마 전 후쿠시마 제1원전 사고로 심각하게 피해를 입은 후쿠시마 이이타테에 다녀왔다. 단 한 번의 사고로도 무차별적이고 광범위하게 괴멸적인 피해를 초래하는 원전 시스템에 근본적으로 회의감이 들었다. 국가가 정책을 앞세워 폭주할 때 눈물을 흘리는 것은 언제나 이름 없는 국민이다. 원전 사고 수습 작업에 나선 작업자들 역시 끔찍한 국가적 실패의 피해자다. 그 증언이라는 소문자를 켜켜이 쌓아 저자는 중요한 르포르타주를 완성해냈다.

나가며

후쿠시마 제1원전 사고가 발생한 지 8년째, 인후암 진단을 받았다. 가족 중에는 암에 걸린 사람이 없다. '설마 내가?' 목 폴립에서 생긴 출혈이 위에 가득 차 피를 토했고, 그 후 검사에서 암이라는 말을 들었다.

"왜 우리보다 먼저 암에 걸린 겁니까?" 지금도 현장에서 피폭과 싸우는 작업자들이 진심으로 걱정을 해줬다. 히로 씨는 이런 말을 했다. "가타야마 씨, 닫히는 문이 있으면 열리는 문도 있습니다." 히로 씨도 병으로 고통받던 때가 있었다. 이 말을 여러 번 되뇌며 가슴에 담았다.

지금은 건강해졌다. 작업자들에게 나의 병을 털어놓는 것은 너무 사적인 일이었다. 한편으로는 병 이야기를 하는 게 자연스러울 정도로 그들과 깊이 교감해왔다는 의미이기도 하다. 가장 오래 알고 지낸 작업자는 9년이나 됐는데 용케 계속 취재에 응해줬다. 어떤 작업을 하는지, 하루하루를 어떻게 보내는지, 가족과 어떻게 지내는지 오랜 시간 듣다 보니 어느덧 취재가 아니라 사람과 사람의 만남으로 바뀌었다.

만난 적도 없는 그들의 아이들이 자라는 걸 함께 기뻐하고 가족들을 걱정했다. 앞날이 캄캄한 피난 생활과 고뇌, 쉽사리 해고당하는 분노와 슬픔, 현장의 처우와 불만…. 세월과 함께 그들의 일상 속 얼굴과 삶을 좇아왔다. 여름날 아침 날씨가 더우면 '열사병이 오지 않을까?' 염려했고, 겨울에 바람이 불면 '오늘 작업은 중단될까?' 생각했다. 지진이 나면 '후쿠시마는 괜찮을까?' 싶어 정보를 찾아나서는 일이 일상이 됐다. 늘 취재원을 찾아다녔다. 친구가 작업자인지 아닌지 어떻게 구분하는지 물었을 때 나는 햇볕에 그을린 마스크 자국을 보고 말을 건다고 답했다. 친구는 크게 웃었다.

잊으려야 잊을 수 없는 2014년 2월. 원전 사고 발생 3년째를 앞두고 나는 기사 한 줄 쓰지 못하고 있었다. 마음 어딘가가 닳아버린 듯한 때였을 것이다. 마침 《후쿠시마민보福島民報》와 《가호쿠신보河北新報》, 《도쿄신문》 기자가 교대로 동일본 대지진 발생 후 3년 동안 어떻게 취재해왔는지에 대한 연재를 담당하고 있었다. 후쿠시마 제1원전의 혹독한 작업, 그곳에서 일하는 작업자에 대해 쓰려 했으나 한 글자도 쓰지 못했다. 마음도 몸도 한계에 이르러 있었다. 컴퓨터 모니터를 앞에 두고 몇 날 며칠 어쩔 줄 몰라 쩔쩔매던 나는 마음먹은 김에 홋카이도의 시레토코로 향했다. 그리고 눈 신발을 신고 마음이 텅 빌 때까지 설산을 걸었다. 3일 뒤, 도쿄로 돌아와 다시 원고를 쓰기 시작했다.

이 책에 기술한 내용은 후쿠시마 제1원전 사고 후 사고 수습 작업에 참여한 작업자 한 사람 한 사람의 9년간의 세월이 담긴 이야기며 그 가족의 이야기다. 이러한 취재로 후쿠시마의 모든 것을 그려냈다고 생각하지는 않지만, 이 책의 독자들에게 원전 작업자가 어떤 사람들인지, 어떤 생각을 하는지 그 일부라도 전해지기를 바랄 뿐이다.

그리고 언젠가 작업자들이 "아버지는 이렇게 맞섰단다", "할아버지는 그때 여기에 있었단다"라고 자손에게 이야기를 들려줄 때 그 기억에 일조하기를 바라는 마음이다.

작업자 일지를 읽고서 노부 씨는 "내가 이렇게 멋진 말을 했다고요?"라며 웃었다. 며칠 전 전화로 이야기를 나눈 료 씨도 "대지진 후는 사실 잘 기억나지 않아요. 그런 일도 있었죠"라며 겸연쩍어했다. 필사적일수록, 고통스러울수록 그때의 기억이 흐릿해지는 모양이었다. 그런 순간순간을 살아낸 작업자의 기억으로 자리한다면 그것으로 충분하다.

원전 사고 후 후쿠시마 제1원전에 위기가 밀물처럼 들이닥치는 가운데, 시시각각 치솟는 방사선량에 뒤흔들리는 일본은 어떻게 될까 두려움에 떨었다. 후쿠시마 제1원전으로 발을 들인 작업자나 도쿄전력 직원, 호출을 받고 돌아온 현지 작업자, 각지에서 달려와준 작업자가 없었다면 지금 같은 상태를 맞이할 수 없었을 것이다.

"니에트(세상에 없다), 지티(살아 있다), 니에트⋯." 2016년 4월 러시아에 갔을 때 체르노빌 원전 사고 수습 작업자였던 올레크 씨는 안경을 쓰고 함께 작업했던 동료들의 피폭 기록을 보면서 한 사람 한 사람의 생사를 되짚었다.

"체르노빌 원전 사고를 떠올리고 싶지 않습니다. 나는 장애인이 됐고 정부는 우리의 존재를 잊었습니다. 조국을 사랑하지만 정부는 국민을 무시하고 있어요. 만약 지금 당시와 같은 사고가 일어난다면 아무도 현장에 가려 하지 않을 겁니다. 더는 세상에 이런 비극이 일어나지 않도록 합시다."

마지막 장에 기술했듯이 피폭을 무릅쓰고 후쿠시마 제1원전의 고농도 방사선량 속에서 일한 작업자들은 9년이 지난 지금도 산재 이외에 아무런 보상을 받지 못하고 있다. 산재가 받아들여지지 않으면 병이 나도 치료비도 생활비도 나오지 않는다. 지난 9년 동안 20명이 사고나 병으로 원전에서 쓰러져 세상을 떠났다. 각지에서 원전이 재가동되는 가운데, 만약 원전 사고가 다시 발생한다면 사고 수습 작업에 나설 사람들이 과연 있을까?

지금 이 순간에도 후쿠시마 제1원전 폐로를 위해 어떻게든 일하는 4,000명의 작업자가 있다. 다시 한번, 원전 사고 후 후쿠시마 제1원전에서 고군분투해온 사람들에게 감사의 마음을 전할 수 있다면. 내가 만난 작업자들은 극히 일부지만 아직 만나지 못한 작업자들에게도 마음을 전하고 싶다.

여러 해 동안 취재에 응해주신 작업자 여러분께 감사하다고 전하고 싶다. 자유로운 환경에서 취재하게 해준《도쿄신문》편집국에도 감사를 표한다.《도쿄신문》의 원전팀, 후쿠시마 취재를 함께해온 동료, 다른 신문사에서 후쿠시마를 취재한 기자분들의 기사를 참고하면서 신세를 많이 졌다.

마지막으로 이 책은《아사히신문》출판부 편집자인 우치야마 미카코内山美加子 씨가 아니었다면 세상에 나오지 못했을 것이다. 방대한 사료를 안고 500쪽에 육박하는 미완성 원고를 들고 가 "더는 무리예요", "불가능해요"라며 우는소리를 하는 나에게 질타와 격려를 해주었다. 아침부터 밤까지, 때로는 밤을 새워가며 온전한 책으로 완성해주었으니 이 책은 공동 저작이라고 생각한다. 원전 구조부터 꼬리를 무는 새로운 작업, 피난 이야기까지, 현기증 나는 분량을 교열해주신 와카스기 호타카若杉穂高 씨. 여러 번 밤을 새우고 연말연시 휴가마저 빼앗아버렸으니 미안하고 감사하다.

눈앞에 대학 노트가 179권 있다. 9년 동안 취재하면서 너덜너덜해진 공책들이다. 후속 이야기는 작업자들의 보상 상황을 담게 될 것이다. 꼼꼼하게 기록해온 '후쿠시마 원전 작업자 일지'를 앞으로도 계속 이어가고 싶다.

2020년 1월

가타야마 나쓰코

옮긴이 **이언숙**

고려대학교 사학과를 졸업하고 동 대학원 동양사학과에서 일본사를 전공했다. 도쿄대학교 대학원 인문과학연구과 국사학과에서 일본중세사 전공으로 연구생 과정을 수료했다. 일본어 전문 번역가로 활동하면서 외교통상부·국제교육진흥원·한국국제교류재단에서 통역관으로 활동했고, 현재 한일역사교육교류회·한일대학 생협교류세미나 등에서 통역을 담당하고 있다. 옮긴 책으로 《신기하고 재미난 집구석 과학》, 《느긋하게 밥을 먹고 느슨한 옷을 입습니다》, 《자기 역사를 쓴다는 것》, 《희망난민》, 《절망의 나라의 행복한 젊은이들》, 《일등 국가의 조건》, 《만들어진 나라 일본》, 《대한제국 황실 비사》, 《멸망하는 국가》, 《일본인에게 역사란 무엇인가》 등이 있다.

최전선의 사람들
후쿠시마 원전 작업자들의 9년간의 재난 복구 기록

첫판 1쇄 펴낸날 2022년 4월 18일

지은이 가타야마 나쓰코
옮긴이 이언숙
발행인 김혜경
편집인 김수진
책임편집 곽세라
편집기획 김교석 조한나 이지은 김단희 유승연 임지원 전하연
디자인 한승연 성윤정
경영지원국 안정숙
마케팅 문창운 백윤진 박희원
회계 임옥희 양여진 김주연

펴낸곳 (주)도서출판 푸른숲
출판등록 2003년 12월 17일 제2003-000032호
주소 경기도 파주시 심학산로 10(서패동) 3층. 우편번호 10881
전화 031)955-9005(마케팅부), 031)955-9010(편집부)
팩스 031)955-9015(마케팅부), 031)955-9017(편집부)
홈페이지 www.prunsoop.co.kr
페이스북 www.facebook.com/prunsoop   인스타그램 @prunsoop

ⓒ 푸른숲, 2022
ISBN 979-11-5675-953-9(03300)